国家社科基金
后期资助项目

农业文献词汇研究

曾令香 著

Research on Vocabulary of Agricultural Literature

上海社会科学院出版社
SHANGHAI ACADEMY OF SOCIAL SCIENCES PRESS

图书在版编目(CIP)数据

农业文献词汇研究 / 曾令香著 .— 上海：上海社会科学院出版社，2023
ISBN 978-7-5520-4203-0

Ⅰ.①农… Ⅱ.①曾… Ⅲ.①农业文献—词汇—研究 Ⅳ.①G257.36

中国国家版本馆 CIP 数据核字(2023)第 146213 号

农业文献词汇研究

著　　者：曾令香
责任编辑：周　萌
封面设计：黄婧昉
出版发行：上海社会科学院出版社
　　　　　上海顺昌路 622 号　邮编 200025
　　　　　电话总机 021－63315947　销售热线 021－53063735
　　　　　http://www.sassp.cn　E-mail：sassp@sassp.cn
排　　版：南京展望文化发展有限公司
印　　刷：上海龙腾印务有限公司
开　　本：710 毫米×1010 毫米　1/16
印　　张：21.5
字　　数：380 千
版　　次：2023 年 6 月第 1 版　2023 年 6 月第 1 次印刷

ISBN 978-7-5520-4203-0/G·1269　　　　定价：98.00 元

版权所有　翻印必究

国家社科基金后期资助项目
出版说明

后期资助项目是国家社科基金设立的一类重要项目，旨在鼓励广大社科研究者潜心治学，支持基础研究多出优秀成果。它是经过严格评审，从接近完成的科研成果中遴选立项的。为扩大后期资助项目的影响，更好地推动学术发展，促进成果转化，全国哲学社会科学工作办公室按照"统一设计、统一标识、统一版式、形成系列"的总体要求，组织出版国家社科基金后期资助项目成果。

全国哲学社会科学工作办公室

前　　言

　　汉语词汇历史悠久。从上古到中古,再到近代,汉语词汇经历了漫长的发展过程,产生了许多变化。研究汉语词汇在每个历史阶段的面貌,总结词汇发展的规律,对于我们研究汉语词汇的发展历史、汉语的发展历史,以及继承我国古代丰富的文化遗产,都有着重要的意义。

　　汉语词汇研究在整个汉语史的研究中稍显薄弱。对于汉语词汇的研究,语料选择是一个重要的问题,语料的好坏对于研究起着重要的作用。汉语历史文献非常丰富,语言性质十分复杂。研究者多从具有口语性质的汉译佛经、六朝笔记、敦煌文献、禅宗语录、杂剧散曲、话本小说等入手。随着汉语词汇研究的深入,语料的研究范围也扩大了,除了传统的带有口语性质的语料,也出现了针对专科性文献的词汇研究,比如医学类、法学类、商贸类、科技类等。徐时仪指出:"医药和科技方面的文献重在说明问题,指导实践,故以明白易懂为宗旨,不求文采的华丽,与口语较为接近。……这些医药和科技方面的文献还记载了当时疾病诊治和工农业生产方面的日常用语和专门用语,这部分内容尤其是研究近代汉语的宝贵语料。"词汇是百科性的,各学科都有自身的专业词汇,农业文献也应成为汉语研究的语料。但实际情况是语言学者对农业文献的重视程度不够,以农业文献为语料研究最好的是中古时期的《齐民要术》。这之前和之后还有很多农业文献,如《氾胜之书》《四民月令》《四时纂要》《陈旉农书》《分门琐碎录》《农桑辑要》《王祯农书》《农桑衣食撮要》《农政全书》等。这些农学著作以指导农业生产为目的,记载了当时农业生产方面的许多日常用语和专门用语,语言通俗易懂,具有一定的语言学价值。我们有必要在汉语史的研究中补充进口语性较强的农业文献的语料。

　　近年来,对农业文献词汇的研究逐渐多了起来,也取得了不错的成绩,这是一个好的开端。但对于农业文献的研究多集中在农业专书上,比如,对《齐民要术》《四时纂要》《王祯农书》《农桑辑要》《农政全书》等的词汇研究,大多是硕博士学位论文。农业文献研究,除了对专书词汇的研究外,还可以对断代语词、通代语词进行研究。本书是在我的博士学位论文《元代农书农业词汇研究》的基础上完成的,博士论文只对元代的三部农书《王祯农书》《农桑辑要》《农桑衣食撮要》进行了研究。本书中又增加了战国时期《吕氏春秋》中的《上农》《任地》《辩土》《审时》四篇,《管子》中的《地员》,汉代的《氾胜之书》《四民月令》,北魏的《齐民要术》,唐代的《四时纂要》,宋代的《陈旉农书》《种艺必用》《分门琐碎录》,明代的《农政全书》十部农书。时间跨度上从先秦两汉,到魏晋南北朝,再到唐宋元明,从不同时期对农业词汇进行整理和分析,力求在共时描写的基础上,探求农业词汇的继承和发展。本书在研究中也力求将汉语词汇学理论和传统训诂学成果结合起来,除了对农业词汇进行语义、语法及文化认知的阐释外,也运用了因声求义、系联同源词、方言求证、语源求义等传统训释词语的方法。既从宏观上对农业文献词汇进行研究,也从微观上对具体词语进行考察,用材料、事实说话。

本书稿虽然经过几次修改,但缺点错误还是在所难免。限于水平有限,书中的某些看法和观点,难免有不当之处,诚恳期盼得到专家同行的指正。关于农业词汇,还有很多值得研究的方面,文中已有的研究也还有值得深入探讨之处。这些都有待于以后的努力了。

目录

绪论 / 1
 第一节 农业文献与研究概况 / 1
  一、农业文献概况 / 1
  二、农业文献研究概况 / 4
 第二节 研究语料与方法 / 6
  一、研究语料 / 6
  二、研究方法 / 13

第一章 农业文献中的方俗语词 / 15
 第一节 方言词 / 15
  一、有明显标志的方言词 / 16
  二、没有标志的方言词 / 18
 第二节 俗语词 / 30

第二章 农业文献中的农业词汇 / 46
 第一节 农业词汇的界定和层次 / 46
 第二节 农业词汇的共时描写 / 47
  一、先秦两汉时期的农业词语 / 48
  二、魏晋南北朝时期的农业词语 / 75
  三、隋唐宋时期的农业词语 / 88
  四、金元明时期的农业词语 / 98
 第三节 农业词汇的历时演变 / 113
  一、农业词语内部的发展变化 / 114
  二、农业词语的发展演变与双音化过程 / 121

三、农业词语的同实异名与同名异实 / 124

第四节　农业词语和全民共同语 / 141
　　一、农业词语吸收全民共同语成分 / 141
　　二、农业词语对全民共同语的渗透 / 145

第三章　农业词汇的语义分析 / 150
　第一节　农业词语的语素义和词义 / 150
　　一、农业词语语素义之间的关系 / 150
　　二、农业词语语素义和词义的关系 / 152
　第二节　农业词语的本义和引申义 / 154
　　一、农业词语引申义概说 / 154
　　二、农业词语引申义的产生途径 / 155
　　三、农业词语词义引申的方式 / 161
　第三节　农业词语的本义和词源义 / 163
　　一、词源义 / 163
　　二、单音节农具名物词的词源义 / 164
　　三、双音节农具名物词的词源义 / 173
　第四节　农业词语的几种语义关系 / 179
　　一、具有同义关系的农业词语 / 179
　　二、具有上下义语义关系的农业词语 / 194
　　三、具有相对语义关系的农业词语 / 201
　第五节　农业词语词义的发展变化 / 208
　　一、农业词语义位的增减 / 208
　　二、农业词语词义范围的变化 / 210
　　三、农业词语词义发展变化的原因 / 213

第四章　农业词汇的语法分析 / 217
　第一节　农业词语的构词方式 / 217
　　一、活跃的构词语素 / 217
　　二、农业词语的构词类型和方式 / 228
　第二节　农业词语的量词化 / 231
　　一、农业词语的量词化 / 232
　　二、农业词语量词化的形成机制 / 262

第三节　名动词类的转变 / 265

第五章　农业词汇的隐喻认知 / 271

　　第一节　农业词语的隐喻系统 / 272

　　　　一、农业词语中植株各部位及植株词语的隐喻 / 272

　　　　二、农业词语中植物生长过程及农业生产过程词语的隐喻 / 286

　　第二节　农业词语隐喻的文化认同 / 295

第六章　农业文献词汇的研究价值 / 300

　　一、农业词汇与农业发展 / 300

　　二、农业词汇与农业科技文化交流 / 304

　　三、农业词汇与汉语史研究 / 309

　　四、农业词汇与专科词语 / 310

　　五、农业词汇与辞典编纂 / 311

结语 / 321

参考文献 / 323

后记 / 331

绪　　论

第一节　农业文献与研究概况

一、农业文献概况

中国古代的农学非常发达，其载体古农书更是发达。由于古农书具体分类标准不统一，农书的确切数量也没有一致的说法。曾雄生先生在《中国农学史》一书中，对古农书数量的统计做了介绍："王毓瑚《中国农学书录》（中华书局1957年初版，农业出版社1964年修订版）著录了541种，其中包括佚书200多种。1959年北京图书馆主编的《中国古农书联合目录》收录了现存和已佚的农书共643种。1975年日本学者天野元之助撰著的《中国古农书考》共计考评了现存243种农书，所附索引开列的农书和有关书籍名目约有600种。"[1]近年有学者又对农书进行了深入的调查，发现农书数量远不止这些。2002年由北京图书馆出版社出版的《中国农业古籍目录》正编，收录的农书存目共有2 084种。因此想要彻底把中国古农书的数量搞清楚是很困难的。

中国古代农书不仅数量不统一，分类的标准也很复杂。农史研究者往往根据农书的体例、内容以及作者的身份等对古农书进行分类。王毓瑚在《关于中国农书》中将古农书按内容和体例归纳为9大类：综合性的农书、关于天时及耕作的专著、各种专谱、蚕桑专书、兽医专书、野菜专著、治蝗书、农家月令书、通书性质的农书。[2]石声汉将农书按内容分为整体性农书和专业性农书，按作者分为官书和私人著作，按地域分为全国性农书和地方性农书。[3]张芳、王思明在《中国农业古籍目录》中将中国农业古籍分为17类，分别是综

---

[1]　曾雄生：《中国农学史》，福建人民出版社2008年版，第19～20页。
[2]　王毓瑚：《中国农学书录》附录，中华书局2006年版，第354～355页。
[3]　惠富平：《中国农书分类考析》，《农业图书情报学刊》1997年第6期。

合性类、时令占候类、农田水利类、农具类、土壤耕作类、大田作物类、园艺作物类、竹木类、植物保护类、畜牧兽医类、蚕桑类、水产类、食品与加工类、农政农经类、救荒赈灾类、其他类。[①] 总体上看，古农书从内容上基本可以分为综合性和专业性两大系统。综合性农书的内容主要涉及农、林、牧、副、渔等各个方面，具体又包括地方性农书、月令体农书、耕织图和劝农文等。专业性农书的内容主要涉及农、林、牧、副、渔中的某一个方面。现存的综合性农书主要有《氾胜之书》《四民月令》《齐民要术》《四时纂要》《陈旉农书》《王祯农书》《农桑辑要》《农桑衣食撮要》《农政全书》《授时通考》等。现存的专业性农书主要有《橘录》《茶经》《耒耜经》《蚕经》《司牧安骥集》《元亨疗马集》《救荒本草》等。

中国农业历史悠久，考古资料表明，战国时期进入传统农业阶段，并出现了最早的农学著作。在此之前也出现了不少反映农业生产知识的文献，尽管它们还不是专门的农学专著，但作为上古文献，它们对中国农学的影响还是非常大的。夏商西周时期的甲骨文、金文中就有很多反映农耕状况的文字，如表示农田的"田""疆""畴""周""圃"等，表示农具的"耒""利""杵""耜""臿""斤"等，表示劳作的"协""男""耤""众""年""农""艺"等，表示作物的"禾""黍""米""麦""稻""粟"等，表示树木的"木""林""森""竹""柳"等，表示桑蚕的"桑""蚕""丝"等，表示畜牧的"牛""羊""马""犬"等。《诗经》是中国最早的一部诗歌总集，一些诗篇也反映了当时的农业生产状况，如《豳风·七月》就是一首完整的农事诗。除此之外，《周颂》《鲁颂》以及《大雅》《小雅》中也有一些反映农业的诗篇，如《周颂》中的《臣工》《噫嘻》《丰年》《载芟》《良耜》，《鲁颂》中的《閟宫》，《大雅》中的《楚茨》《信南山》《甫田》《大田》，以及《小雅》中的《绵》《生民》等。据夏纬瑛《〈诗经〉中有关农事章句的解释》一书的统计，与农事有关的诗篇有21首之多，[②]这些诗篇反映了农具、耕作方式、农时、土地利用、土壤耕作、作物栽培、田间管理以及畜牧、蚕桑等内容。《尚书》意为"上古之书"，虽然不是农书，但也有一些与农学有关的内容，如《虞书》中的《尧典》《益稷》，《周书》中的《洪范》，《夏书》中的《禹贡》等。其中《尧典》中记载的"历象授时"，被认为是传统农学中有关农时的最早记载，《禹贡》更被认为是最早的土壤学著作。《夏小正》是最早的农业历书，记载了农耕、渔猎、蚕桑、畜牧等农业内容。《周礼》记载了五谷、六畜的分布，谷物种植，畜牧兽医，农产品的加工与储藏，园艺和山林等内容。战国时期的农学家撰写出了最早的农学

[①] 张芳、王思明：《中国农业古籍目录》，北京图书馆出版社2003年版，第1~2页。
[②] 夏纬瑛：《〈诗经〉中有关农事章句的解释》，农业出版社1981年版，第20页。

著作。现在属于先秦时代的农学文献,主要包括《吕氏春秋》中的《上农》《任地》《辩土》《审时》4篇,以及《管子》中的《地员》。其中《吕氏春秋》中的4篇分别从农业的重要性、土地利用、土壤耕作、作物栽培、农时等方面进行了论述,从农业技术整体上来指导人们的生产。秦汉魏晋南北朝时期,《汉书·艺文志》著录农书9部,《隋书·经籍记》列为农家的有5部,这些著作大部分已失传,流传至今影响最大的就是《齐民要术》了,它将中国传统农业推到了高峰。《齐民要术》全书共10卷,92篇。《齐民要术》的内容涉及面广,"起自耕农,终于醯醢,资生之业,靡不毕书",[①]书中论述了农、林、牧、渔各业的生产技术以及农副产品加工等副业生产。《齐民要术》是保存至今最完整的大型农书,它不仅总结了前代的农业生产技术和经验,而且还首次记载了大量新农业生产技术,对指导当时和以后的农业生产起到了巨大作用,《齐民要术》一书的写作框架也影响了后代农书的写作。此时期还有两部著名农书《氾胜之书》《四民月令》,虽都已失传,但从《齐民要术》等书中的引用材料可以了解其内容。如《氾胜之书》中现存内容主要包括土地耕作、作物栽培以及区田法等。《四民月令》则以"月令"的方式开创了农书的新写法。隋唐宋元时期,农学著作出现了一些特点,比如南方农学著作首次出现,专科性质的谱录类农书增多,官修农书、劝农文和耕织图的出现,山居隐士类农书兴起,南北农业技术交流和比较的著作出现以及图文并茂的农书出现。[②] 这之中流传下来的著名农书包括唐代的《四时纂要》《耒耜经》《司牧安骥集》等;宋代的《陈旉农书》《蚕书》《橘录》《分门琐碎录》《种艺必用》等;元代的《农桑辑要》《王祯农书》《农桑衣食撮要》等。其中唐代的《四时纂要》是一本月令体农书,以"四时"为名,内容涉及很广,与农业生产有关的是种植和牧养两方面。《耒耜经》是中国农学史上最早的农具著作,详细记载了一种水田耕作农具"江东犁",还介绍了另外3种农具:爬、砺礋、砺碡。《司牧安骥集》是一部综合性兽医学著作,书中介绍了相良马、马体解剖、生理病理等内容,是现存最古老的一部兽医学著作。宋代的《陈旉农书》是一本系统讨论南方农业的农学著作。书中主要介绍了土壤耕作、作物栽培、畜牧饲养、种桑养蚕等内容。《蚕书》是保留到现在最早的一部蚕业专书。全书共1000多字,记载了从浴卵到缫丝各个阶段的技术和经验。《橘录》是全世界最早记载柑橘的专书,首次记载了柑橘的嫁接法。《分门琐碎录》是南宋温革著的一部类书,原书内容范围非常广,但现存的仅是原书的农艺部,分为"农桑""种艺""禽兽""虫鱼""牧养""饮食"六门。

---

① 〔北魏〕贾思勰著:《齐民要术译注》,缪启愉、缪桂龙译注,齐鲁书社2009年版,第3页。
② 曾雄生:《中国农学史》,福建人民出版社2008年版,第346~348页。

《种艺必用》是南宋吴怿著的一部农书,元代张福进行了补遗,主要记载南方的农业生产技术和经验。元代的3部农书在整个农学史上都有着非常重要的地位。《农桑辑要》是现存最早的一部官修农书。书中将栽桑养蚕和农业生产并举,与宋元时期农书农桑并举的特点相契合。《王祯农书》是一部融合南北农业技术的农书,其最大的特点是:书中五分之四的篇幅介绍了农器图谱,是书中的重点所在。《农桑衣食撮要》算是完整地保存到今天比较古老的一部月令体裁的农书了。此时期还有不少的农学著作,如《务本新书》《士农必用》《桑蚕直说》《种莳直说》《韩氏直说》《农桑要旨》《农桑直说》《务本直言》《蚕经》等,这些书都失传了,只存有《农桑辑要》和《王祯农书》中引用的一些章节。明清时期是中国农书出版最多的一个时期,其中《农政全书》《授时通考》是其代表性作品。《农政全书》是中国古代农书中的集大成者,最大的特色是农本、开垦、水利和荒政等政策内容的加入。《授时通考》是中国古代最后一部大型的官修农书。内容和前代大同小异,没有什么创新,但却征引了大量的文献资料,是古代农书中引用文献资料最多的一部。总之,古代专门农书的发展,有一定的波浪式起伏,汉魏时期《氾胜之书》《齐民要术》的出现是一个高峰。元代又有一个高峰,出现了《农桑辑要》《王祯农书》《农桑衣食撮要》3部好书。明末的《农政全书》,可作为另一个高峰。清中叶的《授时通考》出来后,大型农书就结束了,小型农书也逐渐衰退。

二、农业文献研究概况

中国农业文献很发达,新中国成立后古农书的整理和研究得到了快速的发展,出现了像万国鼎、夏纬瑛、王毓瑚、石声汉、缪启愉、胡道静、马宗申等卓有贡献的学者。在他们的努力下,一些主要的农书和与农业有关的文献得到了整理、校释和初步的研究,并得以出版。这些著作包括万国鼎的《陈旉农书校注》,夏纬瑛的《〈诗经〉中有关农事章句的解释》《〈夏小正〉经文校释》《管子地员篇校释》《吕氏春秋上农等四篇校释》《〈周礼〉书中有关农业条文的解释》,王毓瑚的《先秦农家言四篇别释》和《王祯农书》《农桑衣食撮要》的校注本,石声汉的《两汉农书选读》《农桑辑要校注》《农政全书校注》,缪启愉的《四民月令辑释》《齐民要术校释》《四时纂要校释》《元刻农桑辑要校释》《东鲁王氏农书译注》,胡道静校注的《种艺必用》,马宗申的《农桑辑要译注》《授时通考校注》,化振红的《分门琐碎录校注》以及刘铭《陈旉农书校释》等。这些书校注精良,注释准确翔实,在阐发农业技术的同时,解释了大量词语,为语言研究提供了有价值的线索。这些校注大多是为阐发农业生产技术服务的,字词解释以疏通文义为主,并不是真正意义上的语言学研究。

农业文献由于其农学体裁的文献性质,专业性较强,语言学者较少留意,重视程度不够,农书的语言研究落后于其他体裁文献,专门研究更是薄弱。许威汉在《二十世纪的汉语词汇学》一书中,提出了词汇的多科性专项研究,其中农学语词的研究就是重要的一方面。上古时期真正意义上的农书还没出现,但在一些文献典籍中出现了与农业有关的篇章,出现了不少的农业词汇。这时期的农业词汇研究,主要是针对单个词的训释,如《尔雅》《说文解字》《方言》《释名》《急就篇》中训释了很多的农业词汇。另外在一些词汇学著作中介绍了一些农业方面的词汇,如徐朝华的《上古汉语词汇史》。中古时期农书词汇研究主要集中在对《齐民要术》的研究上,也是研究最热的一部农书。词汇方面的研究者有于建华、史光辉、汪维辉、程志兵、化振红等,对《齐民要术》的常用词、新词新义、构词法、词义聚合、农谚等进行了研究,如于建华《〈齐民要术〉的助动词》(见《泰安师专学报》1996年第2期),程志兵《〈齐民要术〉新词新义简论》(见《伊犁师范学院学报》2005年第4期),史光辉《〈齐民要术〉偏正式复音词初探》[见《广播电视大学学报》(哲学社会科学版)1999年第1期],化振红《从〈齐民要术〉看中古时期的农业词语》(见《合肥师范学院学报》2009年第1期),倪根金《〈齐民要术〉农谚研究》(见《中国农史》1998年第4期),汪维辉《试论〈齐民要术〉的语料价值》(见《古汉语研究》2004年第4期),阚绪良《〈齐民要术〉词语札记》(见《语言研究》2003年第4期),并出现了《〈齐民要术〉谚语民谣成语典故浅释》(葛能全注释,知识出版社,1988年)、《〈齐民要术〉词汇语法研究》(汪维辉,上海教育出版社,2007年)等农书词汇的研究专著。另外,还有很多硕士和博士学位论文也对《齐民要术》展开了研究,共计30多篇。如刘洁的博士学位论文《〈齐民要术〉词汇研究》,李润生的博士学位论文《〈齐民要术〉农业专科词汇系统研究》,宿爱云的硕士学位论文《〈齐民要术〉农作物名物词研究》,刘义婧的硕士学位论文《〈齐民要术〉农业生产类动词研究》,贺芳芳的硕士学位论文《〈齐民要术〉量词研究》,彭奇伟的硕士学位论文《〈齐民要术〉的复音词构词法研究》,郭象相的硕士学位论文《〈齐民要术〉的复音词研究》,王博的硕士学位论文《〈齐民要术〉名量词研究》,张藤藤的硕士学位论文《〈齐民要术〉连词研究》,张小英的硕士学位论文《〈齐民要术〉致使动词研究》,阳盼的硕士学位论文《〈齐民要术〉度量衡量词及其演变研究》,张志鹏的硕士学位论文《〈齐民要术〉介词研究》,何科的硕士学位论文《〈齐民要术〉同义词研究》等。近代出现了很多农书,现在保存下来的有《四时纂要》《陈旉农书》《种艺必用》《王祯农书》《农桑辑要》《农桑衣食撮要》《农政全书》《授时通考》等,相对于中古农书词汇的研究,近代的农书词汇研究稍显薄弱,论文有景盛轩的《试论〈农桑衣食撮要〉的语料价值》(见《黔南民族师范学院学报》2003年第5期)、化振红的《试论〈四时纂要〉中的农业俗语词》[见《温州大学学报(社会科学版)》2022年第2期]等。学位论文主要是针对农业俗语词的研究,有张媛媛的硕士学位论文《〈四时纂要〉农业俗语词研究》、孟凡梅的硕士学位论文《〈王祯农书〉农业俗语词研究》、柳苗苗的硕士学位论文《〈农政全书〉农业俗语词研究》、肖希的硕士学位论文《〈授时通考〉农业俗语词研究》,另外还有韩忠志的博士学位论文《〈农政全书〉词汇研究》、马晓婷的硕士学位论文《〈农政全书〉农业生产行为词语研究》、臧芫的硕士学位论文《〈农桑辑要〉词语研究》等。许威汉认为,"后代农书语词及不断产生的农业词语更值得重视。目前这项研究工作仅是开端,新的成果有待来日。"①

以上这些研究著述从不同的角度对其中的农业词汇进行了分析,但这些分析都是个别的、局部的,没有对农业文献词汇进行全面系统的描写和解释,没有形成一个整体。

第二节 研究语料与方法

一、研究语料

本书以战国时期《吕氏春秋》中的《上农》《任地》《辩土》《审时》四篇,《管子》中的《地员》,汉代的《氾胜之书》《四民月令》,北魏的《齐民要术》,唐代的《四时纂要》,宋代的《陈旉农书》《种艺必用》《分门琐碎录》,元代的《农桑辑要》《王祯农书》《农桑衣食撮要》,明代的《农政全书》为主要研究语料。语料介绍及所依据版本:

(一)《上农》《任地》《辩土》《审时》

《吕氏春秋》为秦相吕不韦领导下的集体制作,据梁启超考订,书成于公元前239年。《上农》《任地》《辩土》《审时》四篇属于《吕氏春秋》六论中的《士容论》,是农家之言,大致取材于《后稷农书》,主要讲的是战国末期的一般农业情况,并非专指秦地而言,可视为我国目前现存最早的农书。《上农》篇讲农业政策,《任地》《辩土》《审时》3篇讲农业技术,分别从培植土地、营养土壤、掌握农时来论述,这4篇文献,是研究我国农业技术史的好资料。

《吕氏春秋》的注释本有清朝人毕沅的《吕氏春秋新校正》、陈奇猷的《吕

---

① 许威汉:《二十世纪的汉语词汇学》,书海出版社2000年版,第172~173页。

氏春秋新校释》(上海古籍出版社2002年出版)、张双棣等译注的《吕氏春秋》(中华书局2007年出版),谢开慧注释的《吕氏春秋》(内蒙古人民出版社2009年出版)、王晓明的《吕氏春秋通诠》(江西人民出版社2010年出版),夏纬瑛的《吕氏春秋上农等四篇校释》(农业出版社1956年出版)。本书主要依据夏纬瑛的校释本。

(二)《地员》

《管子》一书共24卷,原86篇,今存76篇,大约成书于战国至秦汉时期。《地员》是中国最早的土地分类专篇,是叙述各种土地对于农林生产的影响的。《地员》篇前半部分,把土地分为渎田、坟延、丘陵、山林和川泽五类,然后在各类中再细分小类,介绍了它们的宜生谷种、宜生草木、水泉深浅等。后半部分,叙述"九州之土",讲述了18种土壤的性状和所宜生的植物、谷种等。依它们对于农林生产的善恶顺序排列,分为上土、中土、下土,各属有6种土壤。

《管子》的版本,最早有西汉刘向编订《管子》,唐前期的尹知章注《管子》,清朝王绍兰《管子地员篇补注》四卷、张佩纶《管子注》、戴望《管子校正》,近现代的颜昌峣《管子校释》(岳麓书社1996年出版)、郭沫若、闻一多、许维遹等人所著《管子集校(上下)》(科学出版社1956年出版)、黎翔凤《管子校注》(中华书局2004年出版)、马非百《管子轻重篇校诠》(中华书局1979年出版)。夏纬瑛所著《管子地员篇校释》(农业出版社1981年出版),从植物与土地的关系出发进行探讨,与历来的校注不同,对《地员篇》进行了精细的考释,澄清了诸多问题。本书主要依据夏纬瑛的校释本。

(三)《氾胜之书》

《氾胜之书》是西汉晚期一部重要的农学著作。《汉书·艺文志》著录作《氾胜之》18篇,《氾胜之书》名称来自《隋书·经籍志》,后来成为该书的通称。作者氾胜之,汉成帝时曾在关中平原教导农业,该书是他对西汉黄河流域的农业生产经验和操作技术的总结,内容主要包括三个部分:一是耕作栽培通论,包括耕作的基本原则、播种日期的选择、种子处理等;二是作物栽培分论,分别介绍了禾、黍、麦、稻、稗、大豆、小豆、枲、麻、瓜、瓠、芋、桑等13种作物的栽培方法,内容涉及耕作、播种、中耕、施肥、灌溉、植物保护、收获等生产环节;三是特殊作物高产栽培法——区田法,这是《氾胜之书》中非常突出的一个部分。《氾胜之书》现存的3 000多字中,有关区种法的文字,多达1 000多字,在后世的农书和类书中多被征引。[1]

---

[1] 曾雄生:《中国农学史》,福建人民出版社2008年版,第183页。

氾书早佚，19世纪前半期出现了《氾胜之书》的三种辑佚本：一是洪颐煊辑录的《氾胜之书》2卷，编在他1811年所刻的《经典集林》中；二是宋葆淳1919年辑录的《汉氾胜之遗书》；三是马国翰辑录的《氾胜之书》2卷，编刊在他的《玉函山房辑佚书》中。这三种辑佚本的材料来源主要是《齐民要术》。今人石声汉撰有《氾胜之书今释》（科学出版社1956年出版）、万国鼎撰有《氾胜之书辑释》（中华书局1957年出版）。本书主要依据石声汉和万国鼎的注释本。

(四)《四民月令》

《四民月令》，是东汉后期崔寔模仿古时月令所著的农业著作，成书于2世纪中期，仿照"月令"的体裁按月安排士农工商的活动，以农业生产为主，记载了耕作、改良土壤、适时播种和果树整枝压条等技术，同时也介绍当时的纺绩、织染和酿造、制药等手工业，是当时农业生产经营活动的反映。

《四民月令》是西汉《氾胜之书》到后魏《齐民要术》，相隔500多年仅有的一部农业生产书籍。《四民月令》仅一卷，《隋书》《旧唐书》《新唐书》均有著录，南宋郑樵《通志·艺文略》有记载，但至元人撰《宋史·艺文志》已不复见。大概此书在此时散失的。现在该书资料比较集中地被保存在《齐民要术》及隋杜台卿《玉烛宝典》中。

《四民月令》清代后有任兆麟、王谟、严可均、唐鸿学4种辑佚本。新中国成立后，中华书局于1965年出版石声汉的《四民月令校注》，1981年农业出版社又出版了缪启愉的《四民月令辑释》。这两个辑佚本均以《玉烛宝典》为底本，配合《齐民要术》及其他各书所引，参考各种辑佚本，对《四民月令》作较缜密的辑集。本书主要依据石声汉和缪启愉的校注本。

(五)《齐民要术》

《齐民要术》大约成书于北魏末年，农学家贾思勰所著的一部综合性农学著作，是中国现存最早最完整的古代农学名著，也是世界农学史上最早的专著之一。全书10卷92篇，前6卷是种植业和养殖业，后3卷属于农副产品加工的生产和保藏，系统地总结了6世纪以前黄河中下游地区劳动人民在农、林、牧、副、渔"大农业"方面的全部生产经验，被誉为"中国古代农业百科全书"。

《齐民要术》自宋代刊刻以后到近代，出现过北宋崇文院刻本、南宋张辚刻本、南宋本的明代抄本、明代的马直卿的湖湘本、沈氏刊刻的竹东书舍本、毛晋《津逮秘书》本、清代张海鹏的《学津讨原》本、袁昶的《渐西村舍丛刊》本等20多种版本。现代的版本是1957—1958年科学出版社出版的石声汉先生的《齐民要术今释》，1982年农业出版社出版的缪启愉先生的《齐民要术校释》,2009 年上海古籍出版社出版的缪启愉、缪桂龙二位先生合著的《齐民要术译注》。本文以缪启愉、缪桂龙合著的《齐民要术译注》为底本,同时参以石声汉先生的《齐民要术今释》,缪启愉先生的《齐民要术校释》。

(六)《四时纂要》

《四时纂要》,唐韩鄂作,以"四时"为名,是一本月令体农书,按月列举应做事项的农家杂言。据缪启愉统计,全书共 698 条,其中占候、择吉和禳镇占了 348 条,其余的 250 条,按各事的性质又析为 481 条,分别是农业生产 245 条,农副产品加工和制造 91 条,医药卫生 70 条,器物修造和保管 37 条,商业经营和高利贷 33 条,教育文化 5 条。资料来源上主要采自《氾胜之书》《四民月令》《齐民要术》《山居要术》及一部分医方书,也有韩鄂自己的点滴经验与总结。《四时纂要》继承和发展了《四民月令》的月令体式,同时在内容上和《齐民要术》相比也有发展的一面。《四时纂要》填补了自《齐民要术》至《陈旉农书》6 个世纪的空白,对农业生产技术和社会经济发展的研究,都起着承上启下的作用。①

《四时纂要》原书在我国早已散失。1960 年,在日本山本敬太郎的藏书中,发现了朝鲜古刻本的《四时纂要》。1961 年由日本山本书店影印出版。1981 年,缪启愉依据日本的影印本,并利用各书引录《四时纂要》文及有关文献,由农业出版社出版了《四时纂要校释》一书,这是迄今研究《四时纂要》较为理想的版本。本书即以缪启愉校释本为依据。

(七)《陈旉农书》

《陈旉农书》,南宋农学家陈旉所撰,是一本属私人农学传统的农书。全书篇幅不大,分为上中下 3 卷,共 23 篇,共计 1 万余字。内容丰富又简明扼要,具有很强的实践性和实用性。具体来说,上卷总论土壤耕作和作物栽培,中卷讲述耕畜的饲养管理,下卷讨论有关种桑养蚕的技术。三卷合一,构成了一个有机的整体。《陈旉农书》从内容到体裁都突破了先前农书的樊篱,开创了一种新的农学体系。② 万国鼎先生也评价:"《陈旉农书》不抄书,着重写他自己的心得体会。……他的这部农书,在体例上确实比《齐民要术》谨严,出自实践的成分比《齐民要术》多,实践性可以说是《陈旉农书》的一个显著特色。"③

《陈旉农书》的版本,自南宋以后,以多种方式广泛流行。最早的洪兴祖

---

① 王晓燕:《古代月令体农书渊源考》,《安徽农业科学》2011 年第 32 期。
② 范楚玉:《陈旉的农学思想》,《自然科学史研究》1991 年第 2 期。
③ 万国鼎:《陈旉农书校注》,农业出版社 1965 年版,第 8 页。

初刻本和汪纲刻本已经失传。目前所存的主要抄本和刻本有《四库全书》本、《知不足斋丛书》本、《函海》本、《兼葭堂》本、《四库全书》无版本、《龙威秘书》本、《艺苑捃华》本、《农学丛书》本。现代比较常见的版本有：1965 年由农业出版社出版的万国鼎的《陈旉农书校注》，2015 年由中国农业出版社出版的刘铭的《陈旉农书校释》。本书以万国鼎的校注本为主，同时参照刘铭的校释本。

（八）《分门琐碎录》

《分门琐碎录》，是一部湮没已久的古农书。据胡道静、舒迎澜、化振红等的探讨，作者是北宋末南宋初的福建著名人士——温革。内容上包括农桑、种艺、禽兽、虫鱼、牧养和饮食 6 个部分。据化振红先生考证，资料来源于 80 余种两宋以前或当时的典籍，也有部分始见于本书。《分门琐碎录》是研究宋元农业状况的珍贵资料，为农业技术发展史提供了可靠依据。

《分门琐碎录》原书在清代中期散失，1962 年上海图书馆将收藏到的此书的明末清初的抄本影印，并于 2002 年收录《续修四库全书》子部农家类。化振红先生在影印本的基础上，进行了句读、辨误、训释、集证等工作，于 2009 年，由巴蜀书社出版了《分门琐碎录》校注本。本书即以化振红的校注本为依据。

（九）《种艺必用》

《种艺必用》全文载于《永乐大典》卷 13194，第 12～20 页，宋吴怿撰；《种艺必用补遗》接载于第 20～24 页，元张福补遗，是一部反映宋元间农业技术的农书。《种艺必用》及《补遗》不分卷和篇章，都是按条罗列，原书包括 160 条，《补遗》61 条，每条的文字都不长，征引的文献也不多，但总结的种植经验，内容非常丰富，记述了许多过去和同时期农书未有的内容，如外来物种的种艺方法、树木的嫁接方法、果树的栽培方法、观赏植物的莳艺方法等，一定程度填补了自《齐民要术》以来的空缺，也打破了农书的成规。

《种艺必用》自明初后已失传。胡道静先生 1961 年从残存的《永乐大典》中发现和辑出，1963 年农业出版社出版了胡道静校注的《种艺必用》。本书即以胡道静的校注本为依据。

（十）《农桑辑要》

《农桑辑要》是元代大司农司官修的一部农书，也是元代的第一部官修农书。具体的编撰人员是孟祺、张文谦、畅师文、苗好谦等人。元朝建立后，统治者采取了重农劝农政策，并采取了耶律楚材的建议，奖励农业生产，设置专管农业的"司农司"。《农桑辑要》就是在这种历史背景下产生的。

《农桑辑要》全书共 6.5 万余字，分为 7 卷。分别介绍了典训、耕垦、播种、栽桑、养蚕、瓜菜、果实、竹木、药草、孳畜、禽鱼、蜜蜂等内容。《农桑辑要》

中引用了许多农书的内容。主要引录了《齐民要术》《四时类要》《韩氏直说》《务本新书》《农桑要旨》《农桑直说》《种莳直说》《蚕经》《桑蚕直说》《博闻录》《士农必用》等农书的内容，这些书除《齐民要术》外都已失传。王毓瑚先生在《中国农学书录》中称赞此书说："书中所有引文，都是原书的精华，像那些名称的训诂，以及一切涉及迷信或荒诞无稽的说法，几乎完全弃置不用。这样就使得此书成为一部实用价值极高的农学读本。"①因此《农桑辑要》在客观上起到了保留和传播古代农业科技的作用。《农桑辑要》除了引录农书内容外，也增加了一些新内容，在文中都冠以"新添"字样，如苎麻、木棉、西瓜、胡萝卜、茼蒿、人苋、甘蔗、养蜂等，并将栽桑养蚕与农业生产并举，这些都体现了《农桑辑要》一书的特色。

《农桑辑要》在元代曾重刊多次，但后代流传的版本是清代编修《四库全书》时从明代《永乐大典》中辑出的。1979年上海图书馆影印出版了馆藏元刊大字本。1982年农业出版社出版了石声汉的《农桑辑要校注》。1988年农业出版社又出版了缪启愉校释的《元刻农桑辑要校释》。2008年上海古籍出版社出版了马宗申的《农桑辑要译注》。本书以缪启愉的校释本为主，同时参照石声汉的校注本和马宗申的译注本。

(十一)《王祯农书》

《农桑辑要》内容以北方农业生产技术为主，对江南地区的水田农业生产技术未涉及，而《王祯农书》的出现弥补了这一缺陷。《王祯农书》是一部反映南北农业技术的农书。

《王祯农书》全书共分为三个部分：《农桑通诀》《百谷谱》《农器图谱》。《农桑通诀》是农学总论性质，论述了自耕垦、播种、中耕，到收获、贮藏的农业生产过程，并论述了有关林木种植、禽畜饲养以及蚕桑加工等方面的技术。《百谷谱》是分论，主要论述了谷物、蔬菜、瓜类、果树、竹木、棉麻、药草等80多种植物的栽培、保护、收获、贮藏和加工、利用等方面的技术与方法。《农器图谱》是《王祯农书》的重点，占全书篇幅的五分之四。农具专著是从唐宋以后开始出现的，最早的农具著作是唐陆龟蒙的《耒耜经》，但这部著作篇幅短小，只记载了以江东犁为主的4种农具，实际上就是一篇关于农具的小短文。之后宋朝出现了曾之谨的《农器谱》和楼璹的《耕织图》，但这两本都失传了。王祯将《农器谱》和《耕织图》结合起来，形成了自己的《农器图谱》②，共12卷，分20门261目，收集了306幅图。《农器图谱》是

---

① 王建平：《劝农教化情境下的元代农书》，《农业考古》2020年第6期。
② 曾雄生：《〈王祯农书〉中的"曾氏农书"试探》，《古今农业》2004年第1期。

传统农具集大成者，它记载了历史上的各种农具，对它们的名称、出处、结构、功能等进行了详细的描述，从中我们可以窥见古代农具的发展历程，了解古代农具名称的变化。

《王祯农书》目前所见到的最早的刻本是明嘉靖本，承袭嘉靖本是万历山东刻本。清代的版本有《四库全书》本、《武英殿聚珍版丛书》本。新中国成立后王毓瑚先生以《四库全书》本为底本，参照嘉靖本、山东刻本等，于1981年由农业出版社出版了王毓瑚校注的《王祯农书》。2008年缪启愉、缪桂龙以王毓瑚校注的《王祯农书》为底本，以清代《武英殿聚珍版丛书》本为参校本，由上海古籍出版社出版了《东鲁王氏农书译注》。本书主要依据王毓瑚的校注本和缪启愉的译注本。

(十二) 农桑衣食撮要

《农桑衣食撮要》是一部月令体农书。作者鲁明善，维吾尔族人，和父亲长期生活在汉族地区。他重视农业生产，经常讲学，以鼓励人们从事农业活动。《农桑衣食撮要》是他在安丰任职期间完成的。全书共1.1万字，"凡天时地利之宜，种植敛藏之法，纤悉无遗，具在是书。"①记载了208条农事，内容包括农业生产的各个方面，如气象物候、农田水利、作物栽培、栽桑养蚕、畜禽饲养、贮藏加工等，而且在地域上增加了南方农业方面的内容，是一部百科性、综合性农书。《农桑衣食撮要》在农学史上有较高的地位，是继唐《四时纂要》后，至今保存比较完备的月令体农书。

《农桑衣食撮要》的版本，万国鼎先生考订了此书的7种版本，王毓瑚先生在《校订农桑衣食撮要引言》中对各版本的源流也作了比较详细的梳理。1962年农业出版社出版了王毓瑚先生校订的《农桑衣食撮要》，此本是目前为止最好的本子。本书即以王毓瑚校订本为依据。

(十三)《农政全书》

《农政全书》成书于明万历年间，徐光启作。它比较全面地反映了明朝前后的农业生产技术，是农业科学技术发展史上一部集大成之作。全书共60卷12目，依次为农本、田制、农事、水利、农器、树艺、蚕桑、蚕桑广类、种植、牧养、制造、荒政。《农政全书》在内容上多征引前人的文献资料，博采众长，同时也有徐光启自己的实践体会和思想见解。全书最大的特色是农本、开垦、水利和荒政等政策内容的加入。

《农政全书》在徐光启生前未定稿，后由徐氏门人陈子龙等整理，崇祯十

---

① 〔元〕鲁明善著：《农桑衣食撮要·作者自序》，王毓瑚校注，农业出版社1962年版，第15页。

二年即1639年在陈子龙私宅平露堂刊行,即平露堂本。清中叶以后又相继出现了贵州本(1837年贵州粮署刊本)、曙海楼本(1843年上海王寿康刊)、山东本(1874年山东书局据贵州本复刻)、万有文库本(1930年上海商务印书馆影印)、中华书局本(1956年中华书局出版的铅字排印本)等。1979年上海古籍出版社出版石声汉先生《农政全书校注》,2011年上海古籍出版社再一次出版了石声汉先生点校的《农政全书》,此书以平露堂本为基础,参照其他版本进行校订。本书即以2011年石声汉的校注本为依据。

本书选取了从战国时期《吕氏春秋》中的《上农》《任地》《辩土》《审时》到明代《农政全书》共13部农业文献。这些农业文献从语料上来说,具有重要的研究价值。但同时语料来源也非常复杂,征引文献非常丰富。既有来源于前代的非农业文献,比如来源于《易经》《尚书》《礼记》《孟子》《庄子》《史记》《汉书》《后汉书》;也有继承前代农书的语料,特别是《齐民要术》以后的农书对《氾胜之书》和《齐民要术》都有很多引用;还有一些已轶农业文献的引用,如《农桑辑要》《王祯农书》《农政全书》中引用了已轶农书《种莳直说》《务本新书》《士农必用》《农桑要旨》《农桑直说》《桑蚕直说》中的内容;也有作者新添加的内容,比如《农桑辑要》中有"新添"的内容,《农政全书》中有"玄扈先生曰"的部分。从语料中词汇成分来看,也非常复杂,既有基本词汇,也有一般词汇;既有农业词汇,也有非农业词汇;既有新词,也有旧词;既有方言词,也有口语词、外来词。鉴于语料词汇的复杂性,本书以所给语料中的具有农业属性的农业词汇作为研究对象。

二、研究方法

本书以农业文献中的农业词汇为语料,力求通过研究,对汉语农业词汇作一个系统的描写。为达到我们的研究目的,本书将立足于汉语词汇学理论,同时吸纳传统小学的治学方法,具体研究方法如下。

(一)定量与定性相结合。"定量研究对语料的另一个要求,就是语料的封闭性。只有封闭才能做到定量统计的穷尽、准确。"[1]因此我们对13部农书中的农业词汇做了语料库,为封闭性研究提供了可操作性。我们在对农业词汇进行定量统计的同时,也对这些词语进行分门别类的定性分析。"定量研究只是一种手段,只是对语料的一种处理方法,重要的是通过大量、准确的定量分析来发现语言的本质属性和规律。"[2]

---

[1] 苏新春:《汉语词汇计量研究》,厦门大学出版社2001年版,第16页。
[2] 苏新春:《关于〈现代汉语词典〉词汇计量研究的思考》,《世界汉语教学》2001年第4期。

（二）共时与历时相结合。王云路先生指出："词汇研究不但要探讨单个词语的语源研究和变化，看清它们在早期是什么形态，之后有什么发展，延续到什么时代，在不同地域有什么各自的形态，还要发现词与词之间的联系，词族与词族之间的联系，发现某类词语构成和演变的规律。"[①]因此我们对农书中的农业词汇在共时描写的基础上，在整个汉语词汇史的研究视角下，力求能上勾下联，探求农业词汇的继承和发展。

（三）描写与解释相结合。我们在对农业词汇进行描写的基础上，尝试运用语言学的有关理论，对其作出解释，力求揭示出农业词汇发展的某些特点和规律。

（四）因声求义、系联同源词等传统方法的运用。我们在分析农业词汇语义时，除了利用现代词义学理论外，也注意继承传统语言学中的训诂成果。因声求义、系联同源词、方言求证、语源求义等传统训释词语的方法，也是我们行之有效的方法。

（五）语言与社会、文化相结合。语言随着社会的产生而产生，随着社会的发展而发展，语言与社会是相辅相成的。同时语言又是文化的载体，是文化的反映。特别是对于农业词汇来说，与社会的关系更加密切，与农业文化更是息息相关。因此，我们在分析农业词汇时会运用社会语言学、文化语言学的相关理论方法。

[①] 王云路：《词汇训诂论稿》，北京语言文化大学出版社2002年版，第233页。

第一章　农业文献中的方俗语词

第一节　方　言　词

　　方言词，特别是历史文献中方言词的确定是很困难的。蒋绍愚在《近代汉语研究概况》一书中曾指出："近代汉语作品方言成分的考察是一件非常有意义的工作，但也是一项非常困难的工作。这困难主要在于：近代作品中的一些语言现象是否属于当时某一方言的现象，往往只能根据现代方言的状况以及其他历史资料加以推断。而在推断的过程中，如果方法不当，就会出现问题。"①

　　为什么会出现问题，蒋先生认为："对于历史文献中的语言现象，即使考定了它在今天某方言中存在，那也只是考定了它的'今籍'，而'今籍'未必就等于'祖籍'。……所以，在考察近代汉语作品的方言成分时，决不能简单地把'今籍'和'祖籍'等同起来。"②

　　不管是近代历史文献，还是上古和中古文献，方言词的考订都是一个难点。由于历史文献中的方言词很难确定，人们在研究文献中的方言词时往往会出现以今论古的失误。晁瑞对"历史方言词"的判定提出了 6 条标准：词的频率标准；同一时代，不同词义的出现频率；文体及叙述角度标准；同一种古籍，不同的整理版本，差异较大的词语；训诂学家笔下的方言记录；各类辞书、方言志收录的方言词。③ 晁文的标准对历史方言词的研究具有很大的启发性。对于历史文献中的方言词，我们不仅要观察共时平面的使用情况，还要注重考察历时的发展。

---

① 蒋绍愚：《近代汉语研究概况》，北京大学出版社 1994 年版，第 321 页。
② 蒋绍愚：《近代汉语研究概况》，北京大学出版社 1994 年版，第 321 页。
③ 晁瑞：《近代汉语方言词研究在训诂上的价值》，《淮阴师范学院学报》2008 年第 3 期。

农业文献作为特殊体裁的文献语料,以实用为目的,具有明确的实践性,语言通俗易懂,同时农书反映的生产和生活具有一定的地域性,它一定程度上也反映了当时的方言,主要是方言词汇。汪维辉先生在《〈齐民要术〉词汇语法研究》一书中列出了一批北方方言词,比如,博(换取;贸易)、不用(不能,不要)、断手(结束,完毕)、对半(两边各一半)、浑脱(整个儿地剥脱)、仍(仍然)、外许(外面)、寻手(随手,随即)等。① 对于农业文献中的方言词,要依据词典的帮助,并根据其所处时代文献及所引用文献时代的使用频率的考察、文献特点、版本差异等来确认,主要有以下几类。

一、有明显标志的方言词

有明显标志的方言词,是指出现《方言》"××地呼""××人呼"等标志的方言词。

1. "渠挐",一种农具,即现在的耙。古方言词。《方言》第五:"耙,宋魏之间谓之渠挐,或谓之渠疏。"这一古方言保存了下来。《广雅·释器》:"渠挐谓之耙。"清王念孙疏证:"齐鲁谓四齿耙为欋,欋与渠,渠疏,皆语之转也。"《王祯农书·耙》:"耙,又作爬,今作耰。宋魏之间呼为渠挐,又谓渠疏。"《汉语方言大词典》②(5821)收有"渠挐"一词。用于冀鲁官话和中原官话中。

2. "渠疏",一种农具,即四齿耙。古方言词。《方言》第五:"耙,宋魏之间谓之渠挐,或谓之渠疏。"陆龟蒙曰:"凡耕而后有耙,所以散坺去芟,渠疏之义也。"这一古方言保存了下来。《王祯农书·耙劳》:"今人呼耙曰'渠疏',劳曰'盖磨',皆因其用以名之,所以散坺、去芟、平土壤也。"清光绪十年《畿辅通志》:"耙,魏谓之渠挐,或谓之渠疏,……今时保定人犹呼无齿耙为杋子,有齿耙为耙。"《汉语方言大词典》(5821)收有"渠疏"一词。用于冀鲁官话中。

3. "种金",即耧脚,其形制像镜而小,中间有高脊,四寸长,三寸阔,插在耧足下端,劐刃入土三寸左右,耧足跟着溜下种粒,种子入土既深,田也耩过加熟。《农桑辑要·种谷》引《种莳直说》:"今燕赵多用之,名曰劐子。"《王祯农书·劐》:"今燕赵迤南又谓之'种金',耧足所耩金也。其金入地三寸许,耧足随泻种粒,其种入土既深,田亦加熟。"亦即"耧脚"。清蒲松龄《日用俗字·庄农章》:"耢过才着种耜耩,耧斗石沉种金尖。"又《庄农日用杂字》:"耩子拾

---

① 汪维辉:《〈齐民要术〉词汇语法研究》,上海教育出版社 2007 年版,第 12 页。
② 许宝华、宫田一郎:《汉语方言大词典》,中华书局 1999 年版,括号内数字为在词典中的页码。下同。

掇就,种金尖又尖。"《汉语方言大词典》(4200)收有"种金"一词。用于冀鲁官话中。现代山东的滨州、桓台地区仍有"种金"一词,表示安装在耧下的用来开沟的铁器。①

4. "鐁",古代的一种农具,像刀而上端弯曲,像镰而下面直,刀背像手指那么厚,刃长一尺左右,柄有两握粗,似刀似镰。古方言词。《方言》卷五:"刈钩,自关而西谓之钩,谓之鐁。"《集韵·入声·十六屑》中有"锲、鐁",解释引《广雅》:"镰也。"《王祯农书·鐁》:"锲、鐁,《集韵》通用。又谓之弯刀。"《汉语方言大词典》(7345)收有"鐁"一词,指割稻用的刀刃有细齿的小镰刀。用于北京官话和吴语中。由"鐁"构成的"鐁子"及"鐁仔"等词分别用于吴语和闽语中,表示"镰刀"义。

5. "注箕",一种上圆下方的筲筐,用于盛谷物。古方言词。《方言》卷五:"所以注斛,自关而西谓之注箕,陈魏宋楚之间谓之筲。"《王祯农书·筲》:"自关而西谓之注箕。皆筲之别名也。"清雍正十三年《陕西通志》:"筲,自关而西谓之注箕。"《汉语方言大词典》(3657)收有"注箕"一词,指小而高的筲筐,用以盛谷物灌注于斗斛中。用于中原官话中。

6. "摄殳",即"连耞",一种击打禾谷的农具。古北方方言。《方言》卷五:"佥,宋魏之间谓之摄殳。"《王祯农书·连耞》:"今呼为连耞。南方农家皆用之。北方获禾少者,亦易取办也。"清光绪十年《畿辅通志》:"佥,卫谓之摄殳,或谓之度。《方言》五郭璞注:'佥,今连耞也,所以打谷者。'摄殳亦杖名也。"

7. "棓""柫",今"连枷",亦作"连耞",打谷器。古方言词。《方言》卷五:"佥,……自关而西谓之棓,或谓之柫。"郭璞注:"今连枷,所以打谷者。"《王祯农书·连耞》:"《广雅》曰:'柫谓之耞。'"《汉语方言大词典》(5898/3842)收有"棓""柫"两词。现代湘语中,"棓"还作动词,表示"打(谷)"义。杨树达《长沙方言考》卷四:"今长沙谓挞穗出谷曰棓谷。""柫"在闽语厦门话中指"没有齿的木耙子",如柴柫、耙柫;还表示动作"扒、撮":柫粪扫(扒垃圾)、柫米。

8. "枊""桲",今"连枷",亦作"连耞",打谷器。古方言词。《方言》卷五:"佥,齐、楚、江淮之间谓之枊,或谓之桲。"郭璞注:"今连枷,所以打谷者。"《王祯农书·连耞》:"齐、楚、江淮之间谓之枊,或谓之桲,今呼为连枷。"清光绪十二年《泰兴县志》:"击谷杖谓之枊。"1936年《续修盐城县志》:"《说文》:'枷,拂也。从木加声。淮南谓之枊。'"《湖南通志》:"佥,楚谓之枊或谓之桲。"《汉语方言大词典》(3834)收有"枊"一词。用于江淮官话中的泰兴和盐城以及湘语中。

---

① 董绍克、张家芝:《山东方言词典》,语文出版社1997年版,第43页。

另外,"芋",齐人曰"莒",蜀呼为"蹲鸱";"菌子",中原呼为"蘑菇",又为"莪";"薯蓣",齐越名"山芋";"苣",吴人呼为"苣菜";"刺蓟菜",北人呼为"千针草";"荇菜",江南谓之"猪莼";"苦菜",河北谓之"龙菜",青州谓之"芑";"莼菜",江南谓之"莼龟";"蔓菁",川蜀人呼为"诸葛菜";"过冬水",广人谓之"寒水",楚人谓之"泉田";河北人谓"白雁"为"霜信";浙人唤"石榴"作"金樱";"大蒜",南人有"齐葫"之言;"胡荽",并人呼为"香荽";"菰",江南人呼为"茭";"甜瓜",浙间谓之"阴瓜";"白雁",河北人谓之"霜信";"芥蓝",南人谓之"芥蓝",北人谓之"擘蓝";"枕",以竹为之者,淮人谓之"竹扬枕";"鑱",吴人云"犁铁";"耧锄",燕赵间用之,名曰"劐子";"刈钩",江淮陈楚之间谓之"铅",或谓之"镚",自关而西谓之"钩",或谓之"镰",或谓之"锲";"筥",江沔之间谓之"籢",赵代之间谓之"筲",淇卫之间谓之"牛筐",南楚谓之"篓",秦晋之间谓之"箪";"笼",南楚江沔之间谓之"篣",或谓之"筊";"纬车",赵魏之间谓之"历鹿车",东齐海岱之间谓之"道轨";"蟠车",南人谓"拨柎",又云"车柎";"锹",宋魏之间谓之"铧",或谓之"铧",江淮南楚之间谓之"臿",赵魏之间谓之"臬";"屦",徐兖之郊谓之"扉",自关而西谓之"屦",自关而东谓之"复履",东北朝鲜洌水之间谓之"鞄",或谓之"𪓰",徐土邳沂之间,大粗谓之"鞄角";"儋",陈魏宋楚之间曰"瓾",或曰"瓶",燕之东北、朝鲜洌水之间谓之"瓯",……周洛韩郑之间谓之"甄";"碓",自关而东谓之"梃";"礴",或谓之"䃩";"甑",或谓之"酢镏";"绠",自关而东周洛韩魏间……谓之"络",关西谓之"繘";"丝篝",兖豫河济之间谓之"辕";"车纣",自关而东……谓之"紣",或谓之"曲",或谓之"曲纶",自关而西谓之"纣"。

二、没有标志的方言词

1. 蜀秸/黍秸/秫黍蘴/蜀黍秸

(1) 十月中,夹蜀秸篱,以御北风。(《农桑辑要·松》)
(2) 至来日,泽去石灰,却用黍秸灰淋水煮过,自然白软。(《农桑辑要·苎麻》)
(3) 筛用竹编、苇子亦可,秫黍蘴亦可。(《农桑辑要·下蚁》)
(4) 今时多用蜀黍秸壁。(《农桑辑要·蚕室》)

"蜀秸""黍秸"书写形式不同,但都是指高粱秆。据文献检索,①"蜀秸"

---

① 检索的范围主要依据陕西师范大学袁仁林《汉籍全文检索系统》第二版。下同。

仅出现在《农桑辑要》中,此后文献中未见,也未见于各大辞书中。"黍秸"除出现在《农桑辑要》中,之后的文献中仅在《元史·燕铁木儿传》中出现了一次:"敌列植黍秸,衣以毡衣,然火为疑兵,夜遁。"《汉语方言大词典》(6185)中有词条"黍秸",用于中原官话和晋语区,未有例证。"蜀秸""黍秸"两词应是出现于金元时期的方言词。

《汉语大词典》收有"秫稭",即"秫秸","稭"同"秸",与"蜀秸""黍秸"书写形式不同,但都是指高粱秆。首引清李斗《扬州画舫录·新城北录中》:"脱纱堆塑泥子坐像,法身折料,增以秫秸油灰,脱纱使布十五次。"例证延后。据检索"秫秸"一词最早出现在成书于元代的《金史·张中彦传》:"黄时心中疑惑,看那壁是秫秸隔的,上糊着纸。"从元朝到明清"秫秸"一词一共出现20余次,主要出现在明清白话文献中,如《菽园杂记》《明珠缘》《儿女英雄传》《三侠剑》《小五义》《红楼圆梦》《红楼真梦》《醒世姻缘传》,"秫秸"一词应是当时的北方方言。此词现在也存在于山东方言中,广泛运用于阳谷、桓台、寿光、青州、高密、滨州及鲁西和鲁南片区。①

"秫黍藦""蜀黍秸","藦"与"秸"同,指高粱秆。这两个词首次出现于元代农书中,之后的文献中未见这两个词,应该是产生于金元时期北方独特的方言词。《汉语方言大词典》(7202)中收有"蜀术秸",书写形式不同,但都是指高粱秆。用于冀鲁官话中。清蒲松龄《聊斋俚曲集·磨难曲》第一回:"满坡一片皆红地,只有几科蜀术秸。"

"蜀秸""黍秸""秫黍藦""蜀黍秸"应都是出现于金元时期的方言词。

2. 蜀黍/秫黍

(1)若种蜀黍,其梢叶与桑等,如此丛杂,桑亦不茂。(《农桑辑要·修莳》)

(2)蜀黍,宜下地。(《农桑辑要·蜀黍》)

(3)蜀黍,春月种,不宜用下地。(《王祯农书·蜀黍》)

(4)淮民用蜀黍梢茎,取其长而滑。(《王祯农书·木绵卷筵》)

(5)种秫黍。(《农桑衣食撮要·种秫黍》)

"蜀黍""秫黍"书写形式不同,都是指高粱,均出现于元代。

"蜀黍"出现在《农桑辑要》和《王祯农书》中,此时期的文献中再未发现其他用例。明清时期,"蜀黍"一词仅出现在引用元代农书部分,《农政全书》《授

---

① 董绍克、张家芝:《山东方言词典》,语文出版社1997年版,第60页。

时通考》中皆引用了"淮民用薥黍梢茎,取其长而滑"。现各大辞书均未收录此词。

"秫黍"出现在《农桑衣食撮要》中,元代文献中仅出现这一例。《汉语大词典》收有"秫黍",指高粱。首引《古谣谚·嘉靖初童谣·二申野录》:"嘉靖二年半,秫黍磨成面。东街咽瞪睛,西街吃磨扇。"例证延迟。《古谣谚》是清代杜文澜辑录古代民谣和谚语的专书。除此之外,"秫黍"仅在《醒世姻缘传·第五十四回》中出现一次:"常把囤里的粮食,不拘大米、小麦、绿豆、秫黍、黄豆、白豆、得空就偷。"《醒世姻缘传》主要是用山东中部方言作成,方言色彩浓厚。

《农政全书》中引用了"薥黍"一词,同时在该书中,还出现了"薥秫"。《农政全书·回回米》:"俗名草珠儿,又呼为西番薥秫。""薥秫"这种书写形式应该出现于明代。《菽园杂记》第四卷:"尝与北人论辨黍之形似,乃知所谓苗似芦高丈余者,即今南方名芦粟,北方名薥秫,其干名秫秸者是已。"《平凉府志》:"平凉番麦,一曰西天麦,苗叶如薥秫而肥短,末有穗如稻而非实,实如塔如桐子大,生节间,花垂红绒在塔末,长五六寸。"《菽园杂记》是明代陆容写的一部笔记杂说,它记载了明朝中期各地方言特点。《平凉府志》是明代赵时春修撰的一部方志。"薥秫"应是当时的方言词。

《汉语方言大词典》(7202)收有"薥秫"一词。指高粱。冀鲁官话。首引明冯惟敏《海浮山堂词稿·玉芙蓉·喜雨》:"田家接口薥秫饭,书馆充肠苜蓿盘。"次引清蒲松龄《聊斋俚曲集·增补幸云曲》第九回:"几亩洼地种薥秫,几亩高地种棉花。"《汉语方言大词典》(4879)亦收有"秫秫"一词。广泛用于冀鲁官话、胶辽官话、中原官话、晋语、兰银官话、江淮官话等北方方言区内。《尔雅·释草》清郝懿行义疏:"今北方……为高粱黏者为秫秫。"清程瑶田《九谷考》:"稷,大名也。黏者为秫,北方谓之高粱,通谓之秫秫。"豫剧《李双双》:"锄一行秫秫要吸三袋烟。"《现代汉语词典》收有"秫秫":〈方〉高粱。

从"薥黍""秫黍"在文献中出现的频率以及文献的特点,可以断定"薥黍""秫黍"这两个词应是元代出现的方言词。明代书写形式为"薥秫",从清朝到现在,书写形式为"秫秫"。

"薥黍""秫黍"之前还有"蜀黍"一词。但"蜀黍"一词最早出现于何时,学术界意见不一。《齐民要术》中提到蜀黍:"地三年种蜀黍,其后七年多蛇。"引自张华《博物志》,张华是西晋人,也就是说,"蜀黍"一名可能至迟在西晋已经出现。但今本《博物志》中又说"地三年种蜀黍"这句话是"《庄子》云"。虽然今本《庄子》中没有这句话,但我们知道《庄子》一书曾经在西晋被郭象删掉19篇共4万多字,这样一来,也许早在战国时代就已经有"蜀黍"之名了。至于"蜀黍"是否指高粱,学术界也意见不一。唐陆德明在《经典释文》中说:"黑黍也,或云今蜀黍也,米白谷黑。"蜀黍就是黑黍,而黑黍是黍的一个品种,因此陆德明时代的"蜀黍"可能也只是黍的一个品种,和后世指高粱的"蜀黍"是同名异物关系。程瑶田认为"蜀"是"大"的意思,"蜀黍"即指大的一种黍。还有学者指出"蜀黍"中的"蜀"是指蜀地,"蜀黍"即指"蜀地产的一种黍"。因此"蜀黍"是否为今天的高粱还有待进一步探究。

3. 饮

(1) 下水饮畦一遍,渗定,再下水。(《农桑辑要·松》)
(2) 隔宿,用水饮畦。(《农桑辑要·苎麻》)

浇水。"饮"字本作"歓"。《说文解字·歓部》:"歓,歓也。从欠酓声。"水流入口为饮。与人饮之谓之饮,俗读去声。表示给人、畜吃或喝。唐慧琳《一切经音义》卷二十三:"饮,饮水也。"《古今韵会举要·沁韵》引《增韵》:"饮,以饮饮之。"《诗经·大雅·公刘》:"饮之食之,教之诲之。"《搜神记》卷三:"乃以药饮女。"《齐民要术·养牛马驴骡》:"服牛乘马,量其力能;寒温饮饲,适其天性。"

金元时期,"饮"产生了浇(花、木、菜、地等)义。元佚名《破窑记·团员封赠》:"冬雪纷纷,绽寒梅,饮琼枝。"《农桑辑要·苎麻》:"隔宿,用水饮畦。""饮畦"指"用水浇田畦",这种用例不多。清唐训方《里语徵实》卷中之上:"浇花木菜蔬曰饮水。"清张慎仪《蜀方言》卷下:"浇花木菜曰饮水。"此时的"饮"应该是当时的方言词。

《汉语方言大词典》(2801)中收有"饮":浇、施。用于西南官话中。胶辽官话中"饮"也有此用法,老农经常说:把畦子饮饮再种小麦吧。

4. 吃

根有宿土者,栽于泥中,侯水吃定,次日方用土覆盖。(《农桑衣食撮要·移栽诸色果木树》)

"吃"古写作"喫",从口,契声。本义指吃东西。汉贾谊《新书·耳痹》:"越王之穷,至乎吃山草。"南朝宋刘义庆《世说新语·任诞》:"友闻白羊肉美,一生未曾得吃,故冒求前耳。"这种用法一直延续到现在。唐宋时期,"吃"的对象由固体扩大到液体,"吃"引申出"饮,喝"义。比如,吃酒、吃水、吃茶、吃药水等。唐杜甫《送李校书二十六韵》:"临岐意颇切,对酒不能吃。"后由"饮、喝"义引申出"吸收"义,可以吸收液体。《汉语大词典》中有这个义项,但首引近人曹靖华《飞花集·哪有闲情话年月》:"印版画,中国宣纸第一,世界无比。它温润、柔和、敦厚、吃墨。"引例延后。至迟金元时期,"吃"已有此义。金元以后,"吃"的这种用法极少,在所检索的文献中未再出现。应该判定,这是元朝出现的独特的方言词。

《汉语方言大词典》(1908)收录"吃":吸收液体。用于北京官话、冀鲁官话、中原官话、江淮官话中。如两行干砖把石灰的水分给吃干了。山东的牟平、阳谷地区有这种用法:这个干面真能吃个水儿。①

5. 肥

  父慈子孝,兄友弟恭,夫妇和睦,此家之肥也。(《农桑衣食撮要·通俗直说》)

"肥",《说文·肉部》:"肥,多肉也。"可以指人肥、动物肥、土肥。后来引申指家肥、国肥,即"富裕"。最早见于《礼记·礼运》:"父子笃。兄弟睦。夫妇和。家之肥也。大臣法。小臣廉。官职相序。君臣相正。国之肥也。天子以德为车、以乐为御,诸侯以礼相与,大夫以法相序,士以信相考,百姓以睦相守,天下之肥也。是谓大顺。"上古、中古时期,这种用例不是很多。唐宋时期,"肥"表示"富裕"义,据文献检索,共出现了十余次,且主要出现在北方文献中。

金元以后,这种用法已很少,除却在《农桑衣食撮要》中这一例外,暂时未发现此种用法,发展到现代汉语,"肥"表示"富裕"义已经消失,《汉语大词典》《现代汉语词典》中都未收录"肥"做形容词表"富裕"之义。这一用法保留到方言中,在方言中"肥"的这一用法也发生了一些变化,由之前的表示"家肥、国肥"缩小为只表示"家肥",指家庭很富裕。

《汉语方言大词典》(3515)收录了"肥",富裕。用于北京官话、江淮官话和西南官话中。明沈榜《宛署杂记·方言》:"富曰肥。"李文彦《望春店》:"这么说,你家的日子硬是过的肥罗。"

6. 蒜发

  四月收子打油,燃灯甚明,能变蒜发。(《农桑辑要·蔓菁》)

"蒜发",斑白的头发。亦称为"宣发""算发"。"宣发"最早见于汉焦赣

---

① 董绍克、张家芝:《山东方言词典》,语文出版社 1997 年版,第 419 页。

《易林·节之井》:"宣发龙叔,为王主国,安土成稷,天下蒙福。"原注:"宣发,黑白杂也。"《易·说卦》:"为寡发。"唐陆德明释文:"寡,本又作宣,黑白杂为宣发。""宣发"一词在文献中出现的频率很低。宋张淏《云谷杂记·蒜发》:"今人言壮而发白者,目之曰蒜发,犹言宣发也。""蒜发"一词出现于《北齐书·慕容绍宗传》"吾自年二十已还,恒有蒜发,昨来蒜发忽然自尽。"《北史·列传第四十一》:"时绍宗数有凶梦,每恶之,私谓左右曰:吾自数年已还,恒有蒜发,昨来忽尽。蒜者算也,其算尽乎!"故"蒜发"亦叫"算发"。元陶宗仪《南村辍耕录·宣发》:"人之年壮而发斑白者,俗曰算发,以为心多思虑所致。盖发乃血之余,心主血,血为心役,不能上荫乎发也。然《本草》云:'芜菁子压油涂头,能变蒜发',则亦可作蒜。"陶宗仪是浙江人,《南村辍耕录》是他隐居松江时所写,是一部有关元朝史事的笔记,语言上具有浓厚的口语色彩。清范寅《越谚·身体》:"蒜发,青年白发也。"《越谚》是范寅对越地民谚口语的原始记录,是当时研究越地方言的集大成之作。周作人曾评价说:"他是以记录俗语为目的,有一语即记录一语,纯是方言志的性质。"明方以智《通雅·身体》:"今少年白发曰算发。徐文长则谓劳心计算则发易白,曰算发。"清章炳麟《新方言·释形体》:"淮西、淮南、吴、越,谓黑中有一二茎白者为宣发。读如蒜。"近人应钟《甬言稽诂·释形体》:"今称生而又白发,厕于黑发中,谓之宣发,俗讹作蒜发、算发。"

《汉语方言大词典》(6418/6851/4441)收有"蒜发""算发""宣发"三词。"蒜发"指壮年人的花白头发,用于吴语中。"算发"指少年白发,用于吴语中。"宣发"有两个词义:一是指早白的头发,用于吴语中。二是指黑发中有一两根白发的人,用于中原官话、江淮官话、吴语中。

7. 席包

根深土远,宽掘上,以席包包裹,不令见日。(《农桑辑要·诸树》)

缪启愉注谓"包包"重文,疑衍一"包"字。并不是。"席包"是指用席缝制成的装盛重物的包皮。《汉语大词典》首引《二十年目睹之怪现状》九十二回:"登时把镇江府城厢内外各麻包店的麻包、席包买个一空。"例证延迟。"席包"一词最早出现于金元时期。除了这两个用例外,据文献检索,仅在《东周列国志》第一回出现了一次:"赶开众鸟,带水取起席包,到草坡中解看。"从该词出现的频率及文献性质看,"席包"应是当时的方言词。

《汉语方言大词典》(5037)收有"席包":一床草席对折,两面的边缝起来,就是席包。用于西南官话中。

8. 煿

（1）有薄饼缘诸面饼，但是烧煿者，皆得投之。（《齐民要术·作酢法》）

（2）桑椹：平时以枣、椹拌馅，煿饼食之，甜而有益。（《农桑辑要·桑杂类》）

（3）蚕初生时，忌屋内扫尘。忌煎煿鱼肉。（《农政全书·养蚕法》）

"煿"，煎炒或烤干食物。最早出现于《齐民要术·作酢法》："有薄饼缘诸面饼，但是烧煿者，皆得投之。"缪启愉校释："煿，同'爆'。《玉篇》：'灼也。'烧煿，意即烧烤。"《集韵·铎韵》："爆，火干也，或作煿。""煿"应是后起字。据文献检索，"煿"仅出现在《齐民要术》中，应该是出现于南北朝时期的独特的方言词。南北朝之后，据不完全检索，"煿"只出现了6次。宋陶谷《清异录·馔羞》："用酒溲面，煿饼以进。"元秦简夫《东堂老》第一折："浑身遍体，星星开剥，仅着他炙煿烹炮。"元王实甫《西厢记》："这些菜馒头委实口淡，五千人也不索炙煿煎燖。"明李时珍《本草纲目·蚯蚓泥》："每服五钱，无根水调服，忌煎煿酒醋椒姜热物。"清蒲松龄《聊斋志异·张老相公》："张先渡江，嘱家人在舟，勿煿膻腥。"何垠注："煿与爆同，火干物。"明兰陵笑笑生《金瓶梅词话》第七十六回："无非是猪蹄羊头，烧烂煎煿。"从"煿"出现的文献看，农书、笔记小说、杂剧、医书、白话小说在语言上都有亦文亦俗的特点，有大量方言俗语的使用，因此"煿"在当时应该也是方言词。

《汉语方言大词典》(6919)收录"煿"：烘、焙、烙。用于胶辽官话、中原官话中。煿鱼、煿干粮、煿尿布、煿饼。1936年《牟平县志》："贴锅蒸熟曰煿，音剥。"

9. 燩

大眠时搭盖，以隔临檐燩热。（《农桑辑要·蚕室》）

"燩"，用火烤。《广韵·业韵》："燩，火气燩上。"《集韵·业韵》："燩，火迫也。"《汉语大词典》首引唐冯贽《云仙杂记·羔羊挥泪》："程皓以铁床燩肉，肥膏见火，则油焰淋漓。"此时还出现在前蜀贯休《经费隐君旧宅》："雨和高瀑浊，烧燩大楮枯。"唐五代时期，仅出现这两例，应是当时产生于北方的新词，具有北方方言色彩。宋元时期，"燩"的方言地域扩大。宋蔡襄《茶录·燩盏》："凡欲点茶，先须燩盏令热，冷则茶不浮。"《茶录》一书是蔡襄有感于陆羽《茶经》"不第建安之品"而特地向皇帝推荐北苑贡茶之作，北苑贡茶即今天福建省南平市建瓯市特产。书中介绍了福建茶叶的烹饮方法、制茶工具及品茶器具等,带有一定的福建方言色彩。此时"燸"还出现在《朱子语类》第一百二十一回中:"今只是略略火面上燸得透,全然生硬,不属自家使在,济得甚事!"《朱子语类》是朱熹与其弟子问答的语录汇编,有不少的宋代方俗词、口语词,是研究宋代口语和方言的重要材料。而朱熹出生于福建,生活于福建,任职于福建,因此其作品中也必然会有福建方言词的印迹。元明清时期,"燸"除了出现在《农桑辑要》一书中,还出现在了明方以智《物理小识·医药类·龙脑》:"文武火燸之。"明李时珍《本草纲目·雄黄》:"雄黄验之可以燸虫死者为真。"清厉鹗《宋诗纪事》卷四十三:"(曲端)为张浚所忌,诬以反,下恭州狱,糊其口,燸之以火,干渴求饮,予以酒,九窍流血死。"这三位作者祖籍分别是安徽桐城、湖北蕲春、浙江杭州,均为南方人,文献性质也具有通俗易懂的特点。因此"燸"最开始出现于北方文献中,宋元以后,出现于南北方文献中,但从其出现的频率和文献性质来看,应该是当时的南北方言词。

《汉语方言大词典》(6921)中"燸"词条也印证了这一点:火炙,火气炙人。用于西南官话、闽语、吴语中。这火好燸人。

10. 煤/掠/灼

(1) 霜后,芋子上芋白擘下,以滚浆水煤过,晒干,冬月炒食,味胜蒲笋。(《农桑辑要·芋》)

(2) 食不尽者,滚汤内掠熟,晒干。(《农桑辑要·菠薐》)

(3) 至春暮,茎叶老时,用沸汤掠过,晒干,以备园枯时食用,甚佳。(《王祯农书·菠薐》)

(4) 若至春间食不尽者,于沸汤内灼过,晒干收贮。(《农桑衣食撮要·腌咸菜》)

(5) 取紫、青、白芥菜切细,于沸汤内灼过。(《农桑衣食撮要·腌芥菜》)

"煤""掠""灼"都是指把蔬菜等放进沸水中略煮捞起,是一组同义词。

《篇海》:"煠,汤瀹菜也。《正字通》俗煤字。""煤"是"煠"的异体俗字。"煤"最早出现于南北朝时期。《汉语大词典》中"煤"首引农书《齐民要术·素食》:"当时随食者取,即汤煤去腥气。"该词南北朝时期,仅见于《齐民要术》中,应是当时的北方方言词。唐宋以后,"煤"的使用范围扩大。唐慧琳《一切经音义》释"所瀹":"《通俗文》:'以汤煮物曰瀹。'《广雅》:'瀹',汤内出之也。江东呼瀹为煤。""煤"应是当时南方的方言词。《汉语方言大词典》(6676)收"煠"词,用于冀鲁官话、中原官话、西南官话、徽语、吴语中。1925年《威县志》:"微煮曰煠。"煠点菠菜再煠点藕调着吃。挨苦菜煠一把再炒就不苦了。拿菠菜先煠一煠,煠脱点黄水。"煠"应是南北方方言词。《现代汉语词典》中有"炸"即"煠"。〈方〉煠:把菠菜炸一下。"煠"现在是南北方方言词。

"煠"出现在元代农书《农桑辑要》引自的《务本新书》中,同时在《农桑辑要》新增部分,又出现了"掠",义同"煠",见上例。元朝之前的文献中没有出现这种用法,元朝以后只出现在了《农政全书》引用《农桑辑要》:"春月出薹,至春暮,茎叶老时,用沸汤掠过,晒干,以备园枯时食用,甚佳。实四时可用之菜也。"各大辞书中均未出现"掠"的这种用法。《汉语方言大词典》中未收录"掠"的这个词义,但在山东方言中有这种用法:指用开水烫一下,主要用于山东桓台地区。① "掠"应该是出现于元代的北方方言词。

《农桑衣食撮要》中出现了"灼"。各大辞书都未收此义,在其他的文献典籍中也没有发现这种用法。"焯""灼",之若切,入声,药韵,章母,两者字音完全相同。声近者义同,两者可以互相借用通假。《说文解字·火部》:"焯,明也。"段玉裁《说文解字注》:"凡训灼为明者、皆由经传假灼为焯。桃夭传曰灼灼,华之盛也。谓灼为焯之假借字也。"《诗经·周南·桃夭》:"桃之夭夭,灼灼其华。"陈奂《诗毛氏传疏》:"小笺云:'灼灼',即'焯焯'之假借。焯,明也。因之凡色之光华明盛者皆谓之焯,亦谓之灼矣。《广雅》:灼灼,明也。《玉篇》:灼灼,华盛貌。'盛'与'明'同义。"马瑞辰传笺通释:"'灼'为'焯'之假借。"《说文解字·火部》:"灼,炙也。"《广雅·释诂二》:"焯,爇也。"王念孙疏证:"焯者,《广韵》:'火气也。'焯与灼亦声近义同。""灼"与"焯"在表示"明""火炙"义上通假。"焯"表示把蔬菜等放在开水里略煮捞起义,最早出现于《说郛》卷二二引宋林洪《山家清供·蒼卜煎》:"(栀子花)大者以汤焯过,少干,用甘草水和稀面拖油煎之,名蒼卜煎。"又引《山家清供·紫英菊》:"春采苗叶洗焯,用油略炒煮熟,下姜盐羹之。""灼"表示"焯"义只出现在了《农桑衣食撮要》中,"灼"也应为"焯"字之借。"灼"应该是当时的方言词。《汉语方言大词典》(2876)收有"灼":涮。用于粤语中,如灼牛百叶。

11. 勃

(1) 获麻之法,穗勃如灰,拔之。(《氾胜之书·枲》)

---

① 董绍克、张家芝:《山东方言词典》,语文出版社1997年版,第252页。

(2) 麻生数日中，常驱雀，布叶而锄，勃如灰便收。(《齐民要术·种麻》)

(3) 待放勃时，拔去雄者。(《农桑衣食撮要·种麻子》)

(4) 有黄黑勃，着之污人手。(《农政全书·苇》)

"勃"，粉末，粉状物。《周礼·地官·草人》："凡粪种……勃壤用狐，埴垆用豕。"郑玄注："勃壤，粉解者。"缪启愉校释《齐民要术》："粉末叫作'勃'，这里指花粉。""勃"可以表示"花粉"，又可指其他粉状物，如做面食时布施的干粉俗称"勃"，又或称"面勃"。《汉语方言大词典》"面勃"条：面粉；面屑。用于兰银官话和吴语中。李鼎超《陇右方言·释器》："土壤之粉解者为'勃壤'，今谓面屑为'面勃'。《齐民要术》引《诗义疏》云：'荻，本大如箸，有黄黑勃，着之污人手。'是凡屑皆曰勃也。"清朱骏声《说文通训定声·坤部》："面，麦末也。"苏俗所谓面勃是也。除此之外，这一用法也广泛用于山东济宁、新泰、青州、寿光、菏泽、曲阜、牟平等地方言中。①

12. 麻枯

(1) 麻枯，谷壳，皆可与火粪窖罨。(《王祯农书·粪壤》)

(2) 刈毕，宜用蚕沙、麻枯糠秕或粪壅之，盛旺。(《农桑衣食撮要·刈苎麻》)

(3) 旱则浇，忌人粪，宜牛粪、麻枯。(《农桑衣食撮要·种山药》)

(4) 用灰粪、麻枯相和撒入田内，晒四五日，土干裂时，放水浅浸稻秧，谓之"戽田"。(《农桑衣食撮要·耘稻》)

(5) 取巴豆两粒，去壳，烂捣，和麻枯、糟糠之类饲之，半日后当大泻。(《四时纂要·八月》)

"麻枯"，指油料作物的种子榨油后剩下的渣饼。唐宋时代已出现，《四时纂要·八月》："阉猪子，待疮口干平复后取，巴豆两粒，去壳，烂捣，和麻枯、糟糠之类饲之，半日后当大泻之。"宋刘昌诗《芦浦笔记·枯盆》："予因执合宫，见御路两旁火盆，皆叠麻枯。始悟为枯盆，俗呼为生也。"宋程大昌《演繁露·镣炉》："本为此灶，止以燃火照物，若今之生麻枯盆也。"元明时期主要用于农业、医学文献中。明李时珍《本草纲目·胡麻》："〔麻枯饼〕此乃榨去油麻滓也，亦名麻枯。荒岁人亦食之。可以养鱼肥田。"清曹溶《倦圃莳植记·山

---

① 董绍克、张家芝：《山东方言词典》，语文出版社1997年版，第215页。

药》:"欲为壅培,勿犯人粪,须以牛粪及用麻枛。"

"麻枛"中的"枛"是麻子渣。《玉篇·米部》:"枛,粉滓也。"《六书故·植物二》:"麻子之滓亦曰枛。"在不同的文献中,"枛"又写作"秕"。《龙龛手鉴·米部》:"'枛'有俗体'秕'。"现在"枛"写作"糁"。"麻枛"一词文献中出现的不多,在各大辞书中都未出现。

《汉语方言大词典》(5708)收录"麻糁",主要用在冀鲁官话中的山东寿光、淄博、桓台、潍坊地区,胶辽官话中的山东安丘地区,中原官话中的山东平邑地区,以及晋语中的山西文水、忻州地区。

13. 爬沙

适当盛暑见薅人,手足爬沙泥浸渍。(《王祯农书·耘荡》)

"爬沙",即在地上弯腰爬行。"爬沙"一词最早出现在唐韩愈《月蚀诗效玉川子作》:"爬沙脚手钝,谁使女解缘青冥。"此后仅出现在元元好问《续夷坚志·碑子鱼》:"潮退则出岸上曝壳,十百为群,闻人声则爬沙入海。"宋苏轼《虎儿》:"蟾蜍爬沙不肯行,坐令青衫垂白须。"元张宪《听雪斋》:"扑纸春虫乱,爬沙夜蟹行。"清查慎行《鲎鱼》:"爬沙苦无力,安用十二足?"应是当时的方言词。今仍存在于胶辽官话山东牟平方言中:小孩满场爬沙。

14. 筲箕

今人亦呼饭箕为筲箕。(《王祯农书·筲》)

"筲箕"即"筲箕"。盛饭的竹器。出现于宋代的方言词,沿用到明清时期。宋朱彧《萍洲可谈》卷三:"尝观其〔紫姑神〕下神,用两手扶一筲箕,头插一箸,画灰盘作字。"清厉荃《事物异名录·器用·箕》:"《留青日札》:俗名竹饭器曰筲箕。又筲箕或作稍箕。"清吴敬梓《儒林外史》第二十三回:"管家走到门口,只见一个小儿开门出来,手里拿了一个筲箕出去买米。"

《汉语方言大词典》(6599)收录"筲箕",用于江淮官话、西南官话、吴语中。《黄侃论学杂著·蕲春语》:"今吾乡谓盛饭之箕,曰筲箕。"清张慎仪《蜀方言》:"饭筲曰筲箕。"清朱骏声《说文通训定声·小部》:"今苏俗谓饭筲曰筲箕。"陈训正《甬谚名谓搊记》:"筲,饭筲也,今俗作筲箕。"

除此之外,出现的方言词还有草要(粗绳子)、露地(室外)、背阴(太阳照不到的地方)、打油(榨油)、宽快(面积或容量大)、一托(两臂伸开后的长度)、控(沥去水分)、秋上(秋天)、豁(倾倒)、擞(磨、碾)、出(收获)、拔剌(用枝条在畦中来回摆动)、摆拔(洗)、理拔(收拾)、栽子(指供移植的植物幼苗)、蛹子(蚕蛹)、铁条(铁丝)、上粪(施粪)、眼子(孔、窟窿)、剝(修剪树木的枝丫)、扇(遮盖)、可(依照)、傍(用锄头疏松土地)、枯溜(干枯)、抛费(浪费)、末后(最后)、秆草(谷子的秸秆)、纠(摘下)、挼(揉)、弄堂(街巷)、今朝(今天)、掼(抖擞)、揩(擦、抹)、鱼鳞天(鱼鳞状的云)、北江红(一种天气现象)、浆纱(棉布加工工艺)、刷纱(棉布加工工艺)、"登倒"(上下倒换)等。

从历时和共时的角度考察这些方言词,即可以帮助我们更好地理解农书的内容,也能为汉语词汇的研究提供更多的语料。农业文献中的方言词,有些只出现在农书中,如蜀黍、蜀秸、秫黍虆、蜀黍秸、掠、灼、秋上、出等;有些方言词是旧词新义,如饮、吃,本义引申出新义,新义成为方言义;有些方言词,除了出现在农书中,也出现在具有方言俗语性质的文献中,如㷍、煠,最早出现于《齐民要术》中,唐宋以后出现在笔记小说、杂剧、医书、白话小说等文献中;有些方言词最早出现于北方文献中,之后使用范围扩大,渐渐出现于南北方文献中,如蒜发、熸等。

农业文献中的方言词有一些固有特点:一是传承性,农业活动具有很强的连续性,农业领域的事物总是代代延续。因此反映农业生产和生活的方言词从金元时期,或者更早的魏晋时期,中间经历几个朝代的更替,一直延续到了现代方言中。二是稳固性,表示劳动人民生产和生活的词,是劳动人民生产经验的结晶。历经千年,一直存活在劳动人民口语中,意义未发生变化。三是局域性,这些方言词,一般都存在于劳动人民的口语或农业文献中,在其他体裁的文献中很少出现,甚至是不出现,这些方言词就是农书中的活化石。四是差异性,方言词的南北属性不同。农书主要反映了北方的农业生产技术,同时也兼论南方农业技术,因此北方方言词占有一定数量,同时也有部分的南方方言词。

方言词汇非常丰富,但方言词汇毕竟不同于雅言能够系统完整地保存下来,而仅以零碎的形式存在于各种典籍、文献中,或仅存在人们的口语中。以往人们比较习惯从具有方言特色的文献中寻找方言词的历史来源,并取得了很大的收获,同时我们不应该忽视任何存有白话口语成分的文献,农书即是其中之一。汪维辉先生在《〈齐民要术〉词汇语法研究》一书中列出了一些北方方言词,同样在其他农书中也存在方言词,这些方言词或无古训可据,或很难按传统的训诂方法去探求词义,甚至连一些大型的词典都未收录,或释义欠妥,但它们在一定程度上也成为探求现代汉语方言词来源的一个重要因素。

第二节 俗 语 词

俗语词是汉语词汇的重要组成部分,俗语词的研究起步较晚。徐复先生《敦煌变文词汇研究》中最早使用"俗语词"这一名称。郭在贻在《俗语词研究概述》中认为:"所谓俗语词,一般是指魏晋六朝以后出现于典籍中的一些古代口头语词,这些词往往具有某种特殊的义训,用张相先生的话,就是'字面普通而义别'。"①

蒋绍愚在《近代汉语研究概况》指出:"在二十世纪以前,人们经常使用的术语是'俗语''俚语'等。这些概念大致和'口语词'相当,但以前没有'词'的概念,所以'俗语''俚语'有时指的不仅是口语中的词和词组,而且包括一些谚语之类的句子。……为了把句子排除在外,在谈及口语词汇时,一般不再使用'俗语'这一名称,而称之为'俗语词',……唐代到明清时期的俗语词,就是近代汉语的口语词。"②对俗语词做出界定的还有徐时仪、黄征、曾昭聪等学者,但严格意义上来说,学术界对俗语词的定义仍然是不确定的。本书中的俗语词主要指具有口语性质的词以及一些谚语之类的句子。

农业文献作为特殊体裁的文献语料,是农业生产经验和技术的结晶,这些著作以实用为目的,语言通俗易懂,口语词较丰富。同时农业文献的内容与人们的日常生活也息息相关。农业文献中出现了不少的日常用语,一些词语在白话小说中得到了印证,表现出极强的口语性。《齐民要术》中的口语词非常丰富,汪维辉先生曾经在文中不足一千字的内容中,列出了百余个口语词。这些口语词大都也出现在之后的农业文献中。

《齐民要术》以后的农业文献中也出现了很多新的口语词,比如,"点",即燃、引燃。上古、中古时期表示"引燃"都用"燃"。《齐民要术》中"引燃"义均使用"燃",未出现"点","点"的这种用法出现于晚唐时期。在无征引文献、口语化最强的元代农书《农桑衣食撮要》中"点"的这种用法超过了"燃",比例为6∶2。"点"表示"引燃"的用法在明清白话小说中得到广泛的运用。如《儒林外史》第二回:"和尚,你新年新岁,也该把菩萨面前香烛勤点些!"《金瓶梅词话》第八十五回:"点根香怕出烟儿,放把火倒也罢了。"这样的词又如"擦""末都""犯手""洪""早烂""黄场""鹅不食草"等。

农业词语的俗语性还表现在以下几个方面。

---

① 郭在贻:《训诂学》,中华书局2005年版,第142页。
② 蒋绍愚:《近代汉语研究概况》,北京大学出版社2001年版,第274页。

一方面,双音化,特别是加词缀如"子""头""第"等,使得一些词语的口语性更强。

1. 柿—柿子

上古汉语、中古汉语一般以单音节词"柿"表示柿子树、柿子树的果实。

(1) 猴总子,如小指头大,与柿相似,其味不减于柿。(《齐民要术·果蓏》)

(2) 柿有树干者,亦有火焙令干者。(《齐民要术·种柿》)

至迟金元时期已出现双音节词"柿子",指柿子树的果实。

(3) 每柿子一升捣碎,用水半升酿四五时,榨取漆令干。(《农桑衣食撮要·收柿漆》)

(4) 收藏:……芝麻、栗子、柿子、韭花、柿漆、斫竹。(《农政全书·授时》)

《汉语大词典》中"柿子"有两个义项:柿子树;柿子树的果实。都首引现代汉语的例子,书证稍晚。

(5) 漫坡漫岭都是柿子、核桃、山楂、杜梨一类山果木。(杨朔《蓬莱仙境》)

(6) ……,绿的紫的葡萄,娇红的苹果和更红的大柿子。(茅盾《陀螺》)

2. 栽—栽子

《说文·木部》:"栽,筑墙长版也。"段玉裁注:"植之谓之栽。栽之言立也。"徐错系传:"又栽植也。"《礼记·中庸》:"故栽者培之。"郑玄注:"栽,犹殖也。今时人名草木之殖曰栽。"栽由种植义进一步引申为可供栽植的幼苗。

(1) 以刀子圆劙椒栽,合土移之于坑中,万不失一。(《齐民要术·种椒》)

至迟唐宋时期已出现口语性更强的"栽子"一词。

(2) 椒不耐寒，一二年栽子，冬中以草裹护霜雪。(《四时纂要·四月》)

(3) 每栽子一个，截长五寸许有节者，中须带三两节，发芽于节上。(《农桑辑要·甘蔗》)

(4) 先掘深坑，下水搅成稀泥，然后下栽子。(《农桑辑要·银杏》)

(5) 如其栽子已出元土，忽变天寒、风雨，即以热汤调泥栽培之。(《王祯农书·种植》)

(6) 外将所留栽子秸秆，斩去虚梢。(《农政全书·甘蔗》)

《汉语大词典》收"栽子"一词，但未有例证。

3. 窍—窍子

《说文·窍》："窍，空也。"段玉裁注："空、孔，古今语。"凡孔皆谓之窍。上古、中古汉语一般以单音节词"窍"为主，口语化的"窍子"一词出现在《农桑辑要》引《博闻录》中。《汉语大词典》未收录该词。

(1)《博闻录》：春间，钻枣树作一窍，引葡萄枝从窍中过。葡萄枝长，塞满窍子。(《农桑辑要·桃》)

(2) 于春间钻枣树，作一窍子，引葡萄枝入窍中，透出。(《种艺必用》)

4. 根—根子

《说文·根》："根，木株也。"植物生长于土中或水中吸收营养的部分。"根子"一词出现在《四时纂要》中。《汉语大词典》未收录该词。

(1) 种木，取根子劈破，畦中种。(《四时纂要·二月》)

(2)《四时类要》：二月，取根子劈破，畦中种。(《农桑辑要·苍术》)

5. 果—果子

《说文·木部》："果，木实也。"植物所结的果实。上古和中古用单音节"果"表示果实。"果子"一词最早出现于宋朝。

(1) 凡果子先被人盗吃一枚，飞禽便来吃。(《分门琐碎录·果木忌》)

(2) 三四寸长，截如接果子样接之。(《陈旉农书·种桑之法》)

（3）以新瓦瓮和沙拌，密封盖收之，或芝麻亦得。（《农桑衣食撮要·藏收诸色果子》）

（4）果子熟时，须一顿摘其美者；迟留之，虽待熟亦不美。（《农政全书·种法》）

《汉语大词典》中"果子"收有义项：草木的果实，多指可食者。

太极如一木生上，分而为枝干，又分而生花，生叶，生生不穷，到得成果子，里面又有生生不穷之理。（《朱子语类》卷七五）

6. 沟—沟子

《说文·水部》："沟，水渎，广四尺，深四尺。"田间水道。《汉语大词典》收录"沟子"一词，但未有例证。《农桑辑要》中出现"沟子"一词3次，《王祯农书》《农政全书》都引用了此3例。

劐子，第一遍即成沟子，谷根未成，不耐旱。耧锄刃在土中，故不成沟子；第二遍加掰土木雁翅，方成沟子，其土分壅谷根。（《农桑辑要·种谷》）

7. 刀—刀子

《说文·刀部》："刀，兵也。"泛指用来斩、割、切、削、砍、铡的工具。"刀子"一词最早出现在《齐民要术》中，共出现了7次。《汉语大词典》收录该词，并首引《齐民要术》例。

（1）缠刀子，露锋刃一寸，刺咽喉，令溃破，即愈。（《齐民要术·养牛马驴骡》）

（2）以刀子圆劙椒栽，合土移之于坑中，万不失一。（《齐民要术·种椒》）

（3）采越瓜，刀子割；摘取，勿令伤皮。（《齐民要术·作菹、藏生菜法》）

（4）取快刀子于砧缘相对侧劈，开令深一寸。（《四时纂要·正月》）

（5）取薯预洗去土，小刀子刮去外黑皮后，……（《四时纂要·二月》）

（6）根头一寸半，用薄刃刀子刻下中半，刻成判官头样。（《农桑辑

要·接换》）

（7）用小刃刀子，于元树身八字斜之，以小竹攛测其浅深，以所接枝条皮肉相向插之。（《王祯农书·种植》）

（8）相贴处，以竹刀子刮去半皮，以刮处相贴。（《农政全书·瓠》）

8. 袋——袋子

《玉篇·衣部》："袋，囊属。"口袋。"袋子"一词最早出现于《齐民要术》，共出现了4次。《汉语大词典》收录该词，并首引《齐民要术》例。

（1）屈木为棬，以张生绢袋子；滤熟乳，著瓦瓶中卧之。（《齐民要术·养羊》）

（2）数回转使匀，举看有盛水袋子，便是绢熟。（《齐民要术·杂说》）

（3）至淳处止，倾着帛练角袋子中悬之。（《齐民要术·种红蓝花、栀子》）

（4）取车辙中干土末，绵筛，以两重帛作袋子盛之。（《齐民要术·羹臛法》）

（5）布袋子贮，用好酒三斗浸五日后，可取饮。（《四时纂要·十月》）

（6）都捣，如麻、豆，以夹绢袋子盛，或安衣箱中，或带于身上。（《四时纂要·三月》）

9. 锄——锄头

《释名·释用器》："锄，助也，去秽助苗长也。"松土和除草用的农具。

（1）锄头仍不得敧倒，退种之则易旺。（《分门琐碎录·种菜法》）

（2）农语云："锄头自有三寸泽，斧头自有一倍桑。"《农桑辑要·科斫》

（3）但用直项锄头，刃虽锄也，其用如劚，是名"镢锄"，故陆田多不丰收。（《王祯农书·耰锄》）

（4）拥土欲深添雁翅，为苗除秽当锄头。（《王祯农书·耧锄》）

（5）谚曰："锄花要趁黄梅信，锄头落地长三寸。"（《农政全书·木棉》）

《汉语大词典》收有该词,但首引元代语料,书证迟后。

(6) 牵板船篙为饭碗,不能辛苦把锄头。(元方回《听航船歌》)

10. 斧—斧头
《说文·斤部》:"斧,斫也。"砍物用的工具。《汉语大词典》收录有该词,首引《水浒传》,书证迟后。

(1) 农语云:"锄头自有三寸泽,斧头自有一倍桑。"(《农桑辑要·科斫》)
(2) 故农语云:"斧头自有一倍叶。"(《王祯农书·斫斧》)

11. 石—石头
《说文·石部》:"石,山石也。"《释名·石部》:"山体曰石。"《汉语大词典》收录该词。首引唐代语料。

若嫁李树,以石头安树丫中。(《农政全书·种法》)

12. 拳—拳头
《说文·手部》:"拳,手也。"段玉裁注:"合掌指而为手。"屈指卷握的手,即拳头。《玉篇·手部》:"拳,屈手也。"清朱骏声《说文通训定声·乾部》:"拳,张之为掌,卷之为拳。"《汉语大词典》收有该词。首引元代语料。

用小枣五斗,煮去皮核,同前三味为剂,如拳头大,再入甑中蒸一夜。(《王祯农书·备荒论》)

这样的词语还有"橛子""枴子""灶子""簟子""渠子""筛子""筐子""苇子""杏子""种子""饼子""麦子""杷子""锯子""栗子""架子""辊子""虫子""筒子""地窖子""铁条子""眼子""杖子""桶子""亭子""蛹子""粉子""绳子""桩子""绳套子""盆子""劓子""块子""婆子""蛇床子""辣子""茨子""篝子""香子""紫草子""川弹子""赤瓜子""金铃子""石竹子""坯子""车前子""地肤子""榛子""梨子""麻子""栀子""松子""碾子""剪子""鳌子""鸡子""椹子""枣子""石子""秧子""蜂子""屋子""床子""钩子""椒子""瓮子""枝子""鸭子""棋子""茄子""桃子""牛蒡子""瓢子""瓜子""橡子""楸子""燕子""镊子"

"皮子""薹子""芥子""葵子""螟子""菌子""瓦子""瓶子""团子""片子""木子""笼子""钉子""棘子""砲子""喂头""枕头""接头""杖头""屯子""缨子""梢子""黍子""橡子""芋头""指头""舌头""馒头""第一""第二""第三"等。

另一方面,俗语词还表现在农作物、农业工具的名称上。农作物名称中一物多名现象比较普遍,《齐民要术》中因姓氏,因形似,随义赋名,使得粟的名称高达86种,其中很多的名称是当时的世俗称呼,较之"粟"名更显生动有趣。农书中出现的农作物的俗名,一般在书中以"俗名""俗呼""世俗谓""土人呼""世谓之""又谓之""一名""亦名"等来标明。

(1) 萝卜,一名葖,俗呼雹葖。(《种艺必用》)

(2) 来禽,言味甘来众禽也。俗作林檎,其实名"来擒"。(《种艺必用》)

(3) 熟时,收取黑子,俗名"椒目"。(《农桑辑要·椒》)

(4) 绯桃,俗名苏州桃。(《农政全书·桃》)

(5) 一名芦菔,又名雹葖,今俗呼萝卜。《王祯农书·萝卜》

(6) 菱,蓤也,世俗谓之菱角。(《王祯农书·芰》)

(7) 薢茩,余尝盛夏过吴中见之,土人呼为"竹马"。(《王祯农书·薢马》)

(8) 炊之,香美胜于粟米,世谓之"膏粱",号食饭之上品也。(《王祯农书·粱秫》)

(9) 豌豆,又谓之"蚕豆",以其蚕时熟也。(《王祯农书·豌豆》)

(10) 愚尝见北方有一种杏,甚佳,赤色,大而稍扁,肉厚,谓之肉杏,又谓之"金刚拳"。言其大也。(《农桑辑要·梅、杏》)

(11) 芡,一名鸡头,一名雁头。(《王祯农书·芡》)

(12) 银杏之得名,以其实之白;一名鸭脚,取其叶之似。(《王祯农书·银杏》)

(13) 红花,一名黄蓝,叶颇似蓝,故有"蓝"名。(《王祯农书·红花》)

(14) 牛蒡子,宿根,亦名"鼠黏子"。(《农桑辑要·牛蒡子》)

(15) 俗人呼杼为橡子,以橡壳为"杼斗"。(《齐民要术·种槐、柳、楸、梓、梧、柞》)

(16) 河阴石榴名"三十八"者,其中只有三十八子。(《种艺必用》)

(17) 鸡舌香,俗人以其似丁子,故为"丁子香"也。(《齐民要术·种红蓝花及栀子》)

(18) 枸杞,春曰"天精子",夏曰"枸杞叶",秋曰"却老枝",冬曰"地骨皮"。(《分门琐碎录·菜总说》)

(19) 种"糯不换":糯米价值比黄米价高。(《农桑辑要·黍穄》)

(20) 黍,今俗有鸳鸯黍、白蛮黍、半夏黍。(《齐民要术·黍穄》)

(21) 葵,芦萉,紫花苜也,俗呼温菘。(《种艺必用》)

(22) 早熟者谓之"络丝白",晚熟者谓之"过雁红"。(《王祯农书·桃》)

(23) 相传云:种出济南郡之分流山,彼人谓之"汉帝杏"。(《农桑辑要·梅、杏》)

(24) 荔枝过即龙眼熟,故谓之"荔枝奴"。(《农桑辑要·龙眼》)

(25) 甘薯,俗名红山药也。(《农政全书·甘薯》)

(26) 乌芋,即俗名芧脐也。(《农政全书·乌芋》)

(27) 菰,即俗名茭白也。(《农政全书·菰》)

(28) 龙葵,所在有之,俗名苦菜,然非茶也。(《农政全书·龙葵》)

(29) 龙葵,叶如茄子叶,故一名天茄子。(《农政全书·龙葵》)

(30) 白桐,一名华桐,一名泡桐。华而不实。(《农政全书·梧桐》)

(31) 黄粱米,一名竹根黄。(《分门琐碎录·谷》)

(32) 柳,一名雨师,一名赤楗,一名人柳,一名三眠柳,一名观音柳,一名畏寿仙人柳。(《农政全书·杨柳》)

(33) 扁豆,古名蛾眉,俗名沿篱。(《农政全书·扁豆》)

(34) 蘁,又一种麦原中自生者,俗呼为天蘁,即野蘁也。(《王祯农书·蘁》)

(35) 石榴。一名若榴,一名丹若。(《王祯农书·石榴》)

(36) 熟时收取黑子,俗名"椒目"。(《齐民要术·种椒》)

(37) 椰,……十一月、十二月熟,其树黄实,俗名之为"丹"。(《齐民要术·椰》)

(38) 遵,实小而员,紫黑色,俗呼"羊矢枣"。(《齐民要术·种枣》)

(39) 蓒薁,大荠也。似荠,叶细,俗呼"老荠"。(《齐民要术·荠》)

(40)《尔雅》曰:"柱夫,摇车。"郭璞注曰:"蔓生,细叶,紫华。可食。俗呼'翘摇车'。"(《齐民要术·翘摇》)

(41) 瓜美,故世谓之"东陵瓜",从召平始。(《齐民要术·种瓜》)

(42) 朝菌者,世谓之"木堇",或谓之"日及",诗人以为"蕣华"。(《齐民要术·木堇》)

(43) 胡麻,一名巨胜,一名鸿藏。(《齐民要术·胡麻》)

(44) 芦萉,一名雹突。(《齐民要术·蔓菁》)

(45) 朝歌大蒜甚辛。一名葫,南人尚有"齐葫"之言。(《齐民要术·种蒜》)

(46) 苜蓿,一名"怀风",时人或谓"光风"。(《齐民要术·种苜蓿》)

(47) 樱桃,一名牛桃,一名英桃。(《齐民要术·种桃柰》)

(48) 白杨,一名"高飞",一名"独摇"。(《齐民要术·种榆、白杨》)

(49) 一名"鸡头",一名"雁喙",即今"芡子"是也。(《齐民要术·养鱼》)

(50) 龙眼,一名"益智",一名"比目"。(《齐民要术·龙眼》)

(51) 王瓜,一名"土瓜"。(《齐民要术·土瓜》)

(52) 黄瓜,一名"胡瓜"。(《农桑辑要·种瓜》)

(53) 芰,一名菱,菱,蓤也,世俗谓之菱角。(《王祯农书·芰》)

(54) 莴苣,去皮蔬食,又可糟藏,谓之莴笋;生食又谓之生菜。(《王祯农书·莴苣》)

(55) 惟五月十三日,谓之"竹醉日",又谓之"竹迷日",栽竹则茂盛。(《王祯农书·竹》)

(56) 荔枝,一名丹荔。(《王祯农书·荔枝》)

(57) 林檎,一名"来禽"。(《王祯农书·柰、林檎》)

(58) 茄子,一名落苏,隋炀帝改茄子为昆仑瓜。(《王祯农书·茄子》)

(59) 芋,一名土芝,齐人曰莒,蜀呼为"蹲鸱"。(《王祯农书·芋》)

(60) 冬瓜,一名水芝,一名白瓜。(《王祯农书·冬瓜》)

(61) 又有一种名石胡荽,亦名"鹅不食草"。(《王祯农书·胡荽》)

(62) 黍,土人谓之"秫子"。(《王祯农书·黍》)

(63) 韭,剪而复生,久而不乏,故谓之"长生"。(《王祯农书·韭》)

(64) 石榴,道家谓之"三尸酒",云"三尸"得此果则醉。(《王祯农书·石榴》)

(65) 若竹有花,辄槁死。花结实如稗,谓之"竹米"。(《王祯农书·竹》)

(66) 涂田,田边开沟,以注雨潦,旱则灌溉,谓之"甜水沟"。(《王祯农书·涂田》)

(67) 架田,架,犹筏也,亦名葑田。(《王祯农书·架田》)

(68) 蚯蚓,俗名曲蟮,朝出晴,暮出雨。(《农政全书·论杂虫》)

(69) 子岸一名副岸,又俗名亢塌。总之一岸也。(《农政全书·东南水利下》)

(70) 豌豆,俗名"小寒"者是也。(《农政全书·豌豆》)

(71) 刺蓟菜,本草名小蓟,俗名青刺蓟,北人呼为千针草。(《农政全书·刺蓟菜》)

(72) 山苋菜,本草名牛膝,一名百倍,俗名脚斯蹬,又名对节菜。(《农政全书·山苋菜》)

(73) 萱草花,俗名川草花,本草一名鹿葱,谓生山野,花名宜男。(《农政全书·萱草花》)

(74) 漏芦,一名野兰,俗名荚蒿。(《农政全书·漏芦》)

(75) 青杞,本草名蜀羊泉,一名羊泉,一名羊饴,俗名漆姑。(《农政全书·青杞》)

(76) 稀莶,俗名粘糊菜,俗又呼火锨草。(《农政全书·稀莶》)

(77) 小桃红,一名凤仙花,一名夹竹桃,又名海蒳,俗名染指甲草。(《农政全书·小桃红》)

(78) 野西瓜苗,俗名秃汉头。(《农政全书·野西瓜苗》)

(79) 羊角菜,又名羊奶科,亦名合钵儿,俗名婆婆针扎儿,又名细丝藤,一名过路黄。(《农政全书·羊角菜》)

(80) 天门冬,俗名万岁藤,又名婆罗树。(《农政全书·天门冬》)

(81) 菖子根,俗名打碗花,一名兔儿苗,一名狗儿秧。(《农政全书·菖子根》)

(82) 苍耳,本草名葈耳,俗名道人头。(《农政全书·苍耳》)

(83) 姑娘菜,俗名灯笼儿,又名挂金灯。(《农政全书·姑娘菜》)

(84) 黄精苗,俗名笔管菜。(《农政全书·黄精苗》)

(85) 地黄苗,俗名婆婆奶。(《农政全书·地黄苗》)

(86) 瓜楼根,俗名天花粉。(《农政全书·瓜楼根》)

(87) 水慈菰,俗名为剪刀草,又名剪搭草。(《农政全书·水慈菰》)

(88) 马鱼儿条,俗名山皂角。(《农政全书·马鱼儿条》)

(89) 荆子,本草有牡荆实,一名小荆实,俗名黄荆。(《农政全书·荆子》)

(90) 舜芒谷,俗名红落藜。(《农政全书·舜芒谷》)

(91) 野葡萄,俗名烟黑。(《农政全书·野葡萄》)

(92) 苦荬菜,俗名老鹳菜。(《农政全书·苦荬菜》)

(93) 龙胆草,一名龙胆,一名陵游,俗呼草龙胆。(《农政全书·龙胆草》)

(94) 羊蹄苗,一名东方宿,一名连虫陆,一名鬼目,一名蓄;俗呼猪

耳朵。(《农政全书·羊蹄苗》)

(95) 莲,一名水芝,一名泽芝,一名水旦,一名水花。(《农政全书·莲》)

(96) 菱,一名水栗,一名沙角。(《农政全书·菱》)

(97) 慈姑,一名藉姑,一名河凫茈,一名白地栗,一名水萍。(《农政全书·慈姑》)

(98) 林檎,一名来禽,一名文林郎果,一名蜜果。(《农政全书·林檎》)

(99) 安石榴,一名若榴,一名丹若,一名金罂,一名金庞,一名天浆。(《农政全书·安石榴》)

(100) 柑,一名木奴,一名瑞金奴。(《农政全书·柑》)

(101) 金橘,一名金柑,一名夏橘。(《农政全书·金橘》)

(102) 金豆,一名山金柑,一名山金橘。(《农政全书·金豆》)

(103) 木瓜,一名铁脚梨。(《农政全书·木瓜》)

(104) 木绵,一名吉贝。(《王祯农书·木绵》)

随习俗的不同农具也有不同的名称。劳动人民作为农具的主要使用者,对农具非常熟悉,在使用过程中,也会根据农具的具体结构、功能等特点,赋予农具一些通俗易懂的名字,因此农具也存在着一物多名的现象。

(1) 耧车,今又名种莳,曰耩子,曰耧犁,习俗所呼不同,用则一也。(《王祯农书·耧车》)

(2) 划,平土器也。俗又名耪。(《王祯农书·划》)

(3) 辊辗,世呼为"海青碾",喻其速也。(《王祯农书·辊辗》)

(4) 翻车,今人谓龙骨车也。(《王祯农书·翻车》)

(5) 捃刀,俗谓拾麦刀。(《王祯农书·捃刀》)

(6) 其船制,短小轻便,易于拨进,故曰划船,别名秧塌。(《王祯农书·划船》)

(7) 野航,或谓之舽舡,谓形如蚱蜢,因以名之。(《王祯农书·野航》)

(8) 下泽车,今俗谓之板毂车。(《王祯农书·下泽车》)

(9) 今人呼耙曰渠疏,劳曰盖磨,皆因其用以名之。(《农政全书·管治上》)

(10) 臂篝,状如鱼笱,篾竹编之,又名臂笼。(《王祯农书·臂篝》)

(11) 麦笼,又谓之腰笼。(《王祯农书·麦笼》)

(12) 石笼,又谓之卧牛。(《王祯农书·石笼》)

(13) 斫斧,桑斧也。(《王祯农书·斫斧》)

(14) 通簪,贯发虚簪也,一名气筒。(《王祯农书·通簪》)

(15) 覆壳,一名鹤翅,一名背蓬。(《王祯农书·覆壳》)

(16) 谷盅,又谓之气笼。(《王祯农书·谷盅》)

(17) 今燕赵迤南又谓之"种金",耧足所構金也。(《王祯农书·劐》)

(18) 镰,……又谓之弯刀。(《王祯农书·镰》)

(19) 篮,竹器。无系为筐,有系为篮。大如斗量。又谓之"筶筩"。(《王祯农书·篮》)

(20) 蟠车,缠纩具也,又谓之拨车。(《王祯农书·蟠车》)

(21) 耰锄,古云斫屬,一名定,耰为锄柄也。(《王祯农书·耰锄》)

(22) 推镰,仍左右加以斜杖,谓之蛾眉杖,以聚所劀之物。(《王祯农书·推镰》)

(23) 绵矩,其绵外圆内空,谓之猪肚绵。又有用大竹筒,谓之筒子绵。(《王祯农书·绵矩》)

农书文献中也征引了很多谚语,是当时口语的真实反映。据统计《氾胜之书》中出现了1条,《齐民要术》出现35条,《陈旉农书》出现3条,《分门琐碎录》出现17条,《种艺必用》出现12条,《农桑辑要》出现22条,《王祯农书》出现21条,《农桑衣食撮要》出现5条,《农政全书》出现203条。由于农书的传承性,后代农书中的谚语很多都是征引前代农书,《农桑辑要》《王祯农书》《农桑衣食撮要》中大量引用《齐民要术》中的谚语,3部农书新出现的谚语共14条。《种艺必用》引用《分门琐碎录》中的谚语9条,新出现的谚语3条。《农政全书》中的谚语包括农谚和气象谚语,其中农谚引用前代农书谚语31条,新出现22条,气象谚语一共150条,集中在《卷十一·农事·占候》中。农书中的农谚体现在重农思想,强调农时,植物栽培、气象水利、畜牧养殖等方面。

(1) 谚曰:"子欲富,黄金覆。"(《氾胜之书·麦》)

(2) 谚曰:"湿耕泽锄,不如归去。"(《齐民要术·耕田》)

(3) 谚曰:"耕而不劳,不如作暴。"(《齐民要术·耕田》)

(4) 谚曰:"欲得谷,马耳镞。"(《齐民要术·收种》)

(5) 谚云:"回车倒马,掷衣不下,皆十石而收。"(《齐民要术·收种》)

(6) 谚曰:"以时及泽,为上策。"(《齐民要术·种谷》)

(7) 谚曰:"家贫无所有,秋墙三五堵。"(《齐民要术·种谷》)

(8) 谚曰:"虽有智惠,不如乘势;虽有镃錤,不如待时。"(《齐民要术·种谷》)

(9) 谚曰:"顷不比亩善。"(《齐民要术·种谷》)

(10) 谚曰:"桃李不言,下自成蹊。"(《齐民要术·种谷》)

(11) 谚曰:"椹厘厘,种黍时。"(《齐民要术·黍穄》)

(12) 谚曰:"穄青喉,黍折头。"(《齐民要术·黍穄》)

(13) 谚曰:"前十鸱张,后十羌襄,欲得黍,近我旁。"(《齐民要术·黍穄》)

(14) 谚曰:"立秋叶如荷钱,犹得豆。"(《齐民要术·小豆》)

(15) 谚曰:"与他作豆田。"(《齐民要术·小豆》)

(16) 谚曰:"夏至后,不没狗。"(《齐民要术·种麻》)

(17) 谚曰:"五月及泽,父子不相借。"(《齐民要术·种麻》)

(18) 谚曰:"种瓜黄台头。"(《齐民要术·种瓜》)

(19) 谚曰:"触露不掐葵,日中不剪韭。"(《齐民要术·种葵》)

(20) 谚曰:"生啖芜菁无人情。"(《齐民要术·蔓菁》)

(21) 谚曰:"左右通锄,一万余株。"(《齐民要术·种蒜》)

(22) 谚曰:"葱三薤四。"(《齐民要术·种薤》)

(23) 谚曰:"韭者懒人菜。"(《齐民要术·种韭》)

(24) 谚曰:"正月可栽大树。"(《齐民要术·栽树》)

(25) 谚曰:"鲁桑百,丰绵帛。"(《齐民要术·种桑、柘》)

(26) 谚曰:"不剥不沐,十年成毂。"(《齐民要术·种榆、白杨》)

(27) 谚云:"东家种竹,西家治地。"(《齐民要术·种竹》)

(28) 谚曰:"羸牛劣马寒食下。"(《齐民要术·养牛、马、驴、骡》)

(29) 谚曰:"旦起骑谷,日中骑水。"(《齐民要术·养牛、马、驴、骡》)

(30) 谚曰:"以贫求富,农不如工,工不如商,刺绣文不如倚市门。"(《齐民要术·货殖》)

(31) 谚曰:"富何卒?耕水窟;贫何卒?亦耕水窟。"(《齐民要术·货殖》)

(32) 谚曰:"萎蕤葵,日干酱。"(《齐民要术·作酱等法》)

(33) 谚曰:"金兖玉脍。"(《齐民要术·八和齑》)

(34) 谚曰:"倍著充。"(《齐民要术·八和齑》)

(35) 谚曰:"杨桃无蹙,一岁三熟。"(《齐民要术·果蓏》)

(36) 谚有之曰:"多虚不如少实,广种不如狭收。"(《陈旉农书·财力之宜》)

(37) 俚语有之曰:"春浊不如冬清。"(《陈旉农书·财力之宜》)

(38) 俚谚有之曰:"近家无瘦地,遥田不富人。"(《陈旉农书·财力之宜》)

(39) 古语云:"力能胜贫,谨能胜祸。"(《分门琐碎录·农桑》)

(40) 俗谚云:"麻耪地,豆耪花。"(《分门琐碎录·农桑》)

(41) 老农言:"稻苗立秋前一株每夜溉水三合,立秋后至一斗二升。"(《分门琐碎录·农桑》)

(42) 老农言:"地久耕则耗。三十年前禾一穗若干粒,今减十分之三。"(《分门琐碎录·农桑》)

(43) 谚云:"冬无雪,麦不结。"(《分门琐碎录·农桑》)

(44) 谚曰:"雨打石头遍,桑叶三钱片。"(《分门琐碎录·农桑》)

(45) 谚曰:"栽竹无时,雨下便移,多留宿土,记取南枝。"(《分门琐碎录·种艺》)

(46) 俗云:"桐大如斗,主人必走。"(《分门琐碎录·种艺》)

(47) 谚云:"移树无时,莫教树知。"(《分门琐碎录·种艺》)

(48) 谚曰:"桃三李四梅十二。"(《分门琐碎录·种艺》)

(49) 谚云:"头有二毛好种桃,立不逾膝好种橘。"(《分门琐碎录·种艺》)

(50) 谚云:"橘见尸而实繁,榴得骸而叶盛。"(《分门琐碎录·种艺》)

(51) 谚曰:"生菜不离园。"(《分门琐碎录·种艺》)

(52) 谚云:"鸬鹚不打脚下塘。"(《分门琐碎录·禽兽》)

(53) 俗云:"虾蟆一跳八尺,再跳六尺。"(《分门琐碎录·虫鱼》)

(54) 谚云:"送人鹤神口则不利。"(《分门琐碎录·牧养》)

(55) 谚云:"种麻三日晴,先用取油瓶。"(《种艺必用》)

(56) 俗云:"木奴年,无凶年。"(《种艺必用》)

(57) 谚曰:"田怕秋时旱,人怕老时贫。"(《种艺必用》)

(58) 古农语云:"彭祖寿,年八百,不可忘了稙蚕稙麦。"(《农桑辑要·大小麦》)

(59) 古语云:"收麦如救火。"(《农桑辑要·大小麦》)

(60) 农家有云:"桑发黍,黍发桑。"(《农桑辑要·修莳》)

(61) 俗谚云:"三和一缴,须管要饱;不要噍了,使去最好。"(《农桑辑要·牛》)

(62) 谚云:"坐贾行商,不如开荒。"(《王祯农书·垦耕》)

(63) 谚云:"锄头自有三寸泽。"(《王祯农书·锄治》)

(64) 谚曰:"谷锄八遍饿杀狗。"(《王祯农书·锄治》)

(65) 谚云:"粪田胜如买田。"(《王祯农书·粪壤》)

(66) 谚云:"养羊不觉富。"(《王祯农书·养羊类》)

(67) 古语云:"收麦如救火。"(《王祯农书·收获》)

(68) 谚云:"去家千里,勿食萝摩、枸杞。"(《王祯农书·枸杞》)

(69) 谚云:"箕星好风。"(《王祯农书·箕》)

(70) 古人云:"十耕萝卜九耕麻。"(《农桑衣食撮要·种麻》)

(71) 谚云:"茶是草,箬是宝。"(《农桑衣食撮要·摘茶》)

(72) 古人云:"无灰不种麦。"(《农桑衣食撮要·种大麦小麦》)

(73) 谚曰:"智如禹汤,不如常耕。"(《农政全书·诸家杂论上》)

(74) 谚曰:"一年之计,莫如种谷,十年之计,莫如树木。"(《农政全书·诸家杂论上》)

(75) 谚曰:"顷不比亩善。"(《农政全书·农桑诀田制》)

(76) 谚曰:"耕而不劳,不如弃暴。"(《农政全书·营治上》)

(77) 谚曰:"干冬湿年,坐了种田。"(《农政全书·营治下》)

(78) 又云:"闹热冬至冷淡年。"(《农政全书·十一月》)

(79) 古语云:"一年之计在春,一日之计在寅。"(《农政全书·二月》)

(80) 古语云:"明正暗至。"(《农政全书·十一月》)

(81) 谚云:"晴干冬至湿㵤年。"(《农政全书·十一月》)

(82) 古语云:"热极则生风。"(《农政全书·论风》)

(83) 谚曰:"水利通,民力松。"(《农政全书·东南水利上》)

(84) 谚曰:"宁管千军,莫管一夫。"(《农政全书·东南水利下》)

(85) 谚曰:"水行百丈过墙头。"(《农政全书·浙江水利》)

(86) 谚云:"养羊种,子利相当。"(《农政全书·姜》)

(87) 谚云:"三年不算死。"(《农政全书·枣》)

(88) 谚曰:"歇田当一熟。"(《农政全书·木棉》)

(89) 谚曰:"生泥好,棉花甘国老。"(《农政全书·木棉》)

(90) 谚曰:"锄花要趁黄梅信,锄头落地长三寸。"(《农政全书·

木棉》)

(91) 谚云:"群雌间一雄,结实饱蓬蓬。"(《农政全书·种法》)

(92) 谚云:"走马贩蜡。"(《农政全书·女贞》)

(93) 谚曰:"一人种竹十年盛,十人种竹一年盛。"(《农政全书·竹》)

(94) 谚曰:"萎蕤葵,日干酱。"(《农政全书·食物》)

(95) 农语云:"锄头自有三寸泽,斧头自有一倍桑。"(《农政全书·栽桑法》)

第二章　农业文献中的农业词汇

第一节　农业词汇的界定和层次

农业文献中的农业词汇是汉语词汇系统的重要组成部分。农业词汇有哪些构成？这些农业词汇是怎样形成的？又经历了怎样的发展和演变？这些问题都值得我们深入的探讨。

中国自古就是一个农业大国，与农业有关的词汇也非常丰富。中国古代的辞书中就记录了很多农业词汇，比如《尔雅》《说文解字》《方言》《释名》等；古代的一些文献典籍中也记录了不少的农业词汇，如《诗经》《尚书》《国语》《吕氏春秋》等；农业专著更是记录农业词汇的集中体现。

农业词汇是汉语词汇多科性的重要体现，农业词汇也是一种专门词语。学术界对专门词语使用了不同的名称。周祖谟(1959)、孙常叙(1959)、武占坤(1985)、黄伯荣(1990)、张斌(2004)等学者对专门词语提出了不同的看法，名称虽不尽相同，但在专门词语包含术语和行业词语上没有太大分歧。刘叔新亦认为，"凡意义所体现的概念比较专门化，使用范围窄一些的词语，都是专门词语。专门词语有广、狭之分，狭义的专门词语指在专业范围内被理解和运用，广义的专门词语是指在专业范围外被理解和运用，有时甚至经常接触或加以使用。专门词语分为术语和职业词语，其中职业词语即行业语"。[①] 农业文献中既有概念比较专门化的术语，也有易被理解和使用的行业语。

张旺喜(1987)等在《现代汉语行业语初探》中提出了行业语的层次性，并根据行业语专业化和社会化程度的差异性，将行业语分为专业化层、亚社会化层和社会化层三个层次。[②] 张旺喜等关于行业语三层次的划分同样适用

---

① 刘叔新：《汉语描写词汇学》，商务印书馆 2005 年版，第 286~287 页。
② 张旺喜、刘中富、杨振兰、程娟：《现代汉语行业语初探》，《山东师大学报》1987 年第 2 期。

于农业词语。农业词语和社会的关系较为密切,社会的发展和变化直接影响农业词汇的产生和发展,农业词汇的时代特征比较鲜明。农业词语既有自己独特的专业化层次词语,比如,中耕、暵地、首种、白背等,也有专业化与社会化相互牵制的亚社会层次词语,比如,移植、嫁接、科等,还有很多与人们的日常生活有着直接关系的社会化层次词语,比如,小麦、水稻、玉米、西瓜、茼蒿等表示粮食作物的词语。

关于"农业",《辞海》中的定义是:"在中国,狭义指种植业(农作物栽培),广义则包括种植业、林业、副业、渔业,甚至包括提供生产资料和农产品的加工、储运、销售等部门。"①《汉语大词典》中对"农业"的定义是:"指栽培农作物和饲养牲畜的生产事业。按:现代国民经济中的农业,还包括林业、渔业和农村副业等项生产在内。"②《现代汉语词典》中对"农业"的定义是:"栽培农作物和饲养牲畜的生产事业。在国民经济中的农业,还包括林业、畜牧业、渔业和农村副业等项生产在内。"③《农业大词典》中对"农业"的定义是:"以生产植物、动物以及微生物产品为主的社会生产部门。……包括的范围各国不尽相同,有狭义和广义之分。狭义指种植业或农作物栽培业;广义包括种植业、林业、畜牧业、副业和渔业。一般包括种植业和畜牧业。"④具体到农业文献中的农业词汇,对其范围的界定相对宽泛,泛指以农业特征类聚而成的词语类集,内容上以种植业和畜牧业为主。即农业文献中的词语,只要具有"农业意义的属性",就应该视为农业词汇。因此,是否具有"农业意义的属性"是本文确定农业词汇的基本原则。

第二节 农业词汇的共时描写

农业活动本身非常复杂,包含的领域很多。对于农业词汇的具体划分,没有严格的规定,我们从与农业生产活动过程密切相关的角度进行划分,分为农业生物种类词语、农业生产行为类词语、农业工具词语以及与农业有关的其他方面的词语等。农业生物种类词语包括了与种植业有关的所有农业生物词语。主要包括:粮食谷物类词语、蔬菜瓜果类词语、竹林草木类词语、蚕

---

① 夏征农、陈至立:《辞海》(彩图本),上海辞书出版社 2009 年版,第 1678 页。
② 汉语大词典编纂处编:《汉语大词典》(缩印本),上海辞书出版社 2007 年版,第 5920 页。
③ 中国社会科学院语言研究所词典编辑室编:《现代汉语词典》(第七版),商务印书馆 2019 年版,第 961 页。
④ 农业大词典编辑委员会:《农业大词典》,中国农业出版社 1998 年版,第 1190 页。

桑丝织类词语、农畜牧养类词语、田地土壤类词语及其他相关词语等。农业生产行为包括整地、种植、中耕、收获、储藏、蚕桑、畜牧等过程或状态，农业生产行为词语主要就包括与这一过程或状态有关的词语。除此之外，也包括植物自身行为词语以及与农产品加工有关的词语等。农业生产工具词语包括粮食生产工具词语、衣物制作工具词语等。

每一个行业都有其产生和发展的过程，其行业词语也有产生和发展的过程，所以，每一个农业词语的产生时间不尽相同。下面我们从不同时期对农业词汇的构成进行共时和历时描写。

一、先秦两汉时期的农业词语

先秦两汉即上古汉语时期。夏商周时期，农业在经济生活中的重要性日益显露，农业已逐渐成为社会生产的重要部门。甲骨文中虽然出现了一些反映农业生产的文字，但数量不多。战国以后到秦汉时期，由于新的耕作方法的运用、耕作体系的建立以及栽培技术的提高，农业生产进一步发展，语言中反映农业生产的词语逐渐增多，出现了大量新的农业词语，并形成了一定的系统。这一时期的农书多已失传，但是在甲骨文，《诗经》《尚书》《禹贡》《夏小正》《管子》《周礼》《吕氏春秋》等文献中，《尔雅》《说文解字》《方言》《释名》《急就篇》等字书中，以及农书《氾胜之书》《四民月令》中出现了很多农业词语。

（一）农业生物种类词语

1. 粮食谷物类词语

（1）粮食作物统称：百谷、九谷、六谷、五谷、菽粟、禾稼、禾黍、嘉谷、果蓏、菜茹

"百谷""九谷""八谷""六谷""五谷"分别指不同数量的谷物，后成为谷类作物的统称，但具体所指不一。"百谷"，谷类的总称。百，举成数而言，谓众多。《书·舜典》："帝曰：弃，黎民阻饥，汝后稷，播时百谷。"《齐民要术·收种》："故《诗》曰：'播厥百谷'也。""九谷"，古代九种主要农作物。九谷名目，相传不一。《周礼·天官·大宰》："三农生九谷。"郑玄注："司农云：'九谷：黍、稷、秫、稻、麻、大小豆、大小麦。'九谷无秫、大麦，而有粱、苽。"《氾胜之书·禾》："凡九谷有忌日，种之不避其忌，则多伤败，此非虚语也。""六谷"，指黍、稷、稻、粱、麦、苽米的合称。《周礼·天官·膳夫》："凡王之馈，食用六谷。"郑玄注引郑司农曰："六谷，秫、黍、稷、粱、麦、苽。"《农政全书·谷名考》："六谷者，谷、黍、稷、稻、粱、麦、苽。""五谷"，五种谷物。所指不一。后以五谷为谷物的通称，不一定限于五种。《周礼·天官·疾医》："以五味、五谷、五药养其病。"郑玄注："五谷，麻、黍、稷、麦、豆也。"《吕氏春秋·审时》："黄帝曰：

四时之不正也,正五谷而已矣。""菽粟",豆和小米。泛指粮食。《墨子·尚贤中》:"是以菽粟多而民足乎食。"《陈旉农书·牧养役用之宜》:"衣以褐荐,饭以菽粟。""禾稼","禾"单称可特指粟,也可指谷类作物的通称。"稼"可指谷物、庄稼。"禾""稼"连用也可作为谷类作物的统称。《氾胜之书·禾》:"如此,禾稼五谷不伤矣。""禾黍",禾与黍。泛指黍稷稻麦等粮食作物。《氾胜之书·区田法》:"种禾黍于沟间,夹沟为两行。""嘉谷",古以粟(小米)为嘉谷,后为五谷的总称。《书·吕刑》:"稷降播种,农殖嘉谷。"《齐民要术·种谷》:"《说文》曰:'粟,嘉谷实也'。""果蓏",瓜果的总称。《易·说卦》:"艮……为果蓏。"孔颖达疏:"木实曰果,草实曰蓏。"《齐民要术·种瓜》:"五谷、蔬菜、果蓏之属,皆如此也。""菜茹",蔬菜的统称。《汉书·食货志上》:"还庐树桑,菜茹有畦。"颜师古注:"茹,所食之菜也。"《齐民要术·五谷、果蓏、菜茹非中国物产者》:"聊以存其名目,记其怪异耳。"

(2) 粮食作物名称

① 粟类作物名称:禾、粟、稷、秫、粱、黍、穄、重、稙禾、黄粱

"禾""粟""稷""秫""粱""黍"都是上古时期出现的粮食作物,对于具体所指,历来学者的意见都不统一,但总体上说它们都属于粟类。"禾"出现于甲骨文中,像成熟禾穗下垂的形状,本指粟的植株。《书·金縢》:"秋,大熟,未获,天大雷电以风,禾尽偃。"《左传·宣公七年》:"赤狄侵晋,取向阴之禾。"孔颖达疏:"苗秀乃为禾。"周代以后既指谷类的通称,又特指粮食作物粟。《诗经·豳风·七月》:"九月筑场圃,十月纳禾稼。"孔颖达疏:"苗生既秀谓之禾,种殖诸谷谓稼禾……以禾是大名也。"《诗经·豳风·七月》:"黍稷重穋,禾麻菽麦。"陈奂传疏:"禾者,今之小米。"《吕氏春秋·任地》:"今兹美禾,来兹美麦。""禾"特指粟。"粟"出现于甲骨文中,像是禾穗粒成熟时掉下的形状。本指谷物的颗粒。《书·禹贡》:"四百里粟,五百里米。"未去皮壳者为粟,已舂去糠则为米。蔡沈集传:"粟,谷也。"西周"粟"为"禾"的特指,后由"禾"的特指成为粮食的通称。《管子·治国》:"民事农,则田垦;田垦,则粟多;粟多,则国强。"《吕氏春秋·上农》:"农攻粟,工攻器,贾攻货。""稷",古代的一种粮食作物,即粟,是粟的别名。古代以稷为百谷之长,因此帝王奉祀为谷神。《尔雅·释草》:"粢,稷。"刑昺疏:"郭云'今江东人呼粟为粢',然则粢也、稷也、粟也正是一物。"《齐民要术·种谷》:"谷,稷也,名粟。"一说为膏粱的别名。《广雅·释草》:"稷穄谓之秬。"王念孙疏证:"稷,今人谓之膏粱。"又一说为不黏的黍。明李时珍《本草纲目·稷》:"稷与黍,一类二种也。黏者为黍,不黏者为稷。""秫",《说文·禾部》:"稷之黏者。从禾;术,象形。术,秫或省禾。""秫"即粟之黏者。可以酿酒。作为粟类粮食作物出现于春秋后期。《吕氏春

秋·仲冬》："乃命大酋,秫稻必齐。"《氾胜之书·禾》："秫忌寅未,小麦忌戌,大麦忌子,大豆忌申卯。""粱",西周后出现的粮食作物,是粟中品种比较好的。《诗经·小雅·黄鸟》："黄鸟黄鸟……无啄我粱"。《四民月令·十一月》:"乃以渐馈黍、稷、稻、粱,诸供腊祀之具。""黍"出现于甲骨卜辞中,像是禾穗分散下垂的形状。一年生草本作物,子实去皮后北方通称黄米,性黏。《诗经·王风·黍离》："彼黍离离,彼稷之苗。"又指黍的子实,即黍子。《说文·黍部》："禾黍而黏者也。以大暑而种,故谓之黍。"《论语·微子》："止子路宿,杀鸡为黍而食之。"刘宝楠正义:"为黍者,治黍为饭也。"《氾胜之书·黍》："凡种黍,覆土锄治,皆如禾法。""稑",晚种而早熟的谷物;"重",早种而晚熟的谷物。《吕氏春秋·任地》："种稑禾,不为稑;种重禾,不为重。是以粟少而失功。"高诱注："晚种早熟为稑,早种晚熟为重。""稙禾",早熟的谷子。《氾胜之书·禾》："稙禾,夏至后八十九十日,常夜半候之……""黄粱",粟米名,即黄小米。《楚辞·招魂》："稻粱穱麦,挐黄粱些。"《齐民要术·粱秫》："按:今世有黄粱;谷秫,桑根秫,蟪天棓秫也。"

② 稻类作物名称:稻、粳稻、秫稻、秔稻、白稻、陵稻、交趾稻、稻米

"稻",至迟西周已出现,一年生草本植物。分水稻和旱稻,通常指水稻。子实碾制去壳后叫大米,是重要的粮食作物之一。《诗经·豳风·七月》："十月获稻,为此春酒,以介眉寿。"《吕氏春秋·审时》："得时之稻,大本而茎葆。"《氾胜之书·稻》："种稻,春冻解,耕反其土。""粳稻",水稻的一种,分蘖力弱,秆硬不易倒伏,较耐肥,米质黏性较强,胀性小。"秫稻"即糯稻。《氾胜之书·稻》："三月种粳稻,四月种秫稻。""秔稻",即粳稻。李善注:"《说文》曰:'秔,稻属也。'《声类》以为秔,不黏稻也。"《四民月令·十一月》："粜秔稻、粟、米、小豆、麻子。""白稻",一种谷粒狭长的稻。《管子·地员》："鬼土之次曰五桀,五桀之状甚咸以苦,其物为下,其种白稻长狭。"尹知章注:"谓稻之形长而狭也。""陵稻",陆生稻。也叫旱稻。《管子·地员》："五凫之状,坚而不骼。其种:陵稻、黑鹅、马夫。"尹知章注:"陵稻,谓陵生稻。""交趾稻",指一岁两熟的稻。东汉杨孚《异物志》："交趾稻,夏冬又熟,农者一岁再种。"《齐民要术·稻》："俞益期《笺》曰:'交趾稻再熟也。'""稻米",稻谷的米粒。《仪礼·士丧礼》："稻米一豆,实于筐。"《齐民要术·笨曲并酒》："正月冻解,用好稻米,漉去曲滓便酿。"

③ 麦类作物名称:麦、来、牟、大麦、小麦、䅣麦、旋麦、宿麦、春麦、麦子

"麦",甲骨文中已出现,草本植物。子实主要作粮食。《说文·麦部》："麦,芒谷。秋种厚薶,故谓之麦。""麦"为大小麦的统称。《诗经·豳风·七月》："九月筑场圃,十月纳禾稼,黍稷重穋,禾麻菽麦。"后出现"牟""来"。《诗

经·周颂·思文》："贻我来牟,帝命率育。"朱熹注："来,小麦;牟,大麦也。""大麦"之名出现于《吕氏春秋·任地》："孟夏之昔,杀三叶而获大麦。""小麦"之名出现于《氾胜之书·禾》："小麦忌戌,大麦忌子。""䅘麦",大麦。《孟子·告子上》："今夫䅘麦,播种而耰之,其地同,树之时又同,浡然而生,至于日至之时,皆孰矣。"赵岐注："䅘麦,大麦也。"亦泛指麦。《齐民要术·大小麦》："一名䅘麦,似矿麦,唯无皮耳。"秦汉时期,又出现了"旋麦""春麦""宿麦""麦子"的名称。"旋麦"即"春麦"。"宿麦"指隔年成熟的麦。即冬麦。"旋麦"出现于《氾胜之书·麦》："春冻解,耕和土,种旋麦。"又"夏至后七十日,可种宿麦"。《汉书·武帝纪》："遣谒者劝有水灾郡种宿麦。"颜师古注："秋冬种之,经岁乃熟,故云宿麦。""春麦"指春季播种的麦子。《四民月令·正月》："可种春麦、䝁豆,尽二月止。""麦子"即麦。《四民月令·二月》："可粜粟、黍,大、小豆,麻、麦子。"

④ 豆类作物名称:菽、荅、大菽、小菽、赤菽、豆、大豆、小豆、赤豆、胡豆、䝁豆

"菽",豆类的总称。《诗经·豳风·七月》："六月食郁及薁,七月亨葵及菽。"《艺文类聚》卷八十五引杨泉《物理论》："菽者,众豆之总名。""菽"一般指大豆。《诗经·小雅·采菽》："采菽采菽,筐之筥之。"郑玄笺："菽,大豆也。"《诗经》中还出现了大豆的专名"荏菽"。《诗经·大雅·生民》："艺之荏菽,荏菽旆旆。"战国以后,人们食用小豆的数量增加,于是出现了专门表示小豆的别名"荅","菽"即用来专指大豆,出现了"大菽""小菽"名称。《管子·地员》："五殖之次曰五殽,五殽之状娄娄然,不忍水旱,其种大菽、细菽,多白实。"《吕氏春秋·审时》："大菽则圆,小菽则抟以芳。""大菽",即大豆,"小菽",即小豆,"赤菽",即赤豆。战国后期到汉代,出现表示豆类作物的新词"豆""大豆""小豆""赤豆""胡豆""䝁豆"等。《氾胜之书·大豆》："获豆之法,荚黑而茎苍,辄收无疑。"《氾胜之书·小豆》："大豆小豆不可尽治也。"《四民月令·二月》："五月可粜大小豆,胡麻。"《东观汉记·邓禹传》："禹与赤眉战,赤眉阳败,弃辎重走,皆载赤豆覆其上。兵士饥,争取之。赤眉引还,击之,军溃乱。"《齐民要术·种桑、柘》："应用二七赤豆,安器底,腊月桑柴二七枚,以麻卵纸,当令水高下,与重卵相齐。"《四民月令·三月》："时雨降,可种杭稻及植禾、苴麻、胡豆、胡麻。""䝁豆",即豌豆。《广雅·释草》："䝁豆,豌豆也。"《四民月令·正月》："正月,可种春麦、䝁豆,尽二月止。"

⑤ 麻类作物名称:麻、枲、牡麻、苴麻、麻子、胡麻

"麻",麻类植物的总名,古代专指大麻,可供纺织等。《氾胜之书·麻》："种麻,豫调和田。""麻"的雄株,开花不结果实,称"枲"。《氾胜之书·枲》:

"种枲太早,则刚坚、厚皮、多节。""牡麻"即"枲"。《四民月令·五月》:"先后日至各五日,可种禾及牡麻。""麻"的雌株,即有果实者,称为"苴麻"。"麻"的雌株又称"麻子"。毛传:"苴,麻子也。"《四民月令·十一月》:"粜秔稻、粟、小豆、麻子。"《齐民要术·种麻子》:"崔寔曰:'二、三月,可种苴麻。'""麻"也指芝麻,"胡麻"即芝麻,相传汉张骞得其种于西域,故名。《四民月令·五月》:"时雨降,可种胡麻。"

2.蔬菜瓜果类词语

(1)蔬菜作物名称:瓜、瓠、芥、葵、蓼、芋、韭、葱、小葱、大葱、胡葱、山葱、蒜、大蒜、小蒜、杂蒜、胡蒜、土瓜、藏瓜、芜菁、蔓菁、韭菁、茈姜、蘘荷、冬葵

"瓜",《说文·瓜部》:"瓜,㼎也。"《字汇·瓜部》:"瓜,种类不一,俱从蔓生。"《诗经·豳风·七月》:"七月食瓜,八月断壶。""瓠",指瓠瓜,一曰壶,瓠有甘苦两种,苦者曰"匏",皆瓠属。《诗经·小雅·南有嘉鱼》:"南有樛木,甘瓠累之。""芥",也叫芥菜,草本植物,种子黄色,味辛辣。《说文·草部》:"芥,菜也。""葵",指"冬葵",古代的一种重要蔬菜,可腌制,称葵菹。《诗经·豳风·七月》:"七月亨葵及菽。""蓼",是一种生长在水里的植物,花白色或浅红色,叶子味道辛辣,可做调味用。《诗经·周颂·良耜》:"以薅荼蓼。""芋",即芋头,俗称芋艿。可食用、药用。《史记·项羽本纪》:"士卒食芋菽。"《四民月令·正月》:"可种瓜、瓠、芥、葵、薤、大、小葱、蓼、苏、苜蓿及杂蒜、芋。""韭",指韭菜,多年生草本植物,叶细长而扁,花小且白;叶和花嫩时可食,种子可入药。《诗经·豳风·七月》:"四之日其蚤,献羔祭韭。"《四民月令·正月》:"上辛,扫除韭畦中枯叶。""葱",《说文·草部》:"葱,菜也。"多年生草本植物,叶圆筒状,中空,茎叶有辣味,是常用的蔬菜或调味品,兼作药用。"大葱""小葱",是葱的品种。《四民月令·三月》:"别小葱。"《四民月令·六月》:"别大葱。"《齐民要术·种葱》:"夏葱曰小,冬葱曰大。""胡葱",小株型葱的一种,鳞茎外皮赤褐色,用分株法繁殖,南方栽培多。《四民月令·七月》:"是月也,可种芜菁及芥、苜蓿,大、小葱、小蒜、胡葱。""山葱",生于山地的野葱。《齐民要术·种葱》引《尔雅·释草》:"茖,山葱。"郝懿行义疏:"葱之生于山者名茖。""蒜",一种多年生草本植物。有大蒜、小蒜两种。《说文·草部》:"蒜,荤菜也。"《齐民要术·种蒜》:"王逸曰:张骞周流绝域,始得大蒜、葡萄、苜蓿。"《四民月令·四月》:"布谷鸣,收小蒜。"《王祯农书·蒜》:"蒜有大小之异,大者曰葫,即今大蒜,每头六七瓣;小者曰蒜,即今小蒜,叶似细葱而涩,头小如荞。崔寔曰:六月、七月,可种小蒜。八月可种大蒜。""杂蒜",指山蒜、泽蒜一类。《四民月令·正月》:"可种瓜、瓠、芥、葵、薤、大、小葱、蓼、苏、苜蓿及杂蒜、芋。""胡蒜"即"大蒜",《东观汉记·李恂传》:"为兖州刺史,所种小麦、胡

蒜,悉付从事,一无所留。"《齐民要术•种蒜》引晋郭义恭《广志》:"蒜,有胡蒜、小蒜。"明李时珍《本草纲目•蒜》:"胡国有蒜,十子一株,名曰胡蒜,俗谓之大蒜是矣。""土瓜",王瓜的别名。《四民月令•二月》:"及采桃花、茜,及栝楼、土瓜根。""藏瓜",供腌渍收藏的瓜类。《四民月令•十月》:"可收芜菁,藏瓜。""芜菁",又名"蔓菁"。块根可做蔬菜,俗称大头菜。《诗经》中称为"葑"。《诗经•邶风•谷风》:"采葑采菲。"郑玄笺:"此二菜者,蔓菁与䔰之类也。"《四民月令•六月》:"可种芜菁、冬蓝、小蒜,别大葱。"《齐民要术•作菹、藏生菜法》:"用干蔓菁,正月中作。""韭菁",韭菜花。《四民月令•七月》:"藏韭菁。""茈姜",即紫姜。嫩姜。"蘘荷",一名蘘草。多年生草本植物。根似姜,可入药。《四民月令•九月》:"九月藏茈姜、蘘荷。""冬葵",葵的一种。又名葵菜、冬寒菜、蕲菜。可作蔬菜、入药。《四民月令•四月》:"收芜菁及芥、葶苈、冬葵、茛菪子。"

(2)瓜果作物名称:桃、李、梅、杏、枣、栗、柿、橙、橘、柚、木瓜、葡萄、樱桃、甘蔗、荔枝、龙眼、芦菔、桑椹

"桃",果树名,亦指其果实,或称"桃子"。"李",果树名,亦指其果实,或称"李子"。"梅",果树名,亦指其果实,或称"梅子"。"杏",果树名,亦指其果实,或称"杏子"。《管子•地员》:"其梅其杏,其桃其李,其秀生茎起。""枣",果树名,亦指其果实,或称"枣子"或"枣儿"。《诗经•豳风•七月》:"八月剥枣,十月获稻。""栗",指栗子,落叶乔木,果实味甜,可食用。《诗经•鄘风•定之方中》:"树之榛栗。"《齐民要术•货殖》:"安邑千树枣,燕、秦千树栗。""柿",落叶乔木,亦指它的果实,即"柿子"。《礼记•内则》:"枣栗榛柿。"《齐民要术•种柿》:"柿,有小者,栽之。""橙",常绿乔木或灌木,亦指它的果实,即"橙子"。《文选•司马相如〈上林赋〉》:"黄甘橙楱。""橘",常绿乔木,亦指它的果实,即"橘子"。"柚",常绿乔木,亦指其果实,即"柚子",亦称"文旦"。《书•禹贡》:"厥包橘柚锡贡。"孔传:"小曰橘,大曰柚。"《齐民要术•五谷、果蓏、菜茹非中国物产者》:"《异苑》曰:南康有㠉石山,有甘、橘、橙、柚。""木瓜",果实为长椭圆形,黄色,味酸涩,可食用,可药用。《诗经•卫风•木瓜》:"投我以木瓜,报之以琼琚。"《齐民要术•桶》:"《广志》曰:'桶子似木瓜,生树木。'""蒲萄",亦作"蒲陶""蒲桃",今写作"葡萄"。落叶藤本植物,亦指此植物的果实。《汉书•大宛国》:"汉使采蒲陶、目宿种归。"《齐民要术•种桃柰》:"西域有蒲萄,蔓延、实并似蘡。""樱桃",落叶乔木,亦指其果实。又名"含桃""荆桃"。《史记•司马相如列传》:"樗枣杨梅,樱桃蒲陶。"司马贞索隐:"张揖曰:'一名含桃。'《吕氏春秋》:'为莺鸟所含,故曰含桃。《尔雅》云为荆桃也。"《齐民要术•种桃柰》:"《尔雅》曰:'楔,荆桃。'郭璞曰:'今樱桃。'"

"甘蔗",多年生草本植物,汁多而甘甜,可生食,亦可制糖。汉杨孚《异物志》:"甘蔗,远近皆有,交趾所产特醇好,本末无薄厚,其味至均。围数寸,长丈余,颇似竹,斩而食之,既甘;榨取汁如饴饧,名之曰糖。"《齐民要术·甘蔗》:"雩都县土壤肥沃,偏宜甘蔗,味及采色,余县所无,一节数寸长。""荔枝",果树名。亦指这种植物的果实。"龙眼",常绿乔木,也指这种植物的果实,也称"桂圆"。《东观汉记·匈奴南单于》:"南单于来朝,赐御食及橙橘龙眼荔枝。"《齐民要术·龙眼》:"《广志》曰:'龙眼树,叶似荔支,蔓延,缘木生。'""芦菔",即萝卜。《后汉书·刘盆子传》:"〔宫女〕幽闭殿内,掘庭中芦菔根,捕池鱼而食之。"《齐民要术·蔓菁》:"种菘、芦菔法,与芜菁同。"石声汉注:"'芦菔',现在写作'萝卜''莱菔'。""桑椹",即桑葚。《四民月令·三月》:"昏参夕,桑椹赤,可种大豆,谓之上时。"

3. 竹林草木类词语

(1) 竹木作物名称:杜、棠、榆、槐、柳、杨柳、楸、梓、梧、桐、梧桐、柞、楮、苇、竹、漆、松、柏

"杜",落叶乔木,果实圆而小,味涩可食,俗称"杜梨"。《诗经·唐风·杕杜》:"有杕之杜,其叶湑湑。"朱熹集传:"杜,赤棠也。""棠",木名,有赤白两种,赤棠木理坚韧,实涩无味;白棠,亦称甘棠,果实称为棠梨,实似梨而小,可食,味甜酸。《山海经·西山经》:"昆仑之丘有木焉,其状如棠。"《齐民要术·插梨》:"插法:用棠、杜。棠,梨大而细理;杜次之;桑,梨大恶。""榆",榆树,落叶乔木。可入药,可食。《诗经·唐风·山有枢》:"山有枢,隰有榆。"《齐民要术·种榆、白杨》:"榆性扇地,其阴下五谷不植。""槐",槐树,花蕾和果实可入药。《国语·晋语五》:"〔锄麑〕触庭之槐而死。""柳",落叶乔木或灌木。叶狭长,种子有毛。枝条柔韧,可供编织。"杨柳",指柳树。《诗经·小雅·鹿鸣》:"昔我往矣,杨柳依依。""楸",木名。落叶乔木。木材可做器具。《庄子·人间世》:"宋有荆世者,宜楸、柏、桑。""梓",木名,落叶乔木,木材可做器具。《诗经·鄘风·定之方中》:"树之榛、栗、椅、桐、梓、漆。""梧""桐",木名。即"梧桐"。《诗经·大雅·卷阿》:"凤凰鸣矣,于彼高冈。梧桐生矣,于彼朝阳。"孔颖达疏:"梧桐可以为琴瑟。""柞",木名,常绿灌木或小乔木,生荆棘。叶卵形或长椭圆状卵形,边缘有锯齿。花小,黄白色。树皮及叶可入药。《诗经·小雅·采菽》:"维柞之枝,其叶蓬蓬。"《齐民要术·种槐、柳、楸、梓、梧、柞》:"当年之中,即与麻齐。麻熟刈去,独留槐。"又"杨柳:下田停水之处,不得五谷者,可以种柳。"又"然则楸、梓二木,相类者也。"又"是知荣、桐、榱、梧,皆梧桐也。"又"柞。《尔雅》曰:'栩,杼也。'注云:'柞树。'""楮",落叶乔木。叶子和茎上有硬毛,花淡绿色,雌雄异株,果实球形。皮可制纸。《山海

经·西山经》:"鸟危之山其阳多磐石,其阴多檀楮。"郭璞注:"楮即榖木。"《齐民要术·种穀楮》:"楮宜涧谷间种之。""苇",芦苇。《诗经·豳风·七月》:"七月流火,八月萑苇。"《四民月令·八月》:"刈萑、苇及乌荚。""竹",多年生常绿植物。茎秆有节,中空,可供建筑用,又可作造纸原料,还可以制成乐器。"漆",油漆树。一种漆树科落叶乔木,从其树皮可割取天然漆。"松",松树,常绿乔木。"柏",柏树,常绿乔木。《四民月令·正月》:"自朔暨晦,可移诸树:竹、漆、桐、梓、松、柏、杂木。"

(2) 药草作物名称:苜蓿、芡、栀子、地黄、乌头、天雄、天冬门、瞿麦、葶苈、莨菪、栝楼

"苜蓿",古大宛语 buksuk 的音译。原产西域,汉武帝时,张骞出使西域,从大宛带入。又称怀风草、光风草、连枝草。可食用,亦可药用。《史记·大宛列传》:"〔大宛〕俗嗜酒,马嗜苜蓿。汉使取其实来。于是天子始种苜蓿、蒲陶肥饶地。及天马多,外国使来众,则离宫别观旁尽种蒲萄、苜蓿极望。"《四民月令·七月》:"是月也,可种芜菁及芥、苜蓿,大、小葱,小蒜,胡葱。""芡",一年生水草,茎叶有刺,亦称"鸡头",种子称"芡实",可食用,亦可药用。《吕氏春秋·恃君览》:"夏日则食菱芡,冬日则食橡栗。"《齐民要术·养鱼》:"种芡法:一名'鸡头',一名'雁喙',即今'芡子'是也。""栀子",常绿乔木,可做染料,可入药。《伤寒论》:"发汗,若下之而烦热,胸中窒者,栀子豉汤主之。"《齐民要术·飧饼》:"白秫米,精舂,不簸,渐,以栀子渍米取色。""地黄",药用植物。中医以根状茎入药。《四民月令·二月》:"自是月,尽三月,可掩树枝。可种地黄。""乌头",堇草或附子的别名。"天雄",中药名。"天冬门",多年生可供药用的攀缘草本植物。《四民月令·二月》:"其滨山,可采乌头、天雄、天门冬。""瞿麦",植物名,子形如麦,故名。可入药。《四民月令·三月》:"是日以及上除,可采艾、乌韭、瞿麦、柳絮。""葶苈",一年生草本药用植物。"莨菪",多年生草本植物,可药用。《四民月令·四月》:"收芜菁及芥、葶苈、冬葵、莨菪子。""栝楼",多年生草本植物,中医用来做镇咳祛痰药。《四民月令·二月》:"及采桃花、茜,及栝楼、土瓜根。"

4. 蚕桑丝织类词语:公桑、桑柘、原蚕、丝、布、丝茧、茧丝、布帛、布缕

"公桑",指天子、诸侯的桑田。《礼记·祭义》:"古者,天子诸侯,必有公桑蚕室,近川而为之……卜三宫之夫人,世妇之吉者,使入蚕于蚕室,奉种浴于川,桑于公桑,风戾以食之。"《齐民要术·种桑、柘》:"《尚书大传》曰:'天子诸侯,必有公桑、蚕室,就川而为之。'""桑柘",桑木与柘木。《礼记·月令》:"〔季春之月〕命野虞无伐桑柘,鸣鸠拂其羽,戴胜降于桑。"《齐民要术·种桑、柘》:"于坑中种桑柘者,随坑深浅,或一丈,丈五,直上出坑,乃扶疏四散。""原

蚕",二蚕,即夏秋第二次孵化的蚕。《周礼·夏官·马质》:"若有马讼,则听之,禁原蚕者。"郑玄注:"原,再也。"《淮南子·泰族》:"原蚕一岁再收,非不利也。"《氾胜之书·溲种法》:"薄田不能粪者,以原蚕矢杂禾种种之,则禾不虫。""丝",蚕丝,也指丝织品。《管子·地员》:"揣而藏之,若众练丝。""布",麻、葛等织物的统称。《诗经·卫风·氓》:"氓之蚩蚩,抱布贸丝。"《管子·地员》:"其麻白,其布黄,其草宜白茅与蓷,其木宜赤棠。""丝茧",蚕茧。《吕氏春秋·上农》:"后妃率九嫔蚕于郊,桑于公田,是以春秋冬夏皆有麻枲、丝茧之功,以力妇教也。""茧丝",指蚕丝。《荀子·富国》:"麻葛、茧丝、鸟兽之羽毛齿革也,固有余足以衣人矣。"《农桑辑要·缲丝》:"茧丝断了,茧浮出丝窝者。""布帛",古代一般以麻、葛之织品为布,丝织品为帛,因以"布帛"统称供裁制衣着用品的材料。《四民月令·五月》:"收弊絮及布帛。""布缕",布与线,亦泛指织物。《晏子春秋·谏上五》:"晏子乃返,命禀巡氓,家有布缕之本而绝食者,使有终月之委。"《四民月令·十月》:"可析麻,趣绩布缕。"

5. 农畜牧养类词语:五牸、五畜、累牛、腾马、牝、牡、腾驹、三羸、五驽、父马、羝、糟糠、刍秣、刍、疫疠、牝牡、犊子、驹、羔、羔犊、牸牛、国马、耕牛、畜产

"五牸",指牛、马、猪、羊、驴五种母畜。《孔丛子·陈士义》:"子欲速富,当畜五牸。"《齐民要术·养牛、马、驴、骡》:"陶朱公曰:'子欲速富,当畜五牸。'""五畜",指牛、羊、猪、鸡、狗五种家畜。《汉书·地理志下》:"民有五畜,山多尘麖。"颜师古注:"牛、羊、豕、鸡、犬。"《齐民要术·养牛、马、驴、骡》:"牛、马、猪、羊、驴五畜之牸。然畜牸则速富之术也。""累牛",交配期的公牛。泛指公牛。《礼记·月令》:"〔季春之月〕是月也,乃合累牛腾马,游牝于牧。"孙希旦集解引高诱曰:"累牛,父牛。""腾马",公马。《吕氏春秋·季春》:"是月也,乃合累牛、腾马,游牝于牧。"高诱注:"腾马,父马也。"陈奇猷校释引王引之曰:"累牛、腾马皆牡也,与游牝正相对。""牝",雌性的禽兽。《说文·牛部》:"牝,畜母也。"《书·牧誓》:"牝鸡之晨,惟家之索。"《齐民要术·养牛、马、驴、骡》:"《礼记·月令》曰:'季春之月……合累牛、腾马,游牝于牧。'""牡",雄性的禽兽。《说文·牛部》:"牡,畜父也。"《诗经·邶风·匏有苦叶》:"雉鸣求其牡。"《齐民要术·养牛、马、驴、骡》:"孕任欲止,为其牡气有余,恐相蹄啮也。""腾驹",公马。《礼记·月令》:"〔仲夏之月〕游牝别群,则絷腾驹。"《齐民要术·养牛、马、驴、骡》:"《礼记·月令》:'〔仲夏之月〕游牝别群,则絷腾驹'。""三羸",指马的三种劣相。"五驽",指五种劣马。《太平御览》卷八九六引《伯乐相马经》:"凡相马之法,先观三羸五驽,乃相其余。大头小颈,一羸也;弱脊大腹,二羸也;小胫大蹄,三羸也。"《齐民要术·养牛、马、驴、

骡》:"凡相马之法,先观三羸五驽,乃相其余。""父马",雄马。《汉书·食货志上》:"乘牸牝者摈而不得会聚。"颜师古注引三国魏孟康曰:"皆乘父马,有牝马间其间则蹄啮,故斥出不得会同。"《齐民要术·养牛、马、驴、骡》:"饲父马令不斗法。"石声汉注:"父马,即作种马用的牡马。""羝",公羊。《汉书·苏武传》:"乃徙武北海上无人处,使牧羝。"《齐民要术·养羊》:"大率十口二羝。""糟糠",酒滓、谷皮等粗劣食物,贫者以之充饥,亦用来喂养牲畜。《荀子·荣辱》:"今使人生而未尝睹刍豢稻粱也,惟菽藿糟糠之为睹,则以至足为在此也。"《齐民要术·养猪》:"糟糠之属,当日别与。""刍秣",饲料。《周礼·天官·大宰》:"以九式均节财用……七曰刍秣之式。"郑玄注:"刍秣,养牛马禾谷也。"《陈旉农书·牛说》:"以夫贵者乘之,三军用之,刍秣之精,教习之适,……""刍",喂牲畜的草。《庄子·列御寇》:"食以刍叔。"《陈旉农书·牧养役用之宜》:"又刈新刍,杂旧稿剉细和匀,夜喂之。""疫疠",瘟疫。汉蔡邕《月令问答》:"著《月令》者,豫设水旱、疫疠,当祷祈也。"《陈旉农书·牧养役用之宜》:"困瘠羸劣,疫疠结瘴,以致毙踣,则田亩不治,无足怪者。""牝牡",鸟兽的雌性和雄性。《荀子·非相》:"夫禽兽有父子而无父子之亲,有牝牡而无男女之别。"《农桑辑要·孳畜》:"三月收合龙驹。合驴马之牝牡,此月三日为上。""犊子",小牛。《说文·牛部》:"犊,牛子也。""驹",两岁以下的马。《说文·马部》:"驹,马二岁曰驹。""羔",小羊。《说文·羊部》:"羔,羊子也。"《齐民要术·养羊》:"凡驴马牛羊收犊子、驹、羔法:常于市上伺候,见含重垂欲生者,辄买取。""羔犊",小羊和小牛。《汉书·邹阳传》:"夫以区区之济北而与诸侯争强,是以羔犊之弱而扞虎狼之敌也。"《齐民要术·养羊》:"何必羔犊之饶,又赢酪之利也?""牸牛",母牛。汉刘向《说苑·政理》:"臣故畜牸牛,生子而大,卖之而买驹。"《农桑辑要·先贤务农》:"杜畿为河东,劝耕桑,课民畜牸牛、草马,下逮鸡、豚,皆有章程,家家丰实。""国马",一国中上品之马。《庄子·徐无鬼》:"吾相马,直者中绳,曲者中钩,方者中矩,圆者中规,是国马也。"成玄英疏:"合上之相,是谓诸侯之国上品马也。"《农政全书·马》:"玄扈先生曰:五明为国马,四足白去之,三足白可自乘,二足白速去之,一足白留之。""耕牛",耕田用的牛。《四民月令·十二月》:"遂合耦田器,养耕牛,选任田者,以俟农事之起。""畜产",人饲养的牛、马、鸡、犬等牲畜。《墨子·号令》:"小城不自守通者,尽葆其老弱、粟米、畜产。"《农桑辑要·经史法言》:"稼穑不修,桑果不茂,畜产不肥,鞭之可也。"

6.田地土壤类词语:籍田、公田、上田、下田、亩、甽、厚土、薄土、阴土、垆埴、刚土、强土、弱土、轻土、腊田、腩田、良田、败田、美田、中田、薄田、荒地、草莱、垄亩、高田、上地、中地、下地、田畴、区田、井田、白壤、白土、五粟、粟土、五沃、沃土、五位、位土、五蔿、蔿土、五壤、壤土、五浮、中土、五怸、怸土、五垆、垆土、五坞、坞土、五剽、剽土、五沙、沙土、五塥、下土、五犹、犹土、五壮、壮土、五殖、五穀、穀土、五凫、凫土、五桀。

"籍田"，指古代天子、诸侯征用民力耕种的田。《诗经·周颂·载芟序》："载芟，春籍田而祈社稷也。"郑玄笺："籍田，甸师氏所掌，王载耒耜所耕之田。天子千亩，诸侯百亩。籍之言借也，借民力治之，故谓之籍田。"《吕氏春秋·上农》："是故天子亲率诸侯耕帝籍田，大夫士皆有功业。""公田"，古代井田制度下，把土地划成"井"字形，分为九区，中区由若干农夫共同耕种，将收获物全部缴给统治者，称为"公田"。同中区以外的"私田"相对称。《诗经·小雅·大田》："雨我公田，遂及我私。"朱熹集传："公田者，方里而井，井九百亩，其中为公田，八家皆私百亩，而同养公田也。"《吕氏春秋·上农》："后妃率九嫔蚕于郊，桑于公田。""上田"，上等的田地或指高旱的田地；"下田"，下等的田地或指下湿的田地。《吕氏春秋·上农》："上田，夫食九人；下田，夫食五人，可以益，不可以损。""亩"，地经耕整后田中所起的高垄。"畖"，垄和垄间凹下的小沟。垄上曰亩，垄中曰畖。《吕氏春秋·任地》："上田弃亩，下田弃畖；五耕五耨，必审以尽。""厚土""薄土"，指覆土厚或薄的田地。《吕氏春秋·辩土》："厚土则蘖不通，薄土则蕃籓而不发。""阴土"，滋润的土壤。《吕氏春秋·任地》："其深殖之度，阴土必得，大草不生，又无螟蜮。""垆埴"，稍黏而较疏松的土壤。"刚土"，硬土。《吕氏春秋·辩土》："垆埴冥色，刚土柔种，免耕杀匿，使农事得。""强土"，坚硬之土。《氾胜之书·耕田》："所谓强土而弱之也。"《四民月令·正月》："雨水中，地气上腾，土长冒橛，陈根可拔，急菑强土黑垆之田。""弱土"，柔软之土。"轻土"，松散的泥土。《氾胜之书·耕田》："杏始华荣，辄耕轻土弱土。""腊田"，干枯的田。专指秋天缺少雨水时所耕之田。"脯田"，枯干的田。专指严冬天寒地冻，土地缺乏养料时所耕之田。《氾胜之书·耕田》："秋，无雨而耕，绝土气，土坚垎，名曰腊田。及盛冬耕，泄阴气，土枯燥，名曰脯田。脯田与腊田皆伤。""良田"，土质肥沃的田地。"败田"，土地贫瘠的坏田。《氾胜之书·耕田》："须草生，至可耕时，有雨即耕，土相亲，苗独生，草秽烂，皆成良田。不如此而旱耕，块硬，苗秽同孔出，不可锄治，反为败田。""美田"，肥沃的田地。"中田"，中等田地。"薄田"，贫瘠的田地。《氾胜之书·溲种》："验美田至十九石，中田十三石，薄田一十石，尹择取减法，神农复加之骨汁粪汁溲种。""荒地"，没有耕种或利用的土地。《氾胜之书·区田法》："凡区种，不先治地，便荒地为之。""草莱"，荒芜之地。《管子·七臣七主》："主好本，则民好垦草莱。"《陈旉农书·财力之宜》："且古者分田之制，一夫一妇，受田百亩，草莱之地称焉。""垄亩"，指田亩、田野。《战国策·齐策三》："使曹沫释其三尺之剑而操铫鎒,与农夫居垄亩之中,则不若农夫。"《王祯农书·禾钩》："尝见垄亩及荒芜之地,农人将芟倒禾穗或草穗……""高田",指上等田。《管子·山权数》："桓公曰:'何谓国无制、地有量?'管子对曰:'高田十石,闲田五石,庸田三石,其余皆属诸荒田。'"《氾胜之书·大豆》："三月榆荚时有雨,高田可种大豆。""上地",肥沃的土地。"中地",指土质中等的土地。"下地",贫瘠的土地;下等的土地。《周礼·夏官·大司马》："凡令赋,以地与民制之。上地食者参之二,其民可用者家三人。"郑玄注引郑司农云:"上地谓肥美田也。"《周礼·地官·小司徒》："中地,家六人,可任也者,二家五人。下地家五人,可任也者家二人。"贾公彦疏:"下地家五人者,谓中地之下所养者五人。"《陈旉农书·财力之宜》："不易之地,上地也,家百亩,谓可岁耕之也。一易之地,中地也,家二百亩,谓间岁耕其半,以息地气,且裕民之力也。再易之地,下地也,家三百亩,谓岁耕百亩,三岁而一周也。""田畴",泛指田地。《礼记·月令》："〔季夏之月〕可以粪田畴,可以美土疆。"孙希旦集解引吴澄曰:"田畴,谓耕熟而其田有疆界者。"《四民月令·正月》："可别蓲、芥,粪田畴。""区田",即指一种农作法,也指用这种农作法种植的田地。《氾胜之书·区田法》："汤有旱灾,伊尹作为区田,教民粪种,负水浇稼。区田以粪气为美,非必须良田也。诸山、陵,近邑高危倾阪及丘城上,皆可为区田。区田不耕旁地,庶尽地力。""井田",相传古代的一种土地制度。以方九百亩为一里,划为九区,形如"井"字,故名。《谷梁传·宣公十五年》："古者三百步为里,名曰井田。井田者,九百亩,公田居一。"范宁注:"出除公田八十亩,余八百二十亩,故井田之法,八家共一井,八百亩。余二十亩,家各二亩半,为庐舍。""白壤",白色的柔土。《王祯农书·地利》引《书·禹贡》："厥土惟白壤,厥赋惟上上错。"蔡沉集传:"颜氏曰:'柔土曰壤。'""白土",即白垩。石灰岩的一种。俗称白土子。《史记·三王世家》："封于西方者取白土。"《齐民要术·种榆、白杨》："其白土薄地,不宜五谷者,唯宜榆及白榆。"

"五粟""粟土",适宜种植的上等优质土壤。《管子·地员》："五粟之土,干而不格,湛而不泽,无高下,葆泽以处,是谓粟土。""五沃""沃土",土质肥沃的上等土壤。《管子·地员》："五沃之土,干而不斥,湛而不泽,无高下,葆泽以处。是谓沃土。""五位""位土",土层较深的优质土壤。《管子·地员》："沃土之次,曰五位。""无高下,葆泽以处。是谓位土。""五蘟""蘟土",疏松、肥沃的上等黑色土。《管子·地员》："位土之次,曰五蘟。""蓄殖果木,不若三土以十分之二,是谓蘟土。""五壤""壤土",润泽的上等土壤。《管子·地员》："蘟土之次曰五壤。""忍水旱,无不宜也。蓄殖果木,不若三土以十分之二,是谓壤土。""五浮",细润的上等土壤。《管子·地员》:"壤土之次曰五浮。五浮之状,捍然如米,以葆泽,不离不坼。""中土""五怸",土质细而润泽的中等土壤。《管子·地员》:"中土曰五怸。五怸之状,廪焉如壏,润湿以处。""五纑",黑色坚硬的中等土壤。《管子·地员》:"五纑之状,强力刚坚。""五壏",色黄而多空隙的中等土壤。《管子·地员》:"五壏之状,芬焉若糠以肥。""五剽",白色粉状的中等土壤。《管子·地员》:"五剽之状,华然如芬以脉。""五沙",沙土。细碎的中等土壤。《管子·地员》:"五沙之状,粟焉如屑尘厉。""五塥",干硬的中等土壤。《管子·地员》:"五塥之状,累然如仆累。""下土""五犹",古称恶臭的下等土壤为五犹。犹,通"莸",臭草。《管子·地员》:"下土曰五犹。五犹之状如粪。""五壮",古称的下等土壤。《管子·地员》:"五壮之状如鼠肝。""五殖",湿时粘结成粗块,干时龟裂而坚硬的下等黏土。殖,通"埴",黏土。《管子·地员》:"五殖之状,甚泽以疏,离坼以臛。""五觳",不耐水旱的下等薄土。《管子·地员》:"五殖之次曰五觳。五觳之状,娄娄然,不忍水旱。""五凫",土质较硬的下等土壤。《管子·地员》:"五凫之状,坚而不骼。""五桀",盐碱多而坚硬的下等土壤。桀,坚硬。《管子·地员》:"五桀之状,甚咸以苦,其物为下。"

7. 植物各部分类词语:根、株、梢、枚、茎、苗、花、叶、葆、浮叶、根株、本根、根荄、本末、果实、枝叶

"根",指植物生长于土中或水中吸取营养的部分。《管子·水地》:"水集于草木,根得其度,华得其数,实得其量。"《氾胜之书·芋》:"芋生根欲深。""株",指露在地面的树根、树干或树桩。《韩非子·五蠹》:"田中有株,兔走触株,折颈而死。"《氾胜之书·区田法》:"一行容九株。""梢",指树木的枝条。《淮南子·兵略训》:"曳梢肆柴,扬尘起堨,所以营其目者,此善为诈伪者也。"高诱注:"梢,小柴也。"《齐民要术·种瓜》:"八月,断其梢,减其实,一本但留五六枚。""枚",树干。《诗经·周南·汝坟》:"遵彼汝坟,伐其条枚。"毛传:"枝曰条,干曰枚。"《陈旉农书·种桑之法》:"若欲种椹子,则择美桑种椹,每一枚翦去两头。""茎",指植物体上生枝长叶开花的部分,有给植物体内输送养料的作用,是植物的中轴。《楚辞·九歌·少司命》:"秋兰兮青青,绿叶兮紫茎。"《吕氏春秋·辩土》:"茎生有行,故速长;弱不相害,故速大。""苗",指尚未开花结实的禾类植物。《诗经·王风·黍离》:"彼黍离离,彼稷之苗。"孔颖达疏:"苗,谓禾未秀。"《吕氏春秋·审时》:"后时者,弱苗而穗苍狼,薄色而美芒。""花",种子植物的繁殖器官。《魏书·李谐传》:"树先春而动色,草迎岁而发花。"《氾胜之书·耕田》:"望杏花落,复耕。""叶",植物营养器官之一。《诗经·小雅·苕之华》:"苕之华,其叶青青。"《氾胜之书·大豆》:"豆生五六

叶,锄之。""葆",丛生的枝、芽。《吕氏春秋·审时》:"得时之稻,大本而茎葆。""浮叶",薄而轻的叶子。《吕氏春秋·审时》:"先时者必长以蔓,浮叶疏节,小筴不实。""根株",是指植物的根和主干部分。《论衡·超奇》:"有根株于下,有荣叶于上,有实核于内,有皮壳于外。"《齐民要术·耕田》:"斸,诛也,主以诛锄物根株也。""本根",指草木的根干。《左传·隐公六年》:"见恶如农夫之务去草焉;芟夷蕴崇之,绝其本根,勿使能殖。"《陈旉农书·薅耘之宜》:"《春秋》传曰:农夫之务去草也,芟夷蕴崇之,绝其本根,勿使能殖,则善者信矣。""根荄",植物的根。汉刘向《说苑·建本》:"树本浅,根荄不深。"《陈旉农书·薅耘之宜》:"根荄腐朽,来岁不复生。""本末",指树木的下部与上部。汉马融《长笛赋》:"逮乎其上,匍匐伐取,挑截本末,规摹䂓矩。"《齐民要术·五谷、果蓏、菜茹非中国物产者》:"交趾所产甘蔗特醇好,本末无薄厚,其味至均。""果实",指果树所结之实。《礼记·王制》:"五谷不时,果实未熟,不粥于市。"《四民月令·正月》:"唯有果实者,及望而止。""枝叶",是指植物的枝条和树叶。《诗经·大雅·荡》:"枝叶未有害,本实先拨。"《齐民要术·种槐、柳、楸、梓、梧、柞》:"其旁生枝叶,即掐去,令直耸上。"

(二)农业生产行为词语

1. 表示泛指的词语:耕织、稼穑、耕作、耕稼、耕桑、耕耨、耕田、耕种、耕耘

"耕织",耕种纺织。犹言农桑。《吕氏春秋·上农》:"后稷曰:'所以务耕织者,以为本教也。'""稼穑","稼",种植;"穑",收获。"稼穑"指耕种和收获,泛指农业劳动。《诗经·魏风·伐檀》:"不稼不穑,胡取禾三百廛兮?"《书·无逸》:"厥父母勤劳稼穑,厥子乃不知稼穑之艰难。"《王祯农书·粪壤》:"施之种艺,稼穑倍收,桑果愈茂,岁有增羡。此肥稼之计也。""耕作",从事农耕,泛指农事。《韩非子·外储说右上》:"吾不臣天子,不友诸侯,耕作而食之,掘井而饮之。"《王祯农书·养牛》:"每遇耕作之月,除已放牧,夜复饱饲。""耕稼",泛指种庄稼。《孟子·公孙丑上》:"〔舜〕自耕稼陶渔以至为帝,无非取于人者。"《齐民要术·种枣》:"其阜劳之地,不任耕稼者,历落种枣则任矣。""耕桑",种田与养蚕,亦泛指从事农业。汉杨恽《报孙会宗书》:"身率妻子,戮力耕桑。"《陈旉农书·序》:"然士大夫每以耕桑之事为细民之业,孔门所不学。""耕耨",耕田除草,亦泛指耕种。《周礼·天官·甸师》:"掌帅其属耕耨王藉,以时入之,以共粢盛。"《陈旉农书·耕耨之宜》:"夫耕耨之先后迟速,各有宜也。""耕田",用犁翻松田土,亦泛指从事农作。《氾胜之书·耕田》:"以此时耕田,一而当五,名曰膏泽,皆得时功。""耕种",耕耘种植,泛指种田的事情。《淮南子·缪称训》:"召公以桑蚕耕种之时,驰狱出拘,使百姓皆得反业修

职。"《齐民要术·耕田》:"其林木大者剗杀之,叶死不扇,便任耕种。""耕耘",亦作"耕芸"。翻土除草,亦泛指耕种。《管子·八观》:"行其田野,视其耕芸,计其农事。"《王祯农书·围田》:"沟渠通灌溉,塍埂互连延;俱乐耕耘便,犹防水旱偏。"

2. 与整地有关的词语:耕、耦、耦耕、犁、耩、菑、垦、耰、摩、蔺、垦耕、垦辟

"耕",翻土犁田。"耦",两人并肩而耕。《吕氏春秋·上农》:"量力不足,不敢渠地而耕。"《诗经·周颂·噫嘻》:"亦服尔耕,十千维耦。""耦耕",二人并耕。《齐民要术·耕田》:"命农计耦耕事,修耒耜,具田器。""犁",牛耕。《汉书·匈奴传》:"犁其庭。"《齐民要术·伐木》:"逐犁后如禾麦法下之。""耩",耕地。《齐民要术·种苜蓿》:"旱种者,重楼耩地,使垅深阔,窍瓠下子,批契曳之。""菑",开垦,耕作。《四民月令·正月》:"急菑强土黑垆之田。""垦",开垦。《国语·周语上》:"土不备垦。"《齐民要术·耕田》:"《周书》曰:作陶,冶斤斧,为耒耜、锄、耨,以垦草莽,然后五谷兴,助百果藏实。""耰",用耰松土并使土块细碎。《国语·齐语》:"及耕,深耕而疾耰之,以待时雨。"韦昭注:"耰,摩平也。"《吕氏春秋·辩土》:"熟有耰也,必务其培。""摩",耕地后把大的土块磨碎磨平。《氾胜之书·耕田》:"春地气通,可耕坚硬强地黑垆土,辄平摩其块以生草……""凡麦田,常以五月耕,六月再耕,七月勿耕,谨摩平以待种时。""蔺",镇压的意思,是指将松散的弱土镇压紧实些。《氾胜之书·耕田》:"冬雨雪止,辄以蔺之,掩地雪,勿使从风飞去;后雪复蔺之。""垦耕",开垦耕作。《诗经·小雅·大田》:"田多稼。"汉郑玄笺:"大田谓地肥美可垦耕,多为稼可以授民者也。"《王祯农书·垦耕》:"垦耕者,其农夫之第一义欤。""垦辟",开垦。《晏子春秋·杂上五》:"高、国服其政,田畴垦辟。"《王祯农书·垦耕》:"田多垦辟,即今俗谓开荒地。"

3. 与种植有关的词语:播、种、下、区种、粪种、溲种、柔种、树、艺、养、畜、树艺、殖、植、栽、移、别、莳、播莳、徙、种树、剁、播殖

"播""种""下""区种""粪种""溲种""柔种"是与播种有关的词语。"播""种",均指撒播种子。《诗经·豳风·七月》:"其始播百谷。"《诗经·大雅·生民》:"茀厥丰草,种之黄茂。"《吕氏春秋·辩土》:"慎其种,勿使数,亦无使疏。""下",下种。《氾胜之书·瓠》:"候水尽,即下瓠子十颗。""区种",谓按一定距离开沟挖穴,播入种子。《氾胜之书·区田法》:"凡区种,不先治地,便荒地为之。"《氾胜之书》中的可以区种的有麦、大豆、茌、胡麻、粟、瓜、瓠。"粪种",古代的一种耕种方法。《周礼·地官·草人》:"凡粪种,骍刚用牛,赤缇用羊。"《氾胜之书·区田法》:"汤有旱灾,伊尹作为区田,教民粪种,负水浇稼。"犹拌种。《氾胜之书·溲种法》:"先种二十日时,以溲种,如麦饭状。""柔

种",谓于硬土上施肥,使土松软后栽种。《吕氏春秋·辩土》:"垆埴冥色,刚土柔种。"高诱注:"土坚则粪,使软熟而后种。"

"树""艺""养""畜""树艺""殖""植""栽""移""别""莳""播莳""徙""种树""剥""播殖"等是与栽植有关的词语。"树",种植。树的对象可以是树木,也可以是五谷。《诗经·小雅·巧言》:"荏染柔木,君子树之。"《吕氏春秋·任地》:"日至,苦菜死而资生,而树麻与菽。"高诱注:"树,种也。""艺",指种植,语义范围较广。艺的对象包括五谷、果蔬等。《诗经·齐风·南山》:"艺麻之如何?衡从其亩。"《王祯农书·沙田》:"间为聚落,可艺桑麻。""养",种植,培植。《管子·牧民》:"藏于不竭之府者,养桑麻,育六畜。"《氾胜之书·麻》:"养麻如此,美田则亩五十石,及百石,薄田尚三十石。""畜",培育,培植。《四民月令·六月》:"大暑中伏后,可畜瓠,藏瓜,收芥子,尽七月。""树艺",是树与艺的同义组合,指种植。《孟子·滕文公上》:"后稷教民稼穑,树艺五谷。"《农桑辑要·论桑种》:"桑之种性,惟在辨其刚柔,得树艺之宜,使之各适其用。""殖",种植,可以是谷物,也可以是草木。《吕氏春秋·辩土》:"稼欲生于尘,而殖于坚者。""植",栽种。《吕氏春秋·乐成》:"我有田畴,而子产植之。"《齐民要术·种榆、白杨》:"榆性扇地,其阴下五谷不植。""栽",种植,用于移植。《礼记·中庸》:"故栽者培之。"郑玄注:"栽,犹殖也;培,益也。今时人名草木之殖曰栽。"《齐民要术·水稻》:"既生七八寸,拔而栽之。""移",移植。《四民月令·正月》:"自朔暨晦,可移诸树:竹、漆、桐、梓、松、柏、杂木。""别",把丛生的苗拔出移栽,指移植、分栽。《四民月令·正月》:"可别蓶、芥。粪田畴。"《四民月令·三月》:"别小葱。"《四民月令·五月》:"是月也,可别稻及蓝,尽至后二十日止。"《四民月令·六月》:"可种芜菁、冬蓝、小蒜,别大葱。"《四民月令·七月》:"别蓶。藏韭菁。"《四民月令·十月》:"是月也,可别大葱。""莳",移植。《齐民要术·种谷楮》:"移栽者,二月莳之。""播莳",指移植。《书·舜典》:"帝曰:'黎民阻饥,汝后稷,播时百谷。'"郑玄注:"时读曰莳。"《陈旉农书·序》:"舜命后稷,黎民阻饥,播时百谷,使民知种之各得其宜。""徙",移植树木。《淮南子·原道训》:"今夫徙树者,失其阴阳之性,莫不枯槁。"《齐民要术·种李》:"《家政法》曰:'二月徙梅李也。'""种树",种植、栽种。《韩非子·难二》:"举事慎阴阳之和,种树节四时之适。"《王祯农书·种植》:"黄霸治颍川,使民务耕桑,种树,治为天下第一。""剥",修剪枝条。《四民月令·正月》:"是月,尽二月,可剥树枝。""播殖",播种、种植。《国语·郑语》:"周弃能播殖百谷蔬,以衣食民人者也。"《王祯农书·梯田》:"播殖之际,人则伛偻蚁沿而上,耨土而种,蹑坎而耘。"

4. 与中耕有关的词语：芟、划、锄、耘、刈、曳、耧、律、薅、芟、耨、锄耘、耘锄、锄治、耘耔、耔、培、壅、壅培、浇、溉、灌、沃、溉灌、灌注、浸灌、灌溉、下水、遥润、渎田、粪治

"芟""划""锄""刈"，均指除草，不同之处在于所使用的工具不同。《氾胜之书·区田法》："区中草生，芟之。区间草以划划之，若以锄锄。苗长不能耘之者，以剗镰比地刈其草矣。"

"曳""耧""律"，杷耧。《氾胜之书·麦》："黄金覆者，谓秋锄麦曳柴壅麦根也。至春冻解，棘柴曳之，突绝其干叶。""秋锄以棘柴耧之，以壅麦根。""春冻解，棘柴律之，突绝去其枯叶。"

"耘""薅""芟""耨""锄耘""耘耡""锄治""耘耔"，都指松土除草。《诗经·小雅·甫田》："今适南亩，或耘或耔。"毛传："耘，除草也。"《诗经·周颂·良耜》："其镈斯赵，以薅荼蓼。"朱熹集传："薅，去也。"《诗经·周颂·载芟》："载芟载柞，其耕泽泽。"毛传："除草曰芟，除木曰柞。"《齐民要术·水稻》："既非岁易，草、稗俱生，芟亦不死，故须栽而薅之。"《孟子·梁惠王上》："深耕易耨。"赵岐注："易耨，芸苗令简易也。"《吕氏春秋·任地》："人肥必以泽，使苗坚而地隙，人耨必以旱，使地肥而土缓。"汉桓宽《盐铁论·国病》："行即负赢，止作锄耘。"《农桑辑要·甘蔗》："荒则锄耘，并不开花结子。"《四民月令·六月》："是月也，趣耘耡，毋失时。"《氾胜之书·耕田》："不如此而早耕，块硬，苗秽同孔出，不可锄治，反为败田。""耘耔"，除草培土。后因以"耘耔"泛指从事田间劳动。汉张衡《东京赋》："兆民劝于疆场，感懋力以耘耔。"《王祯农书·耘荡》："暑日流金，田水若沸，耘耔是力，稂莠是除。"

"耔""培""壅""壅培"，给植物的根基部分加土。《诗经·小雅·甫田》："今适南亩，或耘或耔。"毛传："耔，壅本也。"《吕氏春秋·辩土》："熟有秧也，必务其培。"《氾胜之书·麦》："麦生根成，锄区间秋草。缘以棘柴律土壅麦根。"《管子·轻重甲》："次日大雨且至，趣芸壅培。"《陈旉农书·耕耨之宜》："早田获刈才毕，随即耕治晒暴，加粪壅培。"

"浇""溉""灌""沃""溉灌""灌注""浸灌""灌溉""下水""遥润""渎田""粪治"都是表示灌溉的词语。"浇"，浇灌。《氾胜之书·麻》："天旱，以流水浇之，树五升；无流水，曝井水，杀其寒气以浇之。雨泽时适，勿浇。浇不欲数。""溉"，灌注。《氾胜之书·区种法》："区种，天旱常溉之，一百常收百斛。"《氾胜之书·大豆》："旱者溉之，坎三升水。""灌"，灌注。《氾胜之书·黍》："黍心未生，雨灌其心，心伤无实。""沃"，浇水。《氾胜之书·大豆》："临种沃之，坎三升水。""溉灌"，灌溉。《汉书·张禹传》："及富贵，多买田至四百顷，皆泾渭溉灌，极膏腴上贾。"《齐民要术·水稻》："溉灌，收刈，一如前法。""灌注"，流

泻、浇灌。汉班固《西都赋》:"源泉灌注,陂池交属。"《农政全书·东南水利中》:"其所起庐舍,皆有重堂高阁,陂渠灌注。""浸灌",灌溉,放水浸没田地。《庄子·逍遥游》:"时雨降矣,而犹浸灌,其于泽也,不亦劳乎!"《陈旉农书·薅耘之宜》:"田干水暖,草死土肥,浸灌有渐,即水不走失。""灌溉",浇灌、滋润。《汉书·沟洫志》:"可各顺从其性,毋复灌溉。"《陈旉农书·地势之宜》:"桑得肥水而沃美,旱得决水以灌溉,涝即不至于弥漫而害稼。""下水",放水。《战国策·东周策》:"东周欲为稻,西周不下水,东周患之。""遥润",在植株旁开沟蓄水,使水慢慢渗透已达到浇灌的目的。《氾胜之书·瓠》:"旱时须浇之,坑畔周匝小渠子,深四五寸,以水停之,令其遥润,不得坑中下水。""渎田",开沟渠而溉田。《管子·地员》:"夫管仲之匡天下也,其施七尺,渎田悉徙,五种无不宜。"尹知章注:"渎田,谓穿沟渎而溉田。""粪治",施肥治田。《汉书·罽宾国》:"种五谷、蒲陶诸果,粪治园田。"《陈旉农书·粪田之宜》:"别土之等差而用粪治。"

5. 与收藏有关的词语:穑、采、获、收、刈、敛、割、铚艾、收取、收获、收刈、收敛、刈取、艾刈、窖、藏、蓄藏、收藏、委积、蓄积

"穑",收获谷物。《诗经·魏风·伐檀》:"不稼不穑,胡取禾三百廛兮?"《齐民要术·种谷》:"杨泉《物理论》曰:'种作曰稼,稼犹种也;收敛曰穑,穑犹收也。'""采",采摘。《四民月令·二月》:"及采桃花、茜,及栝楼、土瓜根。"《四民月令·三月》:"是日以及上除,可采艾、乌韭、瞿麦、柳絮。"《四民月令·八月》:"是月八日,可采车前实、乌头、天雄及王不留行。""获",收割庄稼。《吕氏春秋·审时》:"稼就而不获,必遇天灾。"《氾胜之书·耕田》:"取麦种,候熟可获。"《氾胜之书·禾》:"获不可不速,常以急疾为务。""收",收获、收割。《吕氏春秋·辩土》:"不知稼者,其耨也去其兄而养其弟,不收其粟而收其秕。"《四民月令·八月》:"收韭菁,作捣齑。""刈",割。《氾胜之书·桑》:"桑生正与黍高平,因以利镰摩地刈之,曝令燥。""敛",收获。《诗经·小雅·大田》:"彼有不获稚,此有不敛穧。"《王祯农书·收获》:"种敛者,岁之终始也。""割",切断。《左传·襄公三十一年》:"犹未能操刀而使割也。"《王祯农书·穄》:"割穄欲早,盖晚多零落。""铚艾",收割。《小尔雅》:"截颖谓之铚。"《释名》:"铚铚,断禾穗也。艾,通乂。《说文·乂部》:"乂,芟草也。或作刈。"《诗经·周颂·臣工》:"名我众人,庤乃钱镈,奄观铚艾。"毛传:"铚,获也。"朱熹注:"艾,获也。"《吕氏春秋·上农》:"夺之以兵事,是谓厉,祸因胥岁,不举铚艾。""收取",获取。《氾胜之书·瓠》:"八月微霜下,收取。""收获",收割农作物。汉荀悦《汉纪·文帝纪八》:"力耕数芸,收获如寇盗之至。"《齐民要术·种桑、柘》:"岁常绕树一步散芜菁子,收获之后,放猪啖之,其地

柔软,有胜耕者。""收刈",收割。《诗经·鄘风·载驰》:"芃芃其麦。"汉郑玄笺:"麦芃芃者,言未收刈,民将困也。"《陈旉农书·地势之宜》:"黄绿谷自下种以至收刈,不过六七十日,亦以避水溢之患也。""收敛",收获农作物。《庄子·让王》:"春耕种,形足以劳动;秋收敛,身足以休食。"《齐民要术·耕田》:"魏文侯曰:'民春以力耕,夏以强耘,秋以收敛。'""刈取",割取。《诗经·周南·汉广》:"翘翘错薪,言刈其楚。"汉郑玄笺:"楚杂薪之中,尤翘翘者,我欲刈取之。"《农桑衣食撮要·种苎蔴》:"以草绳腰束,九月见刈取,以石压扁,收之。""芟刈",割。《墨子·非攻下》:"芟刈其禾稼,斩其树木,堕其城郭。"《陈旉农书·薅耘之宜》:"于秋绳而芟之,谓芟刈去其实,无俾易种于地也。"

"窖",贮藏、埋藏。《史记·货殖列传》:"秦之败也,豪杰皆争取金玉,而任氏独窖仓粟。"《齐民要术·大小麦》:"窖麦法:必须日曝令干,及热埋之。""藏",收藏。《四民月令·九月》:"九月藏茈、姜、蘘荷。""蓄藏",积蓄储藏。《吕氏春秋·任地》:"稀首生而麦无叶,而从事于蓄藏,此告民究也。""收藏",收聚蓄藏、收集保存。《礼记·月令》:"〔仲冬之月〕是月也,农有不收藏积聚者,马牛畜兽有放佚者,取之不诘。"《齐民要术·作酢法》:"若七日不得作者,必须收藏取七日水,十五日作。""委积",指储备粮草。《周礼·地官·大司徒》:"大宾客,令野修道委积。"孙诒让正义:"《说文·禾部》云:'积,聚也。'……凡储聚禾米薪刍之属,通谓之委积。"《王祯农书·蓄积》:"门关之委积,以养老孤;郊里之委积,以待宾客;野鄙之委积,以待羁旅。""蓄积",积聚、储存。《四民月令·十月》:"五谷既登,家储蓄积,乃顺时令,敕丧纪。"

6.与蚕桑纺织有关的词语:养、织、绩、缫、纺、纴、络、纬、缲、蚕缫、织布、织纴、纺绩、纺织、织绩、蚕绩、蚕织、缉绩

"养",饲养。《东汉观记·茨充传》:"充教民益种桑、柘,养蚕,织履,复令种纟宁麻。"《齐民要术·白醪曲》:"若以床小,不得多着曲者,可四角头竖槌,重置椽箔如养蚕法。""织",用经纬线交织的方法,将纱或线编成布帛。《诗经·大雅·瞻卬》:"妇无公事,休其蚕织。"《吕氏春秋·上农》:"是故丈夫不织而衣,妇人不耕而食,男女贸功,以长〔以〕生,此圣人之制也。""绩",把麻或其他纤维搓捻成绳或线。《诗经·豳风·七月》:"七月鸣鵙,八月载绩。"《四民月令·十月》:"可析麻,趣绩布缕,卖缣、帛、弊絮。""缫",把蚕茧浸在水里抽出丝。《孟子·滕文公下》:"夫人蚕缫以为衣服。"《农桑辑要·缫丝》:"缫丝之诀,惟在细圆匀紧,使无褊慢节核,粗恶不匀也。""纺",把丝麻纤维制成纱或线。《左传·昭公十九年》:"托于纪鄣,纺焉以度而去之。"《农桑辑要·苎麻》:"纺车纺讫,用桑柴灰淋下水内浸一宿,捞出。""纴",纺织。《墨子·非攻

下》:"妇人不暇纺绩织纴。"《王祯农书·木绵拨车》:"待尔纴成足经纬,却教机杼得功全。""络",缠丝。汉刘向《说苑·权谋》:"袁氏之妇络而失其纪,其妾告之,怒弃之。"《王祯农书·木绵轩床》:"转动掉枝,分络轩上。""缉",析麻捻结成线。《管子·轻重乙》:"大冬营室中,女事纺绩缉缕之所作也,此之谓冬之秋。"《王祯农书·布机》:"以木楔子两个夹麻,顺历数次,至麻性颇软堪缉为度。""缫",煮茧抽丝。《四民月令·四月》:"茧既入簇,趣缫,剖绵,具机杼,敬经络。""蚕缫",煮茧抽丝。《孟子·滕文公》:"夫人蚕缫,以为衣服。"《王祯农书·蚕缫》:"南北蚕缫之事,择其精妙,笔之于书,以为必效之法。""织布",用织机将棉纱或丝缕织成布帛。《孟子·滕文公上》:"许子必织布然后衣乎?"《四民月令·正月》:"命女红趣织布。""织纴",指织作布帛之事。《礼记·内则》:"执麻枲,治丝茧,织纴组紃,学女事,以共衣服。"《王祯农书·蚕事之本》:"织纴之功因之广,织以供郊庙之服。""纺绩",把丝麻等纤维纺成纱或线。古代纺指纺丝,绩指缉麻。《史记·淮南衡山列传》:"当是之时,男子疾耕不足于糟糠,女子纺绩不足于盖形。"《齐民要术·芭蕉》:"其茎如芋,取,濩而煮之,则如丝,可纺绩也。""纺织",纺纱和织布的总称。《墨子·辞过》:"女子废其纺织而修文采,故民寒。"《王祯农书·劝助》:"饥而思食,皆知有稼穑之功,则男务耕锄,女事纺织。""织绩",织布与缉麻,指纺绩织纴等女工之事。汉刘向《列女传·鲁季敬姜》:"《诗》曰:'妇无公事,休其蚕织。'言妇人以织绩为公事者也。"《农桑辑要·先贤务农》:"崔寔为五原,土宜麻枲,而俗不知织绩。""蚕绩",蚕桑和纺绩。《书·洪范》:"二曰货。教民使求资用也。衣则蚕绩以求之。"《陈旉农书·序》:"而又有宜桑宜麻之地,使民知蚕绩亦各因其利。""蚕织",蚕桑和纺织。《诗经·大雅·瞻卬》:"妇无公事,休其蚕织。"毛传:"休,息也。妇人无与外政,虽王后犹以蚕织为事。"《齐民要术·种谷》:"鸡、豚、狗、彘,毋失其时,女修蚕织,则五十可以衣帛,七十可以食肉。""缉绩",犹纺织。《诗经·陈风·东门之池》:"可以沤麻。"汉郑玄笺:"于池中柔麻,使可缉绩作衣服。"《齐民要术·杂说》:"可析麻,缉绩布缕。"《陈旉农书·种桑之法》:"且苎有数种,唯延苎最胜,其皮薄白细软,宜缉绩。"

7. 与畜牧有关的词语:繁息、饭、牧、牧养、畜、合、考牧、秣、饲、蕃息、放牧、放、餧、字育、养、养牧、畜养、畜牧、肥腯、羸瘠、羸瘦、肥充

"繁息",繁殖生息。汉班固《白虎通·致仕》:"九妃得其所,子孙繁息也。"《齐民要术·养牛、马、驴、骡》:"服牛乘马,量其力能;寒温饮饲,适其天性:如不肥充繁息者,未之有也。""饭",喂牲口。《楚辞·九章·惜往日》:"吕望屠于朝歌兮,宁戚歌而饭牛。"《齐民要术·养牛、马、驴、骡》:"宁戚以饭牛见知,马援以牧养发迹。"《农政全书·稗》:"大俭,可磨食也;若值丰年,可

饭牛马猪羊。""牧",放牧牲畜。《周礼·地官·牧人》:"掌牧六牲。"《齐民要术·养牛、马、驴、骡》:"公孙弘,梁伯鸾,牧豕者,或位极人臣,身名俱泰;或声高天下,万载不穷。""牧养",放牧饲养。汉赵晔《吴越春秋·勾践入臣外传》:"吴王乃赦越王得离其石室,去就其宫室,执牧养之事如故。"《陈旉农书·牧养役用之宜》:"夫善牧养者,必先知爱重之心。""畜",饲养禽兽。《礼记·曲礼》:"畜鸟者则勿佛也。"《齐民要术·养牛、马、驴、骡》:"然畜牸则速富之术也。""合",雌雄交尾。《齐民要术·养牛、马、驴、骡》:"《礼记·月令》曰:'季春之月……合累牛、腾马,游牝于牧。'""考牧",谓牧事有成。《诗经·小雅·无羊序》:"无羊,宣王考牧也。"郑玄笺:"厉王之时,牧人之职废,宣王始兴而复之,至此而成,谓复先王牛羊之数。"孔颖达疏:"牧事有成,故言考牧也。"《陈旉农书·牧养役用之宜》:"观宣王考牧之诗可知矣。""秣",喂牲口。《诗经·周南·汉广》:"之子于归,言秣其马。"《齐民要术·养牛、马、驴、骡》:"细剉刍,枥掷扬去叶,专取茎,和谷豆秣之。""饲",饲养,给动物吃东西。《齐民要术·养牛、马、驴、骡》:"凡以猪槽饲马,以石灰泥马槽,马汗系着门:此三事,皆令马落驹。""蕃息",滋生;繁衍。《庄子·天下》:"以衣食为主,以蕃息畜藏。"《齐民要术·养羊》:"不孕者必瘦,瘦则非唯不蕃息,经冬或死。""放牧",把牲畜放到野外吃草和活动。《东观汉记·光武纪》:"商贾重宝,单车露宿,牛马放牧,道无拾遗。"《齐民要术·养猪》:"春夏草生,随时放牧。""放",从家畜圈栏或禁闭中释放出来,又指牧养。《书·武成》:"放牛于桃林之野。"《齐民要术·养猪》:"八、九、十月,放而不饲。所有糟糠,则蓄待穷冬春初。""餧",今写作"喂"。给动物吃东西。《玉篇》:"餧,饲也。"《礼记·月令》:"季春之月,餧兽之药,毋出九门。"《齐民要术·养牛、马、驴、骡》:"气劳者,缓系之枥上,远餧草,喷而已。""字育",生育,蕃育。《列子·黄帝》:"风雨常均,字育常时,年谷常丰。"《陈旉农书·牧养役用之宜》:"视牛之字育,若己之有子也。""养",饲养。《氾胜之书·瓠》:"其中白肤,以养猪致肥;其瓣,以作烛致明。""养牧",养育治理。《汉书·王莽传中》:"臣等尽力养牧兆民,奉称明诏。"《陈旉农书·牧养役用之宜》:"故养牧得宜,博硕肥腯,不疾瘯蠡也。""畜养",指饲养牲口。《韩非子·难二》:"务于畜养之理,察于土地之宜,六畜遂,五谷殖,则入多。"《王祯农书·养牛类》:"善畜养者,必有爱重之心。""畜牧",放养牲畜。《史记·平准书》:"新秦中或千里无亭徼,于是诛北地太守以下,而令民得畜牧边县。"《农政全书·泰西水法下》:"共野者,畜牧焉,溉灌焉。""肥腯",牲畜兽类膘肥肉厚。《左传·桓公六年》:"吾牲牷肥腯,粢盛丰备,何则不信?"《陈旉农书·祈报》:"其牧养盍亦如马之祈祷以祈祸祈福,则必博硕肥腯,不疾瘯蠡矣。""羸瘠",瘦弱疲病。《史记·刘敬传》:"今臣往,徒见羸瘠老弱,此必欲见短,伏奇兵以争利。"《陈旉农书·牧养役用之宜》:"视牛之困苦羸瘠,犹己之困苦羸瘠。""羸瘦",瘦瘠。《汉书·赵充国传》:"从今尽三月,虏马羸瘦,必不敢捐其妻子于他种中,远涉山河而来为寇。"《齐民要术·养羊》:"其十一月及二月生者,母既含重,肤躯充满,草虽枯,亦不羸瘦。""肥充",体肥肉充。《诗经·小雅·鱼藻》:"鱼在在藻,有颁其首。"汉郑玄笺:"〔鱼〕处于藻,既得其性则肥充,其首颁然。"《齐民要术·养羊》:"任羊绕栅抽食,竟日通夜,口常不住。经冬过春,无不肥充。"

(三)农业生产工具词语

1.与整地有关的农具名称:耒、耜、耒耜、犁、长辕犁、耰、摩、钁、畲、铧、镵

整地是播种前一系列土壤耕作措施的总称。包括耕地、耙耱或开沟、做畦等,目的在于为种子发芽、生长创造良好的土壤条件。整地过程中需要相应的农具,即为整地农具。最早的整地农具是"耒""耜"。"耒""耜"在原始农业早期是两种独立的农具。原始的"耒"是一根尖木棒,主要功能是播种时在地面掘出坑穴,以便向穴内播种。原始的"耜"应该是一种近似圆形的工具,材质多为石制,主要功能是掘土。经过长时间的发展,"耒"和"耜"由两种独立的原始农具演变成一种新的农具,即"耒耜"。"耒"成了"耒耜"的柄,"耜"成了"耒耜"下端的起土部分。但人们习惯上还经常以柄取名,称为"耒",或以头取名,称为"耜"。所以,我们现在说的"耒""耜"即可能是"耒耜"的两个组成部分,也可能是"耒耜"这种农具,具体情况具体分析。现代辞书中对"耒""耜"的解释大都是指"耒耜"的组成部分。古文献中对"耒""耜"的记载很多,如《管子·海王》:"耕者必有一耒、一耜、一铫,若其事立。"《周礼·考工记·匠人》:"匠人为沟洫,耜广五寸,二耜为耦。""耒耜"作为一种复式的新农具,主要应用于原始农业时代,商周时代虽仍有应用,但形体开始演变,至迟在春秋后期,"耒耜"这种农具已基本不存在。"犁"即为"耒耜"发展演变成的一种农具,"犁"与"耒耜"的不同在于,"犁"是由人力或畜力进行的连续性的耕地翻土工具,"耒耜"是由人力进行的间歇性的脚踏工具。《释名》:"犁,利也。利则发土,绝草根也。"陆龟蒙《耒耜经》:"耒耜,农书之言也,民之习,通谓之犁。"《管子·乘马》:"丈夫二犁,童五尺一犁,以为三日之功。""长辕犁",出现于秦汉时期的一种犁,多为直的长辕犁,主要用于耕平地,回转不方便,耗费人力。《齐民要术·耕田》:"今自济州以西,犹用长辕犁、两脚耧。"

"犁"的作用在于取土,取土之后还要碎土,于是出现碎土农具"耰"。"耰",农具名,状如槌,用以击碎土块,平整土地和覆种。《说文》云:"耰,摩田

器。"《淮南子·氾论训》:"后世为之耒耜耰锄,斧柯而樵,桔槔而汲,民逸而利多焉。"高诱注:"耰,椓块椎也,三辅谓之㩉,所以覆种也。"《吕氏春秋·简选》:"锄耰白梃。可以胜人之长铫利兵。"高诱注:"耰,椎也。"破土、碎土后还需要平整土地,于是出现了"摩","摩"是从"耰"发展而来的,不同之处在于"耰"是人力操作的,"摩"是由畜力进行的,至迟在汉代已出现。《氾胜之书·耕田》:"春,地气通,可耕坚硬地,黑垆土,辄平,摩其块以生草。"文中的"摩"为动词摩田,古代文献中农具的名称与行为常常同用一个字,可以推断摩田的农具即为"摩",现代汉字中一般使用的"耱"字出现很晚,在古代的字书中没发现,可能是同音假借,也可能是新造字。

在畜力缺乏的地方,多用手工操作的整地农具,如"钁""臿""铧""镵"等。"钁",是一种掘地的农具,在"犁"发明以前已出现,但"钁"这一名称,在先秦文献中未见,最早见于《淮南子·精神训》:"今夫繇者揭钁臿,负笼土,盐汗交流,喘息薄喉。"高诱注:"钁,斫也。"《淮南子·齐俗训》:"故伊尹之兴土功也,修胫者使之跖钁。"《王祯农书·钁》:"盖钁,副器也。农家开辟土地,用以副荒。凡田园、山野之间用之者,又有阔狭大小之分,然总名曰钁。""臿",也是掘土的农具,先秦文献中常见。《管子·度地》:"以农无事之时,笼、臿、板、筑各什六。"金属发明后,"臿"演变成"锸"。《汉书·王莽传上》:"父子兄弟负笼荷锸,驰之南阳。"《王祯农书·臿》:"盖古谓臿,今谓锹,一器二名,宜通用。""铧""镵",也是一种人力翻土农具。《释名》:"铧,锸类,起土也。"《王祯农书·铧》:"铧,今谓之踏犁者,旧用铧,亦用镵。""盖镵开生地着力易,铧耕熟地见功多。然北方多用铧,南方皆用镵。"

2. 与播种有关的农具名称:耧

"耧",又名"耧犁",是最早的播种农具,出现于西汉时期。汉崔寔《政论》:"武帝以赵过为搜粟都尉,教民耕殖。其法三犁一牛,一人将之,下种挽耧,皆取备焉。日种一顷。"《齐民要术·大小麦》:"凡耧种者,匪直土浅易生,然于锋、锄亦便。"

3. 与中耕有关的农具名称:锋、耩、钱、划、铲、镈、耨、锄、鎡錤

"锋""耩",由畜力牵引的中耕农具。"锋"可以浅耕保墒、灭茬。"耩"可以把土堆向两旁,壅本苗深。《论衡·幸偶》:"等之金也,或为剑戟,或为锋铦。"《齐民要术·种谷子》:"苗高一尺,锋之。"《齐民要术·种大豆》:"锋、耩各一。"《王祯农书·锋》:"锋,古农器也。其金比犁镵小而加锐。其柄如耒,首如刃锋,故名锋,取其铦利也。""钱",指单手执握除草松土的小铲。《说文解字·金部》:"钱,铫也。古田器。从金戈声。"段玉裁注:"云古田器者,古谓之钱。""钱"表示农具主要用于先秦文献中,最早见于《诗经》时代。《诗经·

周颂·臣工》："命我众人,庤乃钱镈。"毛传："钱,铫。"后来人们又仿照"钱"的形状铸造货币,"钱"引申成为货币钱,"钱"的名称也跟着从农具转化到了货币。《王祯农书·钱》："钱与镈为类,蔬器也,非锹属也。兹度其制,似锹非锹,殆与铲同。""划"繁体写作"劃"。"划"字出现的很早,据考证在甲骨文、金文中已出现。"划"在先秦时期主要用作动词"划除"义,"划"作名字表示农具"铲子"义,出现于《氾胜之书·区田法》："区间草,以划划之,若以锄锄。""铲",因为"划"字不能体现金属制造的特点,又创造了"铲"字,逐渐取代了"划"字。

"镈",古代除草的一种短柄锄。《释名》："镈,迫也,迫地去草也。"《尔雅》疏云："镈、耨一器,或云锄,或云锄属。"最早出现于《诗经》时代。《诗经·周颂·臣工》："命我众人,庤乃钱镈,奄观铚艾。"毛传："镈,耨也。"马瑞辰通释："是则镈、镈一物,皆妪薅所用,其柄短。"《王祯农书·镈》："镈,耨别名也。""镈"在春秋战国时期称为"耨"。《吕氏春秋·任地》："耨柄尺,此其度也,其耨六寸,所以间稼也。"高诱注："耨所耘苗也。"《左传·僖公三十三年》："臼季使过冀,见冀缺耨。"杜预注："耨,锄也。"《王祯农书·耨》："除草器。"汉代以后多称为"鉏""锄"。今统一写为"锄"。《说文·金部》："鉏,立薅所用也。"《释名》："锄,助也,去秽助苗也。""锄"的柄加长,使用方法也不同,用于站立式除草。《氾胜之书·耕田》："务粪泽,旱锄获春冻解,地气始通土,一和。""镃錤",一种农具,相当于现在的锄头。最早见于《齐民要术·种谷》引用《孟子·公孙丑》："虽有镃錤,不如乘势。"赵岐注："镃錤,田器,耒耜之属。"

4.与灌溉有关的农具名称:缶、绠、桔槔、翻车

"缶",最早的汲水工具。可以做容器,也可以用于汲水。《说文·缶》："缶,瓦器,所以盛酒浆。"段玉裁注："缶有大有小,如汲水之缶,盖小者也。"《易·比卦》："有孚盈缶,终来有它,吉。"陆德明释文："缶,瓦器也,郑云:汲器也。"《左传·襄公九年》："具绠缶,备水器。"杜预注："缶,汲器。"陆德明释文:"汲水瓦器。""绠",用缶等汲水,可以抱,也可以用绳提。《王祯农书·缶》："缶,汲水器。……今汲器用瓦,亦缶之遗制也。""绠"就是汲水用的辅助工具。《说文·系部》："绠,汲井绳也。"《左传·襄公九年》："具绠缶,备水器。"杜预注："绠,汲索。"《庄子·至乐》："绠短者不可以汲深。"陆德明释文："绠,汲索也。"《王祯农书·绠》："绠,郭璞云:'汲水索也。'""桔槔",汲水工具,在水边架一杠杆,一端系提水工具,一端坠重物,可一起一落地汲水。春秋时期发明了桔槔,是先秦两汉时期重要的灌溉农具。最早见于《庄子·天运》："且子独不见夫桔槔者乎,引之则俯,舍之则仰。"《齐民要术·种葵》："井别作桔槔、辘轳。"《王祯农书·桔槔》："桔槔,挈水械也。……今濒水灌园之

家多置之。实古今通用之器,用力少而见功多者。""翻车",东汉灵帝时始作。原是一种在河边汲水用的机车,后经马钧改良,机件轻便,即后世常用的龙骨水车。《后汉书·张让》:"又作翻车渴乌,施于桥西,用洒南北郊路,以省百姓洒道之费。"李贤注:"翻车,设机车以引水。"对于翻车的结构和使用方法,《王祯农书·翻车》中做了详细的介绍:"其车之制,除压栏木及列槛桩外,车身用板作槽,长可二丈,阔则不等,或四寸,至七寸,高约一尺。槽中架行道板一条,随槽阔狭,比槽板两头俱短一尺,用置大小轮轴。同行道板上下通周以龙骨板叶。其在上大轴,两端各带拐木四茎,置于岸上木架之间。人凭架上,踏动拐木,则龙骨板随转,循环行道板刮水上岸。"

5. 与收获有关的农具名称:铚、艾、镰、刎镰

"铚""艾""镰"都是十分古老的收割农具。"铚"是指一种短镰刀,用于切割禾穗。"艾"是镰刀的一种,用于收割禾穗。"镰"是"镰刀"的简称,是割秸秆的弯刀。"铚""艾""镰"在先秦文献中经常出现,"铚""艾"最早出现于《诗经》中。《诗经·周颂·臣工》:"命我众人,庤乃钱镈,奄观铚艾。"《墨子·备城门》:"城上九尺,一弩、一戟、一椎、一斧、一艾,皆积参石蒺藜。"孙诒让闲诂:"艾,刈之借字。"《国语·齐语》:"挟其枪、刈、耨、镈。"韦昭注:"刈,镰也。"《管子·轻重乙》:"一农之事,必有一耜、一铫、一镰、一鎒、一椎、一铚,然后成为农。"《王祯农书·铚》:"获禾穗刃也。诗云:'制形类短镰,名义因声闻。'"《王祯农书·艾》:"获器,今之刎镰也。"《王祯农书·镰》:"刈禾曲刀也。诗云:'利器从来不独工,镰为农具古今同。'""刎镰",一种镰刀。《氾胜之书·区田法》:"苗长不能耘之者,以刎镰比地刈其草矣。""铚""艾""镰"古今必用之器,现在统称为"镰刀"。

6. 与谷物脱粒与加工有关的农具名称:箕、帚、连枷、杵臼、碓、砻、磨、碾

"箕",扬米去糠的簸箕。《说文·箕部》:"箕,簸也。"《说文·箕部》:"簸,扬米去糠也。"《急就篇》卷三:"筐箪箕帚筐箧篓。"颜师古注:"箕可以簸扬。"《战国策·齐策六》:"大冠若箕,修剑拄颐,功狄不能,下垒枯丘。"鲍彪注:"箕,簸器。"《王祯农书·箕》:"箕,簸箕。箕之簸物,虽去粗留精,然要其终,皆有所除,是也。然北人用柳,南人用竹,其制不同,用则一也,……故箕皆有舌,易播物也。""帚",在场圃收打晾晒谷物的必备农具。除此之外,"帚"还有清扫室内外秽土的作用。《急就篇》卷三:"筐箪箕帚筐箧篓。"颜师古注:"帚,所以扫刷,古者杜康作箕帚。"《礼记·曲礼上》:"凡为长者粪之礼,必加帚与箕上。"《王祯农书·帚》中介绍了备场地使用的独扫。"有种生扫帚,一科可作一帚,谓之独扫,农家尤宜种之,以备场圃间用也。""连枷",即"枷",也写作"连耞",用来击打禾谷使其脱粒的农具。《说文·木部》:"枷,柫也。""柫,击

禾连枷也。"《四时纂要·十二月》:"造农器,收连加、犁、耧、磨……"王祯对"连枷"的构造进行了描述。《王祯农书·连枷》:"〔连枷〕击禾器……其制:用木条四茎,以生革编之。长可三尺,阔可四寸。又有以独梃为之者,皆于长木柄头,造为擐轴,举而转之,以扑禾也。""杵臼",杵与臼。舂捣粮食或药物等的工具。《易·系辞下》:"断木为杵,掘地为臼。杵臼之利,万民以济。"《六韬·农器》:"战攻守御之具尽在于人事:耒耜者,其行马蒺藜也……钁锸斧锯杵臼,其攻城器也。"《王祯农书·杵臼》:"杵臼,舂也。……斯古舂之制,自杵臼始也。""碓",舂米的工具。《说文·石部》:"碓,舂也。"王筠《说文句读》:"杵臼任手,碓则任足。又有水碓,不劳人力。"《广韵·队韵》:"碓,杵臼。"汉桓谭《新论·杂事》:"宓牺之制杵臼,万民以济,及后人加功,因延力借身重以践碓,而利十倍。"《王祯农书·碓》:"舂器,用石,杵臼之一变也。""磨",古字作"䃺"。谷物加工的重要农具,主要作用是碎米成粒。"磨"从古至今都是一种重要的农具,发明于春秋时期。《墨子·天志中》:"以磨为日月星辰,以昭道之。"《王祯农书·䃺》中介绍了磨身上各部位零件的名称及使用方法:"今又谓主磨曰脐,注磨曰眼,转磨曰䩭,承磨曰檠,载磨曰床。多用畜力挽行;或借水轮;或掘地架木,下置镈轴,亦转以畜力,谓之旱水磨,比之常磨,特为省力。凡磨,上皆用漏斗盛麦,下之眼中,则利齿旋转,破麦作麸,然后收之筛罗,乃得成面。""碾",通"輾"。谷物加工工具,用于谷物脱壳或碎粒成粉。汉代时出现,东汉服虔《通俗文》:"石砣轹谷曰碾。"《王祯农书·碾》:"今以砺石甃为圆槽,周或数丈,高逾二尺;中央作台。植以簨轴;上穿干木,贯以石砣。有用前后二砣相逐,前备撞木,不致相击。仍随带搅杷。畜力挽行,循槽转碾,日可毂米三十余斛。"

7.与仓储有关的农具名称:仓、廪、庾、囷、京、窖、窦、筐、筥、篅、箩、畚

"仓""廪""庾""囷""京"是指贮藏谷物等的圆形或方形器物。"仓",《说文·仓部》:"仓,谷藏也,仓黄取而藏之,故谓之仓。"段玉裁注:"谷藏者,谓谷所藏之处也。"《释名·释宫室》:"仓,藏也,藏谷物也。"《诗经·小雅·甫田》:"乃求千斯仓,乃求万斯箱。"《国语·越语下》:"除民之害,以避天殃,田野开辟,府仓实,民众殷。"韦昭注:"货财曰府,米粟曰仓。"《王祯农书·仓》:"仓,谷藏也。""廪",也作"亷"。《说文》中作"㐭"。《说文·㐭部》:"㐭,谷所振入,宗庙䊪盛,仓黄㐭而取之,故谓之㐭。"《诗经·周颂·丰年》:"亦有高廪。"毛传:"廪,所以藏粢盛之穗也。"《周礼·地官·序官》:"廪人。"郑玄注:"盛米曰廪。"《王祯农书·廪》:"廪,仓别名也。……仓,其藏谷之总名,而廪、庾,又有屋无屋之辨也。""庾",露积的谷仓。《说文·广部》:"庾,一曰仓无屋者。"段玉裁注:"无屋,无上覆者也。"《释名·释宫室》:"庾,裕也,言盈裕也。露积之

言,盈裕不可称受,所以露积之也。"《诗经·小雅·楚茨》:"我仓既盈,我庾维亿。"毛传:"露积曰庾。"《诗经·小雅·甫田》:"曾孙之稼,如茨如梁;曾孙之庾,如坻如京。乃求千斯仓,乃求万斯箱。"毛传:"庾,露积谷也。"郑玄注:"言千仓万箱,是箱以载稼,仓以纳庾,故知庾露地积谷也。"《国语·周语中》:"野有庾积。"韦昭注:"庾,露积谷也。""囷""京",盛谷物的仓,圆形的叫囷,方形的叫京。《说文》:"囷,廪之圆者,从禾在口中,圆谓之囷,方谓之京。"《广雅·释宫》:"囷,仓也。"王念孙疏证:"《说文》:'圆谓之囷,方谓之京。'"《急就篇》卷三:"门户井灶庑囷京。"颜师古注:"囷,圆仓也;京,方仓也。"《王祯农书·囷》:"囷,圆仓也。"《王祯农书·京》:"京,仓之方者。……夫囷、京有方圆之别:北方高亢,就地植木,编条作围,故圆,即囷也;南方垫湿,离地嵌板作室,故方,即京也。""窖""窦",是指藏物的地穴。《说文·穴部》:"窖,地藏也。"段玉裁注:"《通俗文》曰:'藏谷麦曰窖。'"《说文·穴部》:"窦,空也。"段玉裁注:"空、孔古今语,凡孔皆谓之窦。"《礼记·月令》:"〔仲秋之月〕穿窦窖,修囷仓。"郑玄注:"入地椭曰窦,方曰窖。"《王祯农书·窖》:"窖,藏谷穴也。"《王祯农书·窦》:"窦,似窖。……盖小口而大腹。窦,小孔穴也,故名窦。"

"筐""筥""篅""筹""畚",指用草或竹编成的盛物器具。"筐""筥",方形曰筐,圆形曰筥,上古时期筐、筥经常同时使用,皆为无盖的盛物器具。可以盛饭,也可以盛桑,是农家必备器物。"筐"古字为"匡"。《说文》:"匡,饭器,筥也。"后匡引申为匡正之义,又因"匡"多以竹编成,故以"筐"表示盛物器具名。《诗经·国风·卷耳》:"采采卷耳。不盈顷筐。"《诗经·召南·采蘋》:"予以盛之,维筐及筥。"毛传:"方曰筐,圆曰筥。"《王祯农书·筐》:"筐,竹器之方者。……筐之制,其来已久,今用于农家者多矣。"《王祯农书·筥》:"筥,竹器之圆者。""篅",圆形的竹制谷囤。《说文·竹部》:"篅,以判竹,圜以盛谷。"段玉裁注:"用竹篾圜其外。杀其上。高至于屋。盖以盛谷。近底之处,为小户。常闭之。可出谷。"《广雅·释器》:"囤谓之篅。"《急就篇》卷三:"囷篅篋笞箅筹。"颜师古注:"囷篅皆所以盛米谷也。"《淮南子·精神训》:"有之不加饱,无之不为之饥,与守其篅囤,有其井,一实也。"高诱注:"篅囤,受谷器。""筹",方底圆口的竹器,大的口侧有两耳,常用来盛米谷等物。《方言》卷五:"所以注斛,陈魏宋楚之间谓之篅。自关而西谓之注箕,陈魏宋楚之间谓之筹。"《王祯农书·筹》:"析竹为之,上圆下方,挈米谷器,量可一斛。""畚",用草绳和竹篾编织的盛物器具。《说文》中作"䈳"。《说文·甾部》:"畚,䈳属,蒲器也,所以盛种。"朱骏声通训定声:"今字作畚。"《周礼·夏官·挈壶氏》:"挈辔以令舍,挈畚以令粮。"郑玄注引郑司农曰:"畚,所以盛粮之器。"

《王祯农书·畚》:"畚,土笼。……然南方以蒲、竹,北方用荆、柳。或负土,或盛物,通用器也。"

8. 与蚕桑纺织有关的农具名称:织机、机杼、梭、缫车、篗

"织机",织造工具,即织布机,简称"机"。其作用为将经线与纬线按一定规律织成布帛。东汉王逸《机赋》:"织机功用大矣。"《王祯农书·织机》:"织机,织丝具也。""机杼",指织机。《四民月令·四月》:"具机杼,敬经络。""梭",梭子,织机的构建,其作用是在织机上牵引纬线。《王祯农书·梭》:"《通俗文》:'织具也,所以行纬之莎。'""缫车",缫丝车。有收丝的转轮,故名。《王祯农书·纬车》:"《方言》曰:'维,赵魏之间谓之历鹿车,东齐海岱之间谓之道轨。'今又谓缫车。""篗",即丝篗、篗子,绕丝、纱、线等的工具。《说文·竹部》:"篗,收丝者也。"《方言》卷五:"篗,榬也。兖豫河济之间谓之榬。"郭璞注:"篗,所以络丝也。"《王祯农书·络车》:"人既绳牵轴动,则篗随轴转,丝乃上篗。"

二、魏晋南北朝时期的农业词语

魏晋南北朝时期,社会长期动荡,政权更替频繁,南北对峙,这些都使得北方农业生产受到了巨大的冲击,大量农民的迁徙使得土地荒芜。另一方面,这种严峻的生存环境也促使劳动人民努力谋求新的发展,他们在继承秦汉农业发展的基础上,发明和改造耕作农具,精耕细作,采用新的播种技术,促进北方经济的发展。贾思勰的《齐民要术》就是对秦汉以来北方农业发展的一个总结,《齐民要术》的大农业框架也影响了以后农书的创作,出现于这一时期的农业词语具体如下。

(一)农业生物种类词语

1. 粮食谷物类词语

(1)稻类作物名称:水稻、旱稻、赤稻、糯米、秔米、粳米、稙谷

"稻"名称最早出现于西周,通常指种在水田里的水稻。"稻"分为水稻和旱稻,种在旱地里的稻叫陆稻,见于《礼记·内则》:"淳熬:煎醢加于陆稻上,沃之以膏,曰淳熬。"孔颖达疏:"陆稻者,谓陆地之稻也。"《齐民要术》中出现了"水稻""旱稻"名称。《齐民要术·旱稻》:"旱稻用下田,白土胜黑土。""旱稻"指种在旱地里的稻,即"陆稻"。"赤稻",稻类的一种。《齐民要术·飧、饭》:"䬂赤稻一臼,米里着蒿叶一把,白盐一把,合䬂之,即绝白。""粳稻"或"秔稻"碾出的米叫"粳米"或"秔米","秫稻"或"糯稻"碾出的米叫"糯米"。《齐民要术·羹臛法》:"别作羊肉臛,以粳米二合,生姜煮之。"《齐民要术·法酒》:"秔米法酒:糯米大佳。""稙谷",早熟的谷子。《齐民要术·种瓜》:"种

稙谷时种之。"

(2)麦类作物名称：小麦、青稞麦、矿麦、二麦、稞麦

先秦两汉时期，"麦"是大小麦的通称，周代以后，出现了表示大麦的"牟"和"牟麦"，"来"或"麦"一般就指小麦，小麦的名称至迟出现于《齐民要术》时代。《齐民要术·大小麦》："大麦非良地则不须种，小麦非下田则不宜。"北魏时期还出现了"青稞麦"，大麦的一种。子粒饱满，麦皮薄，麦麸少。是西藏、青海等地居民的主要粮食，可食用，可酿酒。《齐民要术·大小麦》："青稞麦：……与大麦同时熟。""矿麦"，大麦的一种。《齐民要术·旱稻》："故宜五六月暵之，以拟矿麦。""二麦"，指大麦、小麦。《宋书·武帝纪》："今二麦未晚，甘泽频降，可下东境郡，勤课垦殖。"《王祯农书·垦耕》："二麦即收，然后平沟畎，蓄水深耕，俗谓之'再熟田'也。""稞麦"，大麦。《齐民要术·大小麦》："陶隐居《本草》云：'大麦为五谷长'，即今稞麦也。"

(3)豆类作物名称：豇豆、豌豆、白豆、乌豆、绿豆、赤小豆、巴豆、豆黄

先秦两汉时期，"豆"是豆类词语的通称，并出现了大豆、小豆、赤豆、胡豆等名称。魏晋南北朝时期出现了一些新的豆类名称：豇豆、豌豆、白豆。"豇豆"，小豆的一种，一年生草本植物。结圆筒形长荚果，种子呈肾脏形。可食用。"豌豆"，小豆的一种。一年生或二年生草本植物，结荚果，种子略作球形。可食用。《齐民要术·大豆》："豌豆、豇豆，小豆类也。""白豆"，小豆的一种，子实呈白色。晋郭义恭《广志》："白豆，粗大可食。"《齐民要术·大豆》："《广志》曰：'重小豆，一岁三熟，椹甘。白豆，粗大可食。'""乌豆"，黑色大豆，俗称黑大豆。可作豆豉或入药。《齐民要术·作酱等法》："用春种乌豆，于大甑中燥蒸之。"缪启愉校释："指黑大豆。""绿豆"，种皮呈绿色的豆类。《齐民要术·耕田》："凡美田之法，绿豆为上，小豆、胡麻次之。""赤小豆"，种子一般呈暗红色，可供食用及入药。《齐民要术·作菹、藏生菜法》："作和法：以三升赤小豆，三升秫米，并炒之，令黄，合舂，以三斗好酒解之。""巴豆"，常绿灌木或小乔木，叶子卵圆形，花小，结蒴果，种子可入药。《齐民要术·养牛、马、驴、骡》："取芥子，熟捣，如鸡子黄许，取巴豆三枚，去皮留脐，三枚亦熟捣，以水和，令相着。""豆黄"，指豆瓣，用来酿酒或制酱。《齐民要术·作酱等法》："啮看：豆黄色黑极熟，乃下，日曝取干。"缪启愉校释："豆黄，指豆瓣。"

(4)粟类作物名称：赤粱、白粱、粟米、黍米

"赤粱""白粱"，粱类的一种。《齐民要术·笨曲并酒》："粱米酒法：凡粱米皆得用；赤粱、白粱者佳。""粟米"，小米。"黍米"，黍子碾成的米。《齐民要术·笨曲并酒》："〔粟米酒〕贫薄之家，所宜用之。黍米贵而难得故也。"

(5) 麻类作物名称：乌麻

"乌麻"，即黑芝麻。含油脂谷物，可入药。《齐民要术·胡麻》："张骞外国得胡麻。今俗人呼为'乌麻'者，非也。"

2. 蔬菜瓜果类词语

(1) 蔬菜作物名称：胡瓜、冬瓜、越瓜、阴瓜、瓠子、茄子、芸薹、蜀芥、芥子、胡荽、生菜、蕹葵、萝卜、人苋、香菜、山药、泽蒜、秋葵、鸭脚葵、胡葵、蜀葵、木葱

"胡瓜"，即黄瓜。《齐民要术·种瓜》："种越瓜胡瓜法：四月中种之。胡瓜宜竖柴木，令引蔓缘之。""冬瓜"，常见蔬菜。《齐民要术·种瓜》："种冬瓜法，……""越瓜"，即菜瓜，但又不同于菜瓜。越瓜，皮薄水分多，质地脆嫩，可以生吃解渴。《齐民要术·种瓜》："收越瓜欲饱霜；收胡瓜候色黄则摘。"明李时珍《本草纲目·越瓜》："越瓜以地名也，俗名稍瓜，南人呼为菜瓜。""阴瓜"，一种在阴地种植的瓜。《王祯农书·甜瓜》："《广志》：……又尝见浙间一种，谓之阴瓜，宜于阴地种之。""瓠子"，瓠瓜。《齐民要术·种瓜》："冬瓜，越瓜，瓠子，十月区种。""茄子"，一年生草本植物。又名"落苏"，是一种普通蔬菜。果实呈长圆形，果皮为紫色，亦有白色的，又有浅绿色的。《齐民要术·种瓜》："种茄子法：茄子，九月熟时摘取，擘破，水淘子，取沉者，速曝干裹置。""芸薹"，油菜的一种。二年生草本植物。叶子嫩时可作蔬菜，种子可榨油，茎叶、种子均可药用。《通俗文》谓之胡菜。《齐民要术·种蜀芥、芸薹、芥子》："蜀芥、芸薹取叶者，皆七月半种。""蜀芥"，植物名。又名胡芥，其种来自胡戎而盛产于蜀。茎叶供食用，种子入药。"芥子"，芥菜。缪启愉注："芥子可能是小芥，蜀芥可能是大芥。"《齐民要术·种蜀芥、芸薹、芥子》："崔寔曰：'六月，大暑中伏后，可收芥子。'""胡荽"，即芫荽，俗称"香菜"。晋陆翙《邺中记》："石勒讳胡，胡物皆改名，名胡饼曰麻饼，胡荽曰香荽。"《齐民要术·种蒜》引晋张华《博物志》："张骞使西域，得大蒜、胡荽。"《齐民要术·种葱》："葱中亦种胡荽，寻手供食。""生菜"，指鲜菜、青菜。亦特指不烹煮而生吃的蔬菜。常指莴苣、芹菜、香菜等。《三国志·倭人传》："倭地温暖，冬夏食生菜。"《王祯农书·莴苣》："去皮蔬菜，又可糟藏。谓之莴笋；生食又谓之生菜。"明李时珍《本草纲目·白苣》："白苣、苦苣、莴苣俱不可煮烹，皆宜生挼去汁，盐醋拌食，通可曰生菜。""蕹突"，亦作"蕹葵"，即"萝卜"，又名"莱菔"。一、二年生草本植物，原产中国，各地有栽培，是普通的蔬菜。《尔雅·释草》："葖，芦萉。"晋郭璞注："萉，宜为菔，芦菔，芜菁属，紫华大根，俗呼蕹葵。"《齐民要术·蔓青》："《广志》曰：'芦菔，一名蕹突。'"《齐民要术·作菹、藏生菜法》："菘根萝卜菹法，……""人苋"，苋的一种。北齐颜之推《颜氏家训·书证》：

"《诗》云:'参差荇菜。'《尔雅》云:'荇,接余也。'……博士皆以参差者是苋菜,呼人苋为人荇,亦可笑之甚。"《农桑辑要·人苋》:"人苋,作畦下种,亦如前法。""香菜",即"胡荽",一种调味品菜。《齐民要术·菹绿》:"又云:'蒸之,细切香菜置上。'""山药",薯蓣的别名。晋王羲之有《山药帖》。《种艺必用》:"薯蓣,……即山药耳。""泽蒜",山蒜。《齐民要术·种蒜》:"种泽蒜法:预耕地,熟时采取子,漫散劳之。""秋葵",一种蔬菜。《齐民要术·种葵》:"六月一日种白茎秋葵。""鸭脚葵",植物名。菜的一种。《齐民要术·种葵》:"……又有鸭脚葵也。""胡葵",一种蔬菜。《齐民要术·种葵》引晋郭义恭《广志》:"胡葵,其花紫赤。""蜀葵",植物名。花有红、紫、黄、白等色,供观赏。晋傅玄《蜀葵赋》序:"蜀葵,其苗如瓜瓠,尝种之,一名引苗而生华,经二年春乃发。"《王祯农书·葵》:"又一种,花有五色者,名曰蜀葵,不可食。""木葱",菜名。葱的一种。《齐民要术·种葱》引晋郭义恭《广志》:"葱有冬春二葱。有胡葱、木葱、山葱。"

(2) 瓜果作物名称:安石榴、橄榄、枇杷、杨桃、甜瓜、杏子、胡桃、橡子、杼斗、椑柿

"安石榴",即石榴。因产自古安息国,故称。晋张华《博物志》卷六:"张骞使西域还,得大蒜、安石榴、胡桃、蒲桃。"《齐民要术·安石榴》:"栽石榴法:三月初,取枝大如手大指者。""橄榄",果树名,也称其果实。"枇杷",常绿小乔木,果实也叫枇杷,叶子和核可入药。《齐民要术·枇杷》引《广志》:"枇杷,冬花。""杨桃",古代称五敛子和猕猴桃等植物及其果食。《齐民要术·果蓏》引《临海异物志》曰:"杨桃,似橄榄,其味甜,五月、十月熟。"《种艺必用》:"橄榄将熟,以竹钉钉之。""甜瓜",一种香瓜。晋郭义恭《广志》:"愚尝闻甘肃等处,其甜瓜大如枕,割去其皮,其肉与瓤,甘胜糖蜜。"《农桑衣食撮要·种甜瓜》:"种甜瓜,盐水洗子,用盦过粪土种之,仍将洗子盐水浇灌。""杏子",杏树的果实。《齐民要术·种梅杏》:"《神仙传》曰:'其杏子熟,于林中所在作仓。'""胡桃",又称"核桃"。落叶乔木,果实呈圆形,果仁可食、可榨油,亦可入药。晋张华《博物志》卷六:"张骞使西域还,乃得胡桃种。""橡子",即"橡栗"。《齐民要术·种槐、柳、楸、梓、梧、柞》:"橡子,俭岁可食以为饭;丰年放猪食之,可以致肥也。""杼斗",栎木的果实。亦指栎实之壳。《诗经·唐风·鸨羽》:"集于苞栩。"三国吴陆玑疏:"栩,今柞栎也,徐州谓栎为杼,或谓之为栩。其子为皂,或言皂斗。其壳为汁可以染皂。今京洛及河内多言杼斗。"《齐民要术·种柞》:"俗人呼杼为橡子,以橡壳为杼斗,以剜剜似斗故也。""椑柿",果木名。柿之短而小者。宋谢灵运《山居赋》:"楂梅流芬于回峦,椑柿被实于长浦。"《王祯农书·柿》:"又有椑柿,生江淮南,似柿而青黑。"

3. 竹林草木类词语

(1) 竹木作物名称：林檎、白杨、弱柳、箕柳、木绵、皂荚、青桐

"林檎"，亦作"林禽"。植物名。亦特指此种植物的果实。《宋书·谢灵运传》："枇杷林檎,带谷映渚。"《种艺必用》："俗名林檎,其实名来擒。""白杨"，树名。又名"毛白杨"，俗名"大叶杨"。《齐民要术·种榆、白杨》："种白杨法：秋耕令熟。""弱柳"，即柳树,柳条柔弱,故称弱柳。《齐民要术·种槐、柳、楸、梓、梧、柞》："正月、二月中,取弱柳枝,大如臂,长一尺半,烧下头二三寸,埋之令没,常足水以浇之。""箕柳"，指柳属的杞柳。《齐民要术·种槐、柳、楸、梓、梧、柞》："至春冻释,于山陂河坎之旁,刈取箕柳,三寸截之,漫散即劳。""木绵"，落叶乔木。又名"攀枝花""英雄树"。《齐民要术·木绵》引《吴录·地理志》："交址安定县有木绵,树高丈。""皂荚"，落叶乔木。荚果、树皮和刺均可入药。《齐民要术·杂说》："捣小豆为末,下绢筬,投汤以洗之,洁白而柔韧,胜皂荚矣。"《南史·虞玩之传》："俭方盥,投皂荚于地曰：'卿乡俗恶,虞玩之至死烦人。'""青桐"，树木名,即梧桐。因其皮青,故称。《齐民要术·种槐、柳、楸、梓、梧、柞》："青桐,九月收子。"

(2) 药草作物名称：茱萸、枸杞、紫草、黄蓝、黄精、兰香、罗勒、紫苏、五加、苍耳

"茱萸"，植物名。香气辛烈,可入药。《齐民要术·种茱萸》："食茱萸也,山茱萸则不任食。""枸杞"，落叶小灌木。叶子披针形,花淡紫色,浆果卵圆形,红色。嫩茎、叶可作蔬菜,中医以果实根皮入药。也称"枸檵""天精""地骨"等。《左传·昭公十二年》："我有圃,生之杞乎。"晋杜预注："杞,世所谓枸杞也。"《农桑辑要·枸杞》引《博闻录》："种枸杞法：秋冬间收子,净洗日干。""紫草"，一种紫色的供染料和药用的植物。《齐民要术·种紫草》："垅底用锄,则伤紫草。""黄蓝"，红蓝花的别名。又称红花。晋张华《博物志》卷六："张骞使西域还,得大蒜、安石榴、胡桃、蒲桃、胡葱、苜蓿、胡荽、黄蓝。""黄精"，药草名。多年生草本,中医以根茎入药。三国魏嵇康《与山巨源绝交书》："又闻道士遗言,饵术黄精,令人久寿,意甚信之。"《四时纂要·二月》："二月,择取叶相对生者,是真黄精。""兰香""罗勒"，草名。《齐民要术·种兰香》："兰香者,罗勒也。"又"三月中,候枣叶始生,乃种兰香。"原注："兰香者,罗勒也。中国为石勒讳,故改,今人因以为名焉。且兰香之目,美于罗勒之名,故即而用之。""紫苏"，一年生草本植物,可吃,可入药。《齐民要术·茬、蓼》："紫苏、姜芥、薰菜,与茬同时,宜畦种。""五加"，亦作"五茄"。灌木,有刺或无刺。掌状复叶,夏开黄绿色花,核果球形。根皮和茎皮称五加皮,可入药。新叶亦可食用。因以五叶交加者为上品,故名。《齐民要术·地榆》：

"〔地榆〕其实黑如豉……与五加煮服之可神仙。""苍耳",一年生草本植物。茎皮可取纤维,植株可制农药;果实可提取工业用的脂肪油,亦可入药。《齐民要术·造神曲并酒》:"桑叶五分,苍耳一分,茱萸一分——若无茱萸,野蓼亦得用。"《王祯农书·大小麦》:"众手薄摊,取苍耳碎剉拌晒。"

4.蚕桑丝织类词语:鲁桑、地桑、荆桑、桑皮、桑叶、春蚕、蚕沙、班布

"鲁桑""地桑""荆桑",桑树的种类。《齐民要术·种桑柘》:"谚曰:'鲁桑百,丰锦帛。'言其桑好,功省用多。""今世有荆桑、地桑之名。""桑皮",桑树的皮。为造纸的原料。晋王嘉《拾遗记·后汉》:"乃剥庭中桑皮以为牒,或题于扉屏,且诵且记。"《四时纂要·十二月》:"斫桑树,剥桑皮,此月为上时。""桑叶",桑树的叶子。蚕的饲料。中医亦以入药。《齐民要术·作豉法》:"以桑叶盖豉上,厚三寸许,以物盖瓮头,令密涂之。""春蚕",春季饲养的蚕。晋傅玄《明月篇》:"昔为春蚕丝,今为秋女衣。"《农桑辑要·柘》:"《博闻录》:柘叶多丛生,干疏而直,叶丰而厚,春蚕食之。""蚕沙",蚕屎。黑色的颗粒,可作肥料及供药用。《齐民要术·种瓠》:"用蚕沙与土相和,令中半;若无蚕沙,生牛粪亦得。""班布",一种染以杂色的木棉布。《三国志·东夷倭传》:"都市牛利奉汝所献男生口四人,女生口六人,班布二匹二丈,以到。"《王祯农书·木绵序》:"《异物志》云:木绵之为布,曰班布。"

5.农畜牧养类词语:草马、騮马、筋马、肉马、三刍、征马、草驴、草骡、羊羔、羔子

"草马",母马。《三国志·杜畿传》:"渐课民畜牸牛、草马,下逮鸡豚犬豕,皆有章程。"《农桑辑要·先贤务农》:"杜畿为河东,劝耕桑,课民畜牸牛、草马,下逮鸡、豚,皆有章程,家家丰实。""騮马",黑鬣黑尾的红马。《齐民要术·养牛、马、驴、骡》:"騮马、骊肩、鹿毛……皆善马也。""筋马",筋骨强健而不过于肥壮的马。"肉马",肥壮的马。《齐民要术·养牛、马、驴、骡》:"望之大,就之小,筋马也;望之小,就之大,肉马也。""三刍",精粗不等的三种喂牲口的饲料。《齐民要术·养牛、马、驴、骡》:"饮食之节,食有三刍,饮有三时。何谓也?一曰恶刍,二曰中刍,三曰善刍。盖谓饥时与恶刍,饱时与善刍,引之令食,食常饱则无不肥。""征马",远行的马。《齐民要术·养牛、马、驴、骡》:"饲征马令硬实法:细剉刍……和谷豆秣之。"石声汉注:"征马,是能远行的马。""草驴",牝驴。《齐民要术·养牛、马、驴、骡》:"常以马覆驴,所生骡者,形容壮大,弥复胜马。然必选七八岁草驴,骨目正大者:母长则受驹,父大则子壮。""草骡",牝骡。《齐民要术·养牛、马、驴、骡》:"草骡不产,产无不死;养草骡常须防,勿令杂群也。""羊羔",小羊。《齐民要术·养羊》:"羊羔乳食其母。""羔子",初生小羊。《齐民要术·养羊》:"䐁羊,但留母一日。寒月

者,内羔子坑中。日夕,母还,乃出之。"

6. 田地土壤类词语：良地、薄地、白背、阳地、阴地、白地、实地、废地、湖田、故墟

"良地",肥沃的田地；"薄地",不肥沃的田地。《齐民要术·种谷》："良地一亩,用子五升,薄地三升。""白背",表面干燥后呈白色的土壤。《齐民要术·大小麦》："到榆荚时,注雨止,候土白背复锄。如此,则收必倍。""阳地",向阳的土地。"阴地",向阴的土地。《齐民要术·种桃柰》："樱桃,二月初山中取栽,阳中者,还种阳地,阴中者,还种阴地。""白地",生地；未耕种的地。《齐民要术·胡麻》："胡麻宜白地种。""实地",比较肥沃的熟地,生长良好。《齐民要术·种桃柰》："至春既生,移栽实地。""废地",秋收以后暂时不种的歇茬地。《齐民要术·旱稻》："其高田种者,不求极良,唯须废地。""湖田",湖边围垦的水田。《宋书·孔季恭传》："山阴县土境褊狭,民多田少,灵符表徙无赀之家于余姚、鄞、鄮三县界,垦起湖田。"《陈旉农书·地势之宜》："今人占候,夏至小满至芒种节,则大水已过,然后以黄绿谷种之于湖田。""故墟",荒芜的田地；休闲地。《齐民要术·种麻》："麻欲得良田,不用故墟。"《齐民要术·种葵》："地不厌良,故墟弥善。"石声汉注："本书所谓'故墟',是指种植过而现在休闲的地。"

7. 植物各部分类词语：科、种子、宿根、条叶、浪花、瓜蔓

"科",植物的根茎。《广雅·释诂三》："科,本也。"《齐民要术·种葵》："科虽不高,菜实倍多。"《王祯农书·种植》："科本多者,必须用钁劚去余有不尽耕科。"注："俗谓之埋头根也。""种子",某些植物所特有的器官,通常包括种皮、胚和胚乳三部分。《齐民要术·收种》："至春,治取别种,以拟明年种子。""宿根",草本植物茎叶虽枯死,但根存泥中,次年再出新芽的根。北齐颜之推《颜氏家训·书证》："梁世讲《礼》者,以此〔龙葵〕当苦菜,既无宿根,至春,子方生耳,亦大误也。"《王祯农书·萝卜》："宿根在地,不经移种者,为斜子。""条叶",指枝叶。《齐民要术·种桑柘》："条叶生高数寸,仍以燥土壅之。"《农桑辑要·科斫》："……转身运斧,条叶偃落在外。""浪花",不结果实的花。《齐民要术·种瓜》："无岐而花者,皆是浪花,终无瓜矣。""瓜蔓",瓜的藤蔓。宋梅尧臣《宿州河亭书事》："雨久草苗盛,田芜瓜蔓弱。"《齐民要术·种瓜》："治瓜笼法：旦起,露未解,以杖举瓜蔓,散灰于根下。"

（二）农业生产行为词语

1. 与整地有关的词语：开荒、开垦、耕犁、耕垦、转、转地、转耕、锋、镘耧、耕地、耙、劳、盖、摩、劋、秋耕、熟耕、暵地、仰垄

"开荒",开垦荒地。《齐民要术·种紫草》："宜黄白软良之地,青沙地亦

善;开荒秽秽下大佳。""开垦",开辟荒地,把荒地开辟成可以种植的土地。《齐民要术·耕田》:"凡开荒山泽田,皆七月芟艾之,草干即放火,至春而开垦。""耕犁",耕田犁地,泛指耕作。《齐民要术·种桑柘》:"稀通耕犁者,必难慎,率多死矣。""耕垦",犁地翻土。《齐民要术·种李》:"李树桃树下,并欲锄去草秽而不用耕垦。""转""转地""转耕",土地重耕。《齐民要术·耕田》:"初耕欲深,转地欲浅。""耕不深,地不熟;转不浅,动生土也。"《齐民要术·种紫草》:"秋耕地,至春又转耕之。""锋",用锋翻地。《齐民要术·耕田》:"凡秋耕之后……速锋之,地恒润泽而不坚硬。""镞耧",用镞耧耙地。《齐民要术·耕田》:"若水旱不调,宁燥不湿。"原注:"湿耕者,白背速镞耧之。""耕地",翻松田土。《齐民要术·种榆、白杨》:"先耕地作垄,然后散榆荚。""耙""劳",用耙或劳耙地。《齐民要术·旱稻》:"凡种下田,不问秋夏,候水尽,地白背时,速耕、耙、劳频烦令熟。""盖",用劳盖磨土地。《齐民要术·杂说》:"待一段总转了,横盖一遍。""摩",用劳劳地。《齐民要术·耕田》:"春耕寻手劳,古曰'耰',今曰'劳'。《说文》曰:'耰,摩田器。'今人亦名劳曰'摩',鄙语曰'耕田摩劳'也。""劂",掘、挖。《齐民要术·种槐、柳、楸、梓、梧、柞》:"明年劂地令熟,还于槐下种麻。""秋耕",秋季作物收获后耕翻土地。《齐民要术·耕田》:"凡秋耕欲深,春夏欲浅。""熟耕",精耕。《齐民要术·种蒜》:"蒜宜良软地,三遍熟耕。""暵地",翻晒土壤。《齐民要术·大小麦》:"大小麦,皆须五月、六月暵地。不暵地而种者,其收倍薄。"缪启愉校释:"暵地,即夏耕晒垡,晒后再耕耙收摘,入秋下种。""仰垄",是土地休闲期间,恢复地力的一种技术措施。秋天将休闲地耕毕后,不耙不摩,令土垄仰置地面自成行垄,听任风吹、雨打、日晒、冰冻,来春,冰冻释,土块散,土壤疏松柔和,结构良好,农村通称为"晒垄"。《齐民要术·种谷》:"春若遇旱,秋耕之地,得仰垄待雨。"

2. 与种植有关的词语:穊种、稴种、漫种、掷、漫掷、撒、漫散、布、纳种、耩、蹑、种莳、栽莳、栽种、移植、移栽、压枝、插、嫁、移

魏晋南北朝时期新出现的表示播种的词有穊种、稴种、漫种、掷、漫掷、撒、漫散、布、纳种、耩、蹑等。"穊种",点播的一种方法,密播。《齐民要术·耕田》:"悉皆五、六月中穊种,七月、八月犁掩杀之,为春谷田。""稴种",不耕而种。《齐民要术·耕田》:"若牛力少者,但九月、十月一劳之,至春稴种亦得。"《齐民要术·小豆》:"牛力若少,得待春耕,亦得稴种。""漫种",指播种方法之一,种子置于器物中,边走边撒,力求撒匀,使苗出稀稠适当。《齐民要术·胡麻》:"一亩用子二升,漫种者,先以耧耩,然后散子,空曳劳。""掷",撒播。《齐民要术·大豆》:"若泽多者,先深耕讫,逆垡掷豆,然后劳之。""漫掷",随便撒下。《齐民要术·耕田》:"漫掷黍穄,劳亦再遍,明年,乃中为谷田。"《齐民要

术·苴、蓼》:"苴则随宜,园畔漫掷,便岁岁自生矣。""撒",撒播。《齐民要术·种槐、柳、楸、梓、梧、柞》:"好雨种麻时,和麻子撒之。""漫散",播种的一种方法,将种子均匀遍撒。《齐民要术·种葵》:"十月末,地将冻,漫散子,唯概为佳。""布",播撒种子。《齐民要术·种韭》:"种法:以升盏合地为处,布子于内。""纳种",下种。《齐民要术·种谷》:"薉若盛者,先锄一遍,然后纳种,乃佳也。""耩",用耧车播种。《齐民要术·胡麻》:"漫种者,先以耧耩,然后散子。""蹑",指脚踏,指种后脚踏覆土。《齐民要术》时代覆种的方式除了用特定的工具如挞、辗、批契外,还可以人工用脚踏覆土、压土。《齐民要术·种谷》:"凡种,欲牛迟缓行,种人令促步以足蹑垅底。"

魏晋南朝时期新出现的表示栽种的词有种莳、栽莳、栽种、移植、移栽、压枝、插、嫁等。"种莳",种植。《〈齐民要术〉序》:"种莳之法,盖无闻焉。""栽莳",栽种,移植。《齐民要术·栽树》:"树,大率种数既多,不可一一备举,凡不见者,栽莳之法,皆求之此条。""栽种",栽培种植。《齐民要术·栽树》:"以此时栽种者,叶皆即生。""移植",将秧苗或树木移至他处栽种。《齐民要术·种槐、柳、楸、梓、梧、柞》:"明年三月中,移植于厅斋之前,华净妍雅,极为可爱。""移栽",移植。《齐民要术·种谷楮》:"移栽者,二月莳之。"《齐民要术·种棠》:"棠熟时,收种之。否则,春月移栽。"《齐民要术·种榆、白杨》:"后年正月、二月,移栽之。""压枝",亦称"压条"。一种植物繁殖技术,即把植物枝条的一部分刮去表皮埋入土中,头端露出地面,等它生根以后把它和母株分开,使其另成一个植株。《齐民要术·种桑柘》:"大都种椹长迟,不如压枝之速。""插",扦插。《齐民要术·插梨》:"凡插梨:园中者,用旁枝;庭前者,中心。""嫁",嫁接。《齐民要术·种杏》:"嫁李法:正月一日,或十五日,以砖石着李树歧中,令实繁。"《齐民要术·种枣》:"正月一日日出时,反斧斑驳椎之,名曰:嫁枣。"

3. 与中耕有关的词语:挞、起地、除草、薅治、料理、浇溉

"挞",指用挞这种农具压土,是播种后镇压虚土的重要程序。《齐民要术·种谷》:"春气冷,生迟,不曳挞则根虚,虽生辄死。夏气热而生速,曳挞遇雨必坚垎。其春泽多者,或亦不须挞。必欲挞者,宜须待白背,湿挞令地坚硬故也。""起地",疏松土地;"除草",除去杂草。《齐民要术·种谷》:"春锄起地,夏为除草。"石声汉注:"起,是使土疏松。""薅治",松土除草。《齐民要术·种蓝》:"蓝三叶浇之,晨夜再浇之,薅治令净。""料理",整治;整理。《齐民要术·种榆、白杨》:"榆生,共草俱长,未须料理。""浇溉",灌溉。《三国志·邓艾传》:"开河渠,可以引水浇溉。"《农桑辑要·栀子》:"锄治浇溉宜频。"

4. 与收藏有关的词语：劅、劅刈、获刈、刈获、采沐、采撷、摘、摘取、收取、芟艾

"劅"，割。《集韵·平声·宵韵》："劅，断也，刈也。"《齐民要术·水稻》："若欲久居者，亦如劅麦法。""劅刈"，收割。《齐民要术·收种》："粟、黍、穄、梁、秫，常岁岁别收，选好穗纯色者，劅刈高悬之。""获刈"，收割。《三国志·司马芝传》："夫农民之事田，自正月耕种，耘锄条桑，耕熯种麦，获刈筑场，十月乃毕。"《陈旉农书·耕耨之宜》："旱田获刈才毕，随即耕耨晒暴。""刈获"，收割、收获。北齐颜之推《颜氏家训·涉务》："耕种之，茠鉏之，刈获之。"《王祯农书·劝助》："秋而省敛，非但观刈获而已。""采沐"，摘叶、剪枝、整枝。《齐民要术·种桑柘》："栽后二年，慎勿采沐；小采者，长倍迟。"石声汉注："沐，即修剪树枝。""采撷"，采摘。南朝梁沉约《咏杜若》："不顾逢采撷，本欲芳幽人。"《王祯农书·葵》："然茎叶丛茂时方可刈，嫩采撷之耳。""摘"，用手指采下。《说文·手部》："摘，摭果树实也。"南朝宋谢灵运《拟魏太子邺中诗集·平原侯植》："倾柯引弱枝，攀条摘蕙草。"《齐民要术·种瓜》："收胡瓜，候色黄则摘。""摘取"，采摘。《齐民要术·种梅杏》："梅子酸，核初成时摘取。""收取"，收获。《齐民要术·种椒》："熟时，收取黑子。""芟艾"，收割。"芟"，《说文·草部》："芟，刈草也。""艾"，同"刈"。《齐民要术·耕田》："凡开荒山泽田，皆七月芟艾之，草干即放火，至春而开垦。"

5. 与蚕桑纺织有关的词语：缫丝、理丝、绩织、绩纺

"缫丝"，抽茧出丝。南朝宋鲍照《梦还》："孀妇当户笑，缫丝复鸣机。"《王祯农书·蚕缫》："簇与缫丝，法同春蚕。""理丝"，抽理蚕丝。《晋书·后妃传上·左贵嫔》："躬执桑曲，率导媵姬，修成蚕簇，分茧理丝。"《王祯农书·丝籰》："丝籰，为理丝之先具也。""绩织"，纺织。《〈齐民要术〉序》："五原土宜麻枲，而俗不知绩织。""绩纺"，纺绩。《晋书·良吏传·吴隐之》："每月初得禄，裁留身粮，其余悉分振亲族，家人绩纺以供朝夕。"《王祯农书·布机》："诗云：谁家绩纺成，扎扎弄机杼。"

6. 与畜牧类有关的词语：充饱、养育、覆、犍、含重、瘦瘠、瘠馁、肥盛、肥大、饥羸

"充饱"，犹言喂饱。《齐民要术·养牛、马、驴、骡》："谚云：'羸牛劣马寒食下'。言其乏食瘦瘠，春中必死。务在充饱调适而已。""养育"，饲养。《齐民要术·种谷》："教民养育六畜，以时种树，务修田畴，滋殖桑麻。""覆"，动物交配。《齐民要术·养牛、马、驴、骡》："以马覆驴，所生骡者，形容壮大，弥复胜马。""犍"，阉割牲畜。《齐民要术·养猪》："其子三日便掐尾，六十日后犍。""含重"，乳量丰足。《齐民要术·养羊》："其十一月及二月生者，母既含

重,肤躯充满,草虽枯,亦不羸瘦。""瘦瘠",不肥胖;瘦弱。晋崔豹《古今注·鸟兽》:"雁自河北渡江南,瘦瘠能高飞。"《齐民要术·养牛、马、驴、骡》:"谚曰:羸牛劣马寒食下,言其乏食瘦瘠,春中必死。""瘠馁",贫困饥饿。《南史·隐逸传上·陶潜》:"州召主簿,不就,躬耕自资,遂抱羸疾。江州刺史檀道济往候之,偃卧瘠馁有日矣。"《陈旉农书·牧养役用之宜》:"饭牛而牛肥,则牛之瘠馁盖唉以菽粟矣。""肥盛",肥壮硕大。《齐民要术·养鸡》:"唯多与谷,令竟冬肥盛,自然谷产矣。""肥大",〔生物体或生物体的某部分〕肥胖壮实。《礼记·礼器》:"牲不及肥大,荐不美多品。"《齐民要术·养鸡》:"其供食者,又别作墙匡,蒸小麦饲之,三七日便肥大矣。""饥羸",饥饿瘦弱。《齐民要术·鹅、鸭》:"久不起者饥羸,身冷,虽伏无热。"

(三)农业生产工具词语

1. 与整地有关的农具名称:杷、铁齿𨰿榛、铁齿杷、劳、木斫、鲁斫、蔚犁、手拌斫

"杷",功能与"耰"相同,皆为整地农具,耕地后用于碎土。"耰"主要用于春秋战国时期,秦汉以后的碎土农具为"杷"。"杷"作为农具初指用以耙疏和聚拢的有齿长柄工具。《说文·木部》:"杷,收麦器。"《急就篇》十二:"捃获秉把插捌杷。"颜师古注:"无齿为捌,有齿为杷,皆所以推引聚禾谷也。"《方言》卷五:"杷,宋魏之间谓之渠挐,或谓之渠疏。""渠疏"是"杷"的主要功能,可能汉代已有此农具。因此上古时期"杷"是指人力手用的收麦器。到《齐民要术》时代,"杷"的这种用法依然存在,但同时"杷"也开始指畜力牵拉的平田碎土的农具。《齐民要术·旱稻》:"凡种下田,不问秋夏,候水尽,地白背时,速耕、杷、劳,频烦令熟。"《齐民要术·种紫草》:"即深细耕。寻垄以杷耧取,整理。"南朝梁宗懔《荆楚岁时记》:"四月,有鸟曰获谷。其名自呼。农人候此鸟。则犁杷上岸。"明确将"杷"作为碎土农具。"杷"从"收麦器"演化成"平田碎土"的农具,究其原因,可能与人们的思维有关,正如周昕所言:"因为作为'收麦器'的'杷',用杷上的齿在拢聚麦秸时,也会将麦秸下面的土地杷平扒松,从而启发人们对这种'收麦器'稍加改进,使齿长一些、尖一些,于是就成了平田碎土的杷了。"①《齐民要术》中"杷"也叫"铁齿𨰿榛",《王祯农书》中认为它是畜力牵引的人字杷。《齐民要术·耕田》:"耕荒毕,以铁齿𨰿榛再遍杷之。"为什么贾思勰起名叫"铁齿𨰿榛",据周昕考证,这可能是从鲜卑族引进的农具,是少数民族用语的音译。也正因如此,"铁齿𨰿榛"这一名称没有大范围的使用,《齐民要术》以后,文献中除了引用外很少使用这个名称了。"铁

---

① 周昕:《中国农具发展史》,山东科学技术出版社2005年版,第451页。

齿杷",用大铁钉做齿的杷,用于弄碎土块,平整土地。《齐民要术·种葵》:"深掘,以熟粪对半和土覆其上,令厚一寸,铁齿杷耧之,令熟,足踏使坚平。"缪启愉校释:"'铁齿杷',指手用铁钉杷,不是指牲口拉的。""劳""耱"到魏晋南北朝时期,使用更加普及,出现了新的名称"劳"。"劳"在《齐民要术》时代经常使用,在《齐民要术》中也出现了很多次,如《齐民要术·耕田》:"漫掷黍穄,劳亦再遍。"又如"春耕寻手劳。"原注:"古曰'耰',今曰'劳'。《说文》曰:'耰,摩田器。'今人亦名'劳'曰'摩'。鄙语曰:'耕田摩劳也。'"《王祯农书·劳》:"今亦名劳曰摩,又名盖。"又曰:"劳有盖磨之功也。"《王祯农书·耙劳》又曰:"劳曰'盖磨'。""摩""劳""盖""盖磨"异名同实。到宋朝时,"劳"的形体发生了变化,"劳"字加上了代表农具的偏旁"耒",演变成了"耢",更能体现出"劳"作为农具的特点。"耢"最早出现于字书《集韵·号韵》:"耢,摩田器。或从耒。"发展到现代汉字中表示这一农具一般都用"耢"。"木斫",即"櫌"。一种敲打土块、平整田地的农具。《齐民要术·水稻》:"块既散液,持木斫平之。"《王祯农书·耰》:"今田家所制五齿杷,首如木椎,柄长四尺,可以平田畴,击块壤,又谓木斫,即此耰也。""鲁斫",一种重型钝刃的锄头。多年生苜蓿,用畜力耙过后,用鲁斫在其根部附近松土,有利于苜蓿的生长。《齐民要术·种苜蓿》:"地液輒耕垅,以铁齿䥥榛䥥榛之,更以鲁斫副其科土,则滋茂矣。"缪启愉校释:"鲁斫,即钁。""蔚犁",在秦汉长辕犁基础上改进了的一种犁,《齐民要术》时代齐人用的就是这种犁。它可在山涧、河边等弯地狭地上使用,可回转,灵活方便。《齐民要术·耕田》:"长辕耕平地尚可,于山涧之间则不能任用,且回转至难,费力,未若齐人蔚犁之柔便也。""手拌斫",一种手动的小型刨土农具,在冬葵春末夏初开始剪叶后使用,用它松土,配以粪水,可以促进葵菜生长。《齐民要术·种葵》:"其剪处,寻以手拌斫斸地令起,水浇,粪覆之。"

2. 与播种有关的农具名称:窍瓠、挞、辗、批契、耧犁

"窍瓠",魏晋南北朝时期的一种专用播种农具,是用干葫芦硬壳制成,中间贯穿一根空棍,内装种子,手扶入地用以点播,播种起来轻便快速。据传发明于东汉时期。"窍瓠"名称始见于《齐民要术》。《齐民要术·种苜蓿》:"早种者重耧耩地,使垅深阔,窍瓠下子,批契曳之。""挞",播种后用于覆种、压实的辅助工具,使种子和土壤结合紧密,苗容易长出,也能更好地吸收水分和营养。"挞"作为辅助农具名称最早见于《齐民要术·黍穄》:"三月上旬种者为上时……种讫,不曳挞。"《齐民要术·种谷》:"凡春耕欲深,宜曳重挞。"缪启愉校释:"挞,一种用来镇压虚土和覆土的农具(也用于拖压场地)。用一丛枝条缚成扫把的样子,上面压着泥土或石块,用牲口或人力牵引。"《齐民要术》

中未对"挞"的结构进行解释,《王祯农书·挞》中对"挞"进行了描述:"挞,打田亩也。用科木缚如扫帚,复加匾阔,上以土物压之,亦要轻重适宜,曳以打地。长可三四尺,广可二尺余。""辗",同"碾",一种磙压农具,用于种后的覆土镇压。《齐民要术·种谷》:"大雨不待白背,湿辗则令苗瘦。"宋元以后叫作"砘车"。"批契",播种后用于覆种、压实的辅助农具,系于腰间随下种进行覆土。作为农具名称,最早见于《齐民要术》。《齐民要术·种葱》:"两楼重耩,窍瓠下之,以批契系腰曳之。""批契"这一名称在《齐民要术》中为之作了注音,很可能是从少数民族语言中引进的译音,这种农具在北方曾得到广泛应用。但"批契"这一名称除了《齐民要术》中出现外,其他文献中鲜少出现,可能也是语无定音,字无定字的原因。"耧犁",即"耧""耧车",一种播种农具。《晋书·食货志》:"隆到,乃教作耧犁,又教使溉灌。"《王祯农书·旱稻》:"凡种,须用耧犁下之,又用砘车碾过,日种数亩。"

3. 与灌溉有关的农具名称:水栅、辘轳、柳罐

"水栅",设置于水中的栅栏。《南齐书·周山图传》:"山图断取行旅船板,以造楼橹,立水栅,旬日皆办。"《王祯农书·水栅》:"水栅,排木障水也。若溪岸稍深,田在高处,水不能及,则于溪上流作栅遏水,使之旁出下溉,以及田所。""辘轳",利用轮轴原理制成的井上汲水的起重装置。南朝宋刘义庆《世说新语·排调》:"顾曰:'井上辘轳卧婴儿。'"《齐民要术·种葵》:"井别作桔槔、辘轳。"《王祯农书·辘轳》:"凡汲于井上,取其俯仰则桔槔,取其圆转则辘轳,皆挈水械也。然桔槔绠短而汲浅,独辘轳深浅俱适其宜也。""柳罐",用柳条编成的罐状器具,可用作灌溉汲水的工具。《齐民要术·种葵》:"井,别作桔槔、辘轳。柳罐,令受一石。"石声汉注:"镘是汲器,即从井里汲水出来灌地用的,现在多写作罐。有些地方,用柳枝编成,轻而易举,并可免在撞击中碰破。"

4. 与谷物脱粒和加工有关的农具名称:砻、水碾、陆轴、碌碡、簸箕、朳、格柯、榜簇

"砻",指磨稻谷去壳的农具。又叫"木礲""礲子"。《说文·石部》:"砻,䃺也。"段玉裁注:"以时䃺物曰砻也。""砻"有"搓磨""砺磨"之义,后由动词义引申指这种动作的主体,即农具"砻"。周昕在《中国农具发展史》中认为秦汉时期已经有"砻"这种谷物加工工具,但文献记载的"砻"农具的名称始从《齐民要术》。《齐民要术·种胡荽》:"多种者,以砖瓦磋之亦得,以木砻砻之亦得。"《王祯农书·砻》中对"砻"的结构进行了详细介绍,"砻谷器,所以去谷壳也……编竹作围,内贮泥土,状如小磨,仍以竹木排为密齿,破谷不致损米。就用拐木,窍贯砻上,掉轴以绳悬檩上,众力运肋转之,日可破谷四十余斛。"

"水碾",指利用水力带动旋转的碾子,多用以碾谷物。"水碾"的名称最早见于《后魏书·崔亮传》:"及为仆射,奏于张方桥东堰谷水,造水碾磨数十区,其利十倍,国用便之。""陆轴""碌碡",即"磟碡"。碾压用的农具,用牲畜或人力牵引,脱碾谷粒、压平田地等。这两个名称首次出现于《齐民要术》。《齐民要术·水稻》:"先放水,十日后,曳陆轴十遍。"《齐民要术·大小麦》:"特打时稍难,惟快日用碌碡碾。""簸箕",簸去米糠的工具。《齐民要术·饼法》:"以粟饭馈,水浸,即滩着面中,以手向簸箕痛挼,令均如胡豆。""朳",无齿的耙子。《齐民要术·种枣》:"以朳聚而复散之,一日中二十度乃佳。""格柯",一种脱粒的农具。《齐民要术·种胡荽》:"又五月子熟,拔取曝干,勿使令湿,湿则裛郁。格柯打出,作蒿篅盛之。"缪启愉校释:"格就是杖,柯就是柄。"格柯疑是单杖的枷,即《释名·释用器》所说"加杖于柄头的""枷"。《马首农言·种植》:"打谷梻板,俗名拉戈。"而"拉戈"音近"格柯",即是单板的枷。"榜簇",用竹木条编的晾晒工具。《齐民要术·种葵》:"收待霜降。伤早黄烂,伤晚黑涩。榜簇皆须阴中。见日亦涩。"缪启愉注:"榜簇……指一种晾晒的工具。""木砻",磨谷去壳之器具,以坚木凿齿为之,形状略似磨。《齐民要术·种胡荽》:"多种者,以砖瓦蹉之亦得,以木砻砻之亦得。"

5. 与蚕桑纺织有关的农具名称:蚕簇、砧杵

"蚕簇",供蚕吐丝作茧的用具。俗称蚕山。多用竹、木、草等做成。《晋书·后妃传上·左贵嫔》:"修成蚕蔟,分茧理丝。"《王祯农书·蚕簇》:"《农桑直说》:'簇用蒿、梢、丛柴、苦席等也。'""砧杵",捣练的工具。《王祯农书·砧杵》:"盖古之女子,对立各执一杵,上下捣练于砧,其丁东之声,互相应答。今易作卧杵,对坐捣之,又便且速,易成帛也。"

三、隋唐宋时期的农业词语

隋唐宋元时期是中国农学转型和更新发展时期,经济中心南移,促进了南方农业的发展,也对农学的发展提出了新的考验。为适应这种形势的改变,解决农业发展中的矛盾,隋唐宋元时期,采取了许多措施,如多种形式的土地利用,与南方水田耕作技术相配套的农具,新的农业生产结构的调整等,这些反映在语言中,便是隋唐宋时期出现了许多新农业词语。

(一)农业生物种类词语

1. 粮食作物名称:荞麦、黄豆、油麻、脂麻、黄米、占城稻、火稻、早稻、晚稻、稻草、稻苗、来麦

"荞麦",一年生草本植物。子实磨成粉可制面食。通常称其子实为荞麦。唐白居易《村夜》:"独出前门望野田,月明荞麦花如雪。"《分门琐碎录·

农桑》:"荞麦地五月耕,更二十五日草烂,转耕三遍,立秋前后皆十日种之。""黄豆",带淡黄色的大豆,可制豆腐、豆油等。宋杨万里《山村》诗之二:"风烟绿水青山国,篱落紫茄黄豆家。"《王祯农书·大豆》:"黄豆,可作豆腐,可作酱料。""油麻",即芝麻。《四时纂要·八月》:"收油麻、秋、江豆。"《种艺必用》:"油麻、大豆地,只锄两遍。"宋沈括《梦溪笔谈·药议》:"胡麻直是今油麻,更无他说,予已于《灵苑方》论之。其角有六棱者、有八棱者,中国之麻,今谓之大麻是也。有实为苴麻,无实为枲,又曰麻牡。张骞始自大宛得麻油之种,亦谓之麻,故以胡麻别之,谓汉麻为大麻也。""脂麻",亦作"脂蔴",又称"胡麻""油麻",即"芝麻"。宋苏轼《和蒋夔寄茶》:"柘罗铜碾弃不用,脂麻白土须盆研。"《王祯农书·胡麻》:"胡麻,即今之脂麻是也。""黄米",秫米,也称黄糯。《新唐书·五行志二》:"都人以黄米及黑豆屑蒸食之,谓之'黄贼打黑贼'。"《王祯农书·黍穄》:"种糯不换,糯米价值比黄米价值高。""占城稻",从越南引进的水稻良种,性早莳、早熟、耐旱、粒细。《农政全书·稻》:"在闽,无芒而粒细,有六十日可获者,有百日可获者,皆曰占城稻。""火稻",即旱稻。《分门琐碎录·农桑》:"江南人多收火稻。""早稻",稻的一种,有插秧期早或生长期短、成熟早的特点。唐白居易《春题湖上》:"碧毯线头抽早稻,青罗裙带展新蒲。""晚稻",一种生长期较长、成熟期较晚的稻,一般在霜降后收割。唐刘禹锡《历阳书事七十韵》:"场黄堆晚稻,篱碧见冬菁。"《农桑衣食撮要·浸稻种》:"早稻,清明节前浸;晚稻,谷雨前后浸。""稻草",脱粒后的稻秆。唐元稹《酬乐天东南行》:"短檐苫稻草,微俸封渔租。"《农桑衣食撮要·浸稻种》:"其种用稻草包裹,每裹包一斗或斗五,投于池塘水内浸,不用长流水,难得生芽。""稻苗",稻的幼苗。宋苏辙《和子瞻焦山》:"我知此地便堪隐,稻苗筛筛鱼斑斑。"《农桑衣食撮要·耘稻》:"稻苗旺时放去水,干,将乱草用脚踏入泥中,则四畔洁净。""来麦",麦子的一种。《分门琐碎录·农桑》:"浙间有来麦,熟早,形在大小麦之间,民间亦食之。"

2. 蔬菜瓜果名称:落苏、昆仑瓜、豆角、葫芦、莱菔、菌子、芥蓝、菠薐、蜀椒、汉椒、韭花、韭黄、莴苣、豌豆、菠菜、丝瓜、薯药、薯蓣、大官葱、鹅梨、金樱、丹荔、海榴

"落苏""昆仑瓜",即茄子。宋陆游《老学庵笔记》卷二:"《酉阳杂俎》云:'茄子一名落苏。'今吴人正谓之落苏。或云钱王有子跛足,以声相近,故恶人言茄子,亦未必然。"唐段成式《酉阳杂俎·草篇》:"茄子……又一名昆仑瓜。"《王祯农书·茄子》:"茄子,一名落苏。隋炀帝改茄子为昆仑瓜。""豆角",多指鲜嫩可做菜的豆类的果实。宋周文璞《吴中秋日》:"豆角已收别无事,待同野老赴襟期。"《农桑辑要·豌豆》:"如近城郭种之,可摘豆角,卖而变物。""葫

芦",植物名,也称"壶芦""匏瓜"。《四时纂要·二月》:"种大葫芦,二月初,掘地作坑,方四五尺,深亦如之。""莱菔",即萝卜。宋方岳《春盘》:"莱菔根松缕冰玉,荽蒿苗肥点寒绿。"《王祯农书·萝卜》:"一名莱菔,又名雹突,今俗呼萝卜。""菌子",形状如香菇,可供食用。《四时纂要·三月》:"种菌子,取烂构木及叶,于地埋之。""芥蓝",芥蓝菜,可供食用。宋苏轼《雨后行菜》:"芥蓝如菌蕈,脆美牙颊响。"《王祯农书·芥》:"芥之嫩者为芥蓝,极脆。""菠薐",即菠菜。《刘宾客嘉话录》:"菜之菠棱,本西国中有僧将其子来,如苜蓿、蒲陶,因张骞而至也。绚曰:'岂非颇棱国将来,而语讹为菠棱耶?'"《农桑辑要·菠薐》:"菠薐,作畦下种,如萝卜法。""蜀椒",落叶灌木,产于蜀中,又称巴椒、川椒。其果实光黑,肉厚皮皱,腹里白,气味辛辣,可作香料。"汉椒","蜀椒"的别名。《四时纂要·十二月》:"蜀椒、人参、巴豆。"《四时纂要·七月》:"七日后搅之,取汉椒三两,绢袋盛,安瓮中。""韭花",韭菜花。五代杨凝式《韭花帖》:"当一叶报秋之初,乃韭花逞味之始。"《王祯农书·韭》:"秋后可采韭花,以供蔬馔之用。""韭黄",冬季培育的韭菜,颜色浅黄,嫩而味美。宋王千秋《点绛唇·春日》:"韭黄犹短,玉指呵寒剪。"《王祯农书·韭》:"不见风日,其叶黄嫩,谓之韭黄。""莴苣",通称"莴笋"。唐杜甫《种莴苣》诗序:"既雨已秋,堂下理小畦,隔种一两席许莴苣,向二旬矣。"《种艺必用》:"莴苣,并三月下旬种。""豌豆",豆名。一年生或二年生草本植物,结荚果,种子略作球形。嫩荚和种子可食用。宋周辉《清波别志》卷上:"苏文忠公,自定武赴岭表,过汤阴市,亦得豌豆大麦粥。"《王祯农书·豌豆》:"豌豆,种与大小麦同时。"明李时珍《本草纲目·豌豆》:"胡豆,豌豆也。其苗柔弱宛宛,故得豌名。""菠菜",即菠薐菜。《农桑辑要·菠薐》:"《博闻录》:'菠菜,过月朔乃生,须二十七八间种之,月初即生。'""丝瓜",植物名。葫芦科丝瓜属,一年生草本。《种艺必用》:"种丝瓜,社日为上。"《农政全书·丝瓜》:"丝瓜,即缣瓜也。嫩小者可食,老则成丝,可洗器涤腻。""薯药",即"薯蓣",也称"山药",含淀粉,可食用。《种艺必用》:"盖避唐代宗讳豫字改作薯药。"唐王绩《采药》:"从容肉作名,薯蓣膏成质。"《四时纂要·二月》:"种薯蓣:《山居要术》云:择取白色根如白米粒成者,预收子。""大官葱",葱的一种,叶细,宜过冬。《王祯农书·葱》引宋陆游《蔬园杂咏·葱》:"一事尚非贫贱分,芼羹僭用大官葱。"自注:"乡圃有大官葱,比常葱差小。"

"鹅梨",亦作"鶖梨",梨之一种。唐冯贽《南部烟花记·帐中香》:"江南李主帐中香法,以鹅梨蒸沉香用之。"《农桑辑要·梨》:"今魏府多产鹅梨。""金樱",石榴的别名。《种艺必用》:"石榴,浙人唤作金樱,盖避钱王镠之讳也。""丹荔",荔枝。因色红,故称。唐戴叔伦《春日早朝应制》:"丹荔来金阙,朱樱贡玉盘。"《王祯农书·荔枝》："荔枝,一名丹荔。""海榴",石榴,又名海石榴。因来自海外,故名。隋江总《山庭春日》："岸绿开河柳,池红照海榴。"《王祯农书·石榴》："今人称为海榴,以其从海外来也。"

3. 竹林草木名称：银杏、红花、百合、牛蒡、决明、罂粟、茴香、苍术、薄荷、芭蕉、荠菜

"银杏",俗称"白果"。宋欧阳修《和圣俞李侯家鸭脚子》："绛囊因入贡,银杏贵中州。"《种艺必用》："银杏树有雌雄。""红花",即红蓝花。其花含有红色素,可作红色染料及胭脂之类,也可供药用。《南史·循吏传·王洪范》："先是青州资鱼盐之货,或强借百姓麦地以种红花,多与部下交易,以祈利益。"《农桑辑要·红花》："晒红花法：摘取,即碓捣使熟,以水淘,布袋绞去黄汁。""百合",多年生草本植物。花供观赏；地下鳞茎供食用,亦可入药。《四时纂要·二月》："种百合,此物尤宜鸡粪。""牛蒡",果实及根均可药用。《四时纂要·二月》："种牛蒡,熟耕肥地,令深平。""决明",又名"马蹄决明"。种子称决明子,代茶或可药用。《四时纂要·二月》："种决明,春取子畦种,同葵法。""罂粟",又名"罂子粟"。种子供食用,果壳作药用。《四时纂要·八月》："罂粟,尤宜山坡,可畦种。""茴香",又名"怀香",作香料或药用。宋苏颂《本草图经》："怀香,北人呼为茴香,声相近也。"《农桑辑要·茴香》："茴香,春暖,向阳掘区。""苍术",多年生草本植物,幼苗可食用,根可入药。《四时纂要·十二月》："神明散：苍术、桔梗、附子各二两,乌头四两,细辛一两。""薄荷",多年生草木,有地下茎,具有特殊芳香气味,可药用。《茶经·六之饮》："或用葱、姜、枣、橘皮、茱萸、薄荷之等,煮之百沸。"《农桑辑要·薄荷》："薄荷,诸处多见,移栽经冬不死。""芭蕉",多年生草本植物。叶长而宽大,花白色,果实跟香蕉相似,可以吃。唐韦应物《闲居寄诸弟》："尽日高斋无一事,芭蕉叶上独题诗。"《农政全书·芭蕉》："《广志》曰：芭蕉,一名芭苴,或曰甘蕉。""荠菜",一、二年生草本植物,可供食用,也可药用。李端《杂曲歌辞·古别离二首》："菊花开欲尽,荠菜拍来生。"《农桑衣食撮要·验岁草》："荠菜先生,岁欲甘。"

4. 蚕桑丝织名称：白桑、鸡桑、花桑、海桑、夏蚕、晚蚕、人蚕、冷蚕、柘蚕、斋蚕、蚕子、蚕蚁

"白桑",鲁桑的一种。《四时纂要·正月》："白桑无子,压条种之。""鸡桑",桑的一种。"花桑",即山桑,桑树的一种。《陈旉农书·种桑之法》："两头者不用,为其子差细,以种即成鸡桑、花桑,故去之。""海桑",桑树的一种。《陈旉农书·种桑之法》："又有一种海桑,本自低亚。""夏蚕",夏季养的蚕。宋戴复古《织妇叹》："春蚕成丝复成绢,养得夏蚕重剥茧。"《农桑辑要·夏秋蚕法》："凡养夏蚕,止须些小,以度秋种。""晚蚕",即夏蚕。唐杜牧《秋晚怀茅

山石涵村舍》:"帘前白艾惊春燕,篱上青桑待晚蚕。"《农桑辑要·晚蚕之害》:"《韩氏直说》:晚蚕,迟老多病,费叶少丝,不惟晚却今年蚕,又损却来年桑。""人蚕",指以人育于室之蚕;"冷蚕",育于密室中之蚕。《分门琐碎录·养蚕法》"有人蚕,必以人育于室;冷蚕,则育于密室中。""柘蚕",指食柘之蚕。《分门琐碎录·养蚕法》:"有柘蚕,食柘而早茧。""斋蚕",指当桑叶不够的时候,在桑叶中掺杂少量米粉喂蚕,即斋蚕。《分门琐碎录·养蚕法》:"育蚕而缺食者,以甘草水洒于桑叶,次米粉糁之,候干令食,谓之'斋蚕'。""蚕子",指蚕卵。宋梅尧臣《春日拜陇经田家》:"桑牙将绽雾露裹,蚕子未浴箱筐收。"亦指蚁蚕。宋陆游《湖村春兴》:"稻陂正满初投种,蚕子方生未忌人。"《农桑辑要·浴连》:"七八月,不宜收起,早收蚕子不旺。""蚕蚁",也称蚁蚕。宋梅尧臣《依韵和许待制偶书》:"深屋燕巢将欲补,密房蚕蚁尚忧寒。"《农桑辑要·火仓》:"于蚕蚁生前一日,少开门,出尽烟即闭了。"

5.农畜牧养类词语:牢栏

"牢栏",关牛马的圈。《陈旉农书·牧养役用之宜》:"于春之初,必尽去牢栏中积滞蓐粪。"

6.田地土壤名称:闲地、葑田、熟田、沙田、圃田、畦畛、町畦、白田、秧田、圩田

"闲地",闲散的土地。唐许浑《下第寓居崇圣寺感事》:"东门有闲地,谁种邵平瓜?"《四时纂要·二月》:"凡是闲地,须是种之,不但畦种也。""葑田",将湖泽中葑泥移附木架上,浮于水面,成为可以移动的农田,叫葑田,叫架田。《陈旉农书·地势之宜》:"若深水薮泽,则有葑田。""熟田",常年耕种的田地。《通典·食货二》:"即使逃走帖卖者,帖荒田七年,熟田五年,钱还地还,依令听许。"《王祯农书·垦耕》:"若诸色种子年年拣净,别无稗莠,数年之间,可无荒秽,所收常倍于熟田。""沙田",水边或水洲沙淤之田。宋晁补之《富春行赠范振》:"沙田老桑出叶粗,江潮打根根半枯。"《王祯农书·沙田》:"沙田,南方江淮间沙淤之田也。或滨大江,或峙中洲。""圃田",甫田,大田。唐钱起《送马使君赴郑州》:"膏雨带荥水,归人耕圃田。"《农政全书·圃田》:"圃田,种蔬果之田也。""畦畛",田间的界道。宋黄庭坚《过家》:"宰木郁苍苍,田园变畦畛。"《王祯农书·木绵》:"先一日将已成畦畛,连浇三次。""町畦",田界。唐杜甫《到村》:"蓄积思江汉,疏顽惑町畦。"仇兆鳌注:"町畦,田畔之界也。"《陈旉农书·种桑之宜》:"治沟垄町畦,须疏密得宜。""白田",没有种庄稼的空闲田地。《陈旉农书·善其根苗》:"其苗田已不复可下种,乃始别择白田以为秧地,未免忽略。""秧田",培植稻秧的水田。杨万里《己未春日山居杂兴十二解》:"今岁春迟雨亦然,生愁无水打秧田。"《王祯农书·粪壤》:"谷壳朽腐,最

宜秧田。""圩田",低洼地区四周筑堤防水的田地。宋杨万里《圩田》:"周遭圩岸缭金城,一眼圩田翠不分。"《王祯农书·围田》:"复有圩田,谓叠为圩岸,捍护外水,与此相类,虽有水旱,皆可救御。"

7. 植物各部分名称:枝干、枝梢、根本、根子

"枝干",树枝和树干。唐白居易《庐山桂》:"枝干日长大,根荄日牢坚。"《农桑辑要·接换》:"废树,老树也,谓枝干丰大,条短叶薄,不能复滋长也。""枝梢",树枝末端。唐白居易《游悟真寺诗一百三十韵》:"松桂乱无行,四时郁芊芊。枝梢嫩清吹,韵若风中弦。"《农桑辑要·布行桑》:"园内养成荆、鲁桑小树,如转盘时,于腊月内可去不变枝梢。""根本",草木的根干。《陈旉农书·种桑之法》:"即于春初,相视其低近根本处条。""根子",即根,树木的根。《陈旉农书·苍术》:"《四时类要》:二月,取根子擘破,畦中种。"

(二) 农业生产行为词语

1. 与整地有关的词语:耖、耕垡、盖磨

"耖",土壤耕翻后再进行的浅耕松土作业。《王祯农书·耙劳》:"南方水田,转毕即耙,耙毕即耖。""耕垡",耕田翻地。唐韩愈《送文畅师北游》:"余期报恩后,谢病老耕垡。"《四时纂要·十二月》:"耕垡外,根斩,覆土掩之,即不衰。""盖磨",用劳盖地。《齐民要术·杂说》:"无问耕得多少,皆须旋盖磨如法。"《王祯农书·耙劳》:"耙有渠疏之义,劳有盖磨之功。"

2. 与种植有关的词语:种植、徙植、插秧、栽插、种艺、栽培、栽植、种栽、移种、接、接种、压条、接缚、科、科斫、插莳、扦、培养

"种植",栽种培植。唐翁洮《苇丛》:"得地自成丛,那因种植功。"《陈旉农书·善其根苗》:"凡种植,先治其根苗以善其本,本不善而末善者鲜矣。""徙植",移植。唐王绩《古意六首》:"幽人重其德,徙植临前堂。"《陈旉农书·善其根苗》:"根苗既善,徙植得宜,终必结实丰阜。""插秧",把水稻秧苗从秧田移植到稻田里。唐高适《广陵别郑处士》:"溪水堪垂钓,江田耐插秧。"《农桑衣食撮要·浸稻种》:"依前法撒种,候芒种前后插秧。""栽插",犹栽种。宋韩维《新植西轩》:"谁谓我囷隘,栽插向盈亩。"《农桑衣食撮要·种柳》:"或栽插者长五六尺,亦得。""种艺",种植。唐柳宗元《龙城录·宋单父种牡丹》:"洛人宋单父字仲孺,善吟诗,亦能种艺术。"《陈旉农书·地势之宜》:"以木缚为田丘,浮系水面,以葑泥附木架上而种艺之。""栽培",种植培养。唐李山甫《刘员外寄移菊》:"深谢栽培与知赏,但惭终岁待重阳。"《分门琐碎录·种木法》:"松必用春社前带土栽培,百株百活。""栽植",种植。唐白居易《栽松》诗之一:"栽植我年晚,长成君性迟。"《农桑辑要·橘》:"北地不见此种,若于附

近地面访学栽植,甚得济用。""种栽",栽种。宋丘崈《沁园春》:"楼上盈盈,闺中脉脉,应念胡麻好种栽。"《王祯农书·种植》:"惟十一月种栽不生活。""移种",移植。唐白居易《有木》诗之五:"主人不知名,移种近轩闼。"《分门琐碎录·种木法》:"三年正月移种之,亭亭条直,千百如一。""接",嫁接,原作"椄"。《说文·木部》:"椄,续木也。"段玉裁注:"今栽花植果者以彼枝移椄此树而花果同彼树矣。椄之言接也。今接行而椄废。"《四时纂要·正月》:"接树:右取树本如斧柯大及臂大者,皆可接,谓之树砧。"《分门琐碎录·接花法》:"凡接牡丹,须令人看视之。""接种",指移植。《种艺必用》:"凡花皆宜春种,唯牡丹宜秋社前后接种。""压条",把部分藤或枝条埋入土中,尖端露出地面,使它生根,形成另一个植株。《四时纂要·正月》:"白桑无子,压条种之。"《陈旉农书·种桑之宜》:"若欲压条,即于春初……""接缚",嫁接。《陈旉农书·种桑之宜》:"若欲接缚,即别取好桑直上生条,不用横垂者,三四寸长,截如接果子样接之。""科",修剪枝蔓,芟除芜秽。唐无可《题崔驸马林亭》:"宫花野药半相和,藤蔓参差惜不科。"《农桑辑要·布行桑》:"当年横枝上所长条,至腊月科令稀匀得所。""科斫",剪枝的意思。"科"之剪去旁枝,"斫"之截去主干部分。《四时纂要·正月》:"每年及时科斫,以绳系石坠四向枝令婆娑,中心亦屈却,勿令直上难采。""插莳",栽种,多指栽种稻子。宋尤袤《夏日观农》:"插莳复耕耘,酷日无从拒。"《农政全书·稻》:"插莳早者,用种须少,插莳迟者,用种宜稍多。""扦",栽植法中的插枝法。《分门琐碎录·种木法》:"凡扦杨柳,先于其扦,下钻一窍,用沙木作钉,钉其窍而后栽,则永不生毛虫。""培养",以适宜的条件促使其发生、成长和繁殖。宋朱熹集注《孟子》:"盖其内外本末,交相培养。"《农桑辑要·接换》:"如仰盆子样,内盛润土,培养其接头,勿令透气。"

3. 与中耕有关的词语:耘治、划薙、饮、上粪、浇灌、浇沃、培壅、滋培、肥沃、渥漉

"耘治",锄草治田。《朱子语类》卷五二:"苗固不可揠,若灌溉耘治,岂可不尽力。"《四时纂要·二月》:"二年外,方可耘治。""划薙",犹芟夷。《云笈七签》卷一一八:"划薙荒芜,恢张制度,刱两殿二楼,里门邃宇,壮丽华盛,冠绝一时。"《王祯农书·粪壤》:"积腐槁败叶,划薙枯朽根荄,遍铺而烧之,即土暖而爽。""饮",浇水使滋润不干枯。宋叶适《绩溪县新开塘记》:"为新塘六十八,堨六。买田有自亩三十至六十步,出钱有自缗二百三十以上至千文,饮田有自亩二千至三千,然后绩溪之田无不得水。"《农桑辑要·苎麻》:"隔宿,用水饮畦。""上粪",往地里施肥。《四时纂要·正月》:"土不得厚,厚即不生,待高一尺,又上粪土一遍。""浇灌",灌溉、灌注。宋梅尧臣《依韵和持国新植西轩》:"浇灌同一时,萌芽或先后。"《陈旉农书·种桑之宜》:"觉久须浇灌,即揭

起瓦片子,以瓶酌小便,从竹筒中下,直至根底矣。""浇沃",犹浇灌。《陈旉农书·种桑之法》:"五七日一次,以水解小便浇沃,即易长。""培壅",于植物根部堆土以保护其根系,促其生长。宋梅尧臣《和谢廷评栽竹》:"东风莫摇撼,培壅未应深。"《分门琐碎录·种麦法》:"黄土地及高山之巅却培壅则佳。"《农桑衣食撮要·修桑》:"削去枯枝及低小乱枝条,根傍开掘,用粪土培壅,与腊月同。""滋培",栽培、养育。《陈旉农书·粪壤》:"硗确之土信恶矣,然粪壤滋培,则苗蕃秀而实坚栗。""肥沃",使土壤肥沃。《陈旉农书·耕耨之宜》:"因以熟土壤而肥沃之。""渥漉",使土壤发酵。《陈旉农书·耕耨之宜》:"将欲播种,撒石灰渥漉泥中,以去虫螟之害。"《王祯农书·锄治》:"盖耘除之草,和泥渥漉,深埋禾苗根下,沤罨既久,则草腐烂而泥土肥美,嘉谷蕃茂矣。"

4. 与收藏有关的词语:丰穰、收割、摘青、采摘、窨、收贮

"丰穰",庄稼成熟。《陈旉农书·财力之宜》:"唯其财力相称,则丰穰可期也。""收割",割取农作物。宋鲁应龙《闲窗括异志》:"种早禾八十亩,悉以成就收割。"《种艺必用补遗》:"虽羡得雨,亦且收割薄而少矣。""摘青",果实等未成熟即采摘。宋韩彦直《橘录·采摘》:"岁当重阳,色未黄,有采之者,名曰摘青。"《分门琐碎录·木》:"黄栀子候其大,逐时摘青者晒收。""采摘",摘取。《四时纂要·八月》:"天晴时采摘,薄摊,晒干。"《农桑辑要·龙眼》:"熟于八月,白露后,方可采摘。""窨",窨藏。宋张邦基《墨庄漫录》卷二:"令众香蒸过,入磁器,有油者,地窨窨一月。"《农桑辑要·薯蓣》:"外将'芦头'另窨,来春种之,勿令损伤。""收贮",收藏。唐罗隐《金钱花》:"若教此物堪收贮,应被豪门尽劚将。"《四时纂要·十二月》:"一月出之,收贮,久尤佳。"

5. 与蚕桑纺织有关的词语:饲食、饲养、住食、投食、育、机织、缲丝

"饲食",喂养,给动物吃东西。宋苏轼《异鹊》:"忆我与诸儿,饲食观群呀。"《农桑辑要·大眠抬饲》:"于大眠后,饲食第十一二顿间,可抬。""饲养",给人或其他动物吃食物,使其活下去。宋苏舜钦《论五事》:"遇慈惠之吏,必率敛而饲养;逢苟且之政,必枕籍而死亡。"《农桑辑要·饲养总论》:"饲养之节,惟在随蚕所变之色,而为之加减厚薄,使无过不及也。""住食",停止投食;"投食",投掷食物。唐白居易《仲夏斋居偶题》:"搴帘放巢燕,投食施池鱼。"《农桑辑要·饲养总论》:"一眠,候十分眠,才可住食;至十分起,方可投食。""育",饲养。唐韩愈《潮州祭神文》:"岁且尽矣,稻不可以复种,而蚕不可以复育也。"《王祯农书·蚕缲》:"夫育蚕之法,始于择种、收种。""机织",用织机织布帛。唐张碧《贫女》:"岂是昧容华,岂不知机织?"《王祯农书·纩刷》:"布者以手执此,就加浆糊,顺下刷之,即增光泽,可授机织。""缲丝",煮茧抽丝。唐李白《荆州歌》:"荆州麦熟茧成蛾,缲丝忆君头绪多。"《农桑辑要·蒸馏茧

法》:"如此,缫丝一月,一般缫快。"

6. 与畜牧有关的词语:羸劣、博硕

"羸劣",瘦弱。《陈旉农书·牧养役用之宜》:"天寒严凝而冻慄之,天时酷暑而晒暴之,困瘠羸劣,疫疠结瘴,以致毙踣,则田亩不治,无足怪者。""博硕",指牲畜肥壮。《宋史·乐志七》:"展诚致荐,牲用博硕。"《陈旉农书·牧养役用之宜》:"故养牧得宜,博硕肥腯,不疾瘯蠡也。"

(三)农业生产工具词语

1. 与整地有关的农具名称:爬、耖、礰礋、砺礋、长镵

"爬","杷"到唐朝时又称作"爬",指一种带齿的农具,用以碎土平地,后作"耙"。《太平御览》卷三三九引太公《金匮》:"守战之具,皆在民间。耒耜者,是其弓弩也;锄爬者,是其矛戟也。"可见"爬"在汉代已是农具,但具体什么农具不清楚。到唐陆龟蒙《耒耜经》:"耕而后有爬,渠疏之义也。……"这里即指带齿的畜力牵拉农具。宋代时又名"铁爬",铁制的爬土用具。《种艺必用》:"铁爬爬之令熟,足蹑令坚平。""耖",作为整地农具,功能和"耙"相同,"耙"主要用于北方旱地,"耖"则用于南方水田,以碎土平田。最早见于南宋楼璹的《耕织图》耖图及诗:"巡行遍畦畛,扶耖均泥滓。"《王祯农书·耒耜门》中对"耖"有详细记载:"耖,疏通田泥器也。高可三尺许,广可四尺,上有横柄,下有列齿。其齿比耙齿倍长且密。人以两手按之,前用畜力挽行,一耖用一人一牛。有作'连耖'二人二牛,特用于大田,见功又速。耕耙而后用此,泥壤始熟矣。"明清时期,这种农具非常普及。"礰礋""砺礋"和"耙"功能相似,也是整地农具,用以平田碎土,有齿的叫砺礋,无齿的叫礰礋,这两个名称最早见于唐陆龟蒙《耒耜经》中:"自爬至砺礋皆有齿,礰礋觚棱而已;咸以木为之,坚而重者良。"这两个名称一直沿用到宋元时代。《王祯农书·礰礋》:"然北方多以石,南人用木,盖水陆异用,亦各从其宜也。"《王祯农书·砺礋》:"与礰礋之制同,但外有列齿,独用于水田,破块滓,溷泥涂也。""长镵",踏地起土的农具。镵比犁镵要窄,上面安装长柄,叫作长镵。唐杜甫《同谷歌》:"长镵长镵白木柄,我生托子以为命。"《王祯农书·长镵》:"踏田器也。镵比犁镵颇狭,制为长柄,谓之长镵。"

2. 与播种有关的农具名称:秧马

"秧马",汉魏时期的播种农具耧、耰等主要用于旱地的播种,宋代出现了用于水田水稻种植的辅助农具——秧马。"秧马"即古代农民拔秧时所坐的器具。形如船,底平滑,首尾上翘,利于秧田中滑移,所以称为秧马。使用秧马能提高工作效率,减轻劳动强度。苏轼在《秧马歌·引》中对秧马进行了介绍。"予昔游武昌,见农夫皆骑秧马,以榆、枣为腹,欲其滑;以楸、梧为背,欲

其轻；腹如小舟，昂其首尾；背如覆瓦，以便两髀雀跃于泥中。系束藁其首，以缚秧。日行千畦，较之伛偻而作者，劳佚相绝矣。"并作《秧马歌》一首。《王祯农书·秧马》引用了苏轼文。

3. 与中耕有关的农具名称：耰锄、耘锄

"耰锄"，一种中耕的农具。唐唐孙华《送王涌侯之官成都》："一官染指或暂试，归田便拟亲耰锄。"王祯对耰锄的结构作了详细介绍，《王祯农书·耰锄》："其刃如半月，比禾垄稍狭，上有短銎，以受锄钩。钩如鹅项，下带深袴，以受木柄。钩长二尺五寸，柄亦如之。"之所以称为"耰锄"，可能因为"耰"具有击碎土块，平整土地和覆种的作用，"耰锄"在中耕中也能起到"耰"的这种作用。"耘锄"，用于翻耕土地的一种锄头，可以进行除草、松土、起垄等农活。唐元稹《田野狐兔行》："种豆耘锄，种禾沟甽。"《陈旉农书·六种之宜》："四月种豆，耘锄如麻，七月成熟矣。"《农桑衣食撮要·耘麦》："麦地内有草锄去尤佳，不耘锄者其麦少收。"

4. 与灌溉有关的农具名称：戽斗、唧筒、连筒、阴沟、水闸

"戽斗"，是指一种小型的人力排灌农具。用竹篾、藤条等编成。略似斗，两边有绳，使用时两人对站，拉绳汲水。亦有中间装把供一人使用的。宋陆游《喜雨》："水车罢踏戽斗藏，家家买酒歌时康。"《格致镜原·戽斗》："事物原始，戽以木为小桶，桶旁系以绳，两人用以取水，名曰戽桶。"《王祯农书·戽斗》中对戽斗进行了详细地介绍："戽斗，挹水器也……凡水岸稍下，不容置车，当旱之际，乃用戽斗。控以双绠，两人挈之，抒水上岸，以溉田稼。其斗或柳筲，或木罂，从所便也。""唧筒"，能够汲取和排出流体的装置。《分门琐碎录·木》："凡种树，早晚以水沃其下，唧筒唧水其上。""连筒"，凿通大竹之节，使头尾相接而汲引泉水。宋苏轼《独游富阳普照寺》："连筒春水远，出谷晚钟疏。"《王祯农书·连筒》："连筒，以竹通水也，凡所居相离水泉颇远，不便汲用，乃取大竹，内通其节，令本末相续，连延不断，搁之平地，或架越涧谷，引水而至。""阴沟"，地下排水沟。唐丘光庭《兼明书·杨沟》："凡沟有露见其明者，有以土填其上者。土填其上者谓之阴沟，露见其明者谓之阳沟。"《王祯农书·阴沟》："阴沟，行水暗渠也。凡水陆之地，如遇高阜形势，或隔田园聚落，不能相通，当于川岸之旁，或溪流之曲，穿地成穴，以砖石为圈，引水而至。""水闸"，修建在堤坝中用以调节水位、控制流量的闸门。《宋史·魏瓘传》："〔魏瓘〕凿东西澳为水闸，以时启闭焉。"《王祯农书·水闸》："水闸，开闭水门也。如遇旱涸，则撒水灌田，民赖其利。又得通济舟楫，转激碾硙，实水利之总揆也。"

5. 与谷物脱粒和加工有关的农具名称：水磨、飏扇、辘轴、扇车

"水磨"，指利用水力带动的磨，多用以磨面粉。上古时期的磨主要用人

力或畜力。魏晋以后,特别是唐代,水磨盛行。"水磨"的名称文献记载最早见于宋叶适《财总论二》:"坊场、河渡免引,茶场、水磨之额,止以给吏禄而已。"《王祯农书·水磨》:"凡欲置此磨,必当选择用水地所,先作并岸擗水激轮。""飏扇",古扬谷器。扬除糠秕的一种风力机械。宋梅圣俞《飏扇》:"飏扇非团扇,没来场圃见。"《王祯农书·飏扇》:"其制中置簨轴,列穿四扇或六扇,用薄板,或糊竹为之。复有立扇、卧扇之别。各带掉轴,或手转、足蹑,扇即随转。""辘轴",农具名,用以平场圃或碾稻麦的石磙。《陈旉农书·六种之宜》:"二月种粟,必疏播种子,碾以辘轴,则地紧实。""扇车",一种清选谷物的农具,利用片状转轴转动生风,清除谷粒中的糠秕、尘末。《急就篇》卷三:"碓硙扇隤舂簸扬。"唐颜师古注:"扇,扇车也;隤,扇车之道也……隤之言坠也,言既扇之且令下坠也。"《王祯农书·飏扇》:"又有异之场圃间用之者,谓之扇车。"

6. 与蚕桑纺织有关的农具名称:蚕槌、蚕箔、络车、纬车、缫车

"蚕槌",搁置蚕箔的木架。宋梅尧臣有《和孙端叟蚕具·蚕槌》。《王祯农书·蚕槌》:"夫槌,立木四茎,各过梁柱之间,随屋每间竖之……四角按二长椽,椽上平铺苇箔,稍下缒之。凡槌十悬。中离九寸,以居箔;抬饲之间,皆可移之上下。《农桑直说》云:'每槌上中下闲铺三箔:上承尘埃,下隔湿润,中备分抬。'""蚕箔",亦作"蚕薄"。一种以竹篾或苇子等编成的养蚕器具。唐陆龟蒙《崦里》:"处处倚蚕箔,家家下鱼筌。"《王祯农书·蚕箔》:"曲簿,承蚕具也。""络车",缲丝车。宋惠洪《资国寺春晚》:"龙乡戒晓月空斜,唤起清圆响络车。"《王祯农书·络车》:"《方言》曰:'河济之间,络谓之给'。其车之制,必以细轴穿籰,措于车座两柱之间。人既绳牵轴动,则籰随轴转,丝乃上籰。""纬车",纺车。唐陆龟蒙《袭美见题郊居因次韵酬之》之六:"水影沉鱼器,邻声动纬车。"《王祯农书·纬车》:"纬车,《方言》曰:'赵魏之间谓之历鹿车,东齐、海、岱之间谓之道轨。'今又谓维车。""缫车",缫丝所用的器具。宋苏轼《次韵正辅同游白水山》:"此身如线自萦绕,左回右转随缫车。"《王祯农书·缫车》:"缫丝自鼎面引丝,以贯钱眼,升于锁星;星应车动,以过添梯,乃至于轩,方成缫车。"

四、金元明时期的农业词语

元代统治时间不长,但统治者实行重农劝农政策,注重农业生产的发展,同时士人鄙农观念改变,率相写作农书,使得元代在短时间内出现了大量农书。明清时期亦是如此,一些知识分子躬亲农桑,热衷农学著述,出现了一些官方背景的农书。这些农书在对元代及以前农业生产经验介绍的基础上,突

出了蚕桑生产和农具制作等方面的内容,使得在这一时期出现了许多新的农业词语。

(一)农业生物种类词语

1. 粮食作物名称:蜀黍、糯稻、青粱、芝麻、黑豆、蚕豆、苏子、梅豆、玉米、玉麦、玉蜀秫、番薯、雀麦、燕麦、莜麦、乌麦、番椒、天茄、黎豆、藊豆、刀豆、土豆、乌芋、香芋。

"蜀黍",又叫"蜀秫""芦穄""木稷",即膏粱。《农桑辑要·蜀黍》引《务本新书》:"蜀黍,宜下地。""糯稻",米粒富于黏性的稻。《农桑衣食撮要·浸稻种》:"糯稻出芽较迟,可浸八九日,如前微见白芽出时方可种。""青粱",一种米色微青的粟子。《农政全书·粱》:"青粱,壳穗有毛而粒微青,早熟而收薄,止堪作饧耳。""芝麻","脂麻"的俗名。古代也称"胡麻"。可食用,也可榨油。"黑豆",子实表皮为黑色的大豆。《农桑辑要·修莳》:"如种绿豆、黑豆、芝麻、瓜、芋,其桑郁茂。""蚕豆",魏晋时期叫豌豆,因为蚕熟的时候成熟,荚如蚕形,故名蚕豆。子可供食用。《王祯农书·豌豆》:"豌豆,……又谓之'蚕豆',以其蚕时熟也。""苏子",一名荏子,一名白苏。子可榨油,可食用。《农桑辑要·麻子》:"《务本新书》曰:'凡种五谷,如地畔近道者,亦可另种苏子。'""梅豆",大豆的一种。《农政全书·大豆》:"早者,二月种,四月可食,名曰梅豆。""玉米"也称"玉麦""玉蜀秫",一年生草本植物,茎粗壮,叶子长而大,花单性,雌雄同株,子实比黄豆稍大。是重要的粮食作物和饲料作物之一。原产美洲,明末传入我国。"玉米"一词最早出现于《农政全书·蜀秫》:"玄扈先生曰:蜀秫,古无有也。后世或从他方得种,其黏者近秫,故借名为秫。今人但指此为秫,而不知有粱秫之秫,误矣。别有一种玉米,或称玉麦,或称玉蜀秫,盖亦从他方得种。其曰米、麦、蜀秫,皆借名之也。"孙锦标《通俗常言疏证·植物》:"《海门物志》……米之有甲者,一名蜀黍。蜀粟音近,《本草》谓之玉蜀黍,今俗称玉米。""番薯",在不同地区还有红薯、白薯、山芋、地瓜、红苕等名称。明万历由吕宋引进,初仅在福建、广东一带种植,后遍及全国。"番薯"名称最早出现于《农政全书·甘薯》:"山薯,形魁垒;番薯,形圆而长。其味,则番薯甚甘,山薯为劣耳。""雀麦",即"燕麦"。《农政全书·麦》:"又有雀麦,即燕麦也。穗细长,子亦小,去皮作面,可救饥。""莜麦""乌麦","荞麦"的别名。《农政全书·麦》:"荞麦,一作莜麦,又作乌麦,烈日曝令开口,去皮,取米作饭,蒸食之。""番椒",即今天的"辣椒"。一年生草本植物,原产于南美洲热带地区,主要供食用,也可以入药。《农政全书·椒》:"番椒亦名秦椒,白花,子如秃笔头,色红鲜可观,味甚辣。""天茄",茄子的一种。《农政全书·茄》:"天茄,晴明时,撒于肥地,蔓长则引上。""黎豆",豆名。也称狸豆、虎豆等。可入药。《农政全书·黎豆》:"黎豆,古名狸豆,又名虎豆。""藊豆",即扁豆。一年生草本。花白或紫色。荚扁平短大,淡绿、红或紫色。种子扁椭圆形,呈黑褐、茶褐或白色。嫩荚或种子作蔬菜。白色种子、种皮和花可入药。《农政全书·藊豆》:"藊豆,故名峨眉,俗名沿篱。"明李时珍《本草纲目·稿豆》:"稿本作扁,荚形扁也,沿篱蔓延也。"《农政全书·授时》:"下子:麻子、红花、山药、白扁豆、桑椹。""刀豆",豆科植物名。荚形似刀,故名。《农政全书·刀豆》:"刀豆,《酉阳杂俎》云:'乐浪有挟剑豆,即此。'""土豆",即马铃薯。又名"土芋""土卵""黄独"等名称。《农政全书·香芋》:"土芋,一名土豆,一名黄独。""乌芋",荸荠的别名。《农政全书·乌芋》:"乌芋,即俗名荸荠也。"明李时珍《本草纲目·乌芋》:"乌芋,其根如芋,而色乌也,凫喜食之,故《尔雅》名凫茈。后遂讹为凫茨,又讹为荸荠。盖《切韵》凫、荸同一字母,音相近也。""香芋",香芋属豆科土栾儿属中的栽培种,香芋的食用部分球状块根,外观似小土豆,味道好似板栗,甘而芳香,食后余味不尽,故名香芋。《农政全书·香芋》:"香芋,形如土豆,味甘美。"

2.蔬菜瓜果名称:果瓜、菜瓜、白瓜、西瓜、香水梨、番茄、胡萝卜、芥末、茼蒿、蓝菜、楂子、蘑菇、天花、桑莪、松滑、香薰、莴笋、汉葱、冻葱、蒡莐、金豆、芋子

"果瓜",供果用的甜瓜。"菜瓜",供菜用的瓜。《王祯农书·甜瓜》:"为种不一而其用有二:供果为果瓜,供菜为菜瓜。菜瓜则胡瓜、越瓜是也;果瓜品类甚多,不可枚举。""白瓜",菜瓜的一种,又叫作越瓜。《王祯农书·甜瓜》:"又越瓜色白,即'白瓜',皆菜瓜也。""西瓜",一年生草本植物。亦指形状为圆或椭圆的大浆果,瓤多为红色,味道甘甜且汁多,种子之仁,可食。瓜汁、皮可入药。据《胡峤陷虏记》记载五代时引进中国,因性寒,当初称为"寒瓜"。《农桑辑要·西瓜》:"西瓜:种同瓜法。""香水梨",梨的一种,成熟时果皮呈黄绿色,果肉稍有涩味。《王祯农书·梨》:"北地有香水梨,最为上品。""番茄",又称西红柿,原产南美洲,我国种植普遍。《王祯农书·茄子》:"又一种白花青色稍扁,一种白而扁者,皆谓之番茄,甘脆不涩,生熟可食。""胡萝卜",元时自胡地来,气味微似萝卜,故名。《农桑辑要·萝卜》:"胡萝卜伏内畦种,或壮地漫种。""芥末",调味品。芥子研成的粉末,味辣。《农桑辑要·蜀芥、芸薹、芥子》:《务本新书》:'芥子菜,宜秋前种……子作'芥花''芥末'。""茼蒿",一年或两年生草本植物,嫩茎和叶可食用。《农桑辑要·茼蒿》:"茼蒿,做畦下种,亦如前法。""蓝菜",蔬菜名,甘蓝的别称。《农桑辑要·蓝菜》:"若中人之间,但能自种三两畦蓝菜,并一二畦韭,周岁之中,甚省菜钱。""楂子",落叶小乔木,果实像木瓜,圆形,味酸,可供食用,或作酿酒原

料。《农桑辑要·樝子》:"樝子,西川、唐、邓,多有栽种成就。""蘑菇",食用菌类的通称。"天花",菌类的一种。"桑莪",桑树上生长的菌。"松滑",松树下生的菌类。《王祯农书·菌子》:"中原呼菌为蘑菇,又为莪;又一种谓之天花。桑树上生者,呼为桑莪,施之素食最佳。……今江南山中松下生者,名为松滑。"明李时珍《本草纲目·蘑菰蕈》:"蘑菰出山东、淮北诸处。埋桑、楮诸木于土中,浇以米泔,待菰生采之。长二三寸,本小末大,白色柔软。""香蕈",香菇。《王祯农书·菌子》:"今山中种香蕈,亦如此法。""莴笋",莴苣的变种,叶长圆形,茎部肉质,呈棒状,是常见蔬菜。《王祯农书·莴苣》:"去皮蔬食,又可糟藏,谓之莴笋。""汉葱""冻葱",葱的一种。《王祯农书·葱》:"凡四种:山葱,胡葱,汉葱,冻葱。"明李时珍《本草纲目·葱》:"汉葱,一名木葱,其茎粗硬,故有木名。""莙荙",一年生或二年生草本植物,叶子菱形,有长柄,花绿色。叶子嫩时可以吃。《农桑辑要·莙荙》:"莙荙,作畦下种,亦如萝卜法。""金豆",果实名。金橘的一种。《农政全书·金豆》:"金豆,一名山金柑,一名山金橘。"明李时珍《本草纲目·金橘》:"又有山金柑,一名山金橘,俗名金豆。木高尺许,实如樱桃,内止一核。""芋子",芋母上长出的子芋。《农桑辑要·区田》:"正月种春大麦;二、三月种山药、芋子。"

3. 竹林草木名称:木蓝、松蓝、蓼蓝、佛手柑、灯草、山楂、甘露子

"木蓝""松蓝",染料植物,可以制蓝靛。"蓼蓝",染料植物,可染青绿色。《王祯农书·蓝》:"蓝有数种:有木蓝、有松蓝,可以为靛者;有蓼蓝,但可染碧,不堪作靛。""佛手柑",果树名。为枸橼之变种。《农政全书·佛手柑》:"木似朱栾,而叶尖长,枝间有刺。"明李时珍《本草纲目·枸橼》:"枸橼产闽广间……其实状如人手,有指,俗呼为佛手柑。""灯草",剥去外皮的灯心草的茎。白色多孔,质轻。可供点灯,亦可入药。《农政全书·灯草》:"灯草,玄扈先生曰:种法与席草同。""山楂",果树名。可食,亦入药。《农政全书·山楂》:"山楂,九月熟。""甘露子",多年生草本植物,可食用。《农桑辑要·甘露子》:"白地内区种。"

4. 蚕桑丝织名称:苎麻、火麻、黄麻、苘麻、大蚕、小蚕、苗蛾、末蛾

"苎麻",多年生草本植物。属荨麻科。可作编结、纺织、造纸的原料。《农桑辑要·苎麻》:"栽种苎麻法:三四月种子者,初用沙薄地为上,两和地次之。""火麻""黄麻",即"大麻"的别名。《农政全书·大麻》:"大麻,即火麻、黄麻。"明李时珍《本草纲目·大麻》:"大麻即今火麻,亦曰黄麻。处处种之,剥麻收子。有雌有雄,雄者为枲,雌者为苴。""苘麻",青麻。明宋应星《天工开物·夏服》:"又有苘麻一种,成本甚粗,最粗者以充丧服。""大蚕",广东地区称一化性蚕。"小蚕",亦称"连蚕"。广东地区统称大蚕以后所育的各种

蚕。《农桑辑要·论桑种》:"荆桑之类,宜饲大蚕……鲁桑之类,宜饲小蚕。""苗蛾",第一日出的蚕蛾。"末蛾",末后出的蚕蛾。《王祯农书·蚕缫》:"蛾出,第一日者名'苗蛾',末后出者名'末蛾',皆不可用。"

5. 农畜牧养类词语:骡马、草鸡、草鱼、牲畜

"骡马",骡和马。泛指牲口。《农政全书·六畜》:"玄扈先生曰:居近湖、草广之处,则买小马二十头,大骡马两三头。""草鸡",母鸡。《农桑衣食撮要·割蜜》:"或蜜不敷蜜蜂食用,宜以草鸡,或一只或二只,退毛,不用肚肠,悬挂窝内,其蜂自然食之,又力倍常。""草鱼",身体筒形,青黄色,生活在淡水中,吃水草,是我国重要的养殖鱼之一。《农政全书·羊》:"或圈于鱼塘之岸,草粪则每早扫于塘中,以饲草鱼。""牲畜",家畜。《农政全书·开垦上》:"使仿养伍字之法,而牲畜不遍野乎?"

6. 田地土壤名称:架田、柜田、围田、宿土、熟地

"架田",将湖泽中葑泥移附木架上,浮于水面,成为可以移动的农田,也叫葑田。《王祯农书·架田》:"架,犹筏也,亦名葑田。""柜田",田地的形式,形制似柜子。《王祯农书·柜田》:"柜田,筑土护田,似围而小,四面俱置灋穴,如柜制然。""围田",田地的一种形式。《王祯农书·围田》:"筑土作围,以绕田也。""宿土",指旧有的土壤。《农桑辑要·种竹》:"谚曰:'种竹无时,雨过便移,多留宿土,记取南枝。'""熟地",经过多年耕种的土地。《农桑辑要·枸杞》:"《博闻录》:'种枸杞法,秋冬间收子,净洗日干,春耕熟地作畦,阔五寸……然后种子。'"

(二) 农业生产行为词语

1. 与整地有关的词语:耙、耕畲、燎荒、稴青、芟夷、垦种、垦治、垦荒

"耙",用耙碎土平地。《王祯农书·耙》:"凡耙田者,人立其上,入土则深。""耕畲",耕种田地。《王祯农书·区田》:"耕畲元不用牛犁,短锸长镢皆佃器。""燎荒""稴青""芟夷",是《王祯农书》中出现的三种开荒方法。"燎荒"是指初春放火烧荒,趁着土地解冻湿润的时候,草芽将要萌发,草根柔弱,开垦容易。"稴青"指夏月草茂的时候开垦,把青草耕翻掩埋在地里,可以当作绿肥。"芟夷"指秋天草木丛密的时候,先用刀全都砍倒,晒干后放火烧掉,到明年春天开垦,根枯烂了省功。《王祯农书·垦耕》:"凡垦辟荒地,春曰'燎荒',夏曰'稴青',秋曰'芟夷'。""垦种",开垦种植。《农政全书·开垦下》:"其抛荒不报,止以纳米搪塞者,事发,本身子弟俱行削革,余田没官,另募垦种。""垦治",开垦治理。《农政全书·开垦上》:"惟是地广则垦治之难,田多则耕种之难。""垦荒",开垦荒地。《农政全书·开垦下》:"垦荒足食,万世永利,而且不烦官帑。"

2. 与种植有关的词语：点种、间种、接换、接博、身接、插接、靥接、搭接、皮接、枝接、根接、腰接、转盘、衬青、就节、对缝、培植

"点种"，点播种子，播种的一种方法。《农桑辑要》引《务本新书》："次将桑椹与蚕沙相和或与炒黍谷亦可，趁逐雨后，于苘北单耩或点种。""间种"，在一块地上，同时期按一定行数间隔种植两种以上的作物。《王祯农书·小豆》："南方亦间种之。"《农桑衣食撮要·种谷楮》："宜涧谷间种之。""接换""接博"，即嫁接。《农桑辑要·接换》："接换之妙，荆桑根株，接鲁桑条叶。"《王祯农书·种植》："凡桑果以接博为妙，一年后便可获利。""身接""插接"，嫁接的一种方法，是将接穗插入砧木的韧皮部与木质部之间，身接又称为插接。"靥接"相当于现在的片状"芽接"。"靥"是古代妇女贴在面颊上的片状饰物，芽接就像贴上靥子一样，故称"靥接"，也叫作"贴接"，或"神仙接"。"搭接"就是现在的"舌接"，砧木和接穗的粗细相近，将两者相搭接之，又叫作"批接"。"皮接""枝接""根接""腰接"，分别是指接在主干上、枝茎上、根上的嫁接方法。"转盘"，即移栽，农家的俗称。《农桑辑要·布行桑》："农家谓移栽为'转盘'。""衬青""就节""对缝"，徐光启提出的三种嫁接方法，"衬青"是指嫁接应在花木幼嫩刚露出新芽时、"就节"是指砧木与接穗都选有节的部位、"对缝"是指砧木与接穗的结合部位要对准。《农政全书·种法》："玄扈先生曰：接树有三诀，第一衬青，第二就节，第三对缝，依此三法，万不失一。""培植"，栽种并细心管理植物。《宋史·卢秉传》："亭沼如爵位，时来或有之；林木非培植根株弗成，大似士大夫立名节也。"《王祯农书·荔枝》："性不耐寒，最难培植，才经繁霜，枝叶枯死。"

3. 与中耕有关的词语：锨、撮苗、平垄、布、培根、壅、添功、复、撮锄、耘薅、沃灌、粪壤

"锨""布""壅""复"是锄苗的四法，《王祯农书·锄治》："第一次撮苗曰锨，第二次平垄曰布，第三次培根曰壅，第四次添功曰复。"第一锄主要是撮苗，即间苗、定苗，故称"锨"；第二锄主要是"平垄"，将播种时留下的耧沟除开，将土撒布令平，故称"布"；第三锄主要要求是"培根"，故称"壅"；锄过三遍后，如劳力不富裕可不必再锄第四遍，再锄者为"添功"，即追加工，故称"复"，"复"有"补加""再次"等义。"撮锄"，用小锄锄地间苗。《王祯农书·播种》："暑夏最为耐旱，且便于撮锄，今燕赵间多用之。""耘薅"，松土除草。《王祯农书·锄治》："今采摭南北耘薅之法，备载于篇。""沃灌"，浇灌。《王祯农书·区田》："若粪治得法，沃灌以时，人力既到，则地利自饶，虽遇天灾，不能损耗。""粪壤"，施肥。《王祯农书·粪壤》："田有良薄，土有肥硗，耕农之事，粪壤为急。粪壤者，所以变薄田为良田，化硗

土为肥土也。"

4. 与收藏有关的词语：芟取、割刈、劉刈、收积、窖藏

"芟取"，收取。《王祯农书·麦绰》："尝见北地芟取荞麦，亦用此具。""割刈"，犹收割。《王祯农书·刈刀》："另有刀工，各具其器，割刈根茎，劉削梢叶，甚为速效。""劉刈"，收割。《王祯农书·收获》："稻有早晚大小之别，然江南地下多雨，上霖下潦，劉刈之际，则必须假之乔扦。""收积"，收取聚集。《农桑衣食撮要·收蓐草》："刈茅草干蒿，收积勿令雨损。""窖藏"，在地窖中贮藏和储存财物。《王祯农书·种筜》："农家用贮谷种，庋之风处，不至郁浥，胜窖藏也。"

5. 与蚕桑纺织有关的词语：变色、簇蚕、落蓐、头眠、大眠、育养、覆养、绩缉、编织、络丝、经织、缫缉

"变色"，现在称"催青"或"暖种"，指用加温方法促使蚕卵孵化，使得蚕卵孵化齐一，控制出蚁的时间，提高蚕丝的质量。《农桑辑要·变色》："蚕子变色，惟在迟速由己，不致损伤自变。""簇蚕"，谓让蚕上簇作茧。《农桑辑要·簇蚕》："簇蚕：地宜高平，内宜通气。""落蓐"，即将沙燠、蓐草完全去掉。《农桑辑要·大眠抬饲》："大眠起，投食后第六七顿可落蓐。""头眠"，蚕在生长过程中，第一次蜕皮前不食不动的现象，称"头眠"。《农桑辑要·头眠抬饲》："抬头眠：蚕眠结嘴不食，皮肤退换，蚕之一大变也。""大眠"，即四眠，最后一次。《王祯农书·蚕缲》："蚕自大眠后，十五六顿即老。""育养"，饲养。《王祯农书·蚕连》："此蚕连育养法，直至暖种而生。""覆养"，庇护养育。《王祯农书·蚕缲》："生子数足，更就连上令覆养三五日。""绩缉"，纺织。《王祯农书·木绵序》："埒之枲、苎，免绩缉之工，得御寒之益。""编织"，把细长的东西交叉组织起来。《王祯农书·牛衣》："每近冬月，皆宜以冗麻续作纴紧，编织毯段衣之，如袒褐然，以御寒冽。""络丝"，缠丝。《王祯农书·丝籰》："丝籰，络丝具也。""经织"，纺织。《王祯农书·布机》："经织成生布，于好灰水中浸蘸，晒干。""缫缉"，纺织。《王祯农书·缫车》："满家儿女喜欲狂，走送车头趁缫缉。"

6. 与畜牧有关的词语：喂养、喂饲

"喂养"，给动物东西吃。《农桑辑要·牛》："《韩氏直说》：'喂养牛法：农隙时，入暖屋，用场上诸糠穰铺牛脚下，谓之'牛铺'，牛粪其上'。""喂饲"，喂养。《农桑辑要·马》："啖后不得饮水，至夜喂饲。"《农政全书·马》："若熟料，用新汲水浸淘放冷方可喂饲。"

（三）农业生产工具词语

1. 与整地有关的农具名称：耙、耖耙、铁搭、劉刀、刮板、平板、田荡、耕桀、牛軛

"耙"，唐宋以后表示平田碎土的畜力牵拉农具。《种莳直说》："古农法

云,犁一耙六。"《王祯农书·耙》:"耙,桯长可五尺,阔约四寸,两桯相离五寸许……此方耙也。又人字耙者,铸铁为齿,《齐民要术》谓之铁齿𨫒楱。"魏晋南北朝时的"杷""铁齿𨫒楱",唐宋时期的"爬",元朝时期的"耙"。发展到现代汉语中"爬""铁齿𨫒楱"名称不再使用,表示畜力牵拉的碎土农具为"耙","杷"则专表示人力聚拢的农具。"耘耙",耘稻用的耙。《农政全书·耙》:"耘耙,以木为柄,以铁为齿,用耘稻禾。""铁搭",有4~6个略向里弯的铁齿,用于刨土。《王祯农书·铁搭》:"铁搭,四齿或六齿,其齿锐而微钩,似耙非耙,剧土如搭,是名铁搭。"铁搭经常用在缺乏牛犁的农家,以代替耕垦,能随手疏碎土块,兼有耙和镬的功效。"劐刀",垦荒农具。劐刀的功能主要是在犁耕之前,先用劐刀裂破根土,然后用犁跟进翻土覆垄。《王祯农书·劐刀》:"辟荒刃也。其制如短镰,而背则加厚……故于耕犁之前,先用一牛引曳小犁,仍置刃裂地;辟及一垄,然后犁镵随时覆垄,截然省力过半。""刮板",铲土的农具。《王祯农书·刮板》:"用木板一叶,阔二尺许,长则倍之,或锻铁为舌。板后钉直木二茎,高出板上,概以横柄;板之两旁,系二铁镮,以镮曳索。两手推按,或人或畜挽行,以划壅脚土。""平板",是一种用于水田,下种时使泥土平坦的农具。《王祯农书·平板》:"平板,平摩种秧泥田器也。用滑面水板,长广相称。上置两耳系索,连轭驾牛,或人拖之。摩田须平,方可受种。即得放水浸渍匀停,秧出必齐。""田荡",是一种水田用的均泥器。王祯对其结构和用途进行了介绍,《王祯农书·田荡》:"用叉木作柄,长六尺,前贯横木五尺许。田方耕耙,尚未匀熟,须用此器平着其上荡之,使水土相和,凹凸各平,则易为秧莳。""耕𣏓",拉犁的器具,唐代称"𣏓"。唐陆龟蒙《耒耜经》:"横于犁辕之前末,曰𣏓,言可转也,左右系以揳乎轭也。"《王祯农书·耕𣏓》:"耕𣏓,驾犁具也……耕𣏓旧制稍短,驾一牛或二牛,故与犁相连。今各处用犁不同,或三牛四牛,其𣏓以直木,长可五尺,中置钩环;耕时旋撅犁首,与轭相为本末,不与犁为一体。""牛轭",驾牛的器具。古已有之,早称为"轭"。《楚辞·卜居》:"宁与骐骥亢轭乎?"朱熹集注:"轭,车辕前衡也。"因为耕田中常用牛作动力,马、驴等用于耕田者不多,因此"轭"一般即指"牛轭"。《王祯农书·牛轭》:"轭,服牛具也。随牛大小制之。以曲木,窍其两旁,通贯横索,仍下系鞅板,用控牛项,轭乃稳顺,了无轩侧。"

2. 与播种有关的农具名称:𰁜、耧车、种莳、耩子、瓠种、砘车、秧弹

"𰁜",同"铪",用于播种。《王祯农书·𰁜》:"如镵而小,中有高脊,长四寸许,阔三寸。插于耧足;背有两窍,以绳控于耧之下桄。其金入地三寸许,耧足随泻种粒,其种入土既深,田亦加熟。𰁜所过,犹小犁一遍,如古耦耕之法,即一事而两得也。"也可用于中耕。"耧车",一种畜力条播机。由牲畜牵

引,后面有人扶,可同时完成开沟和下种两项工作。可播大麦、小麦、大豆、高粱等。这种农具最早出现于汉代,叫"耧"。魏晋南北朝时期叫作"耧犁",完全定型,应用非常广泛。"耧车"的名称,最早即见于《王祯农书·耧车》:"耧车,下种器也……其制两柄上弯,高可三尺;两足中虚,阔合一垄;横桄四匝,中置耧斗,其所盛种粒,各下通足窍;仍旁挟两辕,可容一牛。用一人牵,傍一人执耧,且行且摇,种乃自下。"耧车又名曰"种蒔""耩子"。《农桑辑要·种谷》:"如种黍、粟、大小豆等田,当用一尺三寸宽脚'种蒔'下种;如麻、麦,用狭脚'种蒔'则可。""瓠种",将干葫芦穿孔做成的下种器,北方通称"点葫芦"。名称始见于《王祯农书·瓠种》:"窍瓠贮种,量可斗许。乃穿瓠两头,以木箄贯之,后用手执为柄,前用作嘴,泻种于耕过垄畔。""砘车",作为与播种农具相配合的,具有覆土、压实功能的辅助工具,宋元时期出现了一种效率更高的新农具砘车,即以圆石为轮的碾地农具。《王祯农书·砘车》:"砘车,石砘也,以木轴架砘为轮,故名砘车……凿石为圆,径可尺许,窍其中以受机栝,畜力挽之,随耧种所过沟垅碾之,使种土相着,易为生发。然亦看土脉干湿何如,用有迟速也。古农法云,栽种后用挞,则垄满土实。又有种人足蹑垄底,各是一法。今砘车转碾沟垄特速,此后人所创,尤简当也。"砘车在北方农村应用非常广泛。"秧弹",插秧时的一种辅助工具。《王祯农书·秧弹》:"农人秧蒔,漫无准则,故制此长篾,掣于田之两际,其直如弦;循此布秧,了无欹斜,犹梓匠之绳墨也。"

3. 与中耕有关的农具名称:劐子、蹚锄、耧锄、耘荡、耘爪、辊轴、耩马

"劐子",中耕器。《农桑辑要·种谷》:"今燕赵多用之,名曰劐子。"也可以用于播种。"蹚锄",一种形状像马镫的划草农具。"蹚锄"名称始见于《王祯农书·镫锄》:"形如马镫,其踏铁两旁作刃甚利,上有圆銎,以受直柄;用之划草,故名蹚锄。""耧锄",一种用于翻松土壤的农具。《王祯农书·耧锄》引《种蒔直说》:"此器出自海壖,号曰耧锄。"耧车制颇同,独无耧斗,但用櫌锄铁柄,中穿耧之横桄下,仰锄刃,形如杏叶。撮苗后,用一驴,带笼嘴挽之。初用一人牵,惯熟不用人,止一人轻扶。入土二三寸,其深痛过锄力三倍。所办之田,日不啻二十亩。《王祯农书·耧锄》引《韩氏直说》:"如耧锄过,苗间有小蓊不到处,用锄理拨一遍。""耧锄",是一种类似耧车但没有耧斗的中耕畜力农具。"耘荡",是一种用于水田的中耕锄草农具,是江浙一带的创新农具。农具名称始见于《王祯农书·耘荡》:"形如木屐而实,长尺余,阔约三寸,底列短钉二十余枚,篾其上,以贯竹柄。柄长五尺余。耘田之际,农人执之,推荡禾垄间草泥,使之溷溺,则可精熟,既胜耙锄,又代手足。""耘爪",一种用于水田的除草工具。唐代称为"鸟耘"。唐陆龟蒙《鸟耘辩》:"耘者去莠,举手务疾

而畏晚;鸟之啄食,务疾而畏夺:法其疾、畏,故曰鸟耘。"《王祯农书·耘爪》:"耘爪,耘水田器也,即古所谓鸟耘者。其器用竹管,随手指大小截之,长可逾寸,削去一边,状如爪甲;或好坚利者,以铁为之,穿于指上,乃用耘田,以代指甲,犹鸟之用爪也。""辊轴",一种用于水田碾草、平地的农具。名称始见于《王祯农书·辊轴》:"辊碾草禾轴也……夫江淮之间,凡漫种稻田,其草禾齐生并出,则用此辊碾,是草禾俱入泥内;再宿之后,禾乃复出,草则不起。""辊轴"常用于南方稻田。北方稻田一般用"雁翅"。"薅马",耘禾时所乘的一种辅助用具,又称"竹马",与儿童游戏时当马乘的竹竿同名异实,大概形状像秧马,因此王祯命名为薅马。《王祯农书·薅马》:"薅马,薅禾所乘竹马也。似篮而长,如鞍而狭,两端攀以竹系,农人薅禾之际乃置于胯间,余裳敛之与内,而上控于腰畔,乘之。"

4. 与灌溉有关的农具名称:筒车、卫转筒车、高转筒车、水转高车、水转翻车、牛转翻车、刮车、架槽、瓦窦、浚渠、龙骨车、石笼、喷壶、水斗、龙尾车、水库、玉衡车

"筒车",一种引水灌田的机械设备。可利用水流冲击力,使挽水之筒次第随轮转动,转至高处时,筒内之水自动倾入特备的水槽内,流入农田。也称"天车"。《王祯农书·筒车》:"筒车,流水筒轮。凡制此车,先视岸之高下,可用轮之大小,须要轮高于岸,筒贮于槽,乃为得法。"《王祯农书》中还出现了"卫转筒车""高转筒车"。"卫转筒车"即"驴转筒车",是利用驴作为动力的一种灌溉农具。"高转筒车"是王祯创制的一种灌溉农具,可以用人力踏动,也可以用畜力牵拉,在有流水之处,也可以用水力带动。在有流水的岸边,在高转筒车建制的基础上装上竖齿轮和卧齿轮,就成了"水转高车",这也是王祯创造的一种灌溉农具。

"水转翻车""牛转翻车","翻车"的名称出现于汉代,《王祯农书》中对翻车的结构等进行了介绍,此时翻车的动力是人力,元代出现了以水力或畜力为动力的翻车,王祯分别命名为"水转翻车"和"牛转翻车","水转翻车,其制与人踏翻车俱同,但于流水岸边,掘一狭堑,置车于内;车之踏轴外端,作一竖轮;竖轮之旁,架木立轴,置二卧轮;其上轮适于车头竖轮辐支相间。乃擗水旁激,下轮既转,则上轮随拨车头竖轮,而翻车随转,倒水上岸。""牛转翻车,如无流水处用之。其车比水转翻车卧轮之制,但去下轮,置于车旁岸上,用牛曳转轮轴,则翻车随转,比人踏,功将倍之。""刮车",一种轮式手摇水车。《王祯农书·刮车》:"刮车,上水轮也。其轮高可五尺,辐头阔止六寸,如水陂下田,可用此具,先于岸侧掘成峻槽,与车辐同阔,然后立架安轮,轮辐半在槽内,其轮轴一端,摆以铁钩木拐,一夫执而掉之,车轮随转,则众辐循槽,刮水

上岸,溉田便于车戽。""架槽",农村简易水利设施。用竹木桩作架,上设板槽引水灌溉。《王祯农书·架槽》:"架槽,木架水槽也。间有聚落,去水既远,各家共力造木为槽,递相嵌接,不限高下,引水而至。如泉源颇高,水性趋下,则易引也。""瓦窦",陶制的排水器。《王祯农书·瓦窦》:"瓦窦,泄水器也。又名函管。以瓦筒两端牙锷相接,置于塘堰之中,时放田水。须预于塘前堰内,叠作石槛,以护筒口,令可启闭……必立此槛,其窦乃成。""浚渠",深沟。《王祯农书·浚渠》:"浚渠,凡川泽之水,必开渠引用,可及于田。"《王祯农书·灌溉》:"如地势曲折而水远,则为槽架、连筒、阴沟、浚渠、陂栅之类,引而达之。""龙骨车",即"翻车"。《王祯农书·翻车》:"翻车,今人谓龙骨车。""石笼",又谓之卧牛。《王祯农书·石笼》:"判竹或用藤萝,或木条,编作圈眼大笼,长可三二丈,高约四五尺,以签桩止之,就置田头。内贮块石,用擘暴水。""喷壶",浇水的器具。壶状,喷水部分似莲蓬,有许多小孔。"水斗",盛水或汲水的用具。《农政全书·蔓菁》:"种少者,喷壶下水,或水斗遥洒之。""龙尾车",农田水利排灌用的水车。《农政全书·泰西水法上》:"龙尾车者,河滨挈水之器也。""水库",拦洪蓄水和调节水流的水利工程建筑物,可以用来灌溉、发电、防洪和养鱼。《农政全书·泰西水法下》:"水库者,水池也。曰库者,固之其下,使无受渫也。幂之其上,使无受损也。""玉衡车",汲水的水车。《农政全书·泰西水法上》:"玉衡车者,井泉挈水之器也。"

5.与收获有关的农具名称:推镰、粟鉴、麦笼、麦钐、麦绰、乔扦、禾钩、搭爪、禾檐、捃刀、拖杷、抄竿、积苫、筦、筦架、权

"推镰",收获禾茎的刃具。《王祯农书·推镰》:"敛禾刃也。如荞麦熟时,子易焦落,故制此具,便于收敛。"推镰是宋元时期的一种新农具,主要针对荞麦的易焦落发明的,同时也起到了减轻劳动强度的作用。"粟鉴",截禾穗的刃具。《王祯农书·粟鉴》:"粟鉴,其刃长寸许,上带圆銎,穿之食指,刃向手内。农人收获之际,用摘禾穗。与铚形制不同,而名亦异,然其用则一,此特加便捷而。""麦笼""麦钐""麦绰",收获麦子的一种组合农具。"麦笼",是贮麦之器。金元好问《续夷坚志·鬼拔树》:"此人行半里,见道左大柳树拔根出,掷之十步外。泥中印大臀髀痕,如麦笼许。"《王祯农书·麦笼》:"麦笼,盛艾麦器也。判竹编之,底平口绰,广可六尺,深可二尺。载以木座,座带四砣,用转而行。艾麦者腰系钩绳牵之,且行且曳,就借使刀前向绰麦,乃覆笼内。""麦钐",是割麦刀。《王祯农书·麦钐》:"麦钐,艾麦刃也。《集韵》曰:'钐,长镰也。'状如镰,长而颇直,比铚薄而稍轻。所用斫而剽之,故曰钐。用如铍,亦曰铍。其刃务在刚利,上下嵌系绰柄之首,以艾麦也。比之刈获,功过累倍。""麦绰",是收麦子的器具。《王祯农书·麦绰》:"篾竹编之,一如箕

形,梢深且大,旁有木柄,长可三尺,上置钐刃,下横短拐,以右手执之。复于钐旁以绳牵短轴,左手握而掣之。以两手齐运,芟麦入绰,覆之笼也。""乔扦",用细竹竿做成的三脚架。下雨地面潮湿时,用于悬挂收获的庄稼。《王祯农书·乔扦》:"乔扦,挂禾具也……凡禾多则用筤架,禾少则用乔扦。""禾钩",使割倒在地上的禾或草聚拢的一种农具,比起用手搂聚,更加快速方便。《王祯农书·禾钩》:"敛禾具也。用木钩,长可二尺。""搭爪",铁制,钩尖分二叉。《王祯农书·搭爪》:"搭爪,上用铁钩带袴,中受木柄。通长尺许,状如弯爪,用如爪之搭物,故曰搭爪。以攫草禾之束,或积或掷,日以万数,速于手掣,可谓胜智力也。""禾檐",担负禾谷的用具。《王祯农书·禾檐》:"禾檐,负禾具也。其长五尺五寸。剡扁木为之者,谓之软檐;斫圆木为之者,谓之㮋檐。""捃刀",拾取麦穗的农具。《王祯农书·捃刀》:"《集韵》云:捃,拾也。俗谓拾麦刀。刃长可五寸,阔近二寸,上下窍绳穿之,系于指腕,随手芟穗,取其便也。""拖杷",用来集麦的农具。《王祯农书·拖杷》:"拖杷,搂麦长杷也。首列二十庾齿,短木柄,以批契继腰曳之。""抄竿",抄麦的竹竿。《王祯农书·抄竿》:"扶麦竹也。长可及丈。麦已熟时,忽为风雨所倒,不能芟取,乃别用一人执竿,抄起卧穗,竿举则钐随铩之,殊无损失。""积苫",用来覆盖麦子的草苫。《王祯农书·积苫》:"凡露积须苫缴盖,不为雨所败也。""筤""筤架",一种装有横档便于悬挂禾把防止霉变的架状农具。《王祯农书·筤》:"筤,架也。今湖湘间收禾,并用筤架悬之。"《王祯农书·水稻》:"江南上雨下水,收稻必用乔扦、筤架,乃不遗失。""权",箍挑禾束的农具。《王祯农书·权》:"权,箍禾具也。揉木为之,通长五尺,上作三股,长可二尺,上一股微短,皆形如弯角,以箍取禾束也。"

6. 与谷物脱粒和加工有关的农具名称:砻磨、连磨、水砻、水轮三事、水转连磨、水击面罗、辊碾、飐篮、车扇、筛谷筤、油榨、机碓、槽碓

"砻磨",碾稻去壳的农具,即"砻"。"砻"一般是人力操作,"砻磨"除了人力操作外,还可以利用畜力,比用人工省力速度又快。其名称最早见于《王祯农书·砻》:"又有砻磨,上级甚薄,可代谷砻,亦不损米;或人或畜转之,谓之砻磨。""连磨",连续转动的磨,即所谓的"八转连磨"。八转连磨发明于魏晋南北朝时期,嵇含曾为刘景宣作的八转连磨写了一篇《八磨赋》:"方木矩崎,圆质规旋。下静四坤,上动似乾。巨轮内建,八部外连。"可能因为使用条件的限制,实用价值不大。"连磨"的名称见于《王祯农书·连磨》:"连磨,连转磨也。其制:中置巨轮,轮轴上贯架木,下承锉臼。复于轮之周围,列绕八磨,轮辐适与各磨木齿相间。一牛曳转,则八磨随轮辐俱转,用力少而见功多。""水砻",利用水力转动的砻。水砻的建制跟以前的砻相同,是王祯特为

创制的一种农具。《王祯农书·水砻》:"水转砻也。砻制上同,但下置轮轴,以水激之,一如水磨。日夜所破谷数,可倍人畜之力。""水轮三事",是指由一个水轮带动三种谷物加工的工具,可以兼做三种工作,即磨、砻和碾。《王祯农书·水轮三事》对水轮三事的工作原理进行了介绍:"水轮三事谓水转轮轴可兼三事,磨、砻、碾也。初则置立水磨,变麦作面,一如常法。复于磨之外周造碾圆槽。如欲穀米,惟就水轮轴首,易磨置砻。既得粝米,则去砻置碾,砣干循槽碾之,乃成熟米。夫一机三事,始终俱备,变而能通,兼而不乏,省而有要,诚便民之活法,造物之潜机。"这种农具是王祯创造的,有诗云:"制磨元凭一水轮,就加砻碾巧相因。轴端更置皆从省,谷物兼成岂惮频?""水转连磨",指利用水力连续转动的磨。其建制与陆转连磨不同。《王祯农书·水转连磨》中介绍了这种连磨。"此磨须用急流大水,以凑水轮。其轮高阔,轮轴围至合抱,长则随宜。中列三轮,各打大磨一盘。磨之周匝,俱列木齿。磨在轴上,阁以板木。磨旁留一狭空,透出轮辐,以打上磨木齿。""水击面罗",指随着水磨磨后罗面的工具。《王祯农书·水击面罗》中始见。"水击面罗,随水磨用之,其机与水排俱同……罗因水力,互击桩柱,筛面甚速,倍于人力。又有就磨轮轴作机击罗,亦为捷巧。""辊辗",古代用石辊制成的一种碾谷工具。也称海青辗。《王祯农书·辊辗》:"辊辗,世呼为海青辗,喻其速也。但比常辗减去圆槽,就砣干桔以石辊。上置板槛,随辗干圆转,作窍下谷;不计多寡,旋辗旋收,易于得米。较之砣辗,疾过数倍,故比于鸷鸟之尤者,人皆便之。""飏篮""车扇",指用于场上的作业农具,扬除糠秕。《王祯农书·飏篮》:"篮形如簸箕而小,前有木舌,后有竹柄。农夫收获之后,场圃之间所踩禾穗,糠粃相杂,执此擽而向风掷之,乃得净谷。不待车扇,又胜箕簸,田家便之。""筛谷簸",用于筛选谷物的一种农具。《王祯农书·筛谷簸》:"其制比筛疏而颇深,如篮大而稍浅,上有长系可挂。农人扑禾之后,同稞、穗、子粒,旋旋贮之于内,辄筛下之。上余穰稿,逐节弃去。其下所留谷物,须付之飏篮,以去糠秕。""油榨",榨油的器具。《王祯农书·油榨》:"油榨,取油具也。用坚大四木,各围可五尺,长可丈余。叠作卧枋于地,其上作槽,其下用厚板嵌作底槃,槃上圆凿小沟,下通槽口,以备注油于器。""机碓",利用水力舂捣的碓具。《王祯农书·机碓》:"机碓,水捣器也……今人造作水轮,轮轴长可数尺,列贯横木相交,如滚枪之制,水激轮转,则轴间横木间打所排碓梢,一起一落舂之,即连机碓也。""槽碓",利用水力舂米的器具。《王祯农书·槽碓》:"槽碓:碓梢作槽受水,以为舂也。凡所居之地,间有泉流稍细,可选低处,置碓一区,一如常碓之制。但前程减细,后稍深阔为槽,可贮水斗余,上庀以厦,槽在厦外,乃自上流用笕引水,下注于槽。水满,则后重而前起;水泻,则后轻而前落,即为一春。如此昼夜不止,可毂米两斛,日省二工。"

7. 与仓储有关的农具名称：谷匣、谷蛊、种箪

"谷匣",用于贮谷的分层的方形木框。这种仓储用具比起囤、京,可以移动,比起篅,可以灵活增减。没有雀鼠的损耗,也没有受湿变质的忧虑,是贮谷的好设施。《王祯农书·谷匣》对其进行了介绍："用板四叶,相嵌而方；大小不等,高下随宜；下作底足,叠累数层；上作顶盖,贮谷于内。置穴于下,可以启闭。""谷蛊",圆筒形的竹编物,立于仓库谷物中以通气,保持谷米干燥,防止谷米变质。又叫作气笼。《王祯农书·谷蛊》中介绍了它的构造："编竹作围,径可一尺,高可二丈,底足梢大,易于竖立。内置木撑数层。乃先列仓中,每间或五或六,亦量积谷多少,高低大小而制之。""种箪",盛种的竹器。其容量可盛数斗,形制像圆瓮,上口有罨盖。《王祯农书·种箪》："农家用贮谷种,庋之风处,不至郁浥,胜窖藏也。"

8. 与蚕桑纺织有关的农具名称

与蚕桑有关的农具名称：桑几、桑梯、桑钩、桑笼、桑网、桑砧、桑夹、蚕椽、蚕筐、蚕槃、蚕架、蚕网、蚕杓、蚕连、斫斧、切刀、劙刀、茧笼、火仓、热釜、茧瓮

元代农书一个重要的特点是将蚕桑生产放到了和农业同等重要的地位,反映在农业工具中就是出现了大量和蚕桑生产、纺织有关的用具。在这些农具中很多是王祯自己命名的,比如采桑时用到的农具：桑几、桑梯、桑钩、桑笼、桑网、桑砧、桑夹等,"桑几",指采桑叶时用到的高凳；"桑梯",指采桑时用到的梯子；"桑钩",指采桑时用来拉近桑枝的钩子；"桑笼",指用来盛桑叶的笼子；"桑网",指盛桑叶的绳兜子；"桑砧",指用于切桑叶的木砧；"桑夹",指夹桑叶的器具。其中的"几""梯""钩""笼""网""砧""夹"农具名称早已存在,王祯在这里强调了它们对采桑的作用,加上了限定性词语,使其成为采桑的专用名称。如"几"的名称古已有之,《齐民要术》称为"高几",《王祯农书》中称为"桑几",名称不同,但功能相同。同样,和养蚕有关的一些农具名称也是这样,如蚕椽、蚕筐、蚕槃、蚕架、蚕网、蚕杓、蚕连等,"蚕椽",是指承搁蚕箔的木棒；"蚕筐",指用来盛蚕的竹器；"蚕槃",指座蚕的器具；"蚕架",指搁放蚕槃、蚕筐的器具；"蚕网",指蚕除沙扩座的用具；"蚕杓",指弥补蚕桑偏疏的用具；"蚕连",指承接蚕蛾产卵以留蚕种的纸；其中"筐""槃""架""网""杓""连"等用具名称早已有之,加上限定性词语,成了专用的养蚕工具。另外,像斫斧、切刀、劙刀、茧笼、火仓、热釜、茧瓮等蚕桑工具名称也始于《王祯农书》。"斫斧",指砍桑的斧子,其銎孔扁形而刃阔,跟砍柴斧不同；"切刀",切桑的长刀,蚁蚕时切桑用小刀,蚕渐大时用大刀；"劙刀",指割桑条的刀,刀长一尺

多,阔大约二寸,装有一手可握的短木柄;"茧笼",指蒸茧的蒸笼;"火仓",指旧时养蚕的一种保温设备;"热釜",指蚕室中的火凫;"茧瓮",指腌藏蚕茧的器具。

与纺织有关的农具名称:<u>丝篗</u>、经架、絮车、撚绵轴、绵矩、木绵搅车、木绵弹弓、木绵卷筵、木绵拨车、木绵轷床、木绵线架、木绵总具、刈刀、苎刮刀、绩蚕、纺车、蟠车、栌刷、布机、绳车、纫车、旋椎。

根据纺织原料的不同,这些纺织工具又分为:

以蚕丝为原料的纺织工具,如丝篗、经架等。这些农具名称出于《王祯农书》。"丝篗",指复摇和络丝过程中卷绕生丝用的框架。通常用木、竹制成。也叫作"篗子"。《王祯农书·丝篗》:"丝篗,络丝具也。《方言》曰:'榬',兖豫河济之间又谓之榬。'《说文》曰:'篗,收丝者也。'……今字从竹,又从蒦,竹器从人持之瞿瞿然,此篗之义也,然必窍贯以轴,乃适于用,为理丝之先具也。""经架",指古代织机的主要部件,用于牵丝。《王祯农书·经架》:"先排丝篗于下,上架横竹,列环以引众绪,总于架前轻牌;一人往来,挽而归之纼轴,然后授之机杼。"

以木绵为原料的纺织工具:絮车、撚绵轴、绵矩、木绵搅车、木棉弹弓、木绵卷筵、木绵拨车、木绵轷床、木绵线架、木绵总具等,这些农具名称都出自《王祯农书》。"絮车",指造絮车。《王祯农书·絮车》:"构木作架,上控钩绳滑车,下置煮茧汤瓮。絮者掣绳上转滑车,下彻瓮内,钩茧出没灰汤,渐成絮段。""撚绵轴",指用来撚绵缕的用具。《王祯农书·撚绵轴》:"制作小砣,或木或石,上插细轴,长可尺许。先用叉头挂绵,左手执叉,右手引绵上轴悬之,撚作绵丝,就缠轴上,即为细缕。""绵矩",指用来张撑丝绵的用具。《王祯农书·绵矩》:"以木框,方可尺余,用张茧绵,是名绵矩。""木绵搅车",即轧绵器械。《王祯农书·木绵搅车》:"夫搅车,四木作框,上立二小柱,高约尺五,上以方木管之。""木绵弹弓",指用来弹棉花的工具。《王祯农书·木绵弹弓》:"以竹为之,长可四尺许,上一截颇长而弯,下一截稍短而劲。控以绳弦,用弹绵荚。""木绵卷筵",指用来抽引纺纱的工具。《王祯农书·木绵卷筵》:"先将绵毳,条于几上,以此筵卷而扞之,遂成棉筒。""木绵拨车",指方形或圆形的以竹做成的纺纱工具。《王祯农书·木绵拨车》:"其制颇肖麻苎蟠车,但以竹为之,方圆不等,特更轻便。""木绵轷床",指承接轷轴的框架。《王祯农书·木绵轷床》:"其制如所坐交椅,但下控一轷,四股……""木绵线架",指用木做成的纺纱工具的部件。《王祯农书·木绵线架》:"以木为之,下作方座,长阔尺余,卧列四维。""木绵总具",指经纬综合织成布的机具。《王祯农书·木绵总具》:"其法:自拨车、轷床绵纡既成,用浆糊煮过,仍以木杖两端掣之,日晒,不时手搓,干湿得所,络于篗上。"

以麻为原料纺织工具:刈刀、苎刮刀、绩筁、纺车、蟠车、䥷刷、布机、绳车、纫车、旋椎等。这些农具名称也出自《王祯农书》。"刈刀",指割麻刀。《王祯农书·刈刀》:"获麻刃也。或作两刃。但用镰柯,旋插其刃。""苎刮刀",指刮苎皮的刀。《王祯农书·苎刮刀》:"刮苎皮刃也,煅铁为之,长三寸许,卷成小槽,内插短柄。两刃向上,以钝为用。""绩筁",指盛麻类绩缕的容器。《王祯农书·绩筁》:"盛麻绩器也。""纺车",指纺纱工具,大小不同而有"小纺车""大纺车"。《王祯农书·小纺车》:"此车之制,凡麻苎之乡,在在有之。"《王祯农书·大纺车》:"其制:长余二丈,阔约五尺……""蟠车",即拨车,纺棉纺纱的工具。《王祯农书·蟠车》:"缠䥷具也。又谓之拨车。南人谓拨柎。又云车柎。""䥷刷",指梳理布缕的用具。《王祯农书·䥷刷》:"疏布缕器也。束草根为之,通柄长可尺许,围可尺余。""布机",即织布机。《王祯农书·布机》:"后世为之机杼,幅匹广长,疏密之制存焉。""绳车",指绞合已转紧的绖缕成为绳的用具。《王祯农书·绳车》:"绞合经紧作绳也。""纫车",指纠合绳子的用具。《王祯农书·纫车》:"繟绳器也。""旋椎",指转紧麻绖的用具。《王祯农书·旋椎》:"掉麻绖具也。"

9. 其他与农事有关的农具名称:覆壳、通簪、臂篝

"覆壳",农民劳作时用于遮阳和避雨的辅助用具,类似于捕鱼人用来遮雨的渔具"背蓬"。《王祯农书·覆壳》:"篾竹编如龟壳,衷以箬箨。覆于人背,绳系肩下,耘耨之际,以御畏日,兼作雨具。""通簪",又名"气筒",插于头发中的空心簪。《王祯农书·通簪》:"以鹿角梢尖作之,长可三寸余,筒之周围,横穿小窍数处,使俱相通,故曰通簪。田夫田妇,暑日之下,折腰俯首,气腾汗出,其发髻蒸郁,得贯此簪一二,以通风气,自然爽快。""臂篝",又名"臂笼"。《王祯农书·臂篝》:"农夫耘苗或刈禾,穿臂于内,以卷衣袖。犹北俗芟刈草木,以皮为袖套。"

第三节 农业词汇的历时演变

农业生产活动具有很强的连续性,农业领域的事物总是代代延续。农业词语是表示劳动人民生产和生活的词,是劳动人民生产经验的结晶。农业词语从最早的先秦两汉时期,经过魏晋南北朝、隋唐宋元,一直延续到明清时期。从《氾胜之书》到《农政全书》,农作物品种越来越多,农业生产行为越来越精细,农业生产工具越来越先进,农业词语也随之越来越丰富。

一、农业词语内部的发展变化

农业文献中的农业词语作为汉语词汇的重要组成部分,产生时间不同,其发展的历程也不同。发展到现代,以《现代汉语词典》为标准,有的农业词语已不再收录在词典中,有的农业词语失去了农业意义,有的农业词语仅保留在古代文献中以及使用在某些方言中,有的农业词语从古至今形式和意义没有发生变化,仍作为农业词语在使用。

(一)《现代汉语词典》中已不再收录

农业文献中的一部分农业词语在《现代汉语词典》中已消失。这样的农业词语主要包括大量的农业生物种类词语、农业生产行为词语以及农业生产工具词语。这些农业词语消失的原因有以下几点。

1. 人类社会发展的早期,人们的逻辑思维能力和认识能力有限,对事物缺乏一定的抽象概括能力,所以对某些现实现象的划分很细,同类的事物和现象稍有不同就给予不同的名称,在语言上的表现就是农业领域的专门用语特别丰富。

上古时期就出现了具体所指不一的"九谷""八谷""六谷",谷类作物名称丰富。根据种植和成熟的早晚又有不同的名称,比如晚种而早熟的"稑",早种而晚熟的"穜",早熟的"稙禾""稙谷"。"稻"中黏性较强又叫作"秫稻","旱稻"又名"火稻"。"麦"分"大麦""小麦",又出现了表示不同品种的"䃺麦""来麦""二麦",以及种植时间不同的"旋麦""宿麦"等名称。"豆"有"大豆"和"小豆"之别,又根据颜色的不同出现了表示大豆品种的"乌豆",表示小豆品种的"白豆",以及"梅豆""黎豆""虎豆""刀豆"等不同的名称。"葱"有"山葱""胡葱""汉葱""冻葱""木葱""大官葱"等不同的品种。"蒜"有"小蒜""杂蒜""泽蒜";"葵"有"冬葵""鸭脚葵""胡葵"之别;"芥菜"因叶之大小有"蜀芥""芥子"的名称;"粱"类作物有"赤粱""白粱";"柳树"有"弱柳""箕柳"的不同;生长在桑树上的菌叫"桑䓴",松树下生的菌叫"松滑",还有"天花""香蕈"等不同的品种。"桑树"有"鲁桑""地桑""荆桑""白桑""鸡桑""花桑""海桑"等种类。"蚕"以其养的时间的不同有"春蚕""夏蚕""原蚕""晚蚕""大蚕""小蚕",以其养的地方的不同有"人蚕""冷蚕",以其所喂养的食物不同有"柘蚕""斋蚕",以其蚕蛾所出时间的不同有"苗蛾""末蛾"。随着人们认识的深化,抽象概括能力的提高,这些表示细致分化的农业词语"稑""穜""稙禾""稙谷""䃺麦""来麦""二麦""旋麦""宿麦""乌豆""白豆""梅豆""黎豆""虎豆""刀豆""山葱""胡葱""汉葱""冻葱""木葱""大官葱""冬葵""鸭脚葵""胡葵""蜀芥""芥子""赤粱""白粱""弱柳""箕柳""桑䓴""松滑""弱柳""箕柳""鲁桑""地桑

"荆桑""白桑""鸡桑""花桑""海桑""春蚕""夏蚕""原蚕""晚蚕""大蚕""小蚕""人蚕""冷蚕""柘蚕""斋蚕"等不再收录《现代汉语词典》中。

古代与农业生产关系密切的牛、马、驴、骡等,因为在农业生产中发挥着重要的作用,所以划分很细,出现了诸如"五牸""五畜""累牛""腾马""腾驹""三赢""父马""牝牡""国马""骝马""筋马""三刍""征马""龙驹""牢栏""骒马"等表示不同特色农畜的词,随着社会生活的变化和认识的发展,舍弃了对现实现象的一些不必要区分,精简词语,这些词语也不再收录《现代汉语词典》中。

古代依据土壤的肥瘠程度、湿润度、生产能力等对土壤进行了细致的划分,出现了表示肥沃的、生产能力好、湿润疏松度高的土壤的词,如"上田""上地""阴土""厚土""弱土""美田""良地""轻土""白土""高田""五粟""粟土""五沃""五位""位土""五蒽""荫土""五壤""五浮"等;表示肥沃、生产能力、湿润疏松一般的土壤的词,如"中田""中地""中土""五杰""杰土""五垆""垆土""五壏""壏土""五剽""剽土""五沙""五塥";表示贫瘠的,生产能力弱、干燥坚硬的土壤的词,如"下田""薄土""强土""腊田""脯田""败田""下土""五犹""犹土""五壮""壮土""五殖""五觳""觳土""五凫""凫土""五桀"等,这些词语也已不再收录。

古代表示"点播"的方法有很多,出现了诸如"区种""粪种""溲种""穳种""穊种""漫种""漫掷""漫散"等词语。古代表示"嫁接"义的词语很多,比如"接换""接博""插接""腰接""根接""身接""皮接""靥接""搭接""衬青""就节""对缝"等,这些词语的不同之处主要在于嫁接的部位不同等,人们认为一般情况下没有必要因为嫁接的部位的不同而给予不同的名称,因此现代口语中我们一般称"接",书面语一般称"嫁接"。又如"耰锄""耧锄""蹬锄",或因功能命名,或因形状命名,但三者最主要的功能相同,即为松土除草,因此现在一般都统称为"锄"。这些名称也慢慢消亡了。

2. 社会生产发展,科技水平提高,使得很多反映当时社会科技水平的农业词语不再使用。

比如,古代的农田耕作技术,从上古的刀耕火种到西周时的休闲耕作制,春秋战国时牛耕出现,西汉时大力推广牛耕,魏晋南北朝时北方旱作地区耕—耙—劳的耕作体系形成,唐宋以后,南方形成了耕—耙—耖的水田耕作体系。伴随这种耕作技术的发展,出现了大量的体现耕作技术的词语,比如表示耕作的词语"耦耕""垦耕""垦辟""耕犁""耕垦""转地""转耕""镉櫌""秋耕""熟耕""暵地""仰垄""耕垄""盖磨""耕畲""燎荒""秠青""垦治"等,表示耕作农具的词语"长辕犁""摩""铁齿镉櫌""铁齿耙""木斫""鲁斫""蔚犁"

"手拌斫""砺碎""长镶""耘耙""劐刀""刮板""田荡""耕桨""牛轭"等。随着农业科技水平的提高,机械化的耕作工具的出现,这些词语都渐渐不再使用。古代耕作讲究精耕细作,中耕是精耕细作的重要体现,中耕以后要灌溉、施肥,反映这种农业生产活动的很多词语也不再使用,比如"锄治""壅培""浸灌""遥润""渍田""粪治""起地""浇溉""耘治""划薙""上粪""浇沃""培壅""渥漉""锹""撮苗""平垄""布""培根""壅""添功""复""撮锄""沃灌""粪壤",以及反映这些农业活动的农具的词语,如锄草的"耰锄""劐子""蹚锄""耧锄""耘荡""耘爪""辊轴""耱马",灌溉的"水栅""柳罐""连筒""筒车""卫转筒车""高转筒车""水转高车""水转翻车""牛转翻车""架槽""刮车""瓦窦""石笼""龙骨车""水斗""龙尾车""玉衡车"。

另外,很多当时的农业生产工具,也渐渐退出历史舞台,比如播种的农具"窃瓠""批契""耧犁""秧马""劐""劐子""耧车""种蒔""瓠种""砘车""秧弹";表示收获的农具"刓镰""推镰""粟鉴""麦笼""麦钐""麦绰""乔扦""禾钩""搭爪""禾檐""捃刀""拖杷""抄竿""积苫""筦""筦架";谷物脱粒的农具"陆轴""格柯""榜簇""飏扇""辘轴""扇车连磨""水砻""水轮三事""水转连磨""水击面罗""辊碾""油榨""筛谷筹""飏篮""车扇""机碓"等;蚕桑纺织的农具"蚕槌""络车""纬车""缲车""桑几""桑梯""桑钩""桑笼""桑网""桑砧""桑夹""蚕椽""蚕筐""蚕槃""蚕架""蚕网""蚕杓""蚕连""斫斧""切刀""劐刀""茧笼""火仓""热釜""茧瓮""织机""繀车""木绵搅车""木绵弹弓""木绵卷筳""木绵拨车""木绵轩床""木绵线架""木绵总具""丝䉾""经架""絮车""撚绵轴""绵矩""刈刀""苎刮刀""绩蚕""蟠车""舻刷""布机""绳车""纫车""旋椎""覆壳"等。这些反映当时农业生产技术的农具大都以人力、畜力或水力为动力。

3. 农业词语所表示的事物、概念已经消失,或另有意义相同的词来表示,或所表示事物、概念的俗名、别名消失。

表示的事物、概念已经消失的词。如天子、诸侯拥有的桑田"公桑",古代天子亲耕之田的"籍田",封建官府控制的土地"公田"。又如表示土地利用形式的词语"代田""区田""架田""葑田""柜田""围田""沙田""湖田""圃田"等。"代田"最早见于《汉书·食货志》,是西汉赵过在畎田法基础上发展而成的一种轮作法。将一亩地分为三份,每年轮流耕种,以保养地力,获得较高的收成,古代曾通行于北方干旱地带。"区田"最早见于《氾胜之书》,指西汉时出现的在田里按一定距离开沟挖穴,将种子播入其间的一种农作法,便于小范围内深耕细作,集中施肥灌水。"架田""柜田""围田"最早见于《王祯农书》,"架田"是指在沼泽中以木作架,四周及底部以泥土及水生植物封实而成的浮于水面的农田,唐宋时期叫作"葑田"。"柜田"是指一种小型围地,四周筑土围护的低洼田。"围田"指在洼地筑堤挡水护田。"沙田"是指水边或水洲沙淤之田,"圃田"是指蔬果之田,"湖田"是指湖边围垦的水田等。这些词语是为了适应当时的发展需求而出现的,当这种需求不在时,代表这些需求的词语也慢慢消亡了。

表示的事物、概念已另有意义相同的词。如"荅",是小豆的别名。战国后期起,人们广泛使用小豆,于是有了小豆的别名"荅"。汉代以后,随着小豆地位的下降,"荅"也慢慢不再使用,现在仅留下"小豆"一名。如"芦菔",萝卜的别名,上古时期多用此名称,中古时期多用"莱菔"一名,近代及现代用"萝卜"一名。如"胡瓜",即黄瓜。相传张骞出使西域带回中原,成为胡瓜,后因为五胡十六国时后赵皇帝石勒忌讳"胡"字,遂改为"黄瓜",沿用至今。"胡蒜",产自胡国,西汉时传入中国,俗谓之"大蒜"。"安石榴",因产自古安息国,故有此名;"海榴",因其从海外来也。"安石榴"和"海榴"都是指石榴。"番椒",即辣椒。"番薯",即红薯。又如"砘车"指以圆石为轮的碾地农具,现在用"砘子"。

农业词语在发展过程中出现了诸如"俗名""别名"等不同的名称,在当时看来这都是通俗易懂的名称,但随着时代的发展,很多当时的俗名、别名,今人看来不再通俗。比如,"茄子"的别名"落苏""昆仑瓜","萝卜"的俗名"雹葖","甘蓝"的别称"蓝菜","石榴"的别名"金樱","芝麻"的别名"乌麻","荞麦"的别名"乌麦""莜麦","梧桐"的别名"青桐","山药"的别名"薯药","荔枝"的别名"丹荔","大麻"的别名"火麻""黄麻","荸荠"的俗名"乌芋","燕麦"的别名"雀麦","枸橼"的俗名"佛手柑","金橘"的俗名"金豆"。这些俗名或别名都未收录在《现代汉语词典》中。

(二)《现代汉语词典》中收录,但已无农业意义

一部分农业词语被收录在《现代汉语词典》中,但已失去农业意义,变为普通词语。

表示农作物的词语失去了农业意义。如"来",《说文·来部》:"周所受瑞麦来麰。"始见于西周文献,《诗经·周颂·思文》:"贻我来牟。""来"农学上指麦。现代汉语中"来"表示趋向动词、方位动词等。"来"的农学意义消失。又如表示早种而晚熟的谷物的"重",表示大麦的"牟",表示菌类的"天花"等,这些词语在现代汉语中都失去了农业意义。

表示农业生产行为的词语失去了农业意义。如"艺",指种植。始见于西周文献。《书·禹贡》:"淮沂其乂,蒙羽其艺。"《诗经·齐风·南山》:"艺麻如之何?衡从其亩。"秦汉时期用例不多,发展到魏晋南北朝时期,"艺"逐渐被

"种"替代,逐渐消亡,发展到现代汉语中,"艺"表示"种植"的农学意义已消失。又如表示"收获"义的"收敛""收取""敛""刈""艾",表示"撒播"义的"掷""下""布""纳",表示"嫁接"义的"嫁""接""接种",表示"纺织"义的"组""缉",表示"移植"义的"徙""别",表示"土地重耕"义的"转",表示"喂养"义的"饷"表示"芸苗"义的"布"等,这些词语在现代汉语中都失去了农业意义。

表示农具的词语失去了农业意义。如"锋",指一种犁地的农具,又指犁地这一动作。《齐民要术·耕田》:"速锋之,地恒润泽而不硬。"《王祯农书·锋》:"锋,古农器也。"元代以后"锋"的这种农学意义逐渐消亡,发展到现代汉语中,"锋"表示(刀、剑等)锐利或尖端的部分,刀锋、笔锋、针锋相对等。"锋"表示农学意义的词义已消失。又如用来把大的土块磨碎磨平的农具"摩""劳""盖",用来碾压虚土和覆土的农具"挞",用于单手执握除草松土的小铲"钱",用于水田下种时使泥土平坦的农具"平板",表示带齿的畜力牵拉农具"爬",表示盛谷物的仓库的"京""窦"等,这些词语在现代汉语中都失去了农业意义。

(三)《现代汉语词典》中收录,有农业意义,但仅存在古文献中或现代某些方言中,成为古语词或方言词

一部分农业词语在现代汉民族共同语中不再使用,仅作为古语词存在于古文献或书面语中。其中有些农业词语在词义中表明了是古代的名称,在口语中很少使用。如"禾",古书上指粟;"稷",古代称一种粮食作物;"镵",古代一种铁制的刨土工具;"槈",古代一种锄草用的农具;"囷",古代一种圆形的谷仓;"镈",古代锄一类农具。有些词语在词条下都标了〈书〉,大都出现在书面语中。如罜〈书〉捕鱼的小竹笼,瓟〈书〉小瓜,畲〈书〉同锸,锸〈书〉松土、挖土的工具,筐〈书〉圆形的竹筐,粪〈书〉施肥,芙蕖〈书〉荷花,膏腴〈书〉肥沃,菡萏〈书〉荷花,暵〈书〉曝晒,瘠田〈书〉瘠薄的田地,稼穑〈书〉种植和收获,筥〈书〉圆形的竹筐,簣〈书〉盛土的筐子,芊绵〈书〉草木茂密繁盛,硗确〈书〉硗薄,畎亩〈书〉田间、田地,田畴〈书〉田地、田野,粱〈书〉谷子的优良品种的统称,秠〈书〉种得晚熟得早的谷物,葆〈书〉草茂盛,畎〈书〉田间小沟,垆埴〈书〉黑色的黏土,耦〈书〉两人并耕,耰〈书〉播种后用耰翻土、盖土,树〈书〉种植、栽培,刈〈书〉割草或谷类,芟夷〈书〉除草,槈〈书〉锄草,溉〈书〉灌、浇,粪地、粪田〈书〉施肥,委积〈书〉积聚,纴〈书〉纺织,朳〈书〉无齿的耙子,廪〈书〉粮仓,庾〈书〉露天的谷仓,镃錤〈书〉大锄,绠〈书〉汲水用的绳子,劚〈书〉砍、斫,躩〈书〉踩,铚〈书〉短的镰刀,机杼〈书〉织布机,羝〈书〉公羊,臝瘦〈书〉瘦,蕃息〈书〉滋生、繁殖,刍秣〈书〉饲料,刍〈书〉喂牲口用的草。

还有一部分农业词语作为方言词存在于某些方言区,《现代汉语词典》在

这些词条下都标注了〈方〉,《汉语方言大词典》中也收录了这些词语,列出了使用的具体地区。如畚〈方〉用簸箕撮。现用于徽语中的安徽绩溪,吴语的上海、江苏常州、浙江杭州、金华等地区。菠薐〈方〉菠菜。现用于闽语中的福建建阳、崇安,广东潮州、汕头、潮阳等地区,也写作"菠菱""菠棱""菠稜""菠蔆"等形式。出息〈方〉收益。现用于东北官话、北京官话、中原官话、西南官话以及吴语中。锄头〈方〉锄。用于冀鲁官话中的河北新城,中原官话中的河南,晋语中的山西忻州,江淮官话中的安徽合肥、江苏扬州,西南官话中的四川云阳、成都以及湖北的武汉,吴语中的上海、江苏扬州、浙江金华,湘语中的湖南长沙,粤语中的广东广州、阳江,闽语中的福建厦门、建瓯以及广东潮州等地区。簹〈方〉一种盛粮食等的器物,类似囤。用于江淮官话中的安徽芜湖,西南官话中的四川,吴语中的江苏苏州、常熟、无锡,闽语中的福建厦门。打油〈方〉榨油。用于中原官话中的山东平邑、梁山,江淮官话中的江苏泰兴,吴语中的江苏苏州、无锡,湘语中的湖南长沙,赣语中的江西宜春,客家话中的江西瑞金、赣州等地区。澄〈方〉挡着渣滓或泡着的东西,把液体倒出;滗。用于北京官话中。镬〈方〉锅。古方言词。现用于西南官话中的贵州遵义,吴语中的上海、浙江金华、江西玉山,赣语中的江西莲花、福建建宁,客家话中的四川西昌、广东梅县,粤语中的广东广州、阳江、中山、珠海以及澳门地区。鸡子〈方〉鸡蛋。用于北京官话中的北京,徽语中的浙江建德、安徽绩溪,吴语中的江苏常州、无锡及浙江的金华、温岭,赣语中的江西波阳、莲花及湖南的耒阳等地区。镰〈方〉割稻子用的镰刀,刃有细齿。用于北京官话中的北京,吴语中的上海、江苏无锡及苏州。菌子〈方〉蕈,即蘑菇。用于江淮官话中的江苏盐城、南京,西南官话中的四川成都、自贡、仁寿,贵州的贵阳、遵义,广西桂林以及云南大理、建水,湘语中的湖南长沙、衡阳,客家话中的江西瑞金、四川西昌。莳〈方〉移植秧苗。用于冀鲁官话中的河北、中原官话的甘肃甘谷、吴语的江苏太仓等地区。菘菜〈方〉大白菜。用于冀鲁官话中的河北地区。粟米〈方〉玉米。用于粤语中的广东广州、花县、高明、斗门及澳门,闽语中的广东中山、海南琼山。田塍〈方〉田埂。用于江淮官话中的湖北蕲春、浠水,吴语中的上海、浙江宁波、金华,湘语中的湖南长沙,赣语中的华南耒阳、江西南昌,客家话中的江西瑞金、上犹、赣州,粤语中的广西陆川,闽语中的广东潮州、福建福州。玉麦〈方〉玉米。用于中原官话中的陕西延安、山西沁水,晋语中的陕西吴旗,西南官话中的四川成都、汉源,云南昆明、澄江、玉溪等地区,粤语中的广西南宁。枣子〈方〉枣。用于东北官话中的东北,中原官话中的河南孟津,西南官话中的四川成都、贵州沿河,吴语中的上海、江苏吴江、浙江嘉兴等地区,湘语中的湖南长沙,客家话中的福建永定、厦门。秅〈方〉庄稼种得早些或熟得早些。用于冀鲁官话中的河北雄县,晋语中的山西。锼〈方〉锼头。用于胶辽官话中的山东临朐,中原官话中的山东东平。籰〈方〉籰子,绕丝、纱、线等的工具。用于晋语中的河南济源,闽语中的广东潮汕、汕头。扦〈方〉插。用于吴语中的上海、江苏常州、无锡、苏州、常熟及浙江宁波。鸭子〈方〉鸭蛋。用于徽语中的安徽绩溪,吴语中的江苏常州、浙江温岭及绍兴,赣语中的江西莲花。清油〈方〉菜油。用于中原官话中的新疆鄯善、吐鲁番,兰银官话中的新疆乌鲁木齐,西南官话中的四川重庆、云南昭通、贵州毕节、湖北武汉,湘语的湖南长沙等地区。铁搭〈方〉方刨土用的一种农具,有三至六个略向里弯的铁齿。用于吴语中的上海、江苏苏州。耩子〈方〉耧。用于晋语中的山西离石。秦椒〈方〉细长的辣椒。用于北京官话中的北京、北京通县,冀鲁官话中的河北保定,中原官话中的山西河津、山东济宁、河南郑州、安徽阜南,晋语中的河北邯郸、河南济源,江淮官话中的安徽怀远,闽语中的广东海康。草鸡〈方〉母鸡。用于北京官话中的北京,冀鲁官话中的河北保定、唐山、卢龙、广宗、高阳及山东聊城、山西广灵等,胶辽官话中的山东牟平,中原官话中的河北魏县、山西襄汾、陕西延安、山东菏泽、河南濮阳、江苏徐州,晋语中的山西太原,江淮官话中的江苏南京、安徽淮南,西南官话中的贵州清镇,吴语中的浙江丽水等。牸牛〈方〉母牛。用于冀鲁官话中的河北保定、山东利津,胶辽官话中的山东牟平、荣成,中原官话中的河北大名、山东东平、河南洛阳,晋语中的山西沁县、河南济源,江淮官话中的江苏阜宁、四川云阳、贵州大方,吴语中的江苏启东,赣语中的湖南双峰,平话中的广西南宁。

(四)《现代汉语词典》收录,沿袭使用

大部分农业文献中的词语,在现代汉语中仍然保留着农业词语的性质,作为农业词语使用,词义和用法都未发生变化,被收录在《现代汉语词典》中。

表示农业生物种类的词语:百谷、秕谷、秕糠、秕子、蚕豆、赤豆、大豆、大麦、大麻、稻、稻子、稻谷、稻米、豆豉、豆子、甘薯、膏粱、谷子、旱稻、黑豆、黄豆、黄米、胡豆、稷、苴麻、穄、豇豆、粳稻、粳米、陆稻、麦子、糯稻、糯米、荞麦、菽、菽粟、黍子、秫、黍、水稻、五谷、籼稻、小麦、小豆、燕麦、玉米、玉蜀黍、早稻、秔米、绿豆、脂麻、芝麻、莜麦、藕豆、土豆、稗子、蔬菜、瓜、瓠、扁豆、菠菜、菜瓜、葱、大葱、大蒜、冬菜、冬瓜、番茄、胡椒、胡萝卜、胡荽、葫芦、瓠瓜、瓠子、姜、芥蓝、芥菜、芥末、韭、韭菜、韭黄、苦瓜、莱菔、蘑菇、木耳、茄子、山药、山芋、生菜、薯蓣、丝瓜、茼蒿、豌豆、莴苣、莴笋、苋菜、香菜、香椿、小葱、芫荽、芋、芋头、芸薹、蓼、蒜、芜菁、蔓菁、萝卜、秋葵、巴豆、豆角、西瓜、甜菜、桃、李、枣、柿、栗、橙、橘、柚、白果、扁桃、甘蔗、胡桃、李子、栗子、木瓜、枇杷、葡萄、石榴、柿子、甜瓜、椰子、樱桃、荔枝、龙眼、桑葚、茨、杏子、橄榄、杨桃、橡子、酸枣、杨梅、板栗、核桃、杜、棠、榆、柞、楮、苇、槐、杨柳、梓、楸、梧桐、椿、樗、林檎、白杨、薏苡、苜蓿、地黄、栀子、茛菪、葶苈、茱萸、枸杞、罗勒、五加、银杏、百合、牛蒡、罂粟、茴香、苍术、薄荷、芭蕉、荠菜、蓼蓝、灯草、山楂、当归、白苏、白芷、白术、斑竹、慈姑、丁香、冬青、杜梨、凤尾竹、凤仙花、芙蓉、甘草、桂竹、蒺藜、桔梗、锦葵、荆棘、葵花、莲花、莲子、莲藕、麻黄、麻经、蓬蒿、荨麻、蔷薇、忍冬、蜀葵、菘蓝、榆钱、榆荚、麻、枲、丝、布、布帛、蚕蛾、蚕沙、蚕蚁、蚕子、麻布、棉花、木棉、苘麻、桑蚕、桑葚、丝绵、枲麻、蚁蚕、苎麻、糟糠、牲畜、畜牧、畜产、耕牛、犊子、驹、羔子、羊羔、草鱼。

表示农业生产行为的词语：耕、犁、垦、耩、农耕、耕耘、耕种、耕作、耕地、耕田、春耕、开荒、开垦、垦荒、垦种、耖、耙、芟夷、播、种、养、栽、植、播种、培养、培育、培植、扦插、栽培、栽植、种植、压条、移栽、移植、点种、栽种、种花、种田、撒、移、插、插秧、插条、耘锄、浇灌、薅、刬、刬除、锄、耘、耧、耚、培、壅、浇、灌溉、灌、灌注、沃、浸润、除草、丰收、结果、结实、曝晒、早熟、滋长、滋养、滋生、滋蔓、收割、收获、收藏、窖藏、获、收、割、窖、藏、蓄积、采撷、采、摘、采摘、织、编织、纺织、蚕食、蚕眠、绩、纺绩、绩麻、缫、缲、络、纺、织布、缫丝、饲养、育、络丝、牧、饲、秣、放牧、放、餧、喂养、畜养、畜牧。

表示农业生产工具的词语：耒、耜、耒耜、犁、櫌、铧、耖、碌碡、磟碡、耙、耧、辗、划、铲、锄、耘锄、缶、桔槔、唧筒、辘轳、戽斗、阴沟、水闸、喷壶、水库、镰、杈、箕、帚、连枷、杵臼、碓、磨、碾、簸箕、磨盘、碾子、水碓、水磨、仓、仓库、仓房、仓廪、窖、筐、箩、囤、梭、蚕蔟、蚕箔、纺车、鏊子、炊帚、斧头、釜、锯子、橛子、蒲包、筛子。

其他词语：根、株、梢、枚、茎、苗、花、叶、葆、本末、果实、枝叶、种子、宿根、枝干、根子、瘦瘠、薄、繁茂、繁盛、肥实、肥厚、肥美、肥沃、肥壮、肥大、芬芳、丰盈、丰润、干旱、膏腴、膏泽、荒芜、瘠薄、枯竭、枯槁、枯燥、茂盛、芜秽、滋润。

二、农业词语的发展演变与双音化过程

农业词汇是汉语词汇的一个重要组成部分，它的发展变化同普通词汇一样，同样会经历新词产生，旧词消亡，新旧词共存的发展演变过程。农业词汇又不同于普通词汇，它的发展变化和社会的关系更为密切，特别是我国作为一个农业大国，农业的发展变化会直接体现在词汇上。同时语言自身的发展也会影响农业词汇的发展变化。我们主要从社会和语言两个方面来阐述农业词汇的发展变化。

（一）社会的发展变化对农业词汇的影响

社会的发展是词汇不断丰富的重要推动力，会促使大量新词的产生，并

表现在社会生活的各个方面。中国历来以农业为主,加之历代统治者的"重农"政策,促使农业特别发达,农业的发展使得大量农业新词语出现。最早的农业词汇出现在甲骨文时代,如表示粮食作物的"禾""黍""麦"等词。随着农业的发展,春秋战国时期,农业成为社会的重要生产部门。从春秋后期到秦汉时期,随着新的耕作方法的使用,新的耕作体系的建立,新的栽培技术的提高,新的农业工具的出现,新的农业政策的实施,农业生产进一步发展,农业词汇数量增多,农作物名称大量出现,并出现了许多细致表现、区分事物的新词。比如,周代以后出现了表示粮食作物的总称"谷",增加了粮食作物名称"稻""菽""麻",出现了表示不同生长期谷类作物的名称:早种晚熟的谷类作物"重",晚种早熟的谷类作物"穋",早种早熟的谷类作物"稙",晚种晚熟的谷类作物"稺"。又如,"麦"出现了"大麦""小麦""旋麦""宿麦""辫麦""春麦"的名称,"稻"出现了"粳稻""秫稻""秔稻""白稻""陵稻""交趾稻"的名称,"麻"出现了"牡麻""胡麻""苴麻","豆"出现了"大豆""小豆""赤豆""胡豆""䇾豆"。魏晋南北朝以后,出现了"水稻""旱稻""赤稻""青稞麦""䵃麦""瞿麦""䅭麦""豇豆""豌豆""乌豆""白豆""绿豆""赤小豆"等名称。唐宋元明时期,出现了"来麦""荞麦""雀麦""燕麦""菝麦""乌麦""火稻""占城稻""早稻""晚稻""糯稻""油麻""脂麻""芝麻""黄豆""黑豆""蚕豆""梅豆""黎豆""藕豆""刀豆"等名称。又如"瓜"一词,先秦两汉时期有"土瓜""木瓜",魏晋南北朝时期有"胡瓜""越瓜""阴瓜""甜瓜""冬瓜",唐宋元明时期有"昆仑瓜""丝瓜""果瓜""菜瓜""白瓜""西瓜""甜瓜"等名称。农业的发展也使得农业工具词汇大量出现,中耕是古代精耕细作农业传统的重要特征。原始农业的耕作方式是"刀耕火种",处于一种较粗放的耕作状态,所以最初的中耕作业是从田间除草开始的。商周时期,随着农业的进一步发展,中耕技术确立。春秋战国时期,中耕技术得到普及和推广。与中耕技术相适应,此时出现了"锋""耩""铲""划""钱""镈""铫""耨""锄""镃錤"等中耕农具。汉魏晋南北朝时期,中耕技术进一步发展,出现了一些新型的中耕农具,如"杷""劳""铁齿䎱榛""木斫""鲁斫""手拌斫"等。到隋唐宋元明时期,随着南方水田耕作技术的发展,除了北方的中耕农具,如"櫌锄""耘锄""劐子""耧锄""蹚锄"等,又出现了一些专门用于水田的中耕新农具,如"耖""耘荡""耘爪""辊轴"等。

新词不断出现的同时,也有少数的农业词语,或成为古语词,或退出了农业词语的系统。比如,重要的粮食作物"稷"的优良品种"糜""芑","黍"的优良品种"秬""秠"等逐渐成为古语词,后代很少使用。"籽"表示给农作物培土,后来给农作物培土用"培""壅""培壅"等词来表示,"籽"就很少使用了。又如,表示农时的"上时""中时""下时",表示各种农具的"百巧"。慢慢退出农业体系的词语还包括那些用于某一特定时期的农业术语，比如，秦汉时期的表示"舂米到一半程度"的"一糙"；魏晋时期表示"家禽未受精而产出的卵"的"谷产"，表示"荒芜的田地"的"故墟"，表示"晾晒工具"的"榜簇"，表示"家畜怀孕"的"含重"；金元时期，表示"锄苗方法的"的"培根""壅""添功""复"等，后代很难明白其意义了。

农业词语因为具有一定的传承性，所以很多农业词语处于新旧词共存的演变状态。比如，耕地之后，需要磨碎大土块并平整土地，来为土壤保墒。先秦时期统称"櫌"，魏晋南北朝时期称"劳""盖""摩"，宋元时期称"劳""盖""盖磨"，明代之后称"劳""盖磨"。现代，在陕北一带、山东地区称"劳"，河北一带仍称"盖"。又如，往植物根部堆土以保护植物根系，增加土壤养分，先秦两汉时期用"培""壅""壅培"，唐宋以后出现了"培壅"一词，同时也继续沿用之前的"培""壅""壅培"。

（二）语言双音化现象对农业词汇的影响

双音化现象是汉语词汇发展的一个趋势。农业词语的发展也适应了双音化的要求。以种植类农业生产行为词语为例，上古时期，表示种植类的动词多为单音节词，如"播""种""树""艺""植""栽""移""莳""徙""殖"等词，此时也出现了"播种""树艺""播殖""播莳""种树"等双音节词，这符合汉语双音化的发展历程，汉语的双音化趋势开始于先秦时期。汉语词汇发展到魏晋南北朝时期，双音化趋势进一步发展，双音词大量出现，农业词语中出现了不少表示种植义的双音节词，如"种莳""种殖""栽莳""栽种""移植""移栽"等。唐宋元明时期，双音节词占了优势，又出现了"种植""徙植""培植""栽插""种艺""种栽""栽培""栽植""移种""插莳"等表示种植义的双音节词。

双音词化的过程中，其来源和成词途径主要来自句法和词法两个方面。从农业词汇的具体情况来看，农业双音词主要是通过词法途径构成。比如，农业词汇有很多的同义并列双音词，它们就是通过词法途径，由两个意义和用法都相同的成分并列构成，不需要经过由短语到词的演变阶段，一般也不需要经过转类即可成词。如表示"收获"的词，由意义相同或相近的单音词"收""获""采""割""刈""劁""敛""取""艾""摘""沐"，构成了"收获""收刈""收敛""劁刈""获刈""刈获""采沐""摘取""收取""割刈""收割""采摘""艾取""艾艾"等双音词。表示"灌溉"的词，由同义或近义的单音词"浇""灌""溉""沃""浸"，构成"浇溉""浇灌""灌溉""溉灌""灌注""浸灌""浇沃""沃灌""浸灌"等双音节词。表示"牧养"的词，由同义或近义的单音词"放""牧""养""畜"，构成"放牧""牧养""养牧""畜牧""畜养"等双音词。

三、农业词语的同实异名与同名异实

农业词汇既有一定的阶段性,又有较强的传承性,经历了新词产生、旧词消亡,新旧词共存的发展演变过程。在农业词汇的发展过程中,农作物名物词和农具名物词在名实关系上也因事物的多样性、复杂性等因素,形成了一些特殊的语言现象,如同实异名、同名异实等。《荀子·正名》曰:"物有同状而异所者,有异状而同所者,可别也。状同而为异所者,虽可合,谓之二实。状变而实无别而为异者,谓之化;有化而无别,谓之一实也。"[1]也如王国维所言:"物名有雅俗,有古今,……凡雅俗古今之名,或同实而异名,或异实而同名。"[2]同实异名和同名异实是农书中名物词的一个显著特点,在农作物名物词和农具名物词中有充分的体现。

(一)农作物名物词的同实异名

农作物的种类很多,包括粮食类、蔬菜类、瓜果类、油料类等。在漫长的农作物种植历史过程中,随着时代的发展、技术的进步以及对外交流的扩大,农作物的种类不断增加,每出现一种新作物,或每引进一种新作物,都要给它一个新名称。给农作物命名的活动是主客体相互作用的过程,一方面,农作物呈现出特征的多样性和丰富性,另一方面,人们对农作物命名特征具有选择性。因此,不同时代、不同地域、不同风俗习惯的人对农作物命名特征选择的不同,赋予了农作物名称不同的命名理据,农作物即出现了不同的名称。《齐民要术·种谷》中就介绍了一些粟名,或以人姓字为名目,或观形立名,或会义为称,一共介绍了粟的86个名字。其他农书中也有农作物名物词的同实异名现象。如《王祯农书·甜瓜》中甜瓜,以状得名者,有龙肝、虎掌、兔头、狸首、蜜筒之称;以色得名者,则有乌瓜、黄瓜扁、白瓜扁、小青、大斑等。下面再介绍历代农书中的几组同实异名农作物词语。

1. 芸—胡菜—芸薹—油菜

夏纬瑛在《夏小正经文校释》[3]中分析认为"芸"即油菜,《汉语大字典》和《汉语大词典》中"芸"字条都有"菜名"一义。可以看出油菜在我国的种植历史悠久,那时的"芸"主要用作蔬菜。

(1)正月采芸,二月荣芸。(《夏小正》)

---

[1] 荀子:《荀子》,安小兰注,中华书局2007年版,第247页。
[2] 王国维:《〈尔雅〉草木虫鱼鸟兽名释例》,中华书局1999年版,第219~226页。
[3] 夏纬瑛:《夏小正经文校释》,农业出版社1981年版,第16页。

(2) 菜之美者,阳华之芸,芸梦之芹。(《吕氏春秋·本味》)

"胡菜""芸薹"最早见于服虔的《通俗文》。

(3) 芸薹谓之胡菜。传说塞外有云台戎,始种此菜,故名。

芸薹最早种植在当时的"胡、羌、陇、氐"等地,故曰"胡菜"。关于"芸薹"一名,李时珍在《本草纲目》中给以分析,认为"芸薹"容易起薹,采薹而食,而构词语素"芸"亦有"菜名"义,故名。

(4) 此菜易起薹,须采其薹食,则分枝必多,故名芸薹;而淮人谓之薹芥,即今油菜,为其子可榨油也。(《本草纲目·芸薹》)

"芸薹"一词在农书中使用广泛,《齐民要术》《四时纂要》《王祯农书》《农桑辑要》《农政全书》中均有记载。

(5) 芸薹冬天草覆,亦得取子,又得生茹供食。(《齐民要术·种蜀芥、芸薹、芥子》)
(6) 芥每亩子一升,芸薹每亩四升。(《四时纂要·七月》)
(7) 芸薹,种同蜀芥。每亩用子四升,足霜始收。(《王祯农书·芸薹芥子》)
(8) 种芥子,及蜀芥、芸薹取子者,皆二三月好雨泽时种。(《农桑辑要·蜀芥、芸薹、芥子》)
(9) 王祯曰:芸薹,不甚香。经冬根不死。(《农政全书·芸薹》)

今天普遍称作"油菜"的名称最早见于宋代苏颂的《图经本草》,沿用至今。

(10) 油菜形微似白菜,出油胜诸子,油入蔬清香,造烛甚明,点灯光亮,涂发黑润,饼饲猪亦肥。上田壅苗堪茂,秦人名菜麻,盲子可出油如脂麻也。一名胡蔬,始出自陇右胡地。一名芸薹。(《图经本草》)
(11) 种油菜,宜肥地种之,以水频浇灌。(《农桑衣食撮要·九月》)
(12) 玄扈先生曰:种蔓菁,宜用北人畦种菜法,及吴下垄种油菜法。(《农政全书·蔓菁》)

这个名称在古代使用却不是很多。另外，由于油菜的种植范围很广，在古籍中别称也很多，如"寒菜"，因为"油菜"耐旱，而且是冬季的油料作物。

2. 葵—芦萉—芦菔—雹突—莱菔—萝卜

《尔雅·释草》"葵，芦萉"。晋郭璞注："萉，宜为菔，芦菔，芜菁属，紫华大根，俗呼雹葵。"邢昺疏："今谓之萝卜是也。"《方言》卷三："葑、荛、芜菁也。陈楚之郊谓之葑；鲁齐之郊谓之荛；关之东西谓之芜菁；赵魏之郊谓之大芥，其小者谓之辛芥，或谓之幽芥，其紫花者谓之芦菔。"《说文·草部》："芦，芦菔也。""菔，芦菔，似芜菁，实如小未者。"段玉裁注："今之萝卜也。"

(1)《广志》曰："芦菔，一名雹突。"（《齐民要术·蔓菁》）

(2) 芜菁，紫花者谓之芦菔。（《齐民要术·蔓菁》）

(3) 芦菔，南北所通美者，生熟皆可食，腌藏腊豉，以助时馔，凶年亦可济饥，功用甚广，不可具述。（《王祯农书·萝卜》）

(4) 大都此物兼芋、魁、芦菔，及菘芥诸菜之用。（《农政全书·蔓菁》）

石声汉注《齐民要术》："'芦菔'，现在写作'萝卜''莱菔'。""莱菔"一词最早出现于宋代。

(5) 莱菔根松缕冰玉，茼蒿苗肥点寒绿。（《春盘》）

(6) 七夕以后，种莱菔、菘、芥。（《王祯农书·播种》）

(7) 一名莱菔，一名雹葵，一名土酥。（《农政全书·萝卜》）

"芦萉""芦菔""莱菔"都是萝卜，皆为一声之转联绵词，取名于其形状，圆形。萝卜又有别名"葵""雹葵"。段玉裁注《说文》"菔"字："一名葵，俗呼雹突。按实根骇人，故呼'突'，或加草耳。"以其根大命名。

"萝卜"一词在《齐民要术》中已出现，后代农书中大都使用"萝卜"一词。

(8) 菘根萝卜菹法，……（《齐民要术·作菹、藏生菜法》）

(9) 种萝卜，宜沙糯地，五月犁五六遍，六月六日种。（《四时纂要·六月》）

(10) 七夕已后，种萝卜、菘菜，即科大而肥美也。（《陈旉农书·六种之宜》）

(11) 萝卜，《尔雅》云……（《种艺必用·萝卜》）

(12) 种萝卜，先深劚成畦，杷平。（《农桑辑要·瓜果》）

(13) 蔬茹之中,惟蔓菁与萝卜可广种,成功速而为利倍。(《王祯农书·萝卜》)

(14) 宜肥地撒种,沙地尤效。(《农桑衣食撮要·种萝卜》)

(15) 玄扈先生曰:萝卜克气耗血,不如蔓菁十倍。(《农政全书·萝卜》)

"萝卜"一名据李时珍认为是语音讹读而得的。

(16) 莱菔乃根名,上古谓之芦萉,中古转为莱菔,后世讹为萝卜。(《本草纲目·莱菔》)

萝卜是一种重要的大众蔬菜作物,元代又因其不同的生长时期,而给予不同的名称。

(17) 春曰破地锥,夏曰夏生,秋曰萝卜,冬曰土酥。(《王祯农书·萝卜》)

另外,在《农桑辑要》中还出现了"水萝卜""胡萝卜"的名称,在农书中首次出现,应该是"萝卜"的不同种类。胡萝卜的名称大概是元代从西域传过来的,因为它的形状像萝卜,又是从胡地传来的,所以叫胡萝卜。

3. 鸭脚—银杏—白果—公孙树—行道树

银杏是古老的孑遗植物,俗名白果。银杏种类很多,但由于自然变迁等原因,银杏在世界上许多国家都已绝种。唐代以前人们以为银杏已经绝迹,但我们的祖先把银杏的栽培技术保存了下来。据考证,汉末三国时期已广泛种植。但在历代的专门农书中却很少见到关于银杏的记载。《齐民要术》作为保存至今最完整的一本农书,也没有记载。首次出现银杏栽培的农书是宋吴怿撰,元张福补遗的《种艺必用》。

(1) 银杏树有雌雄。雄者有三棱,雌者有二棱。合二者种之,或在池边,能结子而茂。盖临池照影亦生也。(《种艺必用》)

《农桑辑要》《王祯农书》《农政全书》中都对银杏栽培进行了描述。

(2) 春分前后移栽,先掘深坑,下水搅成稀泥,然后下栽子。(《农桑

辑要·银杏》)

(3) 颗如绿李,积而腐之,惟取其核,即银杏也。(《王祯农书·银杏》)

(4) 熟时,以竹筏箍树本,击筏,则银杏自落。(《农政全书·银杏》)

随着人们对银杏认识的深入,认识角度的不同,银杏有了很多名称。北宋文学家刘原父诗云:魏帝眛远图,于吾求鸭脚。据此认为三国便有"鸭脚"之称,以银杏叶似鸭掌而得名。自此至唐代,民间一般称银杏为"鸭脚"。

(5) 宋代欧阳修诗云:鸭脚生江南,名实本相符。绛囊因入贡,银杏贵中州。(《和圣俞李侯家鸭脚子》)

(6) 梅圣俞诗云:"北人见鸭脚,南人见胡桃,识内不识外,疑若橡栗韬。"(《王祯农书·银杏》)

(7) 银杏,以白得名;鸭脚取其叶之似。(《农政全书·银杏》)

因"鸭脚"入贡,皇帝赐名为"银杏",到元代出现"白果"一名,始见于李杲《食物本草》。之所以叫"白果"是因为当时银杏药用盛行,更因银杏结实落地,果肉烂没,只留种仁,色白如银,因而得名。"白果"的名称在元明时期比较盛行。

(8) 银杏,一名白果,一名鸭脚子。(《农政全书·银杏》)

(9) 原生江南,叶似鸭掌,因名鸭脚。宋初始入贡,改呼银杏,因其形似小杏,而核色白也。今名白果。(《本草纲目·银杏》)

明朝之后,人们又称"银杏"为"公孙树","公孙树"的名字来源于周文华《汝南圃史》:"公种而孙得食。"这反映了银杏生长周期慢的特点,年轻时种树,等当爷爷时才能吃到果实。当然银杏还有其他的名称,像"圣树""圣果"是唐一代及以前宗教界对银杏的称呼,现在人们也叫银杏为"行道树",因为很多城市把银杏树种在马路两边用来美化环境。现在人们普遍管"银杏"叫"白果"。郭沫若《芍药与其他·银杏》:"银杏,我思念你,我不知道你为什么又叫公孙树。但一般人叫你是白果,那是容易理解的。"不过,"银杏"才是其在植物学界的正规学名。

4. 胡麻—巨胜—方茎—狗虱—油麻—脂麻—芝麻

"胡麻"即芝麻,相传张骞得种于胡地。但却未见于《汉书·西域传》等文献。现经科学考证,芝麻原产我国。在浙江湖州市钱山漾新石器时代遗址和杭州水田畈史前遗址中,发现古芝麻的种子,证实了中国是芝麻的故乡。①"胡麻"一词最早出现在汉代。

(1) 胡麻相去一尺。(《氾胜之书·区田法》)
(2) 时雨降,可种胡麻。(《四民月令·五月》)
(3) 凡五谷地畔近道者,多为六畜所犯,宜种胡麻、麻子以遮之。(《齐民要术·种麻子》)
(4) 胡麻,此月为上时。法具二月。(《四时纂要·三月》)
(5) 案今世有白胡麻、八棱胡麻。白者油多,而又可以为饭。(《农桑辑要·胡麻》)
(6) 胡麻出于胡地,大而少异。(《王祯农书·胡麻》)
(7) 玄扈先生曰:胡麻油查,可壅田。(《农政全书·胡麻》)

"胡麻"一名不是因种于胡地而得名,而是以其形态得名的。谭宏姣在其博士论文《古汉语植物命名研究》中认为:"胡麻"之名盖取于"胡"表示"戈戟"之义。芝麻茎秆节节结角果,且有棱,状如一支多联戟,因而以形态命名为"胡麻"。② 因认识的角度不同"胡麻"有不同的名称。"巨胜"一名最早出现于《神农本草经》,以"胡麻"之角巨如方胜者名。"方茎""狗虱"一名最早出现于《吴普本草》一书,分别以茎名和以形名。

(8) 胡麻,一名巨胜。(《神农本草经》卷一)
(9) 胡麻一名方茎,神农雷公甘无毒,一名狗虱,立秋采。(《吴普本草》)
(10) 麻,八棱者为巨胜,四棱者为胡麻。(《王祯农书·胡麻》)
(11) 一名巨胜,以其角巨如方胜也。一名方茎,以茎名。一名狗虱,以形名。(《农政全书·胡麻》)

"油麻"一词最早出现在唐代,以作为油料的功用名。

(12) 油麻每科相去一尺为法。若能区种,每亩收百石。(《四时纂要·二月》)

---

① 陈朝鲜:《从中国常见农作物的汉语别名看其产地及输入》,《农业考古》2011年第2期。
② 谭宏姣:《古汉语植物命名研究》,中国社会科学出版社2008年版,第65页。

(13) 田间人云："种油麻人须窄他着裤，则易茂盛。"(《种艺必用》)

(14) 五月中旬后种晚油麻，治如前法，九月成熟矣。(《陈旉农书·耕耨之宜》)

(15) 收油麻、秋、江豆。(《农桑辑要·岁月杂事》)

(16) 坑深四五尺，坑底填油麻、绿豆蘱及烂草、粪各一重，上着粪土，以子十颗种之。(《王祯农书·瓠》)

(17) 李时珍曰：大麻，即今黄麻。大科如油麻。(《农政全书·大麻》)

"脂麻"一名可能与油脂最初使用的是动物脂肪有关。因为在中国长期以来作为油脂生产的重要来源是动物的脂肪。

(18) 柘罗铜碾弃不用，脂麻白土须盆研。(苏轼《和蒋夔寄茶》)

(19) 脂麻有早晚二种，三月种早麻。(《王祯农书·播种》)

(20) 脂麻名油麻，以其多油也。(《农政全书·胡麻》)

"胡麻"的名称在各个阶段使用情况也不太一样。唐宋前多称"胡麻"，唐宋时多称"油麻"，唐宋以后多称"脂麻""芝麻"。今天普遍称"芝麻"。"芝麻"一名相传是后晋石勒讳胡，改称"胡麻"为"芝麻"。"芝麻"一词始见于宋赵希鹄著《调燮类编》卷三《粒食》："芝麻须夫妇同种方茂。"沿用至今。

(21) 油临时用，熬动，少掺芝麻，炼熟。(《农桑辑要·蔓菁》)

(22) 凡欲造油，先用大镬鏖炒芝麻，既熟，即用碓舂，或辗碾令烂，上甑蒸过。(《王祯农书·油榨》)

(23) 乃将旁近山场，尽行锄转，种芝麻。(《农政全书·梧桐》)

(24) 巨胜、方茎、狗虱、油麻、脂麻。俗作芝麻，非。(《本草纲目·胡麻》)

《现代汉语词典》中保留了"脂麻""芝麻"两词。

(二) 农具名物词的同实异名

同实异名是农具名物词中常见的语言现象。在以农耕文化为主体的社会里，农具一器多名现象绝不是偶然的，从王祯《农器图谱》中我们可以看到很多一器多名的农具，表示今天的"锹"，王祯列出了"臿""削""䦆""铧"等10个名字，"劳"又叫"摩""盖""盖磨"，"䅖"又谓"木斫"，"耧车"又叫"种莳""耩子""耧犁","瓠种"又叫"窍瓠","翻车"又叫"龙骨车","麦笼"又叫"腰笼"等,可以说一器多名是古农具发展的普遍现象。

1. 钱—划(铲)

《王祯农书》农器图谱钱镈门中记录了"钱""铲"的形状、特点,钁臿门中记录了"划"的形状、特点。

"钱",指单手执握除草松土的小铲。《说文解字·金部》:"钱,铫也。古田器。从金戋声。"段玉裁注:"云古田器者,古谓之钱。"《玉篇·金部》:"钱,田器也。"《类篇·金部》:"钱,一曰田器。"《广韵·狝韵》:"钱,钱铫,田器。"《诗经·周颂·臣工》:"命我众人,庤乃钱镈。"毛传:"钱,铫。""钱"表示农具主要用于先秦文献中。《周易·系辞下》:"日中为市,致天下之民,聚天下之货,交易而退,各得其所。"这里指商品交换采取物物交换的形式。在农业社会,农具是一种重要的物品,因此也成了交换的产品。后来人们又仿照"钱"的形状铸造货币,"钱"引申成为货币钱,"钱"的名称也跟着从农具转化到了货币。"钱"作为货币最早出现于《春秋谷梁传·隐公元年》:"乘马曰赗,衣衾曰襚,贝玉曰含,钱财曰赙。"因此至迟春秋末年"钱"已成为货币。

"划"繁体写作"劃"。"划"字出现很早,据考证在甲骨文、金文中已出现。最早出现于《广雅·释诂三》:"划,削也。"王念孙疏证:"划与铲,声义并同。"《玉篇·刀部》:"划,划削也。"《类篇·刀部》:"划,平也,翦也。"《广韵·产部》:"划,划削也。"《战国策·齐策一》:"划而类,破吾家。"高诱注:"划,灭也。""划"表示"灭、削",作动词。"划"作名字表示农具"铲子"义,最早出现于农书《氾胜之书》:"区间草,以划划之,若以锄锄。"因为"划"字不能体现金属制造的特点,又创造了"铲"字,"划""铲"成为异体字。《说文解字·金部》:"铲,鏶也,一曰平铁。"徐灏注笺:"平铁者,平木器之铁也。"《玉篇·金部》:"铲,平木器。"《六故书·地理志》:"铲,状如斧。"《广韵·产部》:"铲,平木器也。"《王祯农书·钱》:"钱与镈为类,薅器也,非锹属也。兹度其制,似锹非锹,殆与铲同。……钱特铲之别名耳。""钱""划(铲)"表示同一种农具。

2. 耨—镈—锄

《王祯农书》农器图谱钱镈门收有"镈""耨"篇。"镈,耨别名也。"王祯引证《尔雅》疏云:"镈、耨一器,或云锄,或云锄属。"从中我们可以看出王祯认为"镈""耨"都是锄类农具,事实也是如此。

"耨",《释名·释用器》:"耨,似锄,妪薅禾也。"《广雅·释器》:"定谓之耨。"《尔雅·释器》:"斪斸谓之定。"郭璞注:"锄属。"《玉篇·耒部》:"耨,耘也。"《广韵·侯韵》:"耨,同槈、鎒,《说文》曰:'薅器也。'"《集韵·候韵》:"槈鎒耨,《说文》:'薅器也。'"《洪武正韵·宥韵》:"耨,薅器,形如铲,柄长三尺,刃广二寸,以刺地除草。"《吕氏春秋·任地》:"耨柄尺,此其度也,其耨六寸,所以间稼也。"高诱注:"耨所耘苗也。"《左传·僖三十三年》:"臼季使过冀,见冀缺耨。"杜预注:"耨,锄也。"

"鎛",古代锄草的一种短柄锄。《说文·金部》:"鎛,田器。"段玉裁注:"鎛训迫,故田器曰鎛。"《释名·释用器》:"鎛亦锄类也。"《广雅·释器》:"鎛,锄也。"《玉篇·金部》:"鎛,田器也。"《广韵·铎韵》:"鎛,田器。"《诗经·周颂·臣工》:"命我众人,庤乃钱鎛,奄观铚艾。"毛传:"鎛,耨也。"马瑞辰通释:"是则鎛、鉬一物,皆妪耨所用,其柄短。"《国语·周语上》:"修其江畔,日服其鎛,不解于时。"韦昭注:"鎛,锄属。"

汉代以后多称为"鉏""锄",今统一写为"锄"。"鉏",锄草翻土的农具。《说文·金部》:"鉏,立薅所用也。"段玉裁注:"薅者,披去田草也。云立薅者,古薅草坐为之,其器曰耨,其柄短,若立为之,则其器曰鉏。"《玉篇·金部》:"鉏,田器。"《广韵·鱼韵》:"鉏,田器。"《国语·齐语》:"恶金以铸鉏、夷、斤、劚,试诸壤土。""锄"字早已有,《释名·释器用》:"锄,助也。去秽助苗长也。"《周礼·地官·司徒》:"教甿稼穑以兴锄。"但汉代以前多称"耨""鎛","鉏""锄"在汉代以后使用广泛。《氾胜之书·耕田》:"务粪泽,旱锄获春冻解,地气始通土,一和。"以后历代农书《四民月令》《齐民要术》《四时纂要》《陈旉农书》《农桑辑要》《王祯农书》《农桑衣食撮要》《农政全书》《授时通考》中都用"锄","耨""鎛"一般出现在引用的古籍中。因此,我们说"鎛""耨""锄"是一器多名的锄草农具。

3. 杷—铁齿镃楱—爬—耙

《王祯农书》农器图谱耒耜门收有"耙"篇。杷、铁齿镃楱、爬、耙都是指平田碎土的农具,都是畜力牵拉的带齿的农具。

《齐民要术》最早记载了"杷"和"铁齿镃楱"。"杷",《说文·木部》:"杷,收麦器。"《释名·释道》:"齐鲁之间谓四齿杷为欋。"《方言》卷五:"杷,宋魏之间谓之渠挐,或谓之渠疏。"《广雅·释器》:"渠挐谓之杷。"《玉篇·木部》:"杷,收麦器也。"《急就篇》卷三:"捃获秉把插捌杷。"颜师古注:"无齿曰捌,有齿曰杷,皆所以推引聚禾谷也。"《广韵·麻韵》:"杷,《说文》:'曰收麦器也。'"上古时期"杷"是指人力手用的收麦器。到《齐民要术》时代,"杷"的这种用法依然存在,但同时"杷"也开始指畜力牵拉的平田碎土的农具。《齐民要术·种苜蓿》:"铁杷耧土令起,然后下水。"《齐民要术》中"杷"也叫"铁齿镃楱",为什么贾思勰起名叫"铁齿镃楱",据周昕考证可能是从鲜卑族引进的农具,是少数民族用语的译音,也正是因为如此,"铁齿镃楱"这一名称没有大范围的使用开来,《齐民要术》以后,除了引用外很少使用这个名称了。"杷"到唐朝时又称作"爬",指一种带齿的农具,用以碎土平地,后作"耙"。《太平御览》卷三三九引太公《金匮》:"守战之具,皆在民间。耒耜者,是其弓弩也;锄爬者,是其矛戟也。"可见"爬"在汉代已是农具,但具体是什么农具不清楚。到唐陆龟蒙《耒耜经》:"耕而后有爬,渠疏之义也。……"这里即指带齿的畜力牵拉农具。唐宋以后表示平田碎土的畜力牵拉农具是"耙""耰",《王祯农书》中说,"耙,今作耰。通用。"从中我们可以看出"耙"是古字,"耰"是今字。但考察发现"耙""耰"的历史都不太长。"耙",指碎土平地的农具,《汉语大字典》《汉语大词典》都收有"耙"条,均首引《王祯农书》中的例句。"耙"字可能是新产生的表示农具的词,因为"耙"除了表示农具及这种农具所从事的劳动外没有别的意思。王祯说"耙"今作"耰",那"耰"应该是宋元时期的一个常用字,《集韵·支韵》:"钯,《说文》:'耙属。'《广雅》:'耕也。'亦作耰。"《农政全书》中使用"耙"。现在一般统写为"耙"。

4. 陆轴—碌碡—碌碡—砺礋

《王祯农书》农器图谱耒耜门收有"碌碡"和"砺礋"篇。

碌碡作为一种农用工具,发明于何时,至今还不是很清楚,但从《氾胜之书》中"冬雪止,以物辄蔺麦上,掩其勿令从风吹去,后雪复如此,则麦而悍,多实"的记载得知,可能西汉时期已经存在这种农具,但还没有具体的名称。"碌碡"最早的名称出现于《齐民要术》。《齐民要术·水稻》:"先放水,十日后,曳陆轴十遍。""陆轴"是古籍中关于"碌碡"的最早称呼。《说文·阜部》:"陆,高平地。"《说文·车部》:"轴,持轮也。""陆轴",缪启愉先生认为是一种由牲畜牵挽碾压水田的农具,木制,有列齿,用以平土破块、搅混泥土,并压死杂草。这是早期的"碌碡",它是用于水田的一种农具。在《齐民要术》中还出现了"碌碡"的另一称呼"碌碡"。《齐民要术·大小麦》:"青稞麦:特打时稍难,唯快日用碌碡碾。右每十亩,用种八斗。与大麦同时熟。""碌碡"指碾压用的农具,由牲畜或人力牵引,用来压平田地、碾脱谷粒等。"碌碡"应该是魏晋南北朝时期的称呼,且这种农具用于陆地。"碌碡"的名称出现于唐陆龟蒙的《耒耜经》:"自爬至砺礋皆有齿,碌碡觚棱而已;咸以木为之,坚而重者良。"同时也出现了"砺礋"一名。两者的区别是"碌碡"无齿,"砺礋"有齿且只用于水田。"碌碡"的这些名称在后代的发展中,只有"碌碡"和"碌碡"使用比较多。在《天工开物》《农政全书》《授时通考》《古今图书集成》等古籍中都使用了"碌碡"一词。

农具词虽然只是农具的代表符号,但在一定程度上反映了当时的生产力发展水平、科学技术的进步以及人们认知水平的提高等。耒耜是原始农业早期非常重要的一种农具,用途非常广泛,但随着生产力的发展,社会分工的细化,耒耜也逐渐发展成不同功能的农具,比如,用于培土的铲、锹,用于耕地的犁等。农具的使用材料也反映出生产力的发展,科技的进步。早期的农具大多是木制、石制、蚌制或骨制的。随着青铜技术的发明和应用,农具的制造材料也发生了变化,并体现在农具名称上。比如,最早的铲叫作"划",繁体为"劃",借偏旁"戈"为兵器,具有"削""灭"等含义。早期的"划"可能是木制的或是石制的,在名称上体现不出来,发明金属铜后,人们给铲取名为"钱",体现了农具由金属制造的特点。后来当"钱"转换成货币后,人们又创造出"铲"字。同样锄草农具"锄"早期叫作"耨",《说文・蓐部》:"耨,薅器也。"徐灏谓:"薅、耨、薅,古只作蓐。"杨树达《积微居小学述林》曰:"辱字从辰,从寸,寸谓手。盖上古之世尚无金铁,故手持磨锐之蜃以耘除秽草,所谓耨也。"《说文・木部》:"槈,薅器也。鎒,或从金。"古"槈"同"耨",又可以写作"鎒"。因此早期的锄是木制或是蚌制的,金属发明后,又以金属制造,出现了"鎒""镈""锄"等名称。魏晋南北朝时期麦类作物逐渐成为与水稻同等重要的粮食作物,用于碾压旱地土块以及麦粒的农具"碌碡"也应运而生。到隋唐时期,随着南方水田耕作技术的精细,水利设施得到改善,出现了许多的农具,碌碡也得到了广泛的应用。碌碡一词也应运而生,最早出现于《耒耜经》中,是人们根据碌碡石制特点而造,并成为碌碡这种农具的专名。"碌碡"的结构和功能从古到今未发生根本的变化,但其名称却很多。最早的"碌碡"叫"陆轴",出现于《齐民要术・水稻》中,是专门用于碾压水田的农具。缪启愉先生认为"陆轴"是木制,有列齿,用以平土破块。"陆轴"一名体现了人们认知水平的提高。从碌碡的最早记载《氾胜之书》中可以看出,当时这种工具是用来压雪的,是一种表面光滑的轴类器物。人们从碌碡能压雪中得到启示,从压雪到压土块,从表面光滑到有列齿,并根据碌碡的具体形象起了"陆轴"一名。

(三) 同实异名形成的内外因素

农作物名物词和农具名物词的同实异名现象不是简单的名称的繁衍,正如刘师培《物名溯源》中所述,"盖古代之时,一物仅有一名,至一物数名或语言递转或方土称谓各殊。"[①]同实异名的形成是语言发展内外因素共同作用的结果。内在因素主要表现在语言内部,外在因素主要表现为人们认知水平的提高,客观事物特征的多样性、时空的变化、雅俗的共存以及社会环境等方面。

1. 从语言内部看,同实异名的形成是多种语言因素的综合

(1) 语音因素,首先,利用语音形式特点创造新词。比如,"萝卜"不是因为语义、语法或修辞产生的,而是由于语音的讹读而产生的。

---

① 刘师培:《刘申叔遗书・物名溯源》,江苏古籍出版社1997年版,第1445页。

莱菔乃根名，上古谓之芦萉，中古转为莱菔，后世讹为萝卜。(《本草纲目·莱菔》)

又比如，我们现在非常熟悉的"菠菜"最初称作"菠薐"。

菜之菠棱，本西国中有僧将其子来，如苜蓿、蒲陶，因张骞而至也。绚曰：'岂非颇棱国将来，而语讹为菠棱耶？'(《刘宾客嘉话录》)

《艺苑雌黄》云……蔬品有颇陵者，昔人自颇陵国将其子来，因以为名，今俗乃从草而为菠薐。(《履斋示儿编·字说·集字二》)

可见"菠薐"一词是从菠棱国(palinga,今尼泊尔)音译而来的。

其次，换用读音相同或相近的音符字造出代表同一事物的词。比如"陆轴""碌碡""磟碡""礰碡"。"陆轴"是根据"在高平地上滚动"这一形象造出的词，之后出现的"碌碡"是人们根据石制特点，利用与"陆轴"同音造出来的，其中"录""陆"上古是来母屋部，同音，"毒""轴"上古定母觉部，同音。后来的"磟碡"也是换用与"录"音同或音近的声符字"翏"而形成的名称词。"翏"，上古来母幽部，录、翏双声，屋幽旁对转，音近。"芜菁"音转为"蔓菁"，郝懿行《尔雅义疏》："芜菁、蔓菁声亦相转。""芜"，上古明母鱼部，"蔓"，上古明母元部，"芜""蔓"，上古明母双声，鱼元通转。当然，这种现象的产生也与文人的用字习惯有一定的关系。

再次，还有一些农作物的名称是通过联绵造词而来的，比如上文中的"芦萉""芦菔""莱菔"是都是一声之转的联绵词。

(2) 词汇因素，通过词汇的扩展形成一组同义词。比如"麻"，前面加上修饰性成分"胡""油""脂""芝"组成"胡麻""油麻""脂麻""芝麻"。又如"荽"，前面加上修饰性成分"胡""芫""香"组成"胡荽""芫荽""香荽"，从而形成同实异名现象。词汇的双音化也使得一些音译的多音节外来词变为双音节词，产生一物多名，如菠薐菜即菠菜，安石榴即石榴。

(3) 修辞因素，通过比拟、避讳、借代等修辞手段创造新词，实现一物多名。比拟法造词是建立在事物相似关系的基础上，比如银杏叫作"鸭脚"，芝麻叫作"狗虱"，"杏"叫作"金刚拳"，"芋"叫作"蹲鸱"，"蓝菜"叫作"主园菜"，"辊碾"叫作"海青碾"，覆壳叫作"鹤翅"。又如一些以"胡"命名的农作物词语，如"胡豆""胡荽""胡麻""胡瓜"等，因避讳改为"国豆""香荽""芝麻""黄瓜"。又比如"薯蓣"因避讳被称作"薯药"，又因避讳被称作"山药"，"罗勒"因避讳"石勒"被称作"兰香"。

2. 从语言外部看,同实异名的形成也是多种因素的综合

(1) 人们对同一事物命名理据的选择

同一事物在形状、纹色、功能、性态等方面具有多样化的特征,命名理据具有多源性,而人们的认识水平又存在差异,因此人们在对同一事物命名时具有理据的选择性,从形状、颜色、功能、性态,或其中的某几个方面出发,使得同一事物有不同的名称。例如,以形状命名的:"芰",角状棱角,有两角、三角等形状,又称"菱角";"芡",芡所结的大刺球,形似鸡头,故又称"鸡头";"椒",花椒的种子色黑,形圆,有光泽,状如属目,故得"椒目"之名;"罂粟",其实状如罂子,其米如粟,乃象乎谷,故有"罂子粟""象谷"诸名;"扁豆",形状像豆脊,又名"蛾眉"。以颜色命名的:"冬瓜",肉及子白,故又谓之"白瓜";"菠薐",根红色,故又名"赤根";"红花",夏月梢头开花,筒状花冠,红黄色,有"红蓝""黄蓝"等名;"银杏",色白如银,又称"白果"。以功能命名的:"胡麻""芸薹",有榨油的功能,故又称作"油麻""脂麻"或"油菜";"罂粟",因可以供御,称为"御米";"捃刀",具有拾麦的功能,又叫作"拾麦刀";"耙",有疏通渠道的功能,又叫作"渠挐""渠疏";"龙眼",甘味,归脾,能益人智,故又名"益智"。以形态命名的:"牛蒡子",有棘刺,易附着他物,鼠过之则缀惹不可脱,故谓之"鼠黏子";"铁搭",突出其性态"钩",故俗称"抓钩"。以形状和功能命名:"百合",百合之根,以众瓣合成也;或云专治百合病,故名。又因其根如大蒜,其味如山薯,俗称"蒜脑薯",这是从形状和味道上命名。"黑三棱","荸荠"的别名,因其黑色叶背有三棱剑脊而得名,这是从形状和颜色上命名。

(2) 语言在时空、雅俗上的差异和变化

首先,语言的发展具有时代差异,语言会随着时代的变化而变化。中国农业历史悠久,自从有了农作物和农具,就不可避免的经历着发明、发展、演变、传播的自然过程。而且农作物和农具的发展如同农业的发展一样具有连续性。这些都会使得农作物和农具在不同的历史阶段存在不同的名称,形成同实异名现象。例如,农作物"大豆",春秋时期称为"菽",战国时期称为"大菽",汉代后称为"大豆"。"萝卜",上古时期称为"芦萉",中古时期称为"莱菔",近代以后则称为"萝卜"。"油菜",先秦时期称为"芸",汉代时称为"芸薹",宋代以后则称为"油菜"。农具"耙",魏晋时期叫"杷",唐代叫"爬",唐宋以后叫"耙""耢";"礳碡"一词,魏晋时期叫"陆轴""碌碡",唐代叫"礳碡""砺砗",元代叫"礳碡""碌轴"。又如"种篅",古谓"修篅窖";"耘爪",古谓"鸟耘"。

其次,语言的发展具有地域差异,语言会随着地域的变化而变化。中国地域辽阔,地理环境不同,方言丰富多彩。不同方言区对同一事物会有不同的名称。例如,农作物"芋",齐人曰"莒",蜀呼为"蹲鸱"。"菌子",中原称"蘑

菇",又称"莪",又谓之"天花",江南山中松下生者,名为"松滑"。"蔓菁",川蜀曰"诸葛菜"。南人谓之"芥蓝",北人谓之"擘蓝"。扬雄《方言》中就记载了许多农具在不同地区的名称。"杷",宋魏之间呼为"渠挐",又谓"渠疏"。"刈钩",江淮陈楚之间谓之"铚",或谓之"镴",自关而西谓之"钩",或谓之"镰"。"舂",宋魏之间谓之"铧",江淮南楚之间谓之"舂",赵魏之间谓之"枭"。另外又如"劋",燕赵迤南谓之"种金"。"镶",吴人谓"犁铁"等。

再次,语言的发展具有雅俗差异。劳动人民作为农业生产者,对农作物和农具非常熟悉,因此在劳动过程中,会根据农作物和农具的性状、功能等,赋予它们一些通俗易懂的名字。比如,农作物"茄子",俗称"落苏";"胡荽",俗称"香菜";"蔓菁""芜菁",俗称"大头菜"。农具"划",俗称"镑";"耧车",俗称"种耧""耩子";"箕",俗称"簸箕"。

(3) 语言的发展和社会环境密切相关

农作物和农具名物词的同实异名与社会环境关系密切,社会的发展、改革和变动等在它们身上或多或少留有一定的痕迹。比如,唐代佛教盛行,相传佛教徒用银杏树代替菩提树,在寺庙周围大量种植,所以僧侣们称银杏树为"圣树",称其果实为"圣果",因此,"圣果""圣树"也成为唐朝之前宗教界对银杏树的尊称。唐代僧人释处默曾有《圣果寺》诗留于今。诗云:

路在中峰上,盘围出薜萝。到江吴地尽,隔岸越山多。
古木丛青霭,遥天浸白波。下方城郭近,钟磬杂笙歌。

再比如,"银杏"也被称作"佛指甲",据《浙江通志》称,佛家用银杏木雕刻佛像,木坚硬细腻,指甲虽薄,亦雕刻如真,不损不破不裂,各地千手佛皆以银杏木雕成,故有"佛指甲"之称。

游修龄认为:"历史上不同时期引进的新作物,按引进的来源命名,会看出一些大体的规律。比如,唐以前引进的新作物,多冠以'胡'字,唐以后,新作物的命名多冠以'番'字,清代从海路传入的多用'洋'。"[①]如西汉时期,中西经济文化交流盛行,张骞出使西域带回了许多农作物的种子,以"胡×"命名,如"胡荽""胡麻""胡桃""胡菜""胡芥""胡瓜"等。又因为中国古代的避讳制度,需换用别的名称,如石勒讳胡,胡物皆改名,"胡荽"曰"香荽","胡麻"曰"芝麻","胡豆"曰"国豆"等。又如明朝时期中外文化交流,带来了语言的接触和借用,出现了一些外来词。"紫柰",梵语谓之"频婆";"木棉",梵语或马

---

① 游修龄:《农作物异名同物和同物异名的思考》,《古今农业》2011年第3期。

来语谓之"吉贝";"胡椒",摩伽陁国呼为"昧履支"。新名称产生,旧名称未废除,新旧名称并存造成了同实异名,这些也与当时的社会环境有关。

总之,农作物和农具的发展是一种自然过程,它随着农业的发展而发展,人为的干预很少,而且对农具的通名或异名的命名没有统一的标准,也没有规范化的管理,这些都使得农作物和农具同实异名现象成为一种必然。对农作物和农具同实异名现象的研究,既可以窥探当时的生产力发展、科技进步等诸多方面的情况,又可以帮助我们认识汉语词汇发展的轨迹,为汉语词汇的研究提供新的视角。

(四)农业名物词的同名异实

同名异实是指一名多物。同名异实的产生是因为人们在给客观事物命名时,一方面基于对客观事物表象的认知,另一方面基于对已有语言经验的联想,在表象联想规律的支配下,将已称代某一事物的名称移到与该事物具有相同或相似特征的另一事物身上。正如刘师培《数物同名说》中所言:"古人名物凡两形相似,即施以同一之名,或移彼物之称名此物。"[1]

古汉语中同名异实现象普遍存在,如《尔雅》《说文解字》《释名》《方言》《广雅》中记载了大量同名异实的现象。对同名异实现象,战国时期的荀子已注意到。《荀子·正名》中说,"物有同状而异所者,有异状而同所者""状同而为异所者,虽可合,谓之二实""'同状异所'者,犹言形同而本异也""'状同而为异所者,虽可合,谓之二实',言名虽可同,其实则二。"[2]荀子对同名异实现象的论述旨在"正名",并没有从语言学上来解释这一问题。

同名异实现象的存在前人认为多不是偶然的。陈晋说:"凡异类之物则异其名,其常也,然物之异类而同名者更仆难数,而多有义例可循。"[3]不少前人对同名异实现象从"声义同源"上进行了解释,如程瑶田《释草小记》:"诸物称名相同,或以形似,或以气同,相因而呼。"[4]王念孙《广雅疏证》中对同名异实现象也有涉及,指出:"凡物之异类而同名者,其命名之意皆相近"[5]"凡事理之相近者,其名即相同"[6]"同类者并得同名"[7]。并把同名异实分为"同类同名"和"异类同名",这里的"类"是指事物的外在特征,如形状、颜色等。"事理"是指事物的道理、规律、内在性质和功能等。"同类"是指事物的外在特征

---

[1] 刘师培:《刘申叔遗书·数物同名说》,江苏古籍出版社1997年版,第1234页。
[2] 孙雍长:《训诂原理》,高等教育出版社2009年版,第130页。
[3] 陈晋:《尔雅学·绪言》,朱祖延:《尔雅诂林》,湖北教育出版社1998年版,第352页。
[4] 孙雍长:《训诂原理》,高等教育出版社2009年版,第131页。
[5] 王念孙:《广雅疏证》,江苏古籍出版社2000年版,第224页。
[6] 王念孙:《广雅疏证》,江苏古籍出版社2000年版,第195页。
[7] 王念孙:《广雅疏证》,江苏古籍出版社2000年版,第342页。

相同或相似,"异类"指事物的外在特征不同。同类同名即指事物外在特征相同或相似的同名,异类同名是指事物的事理相同或相似的事物同名。王茂才也认为同名异实,大概是因为"古人命名不嫌相假,或因其色同,或取其象类。"①因此同名异实或状同形似,或颜色相近,或事理相类。

形状相同或相似而同名异实。章太炎《文始·叙例》曾指出:"物有同状而异所者,予之一名。"形状相同或相似是事物产生同名异实的一个重要原因。程瑶田的《果蠃转语记》中不同的事物之所以"屡变其物而不易其名,屡易其文而弗离其声",②就是因为都具有圆形的形状。比如"荔枝",指果树名,亦指这种植物的果实。晋嵇含《南方草木状》卷下:"荔枝树,高五六丈余,如桂树,绿叶蓬蓬,冬夏荣茂,青华朱实,实大如鸡子,核黄黑似熟莲,实白如肪,甘而多汁,似安石榴。"《王祯农书·荔枝》:"《岭南记》云:'此木以荔枝为名者,以其结实时,枝弱而蒂牢,不可摘取,以刀斧劙去其枝,故以为名。'""荔枝"亦指菊名。宋刘蒙《菊谱》:"荔枝,枝紫,出西京,九月中开。千叶紫花,叶卷为筒,大小相间……俗以为荔枝者,以其花形正圆故也。"因为形状相同,所以花木同名。

颜色相同相似而同名异实。"'物固有形,形固有名。'物形中最能直接引起人们主观感受的是其颜色。古代专名之多,就是因先民最初是注重从色彩上区分万事万物的。"③颜色作为事物的一个重要特征,也成为人们区分不同事物的一个标准,颜色相同或相近的事物,人们在心理上也容易将它们归在一起,给予相同的名称。如"白瓜",一种菜瓜,色白。《王祯农书·甜瓜》:"又越瓜色白,即'白瓜',皆菜瓜也。""白瓜"亦称"白冬瓜"。冬瓜的别名。《王祯农书·冬瓜》引《神仙本草》:"〔冬瓜〕一名'水芝',一名'白瓜'。"明李时珍《本草纲目·冬瓜》〔释名〕引马志曰:"冬瓜经霜后,皮上白如粉涂,其子亦白,故名白冬瓜,而子云白瓜子也。"又如"丹荔",荔枝。因色红,故称。《王祯农书·荔枝》:"荔枝,一名丹荔。"唐戴叔伦《春日早朝应制》:"丹荔来金阙,朱樱贡玉盘。"又指略呈赤色的薜荔。宋陆游《焚香赋》:"暴丹荔之衣,庄芳兰之苗。"皆因颜色相同。

事理相类而同名异实。事物的某种习性、功用,或事物之间的内在联系等也常常是人们用来命名的依据。人们通过分析发现两者事理相同或相近,因而给予相同的名称。即程瑶田所言"气",王念孙所言"事理",王茂才所言

---

① 王茂才:《尔雅草木虫鱼鸟兽同名考》,上海书店出版1988年版,第801页。
② 程瑶田:《果蠃转语记》,《安徽丛书》第二期第42册,民国二十二年。
③ 刘兴均:《试论古书校读与名物考证的关系》,《西南师范大学学报》1996年第2期。

"象"。如"梧桐",木名,落叶乔木,种子可食,亦可榨油。木质轻而韧,可制家具及乐器。古代以为是凤凰栖止之木。《诗经·大雅·卷阿》:"凤凰鸣矣,于彼高冈。梧桐生矣,于彼朝阳。"孔颖达疏:"梧桐可以为琴瑟。"《庄子·秋水》:"夫鹓雏发于南海,而飞于北海,非梧桐不止。"《齐民要术·种槐、柳、楸、梓、梧、柞》:"梧桐,实而皮青者曰梧桐。"因为梧桐树是凤凰等鸟类用来栖息的地方,因而也借代指鸟名。清富察敦崇《燕京岁时记·梧桐》:"京师十月以后,则有梧桐鸟等。梧桐者,长六七寸,灰身黑翅,黄嘴短尾。市儿买而调之,能于空中接弹丸,谓之打弹儿。"又如"苜蓿",古大宛语 buksuk 的音译。一年生或多年生豆科植物。原产西域各国,张骞出使西域时从大宛传入。可食用,亦可供饲料或作肥料。《史记·大宛列传》:"〔大宛〕俗嗜酒,马嗜苜蓿。汉使取其实来。于是天子始种苜蓿、蒲陶肥饶地。及天马多,外国使来众,则离宫别观旁尽种蒲萄、苜蓿极望。"《四民月令·七月》:"是月也,可种芜菁及芥、苜蓿。"因为马嗜苜蓿,故亦用作马的代称。明夏完淳《大哀赋》:"嘶风则苜蓿千群,卧野则骕骖万帐。"又如"连筒",本指一种汲水的灌溉农具,凿通大竹之节,使头尾相接而汲引泉水。《王祯农书·连筒》:"连筒,以竹通水也,凡所居相离水泉颇远,不便汲用,乃取大竹,内通其节,令本末相续,连延不断,搁之平地,或架越涧谷,引水而至。"又指钓鱼的一种钓筒。系于钓绳上的浮筒。宋戴复古《江滨晓步》:"求鱼看下连筒钓,乞火听敲邻舍门。"两者功能相似,都有汲引的功能。又如"地黄",植物名。根黄色,中医上称为生地,可入药。《齐民要术·杂说》:"大率三升地黄,染得一匹御黄。"因地黄以酒浸泡,成地黄酒,故又指地黄酒。宋陆游《岁暮独酌感怀》:"更叹衰孱不禁酒,地黄一盏即颓然。"

当然有时两种事物同名,也可能是形状、颜色、事理中的两者或三者相同或相似。如"蒺藜",一年生草本植物,亦指其果实。特点是茎平铺在地,羽状复叶,小叶长椭圆形,开黄色小花,果皮有尖刺。《齐民要术·种李》:"春种蒺藜,夏不得采其实,秋得刺焉。"《农政全书·论草》:"蒺藜先生,岁欲旱。""蒺藜"本指一种植物或其果实,但因与其形状相似,又指称一种障碍物,即古代用木或金属制成的带刺的障碍物,布在地面,以阻碍敌军前进。因与蒺藜果实形状相似,故名。《六韬·军用》:"木蒺藜去地二尺五寸,百二十具,败步骑,要穷寇,遮走北……狭路微径,张铁蒺藜,芒高四寸,广八尺,长六尺以上,千二百具,败走骑。突暝来前促战,白刃接,张地罗铺两镞蒺藜,参连织女,芒间相去二尺,万二千具。""蒺藜"指一种植物名和一种障碍物,因为他们形状、功能相同或相似,都是平铺于地面,都有尖刺,尖刺都有刺人的功能。

刘师培在研究同名异实时指出了"古人观察事物,以义象区,不以质体别"①"凡物形、物声、物文相同者,其命名不妨同辞。其物虽异,其命名不妨同辞"②等观点。这种现象与早期的分类认识有关,人们总是根据事物的外在特征而非本质特征来命名。正如伍铁平先生所说:"……命名的根据却是任意的,往往可以任取一个特征,而且可能是非本质特征。"③随着人们认识水平的提高,真正分类体系的建立,人们对不同事物的命名会更加科学。

第四节　农业词语和全民共同语

农业词汇作为汉语词汇系统的重要组成部分,其行业词语是随着社会和行业发展的需求而产生,并随着社会和行业的发展而变化。但任何行业用语的产生,都离不开全民共同语,农业词语也不例外,农业词语在全民共同语的基础上产生,它总是在不断吸收着自己需要的语言成分,同时反过来又对全民共同语产生影响,不断地将自己的语言成分渗透到全民共同语中,对全民共同语起到丰富和发展作用。农业词语与全民共同语的关系有四种变化模式:农—农—共、农—农—农、共—农—共、共—农—农,即以农业词身份进入农书农业词汇成分中,发展到现代,或仍然是农业词,或发展为全民共同语;以全民共同语身份进入农书农业词汇成分中,发展到现代,或仍然是农业词,或已又发展演变为全民共同语。

一、农业词语吸收全民共同语成分

张旺喜先生等在《现代汉语行业语初探》中指出:"行业语的非独立性,决定了行业语只是作为全民共同语词汇的一部分而存在的地位,行业语与全民共同语之间的联系性首先表现在行业语借用全民共同语成分上,具体表现为全盘借用和改造借用两种类型。"④

（一）全盘借用

全盘借用就是"使用一些在全民共同语中早已存在的词语来表达行业中

---

① 刘师培:《刘申叔遗书·字义起于字音说》,江苏古籍出版社1997年版,第1239页。
② 刘师培:《刘申叔遗书·物名溯源续补》,江苏古籍出版社1997年版,第1446页。
③ 伍铁平:《论词义、词的客观所指和构词理据》,《现代外语》1994年第1期。
④ 张旺喜、刘中富、杨振兰、程娟:《现代汉语行业语初探》,《山东师大学报(社会科学版)》1987年第2期。

的概念,成为行业语"。① 任何学科的诞生都有一个自然过程,当农学还未发展成一门独立的学科时,农业活动实际上就是人们生活的一部分,特别是在中国这样一个传统的农业国家,那些常见农业词语,实际上都是全民共同语的一部分。但当农学发展成一门独立的学科,这些词语进入农学行业后,自然成了农业词语而表示农业概念,具有了行业语的性质,但在词义或语义上基本未变。在农书农业词汇中,这类词语很多,主要表现为农业词汇中的社会化层面的词语,如基本的粮食谷物类词语、蔬菜瓜果类词语、竹林草木类词语、蚕桑丝织类词语、畜牧类词语等。

(二) 改造借用

改造借用是指"把全民共同语中使用的一些词语的意义加以改造而运用到农业行业中,成为与共同语词语有一定联系而又有很大差异的行业语"。② 具体分为引申借用、比喻借用和转移借用。

1. 引申借用

引申借用是指直接借用全民共同语,引申其义,以表示特定的农业意义。比如"插""接""嫁""移"等词。

"插"刺入,插入。《说文·手部》:"插,刺内也。"段玉裁注:"内者,入也。刺内者,刺入也。"《广韵·洽韵》:"插,刺入也。"《类篇·手部》:"插,播也。"将植物的枝条"插入"土中或其他植物中,使其生根生长,也即"扦插",由"插入"引申为"扦插"义,专门表示嫁接义,最早出现于《齐民要术》。《齐民要术·插梨》:"凡插梨,园中者,用旁枝;庭前者,中心。""插"具有了农业词语的性质。

"接",原作"桬",交接;会合。《说文·手部》:"接,交也。"徐灏注笺:"接者,相引以手之义,引申为凡交接之称。"《广雅·释诂二》:"接,合也。"《国语·吴语》:"两君偃兵接好,日中为期。"韦昭注:"接,合也。"由"交接""会合"义引申为"连接"义,又特指"嫁接"义。《古今图书集成·博物汇编·草木典》卷十五引《郭橐驼种树书·果》:"桃树接李枝则红而甘。""接"由全民用语"连接、会合"义引申指"把枝或芽接到另一种植物体上,以使繁殖"义,这个词义出现于唐宋时期。《四时纂要》《陈旉农书》《分门琐碎录》《种艺必用》等农书中均用了"接"一词,具有了农业词语的性质。

"嫁",女子结婚,出嫁。《说文·女部》:"嫁,女适人也。"《国语·越语

---

① 张旺喜、刘中富、杨振兰、程娟:《现代汉语行业语初探》,《山东师大学报(社会科学版)》1987年第2期。
② 张旺喜、刘中富、杨振兰、程娟:《现代汉语行业语初探》,《山东师大学报(社会科学版)》1987年第2期。

上》:"女子十七未嫁,其父母有罪。"女子"嫁",指从自己家到丈夫家,把出生在不同家庭中的两个人结合在一起,使之形成一个新的家庭。引申之,把不同品种的两种植物接在一起,让它变种,达到提早结果、增加抗性、提高品种质量等目的,即为"嫁接",因此"嫁"也具有了农业词语的性质。

"移",《说文·禾部》:"移,禾相倚移也。"《说文·辵部》:"迻,迁徙也。"段玉裁注:"今人假禾相倚移之移为迁移字。"《广雅·释诂四》:"移,转也。"《广韵·支韵》:"移,徙也。"《书·多士》:"移尔遐逖。""移"指"迁移",由"迁移"引申为"移栽"。最早见于魏晋时期。《齐民要术·种枣》:"常选好味者,留栽之。候枣叶始生而移之。"《六书故·植物二》:"移,移秧也。凡种稻,必先苗之而移之。""移"具有农学意义而成为农学词语。

"故墟"本指遗址;废墟。《后汉书·冯衍传下》:"忠臣过故墟而歔欷,孝子入旧室而哀叹。"引申指荒芜的田地、休闲地。《齐民要术·种麻》:"故墟亦良,有点叶夭折之患,不任作布也。"石声汉注:"本书所谓'故墟',是指种植过而现在休闲的地。"《齐民要术·蔓菁》:"种不求多,唯须良地,故墟新粪坏墙垣乃佳。"

"薄",本指厚度小。《诗经·小雅·小旻》:"战战兢兢,如临深渊,如履薄冰。"引申指土地贫瘠,不肥沃。《氾胜之书·耕田》:"得时之和,适地之宜,田虽薄恶,收可亩十石。"《王祯农书·播种》:"地不厌良,薄即粪之。"

"肥美",本指肥腴鲜美。《尚书大传》卷五:"已有三牲必田狩者,孝子之意以为己之所养不如天地自然之性,逸豫肥美。"《齐民要术·种枣》:"青州有乐氏枣,丰肌细核,多膏,肥美为天下第一。"《陈旉农书·六种之宜》:"种萝卜、菘菜即科大而肥美也。"《农桑衣食撮要·酱腌瓜茄》:"新摘瓜茄,盐腌二、三日。于酱内腌之则肥美。"《王祯农书·苴、蓼》:"其子碾之,杂米作糜,甚肥美。"用来指土地、土地肥沃。《陈旉农书·薅耘之宜》:"即草腐烂而泥土肥美,嘉谷蕃茂矣。"杨朔《走进太阳里去》:"这条大河流域的两岸土地肥美。"

又如"瘦瘠",本指不肥胖;瘦弱,引申指土地不肥沃。"丰盈",本指脸颊或肌肤丰满,引申指年谷丰熟、丰收。"髡",本指剃去毛发,引申指修剪树木。

2. 比喻借用

比喻借用是指借用全民共同语的词语,以比喻的方法赋予其特定的农业意义,从而成为农业词语的一种类型,这种方式形成的农业词语不多。

比如"出息"一词,是指"收益"。《北齐书·苏琼传》:"道人道研为济州沙门统,资产巨富,在郡多有出息,常得郡县为征。"宋苏轼《乞不给散青苗钱斛状》:"或乞圣慈念其累岁出息已多,自第四等以下人户,并与放免,庶使农民自此息肩,亦免后世有所讥议。""收益"可以指金钱收益,也可以指农业收益,收益越多越出色。因此农业借用它,以比喻的方法,表示特定的农学意义"犹出色,特别佳美"。《王祯农书·大小麦》:"大麦可作粥饭,甚为出息;小麦磨面,可作饼饵,饱而有力;若用厨工造之,尤为珍味。"

3. 转移借用

转移借用是指意义上的转移,即全民共同语中使用的一些词语的意义发生转移,运用到农业中,成为与全民共同语没有明显的联系,差异很大的行业语。

如"塌""转","塌"指倾颓、坍塌。《广雅·释诂二》:"塌,堕也。"唐杜甫《苏端薛复筵简薛华醉歌》:"忽忆雨时秋井塌,古人白骨生青苔。"张綖注:"塌,倾颓也。""转"指车运、转运。《说文·车部》:"转,运也。"《逸周书·大匡》:"粮穷不转,孤寡不废。"后又由"车运,转运"引申出"翻转""辗转""移动"等义。农学上借用"塌""转"来表示耕作的方法,初耕叫作"塌",再耕叫作"转",或"转地"。《齐民要术·耕田》:"初耕欲深,转地欲浅。"石声汉注:"'转地'是'重耕'(再耕)。"《王祯农书·垦耕》:"耕作之法,未耕曰生,已耕曰熟,初耕曰塌,再耕曰转。""塌""转"表示农业词语的意义和原来的意义差异很大,没有明显的联系。

"转盘",盘旋。《太平广记》卷九六引唐袁郊《甘泽谣·懒残》:"〔懒残〕遂履石而动,忽转盘而下,声若雷震。"后引申指某些器物上能够旋转的圆盘。农学上借用"转盘"来表示移栽。《农桑辑要·布行桑》:"《士农必用》曰:园内养成荆鲁桑小树,如转盘时,于腊月内,可去不便枝梢。"最早出现于《农桑辑要·布行桑》:"转盘换根,则长旺又久远也。农家移栽为'转盘'。"《农政全书·栽桑法》:"《务本新书》云:畦种之后,即移为行桑,无转盘之法。"

"扸",《说文·草部》:"扸,断也。斯,篆文扸,从手。"段玉裁注:"从手从斤,隶字也。"《九经字样》云:"《说文》作斯,隶省作扸。"《类篇》《集韵》皆云隶从手。《齐民要术》中的"扸",指制取精粮。《齐民要术·醴酪》:"预前一月,事麦扸令精,细簸拣。"缪启愉校释:"扸,扸损,指尽量舂治扸去外皮。"《齐民要术·飧饭》:"扸粟米法:取香美好谷脱粟米一石,勿令有碎杂。"缪启愉校释:"扸:凡粗粝使精白,或粉碎,贾氏《食经》《食次》都称为'扸',意为耗扸。""扸米",指用"扸"法加工而成的精米。《齐民要术·煮》:"扸米白煮,取汁为白饮。"缪启愉校释:"扸米,一种特别精白的米。""扸""扸米"的意义和原来的意义差异很大。

又如"植",本指关闭门户用的直木,转指种植。"栽"本指筑版时置两端的木板,转指种植。

二、农业词语对全民共同语的渗透

（一）直接渗透

一部分农业词语直接渗透到全民共同语中，成为全民用语，原来的词义和用法都未发生变化。在农业词语中，与人们日常生活密切的词语最容易进入共同语，如基本的粮食名称：水稻、荞麦、黑豆、绿豆等；蔬菜名称：白菜、葫芦、冬瓜、茄子、黄瓜等；瓜果名称：荔枝、樱桃、橄榄、桃、杏、枣等；竹木名称：杨柳、梧桐等。这些词语既是农业词语，也是全民共同语，关键是我们认识的角度，这从另一个方面也说明了农业词语和全民共同语的相互渗透和转化。

（二）引申渗透

一部分农业词语用引申的方法赋予其新的意义，使其进入全民共同语。

"压枝"，亦称"压条"。一种植物繁殖技术，即把植物的枝条的一部分刮去表皮埋入土中，头端露出地面，等它生根以后把它和母株分开，使另成一个植株。《齐民要术·种木瓜》："木瓜，种子及栽皆得，压枝亦生。"《农桑辑要·栽桑》："《博闻录》：白桑少子，压枝种之。"后引申指果实多，把树枝压低。宋范成大《夔州竹枝歌》之三："新城果园连瀼西，枇杷压枝杏子肥。"

"漫散"，播种的一种方法，将种子均匀遍撒。在《齐民要术》中出现了10次，分别用来指撒播种植荍豆、葵、蔓菁、蒜、榆树、谷楮、箕柳、梓树、柞树、红蓝花。《齐民要术·大豆》："种荍者，用麦底。一亩用子三升。先漫散讫，犁细浅耩而劳之。"《齐民要术·蔓菁》："一亩用子三升。漫散而劳。种不用湿。"《齐民要术·种谷楮》："耕地令熟，二月耧耩之，和麻子漫散之，即劳。"《农桑辑要·松》："治畦，下水，上粪，漫散子于畦内，如种菜法。"《农政全书·杂种下》："玄扈先生曰：'种芥蓝，宜耕熟地，……耕熟后，或漫散子，取次耘之。'"后引申指散落，散开。《水浒传》第一百一十三回："宋兵杀入城来，南军漫散，各自逃生。"明蒋一葵《长安客话·西山》："六七转至大石桥，流泉满道，或注荒地，或伏草径，或漫散尘沙间，是西山诸水会处。"进而引申指随随便便，不受约束，犹散漫。清戴震《原善下》："见夺而沮丧，漫散无检押，心任其责也。"许地山《春桃》："其实，他这两天在道上漫散地走，不晓得要往那里去。"

"灌注"，本指浇灌。《农桑辑要·先贤务农》："其所起庐舍，皆有重堂高阁，陂渠灌注。"《农政全书·浙江水利》："其它诸湖所灌注，皆不下数百顷。"由用水浇灌，引申指思想、知识等的输入。郭沫若《十批判书·孔墨的批判》："他是把仁道的新精神灌注在旧形式里面去了。"又进一步引申指思想、精神等集中。张天翼《包氏父子》："打了个呵欠，那位先生又全神灌注在那张纸上。"

"培壅",本指于植物根部堆土以保护其根系,促其生长。《农桑衣食撮要·斫桑》:"斫桑不可留嘴角,比及夏至,开掘根下,可用粪或蚕沙培壅。"《农桑衣食撮要·壅椒》:"宜用焦土、干粪培壅与草盖,免致冻死,遇旱用水浇灌。"《王祯农书·萝卜》:"尺地约可二三窠,厚加培壅,其利自倍。"《农政全书·种法》:"度其浅深得所,不可培壅太高,但不露大根为限。""玄扈先生曰:苏人种柑橘,用肥培壅。"引申为养护;巩固。前蜀贯休《古意》诗之九:"茫茫尘土飞,培壅名利根。"《宋史·仁宗纪四》:"君臣上下恻怛之心,忠厚之政,有以培壅宋三百余年之基。"

"地产",土地所产的物品,农产品。《周礼·春官·大宗伯》:"以地产作阳德。"郑玄注:"地产者,植物,谓九谷之属。"《吕氏春秋·上农》:"是故当时之务,农不见于国,以教民尊地产也。"高诱注:"地产,嘉谷也。"《农政全书·诸家杂论上》:"是故天子躬率诸侯耕籍田,大夫士第有功级,劝人尊地产也。"后引申指国家、团体或个人保持所有权的土地。曹禺《日出》第二幕:"地产、股票、公债哪一样不数他第一?"欧阳山《柳暗花明》九九:"我可什么也不怕。我又没有地产,我又没有生意。"《现代汉语词典》"地产"条:属于个人、团体或国家所有的土地。

"沙田",指水边或水洲沙淤之田。《王祯农书·沙田》:"沙田,南方江淮间沙淤之田也。或滨大江,或峙中洲……沙田者,乃江滨出没之地,水激于东,则沙涨于西。"《农政全书·沙田》:"至于沙田,听民耕垦自便,今为乐土。"旧时广东盐田亦称沙田。清屈大均《广东新语·食语·盐》:"凡盐田五亩,以其半分为四区,布之以细沙,周之以沟水,是曰沙田。""盐田以高者为上,高则潮消先干,其沙易白也。计五亩之中,有沟,有漏,有槽,有池,其空处则曰沙田也。"

"闲地",空闲的土地。《农桑辑要·牛蒡子》:"凡是闲地,即须种之,不但畦种也。"引申指闲散的官位。南朝宋刘义庆《世说新语·捷悟》:"还更作牋,自陈老病,不堪入闲,欲乞闲地自养。"《北齐书·陈元康传》:"又欲用为中书令,以闲地处之,事未施行。"《现代汉语词典》"地产"条:属于个人、团体或国家所有的土地。

又如"阴地",阳光照不到的地方、阴湿的地方,引申指坟地。"阳地",向阳的土地。引申指人世。"编织",本指把细长的东西交叉组织起来,引申指酝酿思想、组织材料、构思意境等思维活动。

(三)比喻渗透

一部分农业词语用比喻的方法赋予其新的意义,使其进入全民共同语。

"锄耘",锄地除草。《四时纂要·题跋》:"耕种及时,锄耘有节,其有补于三农之事,岂不大哉。"《王祯农书·锄治》:"盖稂莠不除,则禾稼不茂,种苗者,不可无锄耘之功也。"《农政农书·诸家杂论下》:"所滋之事有二:以人力者,灌溉锄耘涂荡也;以物力者,泥粪灰粃稿卉也。"《农政全书·营治上》:"魏文侯曰:民,春以力耕,夏以锄耘,秋以收敛。"比喻修饰、斟酌(文字)。唐韩愈《醉赠张秘书》:"至宝不雕琢,神功谢锄耘。"

"浸灌",灌溉。《农政全书·东南水利上》:"自庆历二年,欲便粮道,遂筑此堤,横截江流五十里,遂致太湖之水,常溢而不泄,浸灌三州之田。"后比喻指熏陶。宋朱熹《朱子语类》第十一:"本心陷溺之久,义理浸灌未透,且宜读书穷理。"明归有光《庄氏二子字说》:"德实自立门户,而德诚赘王氏,皆以敦厚为人所信爱,此殆流风末俗所浸灌而未之者。"清黄宗羲《高旦中墓志铭》:"读书当从六经,而后《史》《汉》,而后韩欧诸大家。浸灌之久,由是发为诗文,始为正路。"鲁迅《坟·文化偏至论》:"盖往之文明流弊,浸灌性灵,众庶率纤弱颓靡,日益以甚。"

"果实",本指果树所结之实。《四民月令·正月》:"唯有果实者,及望而止。"《齐民要术·货殖》:"师古曰:'果采,谓于山野采取果实也。'"《四时纂要·五月》:"行秋令,则草木零落,果实早成,人殃于疫。"《农桑辑要·先贤务农》:"秋冬课收敛,益蓄果实、菱、芡。"《王祯农书·百谷谱》:"其果实,熟则可食,干则可脯,丰歉皆可充饥。"《农政全书·种法》:"《种树书》曰:凡果实未全熟时摘;若熟了,即抽过筋脉,来岁必不盛。"比喻功绩、成果、结果。宋王禹偁《滁上官舍》诗之一:"忽从天上谪人间,知向山州住几年。俸外不教收果实,公余多爱入林泉。"杨朔《蚁山》:"你撒的是什么不幸的种籽,就要收什么不幸的果实。"

"圃田",种植果木瓜菜的园地。《王祯农书·圃田》:"圃田,种蔬果之田也。"喻指事物聚集的地方。清王晫《今世说·文学》:"钱牧斋目沉留侯《艺林汇考》,为经籍之禁籥,文章之圃田。"

"瓜蔓",瓜的藤蔓。《齐民要术·种瓜》:"摘瓜法:在步道上引手而取,勿听浪人踏瓜蔓,及翻覆之。"《农政全书·瓜》:"其瓜蔓本底,皆令上下四厢高。"喻株连。鲁迅《坟·摩罗诗力说》:"况自创恶物,又从而惩之,且更瓜蔓以惩人,其慈又安在?"

又如"芬芳",香、香气,比喻美好的德行或名声。"滋蔓",草木蔓延生长,比喻当权的人势力滋长扩大。"发芽",植物长出芽,比喻某种事物刚发生。

(四)本源回归

郭作飞在将戏曲词和全民共同语关系时提出本源回归。本源回归现象同样适用于农业词语,是指一部分词语在具有农学意义前是作为全民共同语而存在的,后经过引申等,具有了农学意义,成为农学词语。这些农学词语在发展过程中渐渐失去了农学意义又作为共同语使用,而现在使用的意义是古代意义的沿用。即经过了共同语—农业词语—共同语的发展历程。

1. 别

"别",本义分解。《说文·冎部》:"别,分解也。从冎从刀。""冎,剔人肉置其骨也。"《广雅·释诂一》:"别,分也。"《书·禹贡》:"禹别九州。"孔传:"分其圻界。"《史记·周本纪》:"始,周与秦国合而别,别五载复合,合十七岁而霸王生焉。""分解"特指把植物的幼苗分开,即"分种"。《齐民要术·种葱》:"崔寔曰:'三月别小葱,六月别大葱,七月可种大小葱。'"《齐民要术·种蓝》:"崔寔曰:'榆荚落时,可种蓝。五月,可别蓝。六月,可种冬蓝'。"《齐民要术》以后的农书中也有这种用法,《农桑辑要》引《务本新书》:"作区,下粪水调成泥,擘根分栽。"但表示"分种"义使用不广,发展到现代汉语中,此义已消失。

《现代汉语词典》"别"条:分离:久别重逢/别了,我的母校。现代"别"这一意义与古义"分析、分解"相同,古已有之。

2. 徙

"徙",本指迁移。《广雅·释言》:"徙,移也。"《玉篇·彳部》:"徙,迁也。"《周礼·地官·比长》:"徙于国中及郡。"郑玄注:"或国中之民出徙郊,或郊民入徙国中。""徙"由居住地的"迁移"引申指植物,指树木离开原来的地方,迁移到另一个地方生长,即"移植","徙"成为具有农学意义的农业词语。"徙"的这种用法最早出现于西汉,《淮南子·原道训》:"今夫徙树者,失其阴阳之性,莫不枯槁。"后代这种用法不多。

(1)《家政法》曰:"二月徙梅李。"(《齐民要术·种李》)

(2) 移花夹暖室,徙竹覆寒池。(白居易《春葺新居》)

(3)《郭橐驼传》:"所种树,或移徙,无不活,且硕茂早实以藩。"(《农桑辑要·诸果》)

发展到现代汉语中,表示"移植"义几乎不用"徙","徙"也失去了农学词语的性质。《现代汉语词典》"徙"条:迁移:迁徙/徙居;(书)调动官职。现代汉语中的这两个意义与古义相同,古已有之。

3. 功业

"功业"本义指功勋事业。最早出现在《易·系辞下》:"爻象动乎内,吉凶见乎外,功业见乎变,圣人之情见乎辞。"后出现"士农工商所从事的事业或工作"一义,最早出现在古农书《吕氏春秋·上农》:"是故天子亲率诸侯,耕帝籍田,士大夫皆有功业。"后代用法不多,具有农业词语的性质。

(1) 民勤于财则贡赋省,民勤于力则功业牢。(汉桓宽《盐铁论·授时》)

(2) 盖妻正纺,恐妨功业,不暇置辨也。(清宋永岳《志异续编·鹊巢》)

发展到现代汉语中,表示"士农工商所从事的事业或工作"义已消失,只保留了"功勋事业"义。《现代汉语词典》"功业"条:功勋事业即建立功业。

第三章　农业词汇的语义分析

第一节　农业词语的语素义和词义

农业词语产生时间不一,从上古时期到近代,农业词语发生了很大的变化。上古时期的农业词语大多是单音节的,双音节词不多。随着汉语双音节化趋势的发展,农业词语中的双音节词越来越多,同时表示同一意义的很多单音节词也未消失,这就出现了单双音节农业词语共存的局面。单音节农业词语既可作词也可作双音节词的语素,我们称之为农业语素,由农业语素构成的词语,有的仍指农业词语。下面我们就来探析农业词语的语义构成和语义关系。

一、农业词语语素义之间的关系

农业词语的语素义是指构成农业词语的语素的意义。农业词语虽然经历了从单音节到双音节的发展,但每一个阶段都会同时存在单双音节词语,只是数量多少不同。有些双音节农业词语是由两个农业语素组成的,有的是由农业语素和非农业语素组成的,也有的是由两个非农业语素组成的。这些构成农业词语的语素之间的关系不是单一的,有同义、近义、类义、种属、修饰、附加等关系的存在。

(一) 语素间是同义、近义或反义关系

同义、近义关系即两个语素的意义相同或相近。如"播种"中的"播"与"种"两个语素的意义相同,指"播种""撒种"。《说文·手部》:"播,种也。"《说文·禾部》:"种,先种后熟也。""栽植"中"栽"和"植"两个语素的意义都指"种植"义。"嫁接"中的"嫁"和"接"两个词语都指"把枝或芽接到另一种植物体上,以使繁殖"。农书中具有同义或近义关系的构词语素很多,比如,树艺、种树、栽莳、栽种、种栽、移莳、栽插、移种、种艺、种植、栽培、移植、种莳、栽植、播莳、播殖、徙植、插秧、培植、培养、插莳、移徙等词语中的语素都表示"种植"义；溉灌、灌溉、浇溉、浇灌、浇沃、沃灌、灌注、浸灌等词语中的语素都表示"灌溉"义；纺绩、织绩、织纴、纺织、绩缉、缉绩、缲缉、绩织、绩纺等词语中的语素都表示"纺织"义；耕犁、耕垦、转耕等词语中的语素都表示"耕地"义。另外，像盖磨、培壅、壅培、瘠薄、硗确、沃美、薄恶、肥饶、旱干、收获、收敛、收刈、锄耘、刞刈、割刈、劁刈、获刈、刈获、芟刈、刈取、摘取、芟艾、芟取、采摘、采沐、采撷、收取、收割、粮莠、编织、蓄积、育养、饲养、喂饲中的语素义也都相同或相近。这些词语中语素间的关系都是同义或近义。

反义关系即两个语素的意义相反。如"肥瘠"中的"肥"和"瘠"两个语素的意义相反，指"肥沃"和"贫瘠"，又如"肥硗""良薄""厚薄""稀稠""生熟""粗细""阴阳"等。

（二）语素间是类义关系

即两个语素表示的事物或动作处在共同的语义场，并处于同一层级的语义场中。如"根株"，指植物的根和主干部分，两个语素表示植株部位名称；"枝叶"，指植物的枝条和树叶，两个语素也都表示植株部位名称，而且这两个名称没有主次之分，地位平等。农业词语中表示植株部位名称的词语还有"本末""枝干""枝梢""条叶"等。它们中的语素都分别表示植株不同部位的名称。又如像农具词语"耒耜""耧犁""杵臼""砻磨"等，从大的方面讲，它们都属于农具语义场；从小的方面讲，其中的语素则分别属于"整地农具"和"谷物加工农具"语义场中。又如"耕耨"表示"耕田和除草"，"蚕缫"表示"养蚕和缫丝"，"耕桑"表示"种田和养蚕"，这些词语中的语素所表示的动作处于同一层级的不同语义场中，同时它们又都处于"农业劳动"这一共同的语义场中。

（三）语素间是种属关系

即两个语素所表示的事物处于种属关系中。如"韭菜"，"韭"，即韭菜，一种菜名。《说文·韭部》："一种而久者，故谓之韭。""菜"，指蔬菜。《说文·草部》："草之可食者。""韭"是"菜"的一种，语素间属于种属关系。又如"芹菜"，"芹"即指"楚葵，今天的水芹"，常见的一种蔬菜，语素间属于种属关系。又如"橘树"中"橘"指橘树，"树"指木总名，"橘"是"树"的一种，两者是种属关系。因此表示"X＋菜""Y＋树"格式的农业词语语素间一般都是种属关系。

（四）语素间是修饰限定关系

即一个语素修饰另一个语素。如"镫锄"，其中的"镫"，指"马镫"，形容"锄"的形状，"镫"和"锄"两个语素间是修饰关系。"蚕筐"中的"筐"指圆形的盛物竹器，"蚕"和"筐"两个语素间是限定关系。表示修饰限定关系的农业词语很多，又如粳稻、宿麦、春麦、大豆、小豆、赤豆、胡豆、高田、良田、薄田、上地、中地、下地、轻土、弱土、旱稻、水稻、小麦、青稞麦、绿豆、豇豆、黑豆、白豆、鲁桑、春蚕、阳地、阴地、白地、熟粪、熟泥、黄豆、豌豆、蚕椽、蚕槃、蚕架、蚕网、蚕杓、蚕连、桑几、桑梯、桑钩、桑笼、桑网、桑砧、桑夹、桑皮、桑叶等。

（五）语素间是支配关系

即一个语素表示动作义，另一个语素表示动作支配的对象。如撒种、纳种、布种、粪壤、上粪、下粪、出粪、卧种、杀茧、淹茧、浥茧、蒸茧、理丝、络丝、浴种、缫丝、簇蚕、落蓐、结实、结子、结果、下水、覆种、除草、撮苗、间苗、压条、压枝、蹼地、仰垄、转地等。

（六）语素间是附加关系

即一个语素表示意义，另一个语素不表示意义。即由农业语素和词缀构成的农业词语，一般为加后缀"子""头"等构成。如茄子、杏子、芥子、种子、根子、麻子、苏子、構子、柿子、苇子、麦子、杷子、辊子、栗子、筛子、锄头、斧头、枕头、拳头、石头等。

二、农业词语语素义和词义的关系

词是由语素组成的，词义也应该是由语素义组合而成的。但词义不是语素义的简单相加。单纯词是由一个语素组成的，如农业词语"播""接"等是单纯词，同时它们也是语素。作为词，"播"的词义指"播种"，"接"的词义指"嫁接"，相应的"播种""嫁接"的词义也即是"播""接"的语素义，在这种情况下，词义和语素义的关系是一致的，词义就等于语素义。但语素义却不一定就是词义，除非是单义语素，如"苜蓿""葡萄""磅礴"等。大多数语素是多义的，如语素"播"除了"播种"义，还有"散播""背弃""迁徙"等义，语素"接"除了"嫁接"义外，还有"迎接""接见""连接""承接"等义，作为词义的语素义只是众多语素义之一，单纯词的词义往往少于构成它的语素的语素义，因此一个单纯词的词义义项总有相对应的完全一致的语素义承担，但一个语素义的义项却并不必然都构成词义。单纯词词义和语素义关系即是一致的，同时在义项上又是一种不平衡的关系。合成词的词义，更不是语素义的简单相加。"复合词的词义不同于组成它的任何一个语素的意义，也不是两个语素意义的简单相加，而是表示一个新的完整的意义。"①因此合成词的语素义是形成词义的基础，但绝大多数的语素义并不能反映词义的全貌。加上词义的不断变化，语素义和词义的联系也越来越少，差距越来越大，但复合词的语素义和词义之间，不论差距多大，总是存在一定的关系，这种关系概括起来，主要有以下

---

① 苏宝荣：《汉语语素组合关系与辞书释义》，《辞书研究》1997年第7期。

几种。

（一）两个语素义直接组合而成词义

大部分的农业词语词义属于这种关系，即语素义通过一定的配合关系糅合在一起，以规定该词的意义。这些复合词内部的语素组合关系就是复合词内部的语素组合义。这种配合关系主要有三种：并列组合关系，即由性质相同、意义相近或相对的语素相合互补而成，如"枝干""枝梢"等，语素义按照组合关系来理解就是"树枝和树干""树枝和树梢"。修饰和被修饰关系，即以一个语素为中心，修饰另一个语素的意义，如"白豆""黑豆"等，语素组合义即是"白色的豆子""黑色的豆子"。支配和被支配关系，即前一语素总是动素，后一语素是其支配的对象，如"暵地""布种"等，语素组合义即是"翻晒土壤""撒播种子"。大部分农业词语的语素义和词义属于组合关系，这类词语的词义一般都能通过语素义得到，是语素义的简单相加，是语素义的线性组合。

（二）两个语素义综合而成词义

这类词语的词义不是语素义的简单相加，而是语素义引申推导而来，由语素义综合概括而成。主要是由两种方式综合而成，一种是语素义和词义的比喻关系，如把类似手指聚拢形的一种水果叫作"佛手"，把桂圆树的果实叫作"龙眼"。这类词都是从形象比喻入手选择语素，进行构词。所以"佛手"根本不是"手"，"龙眼"也不是"眼"。另一种是语素义和词义的引申关系，如"压枝"一词，语素义指"压下枝条"，而实际的词义指一种植物繁殖技术，即把植物枝条的一部分刮去表皮埋入土中，头端露出地面，等它生根以后把它和母株分开，使另成一个植株，词义是语素义的引申用法。

（三）两个语素义融合而成词义

这类词语的词义不是语素义的简单相加，也不是从语素义中引申推导而来，其背后往往隐含着历史典故、故事或文化等，是从中融合而成。比如"公孙树"词义是"银杏"，名字来源于周文华《汝南圃史》中的"公种而孙得食"，年轻时种树，等当爷爷时才能吃到果实。银杏的别名"圣树""圣果"，是唐代及以前宗教界对银杏的称呼，"行道树"，其名称来源于银杏树种于马路两边用来美化环境这一功能。

（四）一个语素义表示词义

这类词语一般是指由词根和词缀构成的词语，词义来源于其中词根的意义，词缀只是一个形式的标记，没有意义。例如，茄子、杏子、麻子、芥子、根子、栗子等。

（五）两个语素义和词义没有关系

这类词语的语素义和词义之间没有明显的关系，已经演化为一种专门意义。比如"转盘"指移栽。

通过对农业词语语素义和词义关系的分析,我们可以看出,作为农业词语,其词义大多是由语素义直接或间接引申而来的,字面意义在很大程度上体现了词义,这与农业词语的专门性有关。但随着农业的发展,人们认知水平的提高,越来越多的出现一些表示农业意义的更形象化的词语,或出现一些更专业化的农学术语,这都需要我们对农业词语的语素义和词义关系有更深入的了解。

第二节 农业词语的本义和引申义

本义和引申义是汉语词义的两种基本类型。本义是指词的最早意义,即造字之初的意义。本义一般与字形关系密切,可以通过对字形的分析得出。引申义是指从本义直接或间接引申出来的意义,由本义直接引申出来的叫作直接引申义,由本义间接引申出来的叫作间接引申义。一般来说本义只有一个,而引申义可以有多个。农业词语的本义和引申义,是就那些本义具有农学意义,并且发生了意义引申的农业词语而言。一部分农业词语只有一个表示概念的意义,但也有很多农业词语引申出来了或表示农学意义,或表示一般意义的引申义。有些农业词语经过引申后,本义可能已不再使用,因此对农业词语本义和引申义的分析,可以帮助我们追溯引申义的理据来源,更好地理解和运用这些词语。

一、农业词语引申义概说

农业词语都是表示农学意义的,农业词语引申出来的新义,有的还表示农学意义,有的则不表示农学意义了。当然,也有很多农业词语专业性强,只表示农学概念,不存在引申义。下面我们从农业词语的几个方面对它们的引申情况进行简单的分析。

(一)表示农业生物种类词语的引申

农业生物种类词语范围很广,简单来讲就是表示动植物的词语。这里我们主要分析表示植物词语的引申。表示农作物名称的词语在本义基础上发展出了引申义。如"粟",本指谷物名,引申指谷粒、颗粒细小如粟之物、俸禄。"米",本指去皮的谷实,引申指极少或极小的量。"桃",本指果木名,引申指桃树的果实、桃花、桃花色、桃花盛开的时节。"松",本指落叶乔木,引申指坚贞的象征、长寿的象征。表示农作物植株部位名称的词语在本义的基础上发展出引申义。如"根",本指草木之根,引申指事物的本源。"苗",本指未吐穗的庄稼,引申指事物的因由、端绪、预兆。"叶",本指草木之叶,引申指轻小、轻飘像叶子的东西。"梢",本指草木的末端,引申指事物的末尾。由表示植株各部位名称组成的双音节词发展出引申义。如"根株",本指植物的根和主干部分,引申指事物的根基和基础。"根茎",本之指植物的根和茎,引申指本源、基础;"根芽",本指植物的根和幼芽,引申指后嗣;"枝梢",本指植物的树枝和树梢,引申指事情的细节。

(二)表示农业生产行为词语的引申

表示农业生产行为的词语很广泛,凡是与大农业生产有关的都包括在内,包括农、林、牧、副、渔等。这里我们仅以狭义农业活动中的生产行为词语引申为例进行分析。狭义农业活动中的生产行为词语包括整地、播种、栽植、锄治、粪溉、收获、收藏等方面的词语。这些词语从表示农业活动的意义引申指社会生产的各个方面。如"开辟",本指把荒地开辟成可以种植的土地,引申指开创某种事物。"耕耨",本指耕田和除草,引申指辛勤钩稽探索。"播种",本指撒种,引申指传布、配乐以广流传、分散。"种植",本指栽种培植,引申为积累功德。"锄治",本指耕锄整治,引申为铲除、消灭。"灌注",本指浇灌田地,引申指思想知识的输入、集中。"收敛",本指收获农作物,引申指收取租税,聚敛、收集。

(三)表示农业生产工具词语的引申

农具作为农业劳动的载体,其引申的形式是体用之间的转换。如"犁",本指耕地翻土的农具,引申指用犁耕地。"镬",本指一种掘土器,有弯曲的长柄,称长镬,引申指用镬掘、锄。"耙",即耙子,本是翻松土壤用的农具,形状似铲而小,多用于中耕,或用来开沟播种,引申指用耙子松土。"锄",本指松土和除草的农具,引申指用锄松土和除草。

(四)表示性质状态词语的引申

"荒芜",本指田宅不治,草秽丛生,引申指荒疏、废弛;又引申指学识浅陋拙劣。"薄恶",本指土地贫瘠,引申指风俗等浇薄、不淳厚;又引申指道德浇薄。"肥润",本指肥壮润泽,引申指不正当的额外收入。"枯燥",本指干枯、干燥,引申指单调,无趣味。"茂盛",本指茂密旺盛,引申指事业兴旺或德行卓著。

二、农业词语引申义的产生途径

引申义是基于联想作用的一种词义发展,农业词语也不例外。农业词语引申义是在本义的基础上,以农业词语在农业活动中的地位和功能等,通过联想这一重要的心理过程而产生的。不同的联想会有不同类型的词义引申，农业词语引申义产生的途径主要有以下几种。

（一）相似引申

农业词语的本义和引申义之间总有着这样或那样的密切联系。相似引申就是根据本义的形象特征与其他事物的相似性，通过联想，用表示农业词语的词义引申指其他事物。这种形象特征上的相似性包括形貌、功能、地位、性质等方面，常见的有以下几种：

1. 形貌相似

即农业词语所代表的事物与其他事物在形貌上有一定的相似处，用农业词语来表示其他事物。如"樱桃"，果木名，亦指其果实，果实红而小，引申喻指女子小而红润的嘴，取其形状颜色上"小而红"的相似点。唐李商隐《赠歌妓》诗之一："红绽樱桃含白雪，断肠声里唱《阳关》。""柳叶"，柳树的叶子，引申指女子细而长的眉毛，取其形状上"细而长"的相似点。南朝梁元帝《树名诗》："柳叶生眉上，珠珰摇鬓垂。""弱柳"，柳条柔弱，故称弱柳，引申喻美人的腰肢，取其性状上"细而柔"的相似点。清陈裴之《湘烟小录·香畹楼忆语》："钏松皓腕香桃瘦，带缓纤腰弱柳柔。""瓠犀"，瓠瓜的子。瓠中之子，方正洁白，比次整齐，喻美女的牙齿，取其性状上"整齐而洁白"的相似点。唐权德舆《杂诗》之三："一顾授横波，千金呈瓠犀。"

2. 性质相似

即农业词语具有的某种性质特征，与其他事物的性质特征具有相似之处，用农业词语表示其他事物，产生引申义。如"早熟"，本指农作物成熟早，引申指人的身体发育成熟早、思想成熟早。鲁迅《南腔北调集·上海的少女》："这险境，更使她们早熟起来，精神已是成人，肢体却还是孩子。""出息"，指有收益，获利前景好。"出息"的性质用于人，指出挑、长进，个人的发展前途或志气。《红楼梦》第一百一十九回："日后兰哥还有大出息，大嫂子还要带凤冠穿霞帔呢。"

3. 功能地位相似

即农业词语所代表的事物或动作的地位、功能等与其他事物相似，引申出新的意义。一方面，根据农作物植株各部位在整株植物中的作用、地位来比喻事理，从而产生引申义，这是着眼于部分在整体中的地位和作用的相似性。如"根""苗""芽""梢"，本指植物的根部、植物的初生者、尚未发育生长的枝叶、植物的末端，引申指事物的本源、因由、发生和末尾。《老子》："夫物芸芸，各复归其根。"唐白居易《读张籍古乐府》："言者志之苗，行者文之根。"南朝宋颜延之《赭白马赋》："徒观其附筋树骨，垂梢植发。"晋江统《函谷关赋》：

"遏奸宄于未芽,殿邪伪于萌渐。"另一方面,根据农作物不同部位之间的功能作用关系引申出新义,这是着眼于部分与部分之间相互关系的相似性。比如"根干",树木的根与干,引申指事物的主体部分。《韩非子·扬权》:"参之以比物,伍之以合虚。根干不革,则动泄不失矣。""枝干",树枝和树干,引申指大宗与旁支,又引申指关系密切。《新唐书·吴兢传》:"皇家枝干,夷芟略尽。"南朝梁刘勰《文心雕龙·诠赋》:"诗序则同义,传说则异体,总其归涂,实相枝干。""条叶",枝条和枝叶。引申指分支、支派。唐皇甫湜《韩文公神道碑》:"汉之兴,故韩襄王孙信有功,复封韩王,条叶遂著。""枝叶",枝条和树叶,引申指同宗的旁支,又喻指从属的次要的事物。《左传·文公七年》:"公族,公室之枝叶也;若去之,则本根无所庇荫矣。"宋司马光《答秉国第二书》:"书文甚多,援据甚广,光欲一一条对,则恐逐枝叶而忘本根,徒费纸札视听,无益于进道。"

(二) 相关引申

相关引申是基于接近联想而产生的一种词义引申。相关引申的出发点很多,一个事物的不同层面,不同角度等都可能构成相关引申。农业词语所代表的事物和现象与其他事物或现象间存在着密切联系,这种联系经常出现而固定化。因此,可以借指称农业词语所代表的事物或现象去指称其他事物或现象。

1. 借农业词语所代表的事物代有关事物

"茎",植物体的一部分,由胚芽发展而成,下连根部,上连枝叶花果,是植物的中干。"茎"一般多直立生长于地面,引申指器物的柄,进而引申指直立的柱或竿。《说文·草部》:"茎,枝柱也。谓众枝之主。"《周礼·考工记·桃氏》:"桃氏为剑,腊广二寸有半,寸两从半之,以其腊广为之茎围,长倍之。"孙诒让正义:"程瑶田云:'茎者,人所握持也。'"汉班固《西都赋》:"抗仙掌以承露,擢双立指金茎。"李善注:"金茎,铜柱也。"西晋左思《魏都赋》:"介胄重袭,旌旗跃茎。"刘良注:"茎,旗竿也。""辘轳",本指利用轮轴原理制成的井上汲水的起重装置,引申指机械上的绞盘,又引申指车轮。《六韬·军用》:"渡沟堑,飞桥一间,广一丈五尺,长二丈以上,着转关辘轳八具,以环利通索张之。"清周龙藻《陇头水》诗:"人言此水声声别,尽是征夫眼中血,万古千秋共呜咽。呜咽声,流未已;辘轳声,行不止。""白地",农业上指未耕种的地,引申指空地,没有树木或建筑物的地。宋王明清《玉照新志》卷三:"时东西两岸居民稀少,白地居多。"

2. 借农业词语所代表的事物代有关的动作行为

即指名词的体用之间的转换,表示事物的名词义为体,表示这个事物的动作为用。"垄亩",本指田亩、田野,引申指耕作。晋陶潜《劝农》:"相彼贤达,犹勤垄亩,矧伊众庶,曳裾拱手!""纴",本指织布帛的丝缕,引申指纺织。《战国策·秦策一》:"〈苏秦〉归至家,妻不下纴,嫂不为炊,父母不与言。""组",本指丝带,引申指编织、编结。《吕氏春秋·分职》:"今民衣弊不补,履决不组。""络",本指粗絮,引申指缠丝、缠绕等。汉刘向《说苑·权谋》:"袁氏之妇络而失其纪,其妾告之,怒弃之。""絮"本指粗丝绵,引申在衣、被等物内铺进丝绵或棉絮等。唐李白《子夜吴歌》之四:"明朝驿使发,一夜絮征袍。""织机",织造工具,引申指织作布帛。宋周辉《清波杂志》卷中:"某之文如野妪织机,虽能成幅而终非锦绣。"

3. 借表示具有某种性质的农业词语代某种性质特征

"精",指纯净的好米。精者,善米也。精米都是经过精细加工的,引申为精粹、精华。《后汉书·张衡传》:"精铜铸成。""粗",指糙米,粗粮。粗粮都是没有经过精细加工的,引申为粗疏、粗略。《荀子·正名》:"故愚者之言,芴然而粗,啧然而不类。"杨倞注:"粗,略也。"

4. 借表示动作行为的农业词语代有关的事物

"纺",指把麻、丝、棉等纺织纤维制成纱或线,引申指一种稀薄而轻的丝织品。《仪礼·聘礼》:"宾裼,迎。大夫贿用束纺。"郑玄注:"纺,纺丝为之,今之缚也。"贾公颜疏:"云'纺,纺丝为之'者,因名此物为纺。""组织"指经纬相交织布帛,引申指织成的织物。南朝梁刘勰《文心雕龙·诠赋》:"丽词雅义,符采相胜,如组织之品朱紫,画绘之著玄黄。""收获",收割农作物,引申指收割到的农作物,进一步引申指取得的成果。柳青《创业史》第一部题叙:"住在那些草棚和瓦房里的庄稼人,从北原上的旱地里,也没捞到什么收获。"魏巍《谁是最可爱的人》:"你问我部队在冬季作战的收获吗?""栽",本指种植,引申指用于种植的幼苗、秧子。汉王充《论衡·初禀》:"朱草之茎如针,紫芝之栽如豆。""稼穑",本指耕种和收获,引申指耕种和收获的作物,指农作物,庄稼。《诗经·大雅·桑柔》:"降此蟊贼,稼穑卒痒。"朱熹集传:"又降此蟊贼,则我之稼穑又病,而不得以代食矣。"

相似引申和相关引申是农业词语引申义产生的主要途径,但两者不是截然分开的,许多农业词语引申义的产生是相似和相关两条途径引申的共同结果。如"秀",徐锴注《说文·禾部》:"禾,实也,有实之象下垂也。""秀"一方面由相关引申产生出了禾类植物开花抽穗、草类植物结实、指植物开花或开出的花朵、茂盛。《诗经·大雅·生民》:"实发实秀,实坚实好。"朱熹集传:"秀,始穟也。"《诗经·豳风·七月》:"四月秀葽。"毛传:"不荣而实曰秀。"晋葛洪《抱朴子·吴失》:"朱华牙而未秀。"南朝宋谢灵运《入彭蠡湖口》:"春晚绿野秀,岩高白云屯。"另一方面,"秀"由相似引申出了特异、优秀,秀丽、秀美。《文选·宋玉〈招魂〉》:"郑卫妖玩,来杂陈些;激楚之结,独秀先些。"王逸注:"秀,异也。"南朝宋刘义庆《世说新语·言语》:"顾长康从会稽还,人问山川之美,顾云:'千岩竞秀,万壑争流,草木蒙笼其上,若云兴霞蔚。'"另外,像"丝",本指蚕丝,由相关引申出丝织品、线、缫丝,由相似引申出白发、极细微的东西。又如上文相关引申中的"辘轳",由相似引申出如辘轳般圆转、心中情思如辘轳般反复上下。

(三)同步引申

同步引申是指一对词或一组词,它们的词义在一个平面上具有某种关系,词义引申后,引申义在另一个平面上也具有同样的关系。关于同步引申,不同的学者叫法不尽相同,许嘉璐先生称为"同步引申"①,陆宗达、王宁先生称为"引申线的一致"②,苏新春先生称为"同步并进的引申"③,冯胜利先生称为"同律引申"④等。这种词义引申中的词可以是同义关系、反义关系或其他某种关系。词义的同步引申,与词汇语义的类聚性和人类思维联想的类比性有关。农业词语中具有同义关系或反义关系的词不少,它们词义的引申就是一种同步引申。

1. 同义词的同步引申

"锄""薅""耘",作为动词,它们都有"除草"义,是一组同义词。经过引申,它们又都引申出"铲除"义,在引申义上又构成了同义关系。

(1) 多锄则饶子,不锄则无实。(《齐民要术·种瓜》)

(2) 稻苗渐长,复须薅。(《齐民要术·水稻》)

(3) 今农夫不知有此,乃以其耘除之草,抛弃他处。(《陈旉农书·薅耘之宜》)

(4) 诛锄内奸,使君子之道长。(《宋史·李纲传》)

(5) 内划其秽,外薅其戎,不吝以亏,不骄以亢。(方孝孺《林泉读书斋铭》)

(6) 更党锢之灾,义士忠臣,耘除略尽。(黄庭坚《读曹公传》)

"锄""薅""耘"在例(1)至例(3)例中义为"除草",在例(4)至例(6)中义为

---

① 许嘉璐:《论同步引申》,《中国语文》1987年第1期。
② 陆宗达、王宁:《训诂方法论》,中华书局2018年版,第153页。
③ 苏新春:《汉语词义学》,外语教学与研究出版社2008年版,第250页。
④ 冯胜利:《同律引申与语文词典的释义》,《辞书研究》1986年第2期。

"铲除"。

又如"培植""培养""栽培""栽植",作为动词,它们都有"种植"义,是一组同义词。经过引申,它们又都引申出"培养人才",对象由农作物引申为人。

(1) 或花苗到锄三遍,高耸,每根苗边,用熟粪半升培植。(《农政全书·木棉》)
(2) 其采取培养之法,全如插条法内所说。(《农桑辑要·接换》)
(3) 栽培所宜:春分前后十日,十月内,并为上时。(《农桑辑要·移栽》)
(4) 栽植无异于橘,而其香则橘又不得比焉。(《王祯农书·橙》)
(5) 企先为相,每欲为官择人,专以培植奖励后进为己责任。(《金史·韩企先传》)
(6) 吾以人情为田,以培养士类为种。(曾国藩《新宁刘君墓碑铭》)
(7) 我想我姊姊牺牲了自己的前途来栽培我,……(冰心《集外·庄鸿的姊姊》)
(8) 其托凤昔之欢者,遂得厚蒙栽植,先天下而受幸如此也。(朱仕琇《答邓副使悔庵书》)

"培植""培养""栽培""栽植"在例(1)至例(5)例中义为"种植",在例(6)至例(8)中义为"培养人才"。

2. 反义词的同步引申

如"精""粗",在表示"精米"与"糙米"义上构成反义关系。经过引申,"精"引申指"精密、严密","粗"引申指"粗疏、粗略","精""粗"在引申义上又构成了反义关系。如:

(1) 鼓策播精,足以食十人。(《庄子·人间世》)
(2) 吾食也执粗而不臧。(《庄子·人间世》)
(3) 粗者曰侵,精者曰伐。(《公羊传·庄公十年》)
(4) 小者传吾粗,大能传奥幽。(王安石《惜日》)

又如"本""末",在表示"树根"和"树梢"义上构成反义关系。经过引申,"本"引申指"重要的事",又引申指"农业";"末"引申指"次要的事",又引申指"工商业"。"本""末"在引申义上又构成了反义关系。

(1) 凡植木之性，其本欲舒，其培欲平，其土欲故。（柳宗元《种树郭橐驼传》）

(2) 末大必折，尾大不掉。（《左传·昭公十一年》）

(3) 君子务本，本立而道生。（《论语·学而》）

(4) 子夏之门人小子，当洒扫应对进退，则可矣，抑末也。（《论语·子张》）

(5) 强本而节用，则天不能贫。（《荀子·天论》）

(6) 物多末众，农弛奸胜，则国必削。（《商君书·勒令》）

又如"生""熟"，在表示"煮熟了"与"未煮熟的"义上构成反义关系，后引申分别指"果实成熟"与"果实未成熟"义，也构成反义关系，后又引申指"经过加工的"与"未经过加工的"义，如生土、熟土/生地、熟地/生粪、熟粪，它们都构成了反义关系。再如"早熟"和"晚熟"在表示农作物成熟周期的早晚上构成反义关系，后经过引申，"早熟"和"晚熟"又在指"人的身体发育成熟较早或较晚"义上构成反义关系。

3. 其他关系的同步引申

比如"根""苗""芽""枝""梢"处于同一语义场中，表示植株各部位的名称，经过引申，由它们在整株植物中的地位，引申指事物发展过程中相对应的阶段。"根"引申指事物的根源，"苗"引申指事物的预兆，"芽"引申指事物的发生，"枝"引申指事物的次要方面，"梢"引申指事物的末尾。又如"纴""组""络""絮"，表示纺织的不同材料，"纴"指织布帛的丝缕，"组"指丝带，"络"指粗絮，"絮"指粗丝绵。引申后都表示因材料引起的纺织动作。"纴"引申指纺织，"组"引申指编织、编结，"络"引申指缠丝、缠绕，"絮"引申指在衣被等物内铺进丝绵或棉絮。

三、农业词语词义引申的方式

农业词语的引申方式同一般词语相同，主要表现为三种方式：一是连锁式引申，二是辐射式引申，三是综合式引申。

（一）连锁式引申

以本义为出发点进行引申，产生出第一个引申义，再由第一个引申义产生第二个引申义，如此类推，如环环相扣的链条。前后两个词义存在着一定的关系，与本义却可以不发生关系。

如"钱"，本义指古代的一种农具。《说文·金部》："钱，铫也，古田器。"由于上古时期将农具作为交换的媒介，并仿照这种农具形状铸造货币，因此

"钱"引申指金属货币,特指铜钱。段玉裁注"钱"曰:"云古田器者,古谓之钱,今则但谓之铫,谓之臿,不谓之钱。而钱以为货泉之名。"《国语·周语下》:"景王二十一年,将铸大钱。"韦昭注:"钱者,金币之名,所以贸易买物,通财用者也。古曰泉,后转曰钱。"后引申指一般的货币,唐杜甫《最能行》:"富豪有钱驾大舸,贫穷取给行艓子。"又引申指费用、钱款。《水浒传》第二十回:"我再与你银子十两,做使用钱。""钱"的引申模式为:古农具→金属货币→一般的货币→费用、钱款。

（二）辐射式引申

以本义为出发点进行引申,从不同的角度和方向引申出不同词义,各词义间没有必然联系,但都与本义有着这样或那样的联系。

如"白地",指生地,未耕种的土地。《齐民要术·胡麻》:"胡麻宜白地种。"后引申指白色的质地。《新唐书·仪卫志上》:"黄麾仗,左右厢各十二部,十二行……第四行,小戟、刀、楯,白地云花袄、冒。"引申指沙漠地带。《资治通鉴·魏明帝景初元年》:"今吴蜀二贼,非徒白地、小疥、聚邑之寇,乃僭号称帝,欲与中国争衡。"胡三省注:"白地,谓大幕不生草木,多白沙也。"引申指空地;没有树木或建筑物的地。宋王明清《玉照新志》卷三:"时东西两岸居民稀少,白地居多。"引申指文艺方面的空白点。鲁迅《花边文学·再论重译》:"这就是说,与其来种荆棘,不如留下一片白地,让别的好园丁来种可以永久观赏的佳花。"

沙漠地带　　空地,没有树木或建筑物的土地
　　　↖　　↗
　　　生地,未耕种的土地
　　　↙　　↘
文艺方面的空白点　　白色的质地

图1 "白地"的引申模式

（三）综合式引申

由连锁式引申和辐射式引申交错进行的引申。

如"桃",果木名,落叶小乔木,品种很多,果实略呈球形,表面有短绒毛,味甜,有大核,核仁可入药。《广韵·豪韵》:"桃,果木名。"《诗经·魏风·园有桃》:"园有桃,其实之殽。"由桃树引申指桃树的果实,即桃子。《说文·木部》:"桃,桃果也。"《诗经·大雅·抑》:"投之以桃,报之以李。"又引申指桃花。唐李白《古风》之四:"桃李何处开,此花非我春。"后由桃子引申形状像桃的其他果实,如棉桃、胡桃、核桃。杨朔《平常的人》:"棉花裂了桃,雪团似的扔在地上,却没人顾得上去摘。"由桃花引申指桃花盛开的

时节,如桃汛。《齐民要术·大小麦》:"大麦生于杏,……小麦生于桃。"又引申指桃花色,古代多用来形容女人的面容。唐贾至《赠薛瑶英》:"舞怯铢衣重,笑疑桃脸开。"

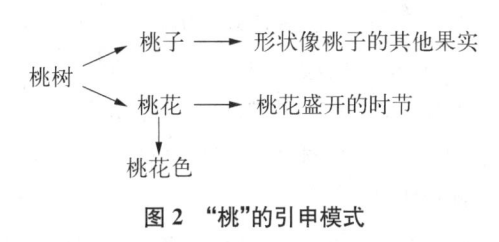

```
         ┌─→ 桃子 ──→ 形状像桃子的其他果实
桃树 ──┤
         ├─→ 桃花 ──→ 桃花盛开的时节
         │
         └─→ 桃花色
```

图 2 "桃"的引申模式

第三节 农业词语的本义和词源义

汉语词义内部存在着表层义和深层义:表层义有确定的指称对象,有具体的使用义;深层义没有具体的指称对象,没有独立的使用义。词的表层使用义指本义和引申义等,深层义指词源义。本义和引申义是一种纵向的延伸发展,本义和词源义则是一种横向的孳乳活动。本义和词源义具有本质上的差异。正如殷寄明在《汉语语源义初探》中所言:"本义是与本字、本音紧密结合在一起的,直观地见诸书面形式的语义,是显性语义;语源义则是音义的直接结合体,文字只起记音作用,它是一种隐形语义。"[①]

一、词 源 义

词源义在现代语义学上常被称作"立意义""内部形式义""深层义""语源义"等。词源义这一科学术语的出现虽然很晚,但对于词源义的研究却早已有之。最早对词源进行探求的是东汉的刘熙,他运用声训法推求语源,在《释名》自序中称:"夫名之于实,各有义类。"到宋代,王圣美等提出了"右文说",以文字的声符为线索推求语源。到清代,戴震、段玉裁、王念孙等人在前代研究的基础上,提出了"音近义通",认为凡古音相同或相近,意义也相近。近代以来,刘师培、章太炎、黄侃、沈兼士、杨树达等学者对词源义的研究做出了贡献。现代的孙雍长、苏宝荣、周广庆、殷寄明等先生都在前人研究的基础上,提出了自己的论述。对词源义这一术语最早做出科学界定的是陆宗达、王宁先生。他们在合著的《训诂学方法论》中对名实、音义关系进行了阐述,奠定了词源学的理论基础。之后王宁先生在《训诂学原理》中对词源义作了进一

[①] 殷寄明:《汉语语源义初探》,学林出版社1998年版,第35页。

步的科学界定。他指出:"词义内部存在着两种不同的因素,一种是词的表层使用义,另一种是词的深层词源义。……在词义引申和新词的派生中,使用义发生了变化,而词源义只在某一阶段发生相应的分解,却从不消逝。……同源词的使用义不论怎样不同,包含在其中的意义特点,即词源义,是没有改变的。而且,词源义虽然不在使用中直接实现,但它对使用义的特点有决定作用。"①刘兴均在《〈周礼〉名物词研究》中认为:"词源义就是隐含在表层使用义里面的深层的词义特点,它体现在词义的核心义素中,在同源派生词的词义比较中即可显现出来。"②

词源义在名物命名探求中有着重要的作用。农书中有大量的名物词,特别是《王祯农书·农器图谱》中记载了261个农具名物词。下面我们以农具名物词为例,从单音节和双音节两个方面对其词源义进行探求,帮助我们理解这些词语的名实关系,考释与其同源的其他词语的意义,探讨音近义通的同源规律,为汉语语源学提供一定的参考。

二、单音节农具名物词的词源义

词源义是隐藏在表层使用义里的深层义。深层的词源义不会因表层使用义的变化而变化。对单音节词语来说,它体现在词义的核心义素中。《农器图谱》中的单音节农具名物词有77个,"这类单纯词(单音的或双音的)的内部形式可以用汇集同根词或同族词进行综合考察的方法来加以阐明。"③"将同源的文字、语词联系起来,可以有力地证明文字表词的理据、语词的受义之由。"④因此对这些名物词我们主要采用系联同源词的方法,通过比较它们的词义,概括出共同的核心义素,从而确定其词源义。下面各农具名物词的上古音我们依据郭锡良先生的《汉字古音手册》,语音关系依据王力先生的《同源字典》。

1. 䃺:同"磨",使用义指石磨。䃺,从石靡声,亦从靡得其义。《说文·靡》:"靡,披靡也。"段玉裁注:"散也,凡物分散则微细,引申之谓精细。"《字说》:"䃺,䃺之而靡焉。"䃺得名于靡,其词源义为"细碎"。

《说文·石部》:"䃺,石硙也。"段玉裁注:"䃺,今字省作磨。"朱骏声《说文通训定声》:"以磨碎物亦曰磨。"《正字通·石部》:"䃺,磨本字。"《正字通·石

---

① 王宁:《训诂学原理》,中国国际广播出版社1996年版,第105~106页。
② 刘兴均:《〈周礼〉名物词研究》,巴蜀书社出版社2001年版,第97页。
③ 张永言:《论上古汉语的"五色之名"兼及汉语和台语的关系》,《语文学论集》,复旦大学出版社2015年版,第151页。
④ 殷寄明:《语源学概论》,上海教育出版社2000年版,第265页。

部》："磨。俗谓硙曰磨，以硙合合两石，中琢纵横齿，能旋转碎物成屑也。"《急就篇》卷三："碓硙扇隤舂簸扬。"颜师古注："硙，所以䃺也。"《玉篇·石部》："䃺，硙也，所以䃺麦也。"《类篇·石部》："䃺，石硙也。"《广韵·过韵》："䃺，硙也。"《集韵·过韵》："䃺，石硙也。"古䃺、硙与磨同。

上古靡、糜、麼、糜与䃺皆为明母歌部。"靡"，《方言》卷二："东齐言布帛之细者曰绫，秦晋曰靡。"郭璞注："靡，细好也。"《小尔雅·广言》："靡，细也。""糜"，《广雅·释器》："糜，糒也。"王念孙曰："糒通作屑。糜之言细也。米麦屑谓之糜。"《玉篇·米部》："糒，碎米也。"《广韵·屑韵》："糒，米麦破也。""麼"，《说文·幺部》："麼，细也。"《广雅·释诂二》："麼，小也。"《广雅·释诂三》："麼，微也。"《说文新附》："麼，细也。""糜"，《说文·米部》："糜，碎也。"段玉裁注："石部云：'碎，糜也。'"徐锴曰："谓糜米麦也。糜米谓之糜，其石谓之磨。""靡""糜""麼""糜"与"䃺"都含有"细碎"之义，因此"䃺"的词源义为"细碎"。

2. 箪："箪"的使用义是蒸锅中的竹屉，词源义是"遮蔽"。

《汉语大字典》《汉语大词典》中表示"蒸锅中的竹屉"时"箪"同"算"，"算"亦作"箪"，两者通用。《说文·竹部》："算，蔽也，所以蔽甑底。"段玉裁注："甑者，蒸饭之器。底有七穿。必以竹席蔽之米乃不漏。"朱骏声曰："甑以蒸饭，底有七穿，以竹席蔽之。"《广韵·霁部》："算，甑算也。说文蔽也，所以蔽甑底，又必至切。"《集韵·霁部》："箪，甑蔽。"《急就篇》卷三："囷篅籯筥箪箪篝。"颜师古注："算，蔽甑底也。"

算、蔽、韠、韍同属帮母，蔽、算月质旁转；算、韠同音；韠、韍月质旁转，蔽、韍叠韵，它们或同音，或叠韵，或旁转，是一组同源字。"蔽"，《广雅·释诂一》："蔽，障也。"《广雅·释诂四》："蔽，隐也。""韠"，《说文·韦部》："韠，韍也，所以蔽前。"段玉裁注："韍也。市部曰。韠也。市，小篆作韍。所以蔽前者。郑注礼曰。古者佃渔而食之。衣其皮。先知蔽前。后知蔽后。后王易之以布帛。而独存其蔽前者。不忘本也。按韠之言蔽也。韍之言亦蔽也。"《释名·释衣服》："韠，蔽膝也，所以蔽膝前也。"因此"算""蔽""韠""韍"都有"遮蔽"义，"算"的词源义也为"遮蔽"。

3. 耖："耖"的使用义是指在耕、耙地以后用的一种把土弄得更细的农具。"耖"是一种水田用的整地农具，与耙有某些相似处，因而又称"水田耙""耖耙"，因形状像"而"字，人们又称之为"而字耙"。词源义为"插入"。

据出土模型可知，"耖"发明于汉末魏晋时，但"耖"字出现很晚，先秦文献中未见"耖"字，魏晋以后的农书《齐民要术》《耒耜经》《陈旉农书》中都未见"耖"字。"耖"字最早出现于宋代的字书《广韵》《集韵》中。《广韵·效韵》：

"秒,重耕田也。"《集韵·效韵》:"秒,覆耕曰秒。"

秒、抄、钞,初教切,初母肴部,以少得声。"抄",从手少声,叉取。《集韵·爻部》:"钞,《说文·金部》:'叉取也。'或作抄。"后由叉取引申为用匙取食物。《正字通·手部》:"抄,以匕抄取粒物也。"杜甫《与鄠县源大少府宴渼陂》:"饭抄云子白,瓜嚼水精寒。"仇兆鳌注:"北人称匕为抄,乃抄转也。"《汉语大词典》《汉语大字典》中"抄"同"秒",用秒整地,并都首引《王祯农书·耙劳》:"南方水田,转毕既耙,耙完既抄,故不用劳。""钞",《说文·金部》:"钞,叉取也,从金少声。"段玉裁注:"叉者,手指相错也。手指突入其间而取之,是之谓钞。"后引申为掠取、抢掠。后写作"抄"。《方言》卷十二:"钞,强也。"郭璞注:"强取物也。"《广韵·效韵》:"钞,略取也,钞、抄同。"《潜夫论·劝将》:"东寇赵、魏,西钞蜀、汉。"《后汉书·公孙瓒传》:"克会期日,攻钞郡县,此岂大臣所当施为。""秒""抄""钞"音同义近,是一组同源字,都有"插入"之义,"秒"的词源义为"插入"。

4. 箕:"箕"的使用义指扬米去糠的簸箕,词源义为"弃"。

《说文·箕部》:"箕,簸也。"《说文·箕部》:"簸,扬米去糠也。"《古今通韵·之韵》:"箕,簸也。"《洪武正韵·齐韵》:"箕,簸箕。"《集韵·之韵》:"箕,簸也。"《急就篇》卷三:"筵箪箕帚筐箧篓。"颜师古注:"箕可以簸扬。"《战国策·齐策六》:"大冠若箕,修剑拄颐,功狁不能,下垒枯丘。"鲍彪注:"箕,簸器。"汉李尤《箕铭》:"箕主簸扬,糠秕及陈。"《格致镜原》卷五十二:"箕,事物原始漉饭器也。去谷之糠秕者名曰簸箕。自神农氏始,诗云或簸或扬是也。"

其、丌、稘、箕上古都是见母之部,以其得声,都含有"弃"义。"其",是箕的古字。商承祚《说文中之古字考》:"盖未借'其'为语词之先,'其'为箕字;既借之后,箕始加竹。"因此"其"的本义指扬米去糠的簸箕。"萁",《说文·草部》:"萁,豆茎也。"《淮南子·时则》:"炊萁燧火。"《汉书·杨恽传》:"种一顷豆,落而为萁。""萁"指去掉豆荚而留下的豆秆。"稘"即古"期"字。《说文·禾部》:"稘,复其时也。"段玉裁注:"从禾者,取旧谷没新谷升也。"因此"箕"的命名理据为"弃"义。"弃"的甲骨文字形,上面是头向上的婴孩,三点表示羊水,头向上表示逆产,中间是只簸箕,下面是两只手,合起来表示将不吉利的逆产儿倒掉之意。因此箕的词源义为"弃"。

5. 帚:"帚"的使用义是用于清扫尘土、垃圾等的扫帚。词源义为"扫除"。

《说文·巾部》:"帚,粪也。从又持巾埽门内。少康初作箕、帚、秫酒。"段玉裁注:"凡埽除以洁清介内。持巾者,埽之事。昉于拂拭。因巾可拭物。乃用萑芳黍梨为帚拂地矣。"朱骏声《说文通训定声》:"以巾者为帚,以萑黍梨者为埽,因即名器为埽。"《急就篇》卷三:"箪箪箕帚筐箧篓。"颜师古注:"帚,所以埽刷,古者杜康作箕帚。"《玉篇·巾部》:"帚,扫除粪秽也。""帚"字又写作"箒""菷"。《玉篇·竹部》:"箒,俗帚字。"《玉篇·草部》:"菷,俗帚字。"《五音集韵·有韵》:"帚、菷、箒,并俗。"

帚、埽(扫)、鯞,上古帚照母幽部,埽(扫)心母幽部,鯞照母幽部,帚与埽(扫)照心邻纽,叠韵,帚与鯞音同,埽(扫)、鯞以帚为声符,意义上都有"扫除"义,是一组同源词。《说文·土部》:"埽,弃也。从土从帚。"段玉裁注:"会意,帚亦声。"《广韵·晧韵》:"埽,埽除。"《广韵·号韵》:"埽,埽洒。"《广雅·释诂》:"埽,除也。"《诗经·豳风·东山》:"洒埽穹室,我征聿至。"《汉书·黥布传》:"大王宜埽淮南之众,日夜会战彭城下。"颜师古注:"埽者,盖尽举之,如埽地之为。"《玉篇·手部》:"扫,除也。《礼记》曰:'泛扫曰扫。'"作埽同。《广韵·晧韵》:"扫,埽除。"《广韵·号韵》:"扫,埽洒。"《正字通·手部》:"扫,除秽也。"因此"帚"的词源义为"扫除"。

6. 筛:"筛"的使用义指用竹子或金属等做成的一种有孔的器具,可以把细的东西漏下去,粗的留下,称"筛子"。词源义为"过滤"。

《玉篇·竹部》:"筛,竹器,可以除粗取细。"《广韵·脂韵》:"筛,筛竹,又竹器也。"《洪武正韵·支韵》:"筛,竹器,亦作籭、筵。"《古今通韵·支韵》:"竹器,又除粗取细之器,本作籭。"《正字通·竹部》:"筛,竹器,有孔以下物,去粗取细。"《格致镜原》:"筛,事物原始竹器。可以留谷出米罣悪,以竹为筐,以绢为幔,以筛米麦之粉,留粗以出细者。""筛"字又作"籭""筵""簁"。

"籭",《说文·竹部》:"籭,竹器也,可以取粗去细。丛竹,丽声。"段玉裁注:"籭、筵,古今字也,《汉(书)·贾山传》作筛。"《古今通韵·支韵》:"籭,竹器,可以除粗取细者,今作筛。"《洪武正韵·支韵》:"籭,下物竹器,亦作筛。"《说文·竹部》:"筵,筵箪,竹器也。"朱骏声通训定声:"筵,与籭略同。今俗谓之筛,可以取粗去细。"《急就篇》卷三:"筵箪箕帚筐箧篓。"颜师古注:"筵,所以笲去粗细者也,今谓之筛。"《古今通韵·支韵》:"筵,竹器,可以除粗取细者,今作筛。"《六书故·植物三》:"筵,竹器,所以治粒物,取粗细。又作筛、籭、簁。""簁",《玉篇·竹部》:"簁,竹器,可以除粗取细。"筛、筵、籭、簁上古都是山母支部,"籭"一般被当作是"筛"的繁体字。酾、缡上古山母支部,与筛同音。"酾",《说文·酉部》:"酾,下酒也。"徐锴系传:"酾,犹籭也,籭取之也。"桂馥义证引赵宪光曰:"下酒者,去糟取清也。"《后汉书·马援传》:"援乃椎牛酾酒,劳飨军士。"李贤注:"酾,犹滤也。"《玉篇·酉部》:"酾,下酒也。"《广韵·纸韵》:"酾,分也,见《汉书·沟洫志》。《说文》曰下酒也。"《集韵·支韵》:"酾,以筐盎酒也。"《古今通韵·置韵》:"以筵盎酒。""缡",一种可以滤物的器皿。《释名·释采帛》:"缅,筵也,粗可以筵物也。"因此"筛""醅""缅"是一组同源词,都含有"过滤"义,"筛"的词源义为"过滤"。

7. 仓:"仓"的使用义是贮藏谷物的场所。"仓"得名于藏,其词源义为"藏"。

《说文·仓部》:"仓,谷藏也,仓黄取而藏之,故谓之仓。"段玉裁注:"谷藏者,谓谷所藏之处也。"《释名·释宫室》:"仓,藏也,藏谷物也。"《广雅·释宫》:"京、庾、廪、庌、庽、囷,仓也。"王念孙疏证:"《说文》:'仓,谷藏也。仓黄取而藏之,故谓之仓。'蔡邕《月令章句》云:'谷藏曰仓,米藏曰廪。'"《广韵·唐韵》:"仓,仓庾也。"《洪武正韵·阳韵》:"仓,藏谷廪。"《诗经·小雅·甫田》:"乃求千斯仓,乃求万斯箱。"《国语·越语下》:"除民之害,以避天殃,田野开辟,府仓实,民众殷。"韦昭注:"货财曰府,米粟曰仓。"

上古藏、臧为从母阳部,仓为清母阳部,从清旁纽,叠韵,是一组同源字。藏亦作臧。段玉裁注:"藏当作臧。臧,善也。引伸之义,善而存之亦曰臧。臧之之府亦曰臧。俗皆作藏。"《说文·草部》:"藏,匿也。臣铉等案:《汉书》通用臧字。"藏、臧、仓音近义通,都含有"藏"义,因此"仓"的词源义为"藏"。

8. 囷:"囷"的使用义是圆形的仓。"囷"得名于形状,词源义为"圆"。

《说文》:"囷,廪之圆者,从禾在囗中,圆谓之囷,方谓之京。"《广雅·释宫》:"囷,仓也。"王念孙疏证:"《说文》:'圆谓之囷,方谓之京。'囷、圆,声相近。"《急就篇》卷三:"门户井灶庑囷京。"颜师古注:"囷,圆仓也。"《玉篇·囗部》:"囷,仓也,廪之圆者。"《广韵·真韵》:"囷,仓圆曰囷。"《周礼·考工记·匠人》:"囷窌仓城。"郑玄注:"地上为之,圆曰囷,方曰仓,穿地曰窌。"《诗经·魏风·伐檀》:"不稼不穑,胡取禾三百囷兮。"毛传:"圆者为囷。"《国语·周语》:"市无赤米,而囷鹿空虚。"韦昭注:"先儒以为圆曰囷,方曰鹿。鹿善聚,亦善散,故囷亦谓之鹿也。"朱骏声《说文通训定声》:"圆谓之囷,方谓之廪。"

部分以"囷"为声的词都含有"圆"义,比如菌、箘、蜠、䐃。"菌",《说文·草部》:"菌,地蕈也。"《尔雅·释草》:"中馗,菌。"注:"地蕈,似盖。"盖状即伞状。"箘",《说文·竹部》:"箘,箘簬也。"箘簬或为中空的竹子,也可做箭囊。"蜠",一种大贝,形圆。"䐃",肌肉的突起部分。《素问·玉机真藏论》:"身热脱肉而破䐃,真藏见,十日之内死。"王冰注:"䐃谓肘膝后肉如块者。"上古囷溪母文部,菌、箘、蜠、䐃为群母文部,溪群旁纽,叠韵,是一组同源字。王念孙在《广雅疏证》中指出囷、圆,声相近。上古圆为匣母元部,与囷是匣溪旁纽,元文旁转的同源字。因此,"囷"的词源义为"圆"。

9. 概:"概"的使用义是刮平斛斗的用器,词源义为"刮平"。

《说文·木部》:"概,杚斗斛。"段玉裁注:"凡平物曰杚,所以杚斗斛曰概。"《集韵·代韵》:"概,斗斛,或作扢,亦书作𣓤。"《六书故·植物一》:"概,平斗斛之木也。"《广韵·代韵》:"概,平斗斛木。"《集韵·未韵》:"概,平木。"《古今通韵·十一队》:"概,豆斛木。概同槩。"《礼记·月令》:"仲春之月,正权概。"郑玄注:"概,平斗斛者。"《周礼·冬官·考工记》:"概而不税。"疏:概,所以勘诸廛之量器,以取平者。又平也。《荀子·宥坐》:"盈不求概,似正。"注:平斗斛之木。《韩非子·外储说左下》:"概者,平量者也。"

杚、概,上古音同。《说文·木部》:"杚,平也。"段玉裁注:"杚非器也。杚者,平物之谓,平之必摩之。"徐锴系传:"杚即概也,摩之使平也。"《正字通》:"杚,俗省从乞。""杚""概"都含有"刮平"义,因此,"概"的词源义为"刮平"。

10. 橇:"橇"的使用义是古代用于泥地上行走的乘具。《王祯农书·橇》:"尝闻向时河水退滩淤地,农人欲就泥裂,漫撒麦种,奈泥深恐没。故制木板以为履,前头及两边高起如箕,中缀毛绳,前后系足。底板即阔,则举步不陷。"可见,"橇"是古代的一种鞋,其词源义为"高拱"。

《类篇》卷十六:"橇,泥行所乘,或作𣕟。"《广韵·萧韵》:"橇,踏摘行,又禹所乘也。"《集韵·宵韵》:"橇,泥行所乘,或作𩌯,或从木。"《史记·夏本纪》:"禹乘四载……泥行乘橇。"裴骃集解引孟康曰:"橇形如箕,摘行泥上。"张守义正义:"橇形如船而短小,两头微起,人曲一脚,泥上摘进,用拾泥上之物。"橇的形状似箕,似船,两头翘起。

橇、𩌯、桥,上古橇溪母宵部,𩌯、桥群母宵部,溪群旁纽,宵部叠韵。"𩌯",《类篇》卷八:"𩌯,泥行所乘。"《广韵·宵韵》:"𩌯,同橇,踏摘行,又禹所乘也。"《集韵·宵韵》:"橇𩌯桥,泥行所乘,或作𩌯,或从木。""𩌯""桥"皆可指泥行所乘用具,以乔为声,含有"高"义,且"𩌯"又可指马鞍拱起的地方,"桥"又指拱起的水梁,"橇"的形状如箕如船,两头拱起,所以其命名义为"高拱"。

11. 舂:"舂"的使用义是掘土的农具,或作"锸"。词源义为"插入、刺入"。

《说文·臼部》:"舂,舂去麦皮也。从臼,干,所以舂之。"段玉裁注:"舂去麦皮也。……引伸为凡刺入之称。如农器刺地者曰锹舂。"《释名·释用器》:"锸,插也,插地起土也。"《方言》卷五:"舂,燕之东北、朝鲜洌水之间谓之𣂁。"钱绎笺疏:"案,尔雅之,本是田器,而郑引以释挑匕者,盖所以插取土,挑匕所以插取食,二者不同,而同为插取之义,故郑读从之。"

上古舂、锸、𦔩、插均为初母叶部,是一组同源词。"锸",《说文·金部》:"锸,郭衣针也。"段玉裁注:"此云郭衣,皆谓恢廓张衣于版,以针密签其周,使伸直。是曰郭衣,其针曰锸。锸之言深入也。""锸"的本义为针,与表示农具的"锸"不同,但正如钱绎笺疏:"凡物之异类而同名者,其命名之意皆相近。"两词在表示"插入,刺入"义上同源。"臿",《说文·臼部》:"臿,舂去麦皮也,古田器。"《尔雅·释器》:"𦥑谓之臿。"郭璞注:"锸,古锸字。""插",《说文·手部》:"插,刺肉也。"段玉裁注:"刺内也。内各本作肉。今正。内者,入也。刺内者,刺入也。"《玉篇·手部》:"插,刺入也。"《广韵·洽韵》:"插,刺入。"《集韵·叶韵》:"插,刺。"《急就篇》卷三:"捃获秉把插捌杷。"颜师古注:"插者,担也,两头鑯锐,所以插刺禾束而担之也。""臿""锸""插",古字并通,都有"插入、刺入"义。因此"臿"的词源义为"插入、刺入"。

12. 锋:"锋"的使用义是古代的一种农具。能进行一定的秋耕和中耕,能将庄稼根茬切断等。锋由耒耜发展而来,柄像耒柄,铁刃比犁镜小且尖锐,功用上与耒耜相近,都用来翻土,因此"锋"的语源义与"耒耜"应有相同之处,"耒耜"的词源义为"刺入",能刺入者必锋利、尖锐;"锋"的词源义也为"锋利、尖锐"。

《说文·金部》:"锋,兵耑也。"段玉裁注:"兵耑也,兵械也。耑,物初生之题。引申为凡物之颠与末。凡金器之尖曰鏠。俗作锋。"《释名·释兵》:"刀其末曰锋,言若蜂刺之毒利也。"《玉篇·金部》:"锋,刀刃也。"《广韵·钟韵》:"锋,敛刃锋也。"钱绎笺:"凡物之异类而同名者,其命名之意皆相近。"可见,农具之"锋"的语源义也是"尖锐"。同时,从夆得声的字多有"尖锐"义。"峰",山尖端。《说文新附》:"锋,山耑也。"《一切经音义》卷十二:"山高而锐曰峰。从山,夆声。""蜂",尾部有尖刺的飞虫。《说文·虫部》:"蜂,飞虫螫人者。"《埤雅·释虫》:"蜂,其毒在尾,垂颖如锋,故谓之蜂。""桻",树的梢尖。《广雅·释诂》:"桻,末也。"王念孙疏证:"桻者,《玉篇》:'桻,木上夜。'兵耑谓之锋,山耑谓之峰,义位同也。"《广韵·钟韵》:"桻,木上。""锋"与"峰""蜂""桻"音同,都有"锋利、尖锐"义。"锋"的词源义即为"锋利、尖锐"。

13. 钁:"钁"的使用义是掘地的一种大锄。从金矍声,矍亦义。"钁"的词源义是"大"。

《说文·金部》:"钁,大锄也。"段玉裁注:"大锄也。锄之大者曰钁。从金,矍声。"王筠句读:"其用与锄同,其形与锄异,老圃用之,其名不改。"《尔雅·释器》:"斫谓之鐯。"郑玄注:"钁也。"《广雅·释器》:"櫡谓之钁。"王念孙疏证:"钁刃广六寸,柄长五尺以上。"《六书故·金部》:"钁,大锄也。"

上古钁犹玃、貜、趯、懼,均为见母铎部,以矍为声,矍亦义。"矍",大惊。《说文·瞿部》:"一曰视遽貌。""玃",《说文·犬部》:"玃也。"《尔雅·释兽》:"玃父,善顾。"郭璞注:"似猕猴而大,色苍黑,能攫持人,好顾盼。"邢昺疏:"大猿也,能攫持人,又善顾盼,因名云。"《广韵·药韵》:"玃,大猨。""玃",《说文·犬部》:"母猴也。从犬矍声。"段玉裁注:"大母猴也。"《洪武正韵·六药韵》:"大母猴,《广韵》:'大猿。'亦作玃。""趨",《说文·走部》:"趨,大步也。从走,矍声。""矍",《广韵·药韵》:"矍,大视。"《五音集韵·药韵》:"矍,大视。"因此它们是一组同源词,都含有"大"义,"钁"的词源义为"大"。

14. 镵:"镵"的使用义指犁耳,装在铧或镵上的铁板,使被耕开的土壤破碎和翻转。《玉篇·金部》:"镵,犁耳也。"《广韵·昔韵》:"镵,镵土犁耳也。"《集韵·锡韵》:"镵,犁耳也。"唐陆龟蒙《耒耜经》:"冶金而为之,曰犁镵,犁壁。……起其坡者,镵也;覆其坡者,壁也。……故镵引而居下,壁偃而居上。"《王祯农书·镵》引《耒耜经》:"镵形,其圆,广长皆尺,微楠。背有二乳,系于压镵之两旁。"王祯诗云:"犁以耜为齿,耜以镵为耳。"清道光年修《道义府志·风俗》:"犁上铁板曰镵耳。"《王祯农书》中将"壁"写作"镵",历代的子书中也大都写作"镵",从中我们也可以看出"镵"名来源于"壁"之"边"义,因此"镵"的词源义为"边侧、偏"。

部分以"辟"为声的同源字具有"边侧,偏"之义。如镵、壁、臂、躄、嬖、癖、避等,上古均为帮母锡部。"臂",从身体躯干向一侧支出的部分。《说文·肉部》:"臂,手上也。"《释名·释形体》:"臂,裨也,在旁曰裨也。"《广韵·支韵》:"裨,附也,助也。"凡物相助者多在旁,臂在身两旁,与手有相位辅助之形。"躄",走路不正。《玉篇·足部》:"躄,跛甚者。"《史记·平原君列传》:"民家有躄者,槃散行汲。"张守节正义:"躄,跛也。""嬖",偏爱。《说文·女部》:"嬖,偏嬖,爱也。"即偏宠之意。"癖",癖好,偏爱之意。"避",避向一边。《说文·辵部》:"避,回也。"《广韵·寘韵》:"避,违也,回也。"因此"镵"的语源义是"边侧,偏",因在"犁镵"一侧而得名。

15. 杴:"杴"的使用义指臿类农具。似锹,但铲较方阔,柄端无短柄。用于挖土、筑畦、播撒肥料、取扬谷物等。最早称"銛","杴"是俗体,现在一般写作"锨"。

"杴",《玉篇·木部》:"杴,锹属。"《广韵·严韵》:"杴,锹属。"《格致镜原》:"杴,事物原始,杴或以铁或以木为之,用以取沙土。""杴"是臿类农具,因此,其词源义与"舌"相同,即"刺入"义。

杴是"銛"的俗体。"銛",《说文·金部》:"銛,舌属。"段玉裁注:"舌者,春去麦皮也。假借为锹舌,即上文田器之锹也。其属亦曰銛。俗作杴。引申为銛利字。"《广雅·释诂》:"銛,利也。"王念孙疏证:"《说文》:'舌属。'亦利之义也。"《玉篇·金部》:"銛,銛利也。"《六书故》:"銛,刃利也。"《广韵·忝韵》:"銛,舌属。"《广韵·盐韵》:"銛,銛利也。"《集韵·盐韵》:"銛,《说文》:'舌属。'一曰刺也。"因此"铦"是锐利的耒类农具。

上古铦与镵、櫼为心精旁纽,谈部叠韵的一组同源字。"镵",尖。《说文·金部》:"镵,铁器也。"段玉裁注:"盖锐利之器。"《尔雅·释丘》:"再成锐上为融丘。"郭璞注:"融丘,镵顶者。"《广雅·释诂》:"镵,锐也。"《六书故》:"镵,锋芒铦锐也。""櫼",带尖的木楔。《说文·木部》:"櫼,楔也。"段玉裁注:"木工于凿枘相入处有不固。则斫木札楔入固之。谓之櫼。"因此,"枚"的词源义应为"刺入"。

16. 京:"京"的使用义是方形的大谷仓。现在取其方而高大之义,以名仓曰京,故而"京"的词源义为"方而高大"。

《说文·京部》:"人所为绝高丘也。"《尔雅·释丘》:"绝高谓之京。"刑昺疏:"卓绝高大如丘而人力所作者名京。"《广雅·释宫》:"京,仓也。"王念孙疏证:"《说文》:'圆谓之囷,方谓之京。'……释丘,四起曰京,义与方仓谓之京同也。"《急就篇》卷三:"门户井灶庑囷京。"颜师古注:"京,方仓也。"《玉篇·京部》:"《尔雅·释丘》云:'绝高谓之京。'《公羊传》曰:'京者,何大也。'"《广韵·庚韵》:"京,大也。"《管子·轻重丁》:"有新成囷京者二家。"尹注:"大囷曰京。"《史记·扁鹊仓公列传》:"见建家京下方石。"裴骃《集解》引徐广曰:"京者,仓廪之属也。"京、囷都指粮仓,不同之处在于形状。《王祯农书·京》:"夫囷、京有方圆之别:北方高亢,就地植木,编条作囤,故圆,即囷也;南方垫湿,离地嵌板作室,故方,即京也。"上古京为见母阳部,囷为溪母文部,见溪旁纽,韵部同属鼻音,可以构成通转,因此京、囷同源,都处于蜾蠃一族。

从以上农具名物词的词源义分析,我们可以看出古农具的命名理据。"事物的命名往往反映了各民族的认知过程和事物的特征。而这种认知过程和特征与各民族长期形成的观察和思维有着千丝万缕的关系。虽然各民族对具体事物的命名方式不一样,但古今中外,人们在观察和描述事物的过程中,几乎都十分关注事物的外部特征,如颜色、形状和用途等,并以此作为给事物命名的依据。"[①]这一现象适用于各种具体事物,只是每种事物的侧重点不同而已,比如植物、动物的命名多侧重于形状、颜色,而农具作为劳作的工具,大都从形状和功能方面来命名,很少从颜色上来命名。以形状命名的大多是圆形,如"篮""筥""篚""畚""囤""筹""筐""京""囷"等,圆形特征不是绝对的,如"筐""京"以方形命名,正如任继昉所言:"事物间的形状特征的相像,并不要求绝对的像,而只是一种近似的、大致的相像。有的可以说是圆形,而有的根本算不上圆,只是一个块状、一个立体形而已。但在思维和语言都还

---

① 王闰吉:《论释名的理据》,广西师范大学硕士论文 2001 年,第 15 页。

处于混沌状态的原始人来看,这些事物都大同小异,因而在命名时就可以求同存异。"①另外,以高命名的"橰",以大命名的"钁"。同时,这些具有圆义的词语音上相近,如筥、筐见溪旁纽,鱼阳对转,篮、囷来定旁纽,谈文通转,京、囷见溪旁纽,韵部同属鼻音,可以构成通转,京、筐见溪旁纽,阳部叠韵等,这些词音近义通,它们的源词都为"果蓏",是由果蓏一词直接或间接派生的。以农具的主要功能命名的,如"箪""箕""帚""筛""籢""概""杪""舌"等。以性态命名的,如"锋""礴"。通过系联同源词推求农具命名时的意义,体现了"声音对意义的象征作用,或云声音的象征义"。② 这是探求单音节农具名物词词源义的有效方法。

三、双音节农具名物词的词源义

王宁先生在《训诂学原理》中指出:"双音节合成词的造词理据包括以下两个方面:一是参与构词的语素各自意义的来源;二是它们结合并凝固的原因。"③这同样适用于双音农具名物词造词理据的探求。下面就主要从这两个方面对双音节农具名物词的词源义进行初步的探求。

(一)参与构词语素的意义来源

王祯《农器图谱》中属名与别名,或别名与属名结合的合成农具名物词占多数,比如别名与属名结合的:耧车、砘车、大车、拖车、翻车、筒车、刮车、长镵、耰锄、耧锄、蹬锄、耘荡、推镰、粟鉴、田荡、辊轧、连磨、绳车、纫车等。因此,反映其词源义的是这些区别性语素,也完全可以通过系联同源词等来推求。

1. 耧车:"耧车"是一种畜力条播机。由牲畜牵引,后面有人扶,可同时完成开沟和下种两项工作。可播大麦、小麦、大豆、高粱等。《王祯农书·耧车》:"其制,两柄上弯,高可三尺;两足中虚,阔合一垄;横桄四匝,中置耧斗,其所盛种粒,各下通足窍,仍旁挟两辕,可容一牛。用一人牵傍,一人执耧,且行且摇,种乃自下。""耧车"与一般车的区别性特征就在"耧"这一构词语素上。部分以娄为声的字含有"中空"义。故"耧车"的词源义为"中空"。

汉崔寔《政论》:"武帝以赵过为搜粟都尉,教民耕植。其法三犁共一牛,一人将之,下种挽耧皆取备焉。日种一顷。"《晋书·食货志》:"乃教作耧犁,

---

① 任继昉:《汉语语源学》,重庆出版社1992年版,第89页。
② 李海霞:《汉语动物命名研究》,巴蜀书社2002年版,第70页。
③ 王宁:《训诂学原理》,中国国际广播出版社1996年版,第152页。

又教使灌溉。"《王祯农书·耧种》:"然而耧种之制不一,有独脚、两脚、三脚之异。"此"耧""耧犁"即"耧车"。"耧",《玉篇·耒部》:"耧,耧犁也。"《类篇·耒部》:"耧,种具。"《六书故》:"耧,下种具也。"《广韵·侯韵》:"耧,种具。"《集韵·侯韵》:"耧,种具。"耧斗、耧腿是耧车的主要组成部分。耧斗中空,内盛种粒,耧脚中虚。

以娄为声的娄、髅、镂、篓上古均为来母侯部,语义上都含有"中空"义,音近义通,是一组同源字。"娄",中空。《说文·女部》:"娄,空也。"段玉裁注:"空也,凡中空曰娄。""髅",髑髅。《说文·骨部》:"髅,髑髅。"《广雅·释亲》:"颅谓之髑髅。"《玉篇·骨部》:"髅,髑髅。"《龙龛手鉴·骨部》:"髅,头骨也。"《广韵·侯部》:"髅,髑髅。"《庄子·至乐》:"庄子之楚,见空髑髅,髐然有形。""镂",古同"漏",孔穴。"篓",中空的盛器。《急就篇》卷三:"筵箪箕帚筐箧篓。"颜师古注:"篓者,疏目之笼,亦言其孔楼楼然也。"《广韵·侯部》:"篓,笼也。"因此"耧车"的词源义是"中空"。

2. 砘车:"砘车"是指以圆石为轮的碾地农具。《王祯农书·砘车》:"砘,石砘也。以木轴加砘为轮,故名砘车。两砘用一牛,四砘两牛力也。凿石为圆,径可尺许,窍其中以受机栝。畜力挽之,随耧种所过沟垄碾之,使种土相着,易为生发。""砘车"因以圆石为轮而命名,"砘车"的词源义来自"砘",即"圆"义。

王祯诗云:"以砘为车古未闻,字因义取石从屯。"元代以前的字书中仅在《改并四声篇海·石部》引《搜真玉镜》:"砘,碌碡也,种田具也。"王祯指"砘"为"石砘"。《玉篇·石部》:"砘,辗轮石。"《广韵·戈韵》:"砘,碾砘。"砘车即为碌碡一类的农具。碌碡的词源义为圆,因此砘车也是以圆石为轮的农具。

上古砘与囤、饨皆为定母文部,同音。"囤",《说文·竹部》:"囤,篅也。"《广雅·释器》:"囤谓之篅。"《玉篇·竹部》:"囤,篅也。"《说文·竹部》:"篅,以判竹圆以盛谷也。"《急就篇》卷三:"织草而为之则曰篅,取其圆团团然也。""饨",《玉篇·食部》:"饨,馄饨也。"《广韵·魂韵》:"饨,馄饨。"《古今通韵·魂韵》:"饨,馉饨。"《正字通》:"今馄饨即饺饵别名,俗屑米面为末,空中裹馅,类弹丸形,大小不一,笼蒸啖之。"《元史·食物志》:"馄饨,或作馉饨。馉饨,象其圆形。"

3. 辊辗:"辊辗"是指古代用石辊制成的一种碾谷工具,也称海青辗。《王祯农书·辊辗》:"世呼曰海青辗,喻其速也。但比常辗减去圆槽,就砘干栝以石辊。上置板槛,随辗干圆转作窍。下谷不计多寡,旋转旋放,易于得米。较之砘辗,疾过数倍。""辊辗"的词源义来自"辊",即"圆转"义。

上古辊与绲、棍、衮、䋘、锟为见母文部,音同。"辊",《说文·车部》:"辊,毂齐等貌。《周礼》曰:'望其毂,欲其辊。'"段玉裁注:"辊者,毂匀整之貌也。"朱骏声通训定声曰:"谓干木正圆不桡减。"唐慧琳《一切经音义》卷一百:"辊,《韵诠》云:'手转之令下也。或从手作掍,以手转也,或作䋘。'《考声》云:'如车毂转也。'""绲",绳子。《玉篇·糸部》:"绲,绳也。"《诗经·秦风·小戎》:"交韔二弓,竹闭绲縢。"毛传:"绲,绳。"指用以环绕物体捆束的绳子。"棍",能够转动,用以缠绕线、弦的旋纽。唐玄应《一切经音义》:"棍,转也。谓箜篌上转绳也。""衮",绣有卷曲之龙形的礼服。《说文·衣部》:"衮,天子享先王。卷龙绣于下幅,一龙蟠阿上向。"《玉篇·衣部》:"衮,衣画为龙文。"《广韵·混韵》:"衮,天子服也。"《周礼·春官·司服》:"王之吉服,享先王则衮冕。"郑玄注引郑司农:"衮衣,卷龙衣也。"《诗经·豳风·九罭》:"我觏之子,衮衣绣裳。"毛传:"衮衣,卷龙也。""䋘",用绳子环绕捆扎的大束。《尔雅·释器》:"一羽谓之箴,十羽谓之缚,百羽谓之䋘。""䋘"即指将百根羽毛捆成一束。《玉篇·糸部》:"䋘,大束也。""锟",指车毂口穿轴用的金属圈。《方言》卷九:"车釭,齐、燕、海、岱之间谓之锅,或谓之锟。"《玉篇·金部》:"锟,车釭也。"因此,"辊"与"绲""棍""衮""䋘""锟"为一组同源词,都含有"圆转"义,辊辗的词源义为"圆转"。

4. 纬车:"纬车"是纺车。《王祯农书·纬车》:"纬车,《方言》曰:'赵魏之间谓之历鹿车,东齐、海、岱之间谓之道轨。'今又谓缫车。""其树上立柱置轮,轮之上近,以铁条中贯细筒,乃周轮与筒,缭环绳。右手掉轮,则筒随轮转,左手引丝上筒,遂成丝缠,以充织纬。""纬车"的词源义来自"纬",即"回转"义。

"纬",织物的横线。《说文·糸部》:"纬,织横丝也。"《释名·释典艺》:"纬,围也。反覆围绕以成经也。"即织布时,先将经线绷好,再以纬线围绕经线来回地编织,因此,纬即指围绕纵线回转编织的横线,"纬"寓"回转"义。上古纬与围、沩、帏、帷都为匣母微部。"围",环绕。古字写为"囗"。《说文·囗部》:"囗,回也,象回帀之形。"段玉裁注:"按,围绕,周围字当用此。"《广雅·释诂四》:"围,裹也。"《易经·系辞上》:"范围天地之化。"疏:"围,谓周围。"《周礼·考工记·庐人》:"以其一为之被而围之。"郑玄注:"围之。环之。""沩",水流回旋。《说文·水部》:"沩,回也。"《字汇·水部》:"沩,水回曰沩。""帏",盛香料的圆形香囊。《说文·巾部》:"帏,囊也。"《玉篇·巾部》:"帏,香囊也。"《楚辞·离骚》:"椒专佞以慢慆兮,樧又欲充夫佩帏。"王逸注:"帏,盛香之囊。"又"苏粪壤以充帏兮,谓申椒其不芳。"王逸注:"帏谓之縢。縢,香囊也。""帷",帷帐,环围在四周的帐幕。《说文·巾部》:"帷,在旁曰帷。"《释名·释床帐》:"帷,围也,所以自障围也。"《周礼·天官·幕人》:"掌帷、幕、幄、帟、绶之事。"郑玄注:"在旁曰帷,在上曰幕。"上古"纬"与"围""沩""帏""帷"音近义通,是一组同源词,都含有"回转"义,因此"纬车"的词源义为"回转"。

5. 蟠车:"蟠车"即拨车,纺纱纺棉的工具。《王祯农书·络车》:"缠纑具也,又谓之拨车。南人谓拨柎,又云车柎。"蟠车即缠绕麻线或棉线的器具,将棉麻纺中锭子或筒子装之纱线复摇到蟠车上,是织布前纱线的整理工作。"蟠车"的词源义来自"蟠",即"屈曲"义。

"蟠",盘曲,环绕。《广雅·释诂一》:"蟠,曲也。"《尚书大传》卷一下:"蟠龙贲信于其藏,鲛鱼踊跃于其渊。"郑玄注:"蟠,屈也。"《礼记·乐记》:"及夫礼乐之极乎天而蟠乎地。"集解郑玄曰:"蟠,犹委也。"《管子·内业》:"蟠满九州。"尹知章注:"蟠,委地也。""委",曲折。《说文·女部》:"委,委随也。臣铉等曰:委,曲也。取其禾谷垂穗。委,曲之貌。"《汉书·邹阳传》:"蟠木根柢。"颜师古注:"蟠木,屈曲之木也。"

上古蟠与般、槃、盘并母元部,音同。"般",旋转。《说文·舟部》:"般,辟也。像舟之旋。""盘",盘曲,盘绕。《正字通·皿部》:"盘,盘曲。"《文选·嵇康琴赋》:"则盘纡隐深。"李善注:"盘,曲也。""槃",盘绕。《史记·屈原贾生列传》:"云蒸雨降兮,错缪相纷;大专槃物兮,坱扎无垠。"司马贞索隐:"槃,犹转也。"《后汉书·班彪传》:"增槃业峨。"李贤注:"槃,屈也。""蟠"与"般""槃""盘"音同义近,都含有"屈曲"义,因此,"蟠车"的词源义为"屈曲"。

(二)双音节词语整体意义的凝固

双音节合成农具名物词大多数为属名与别名的结合,也有一些与属名、别名无关的,它们合并、凝固的原因是多方面的。我们主要以词义分析法进行说明。双音节农具词语在合成时主要有三种意义类型,即概念义、比喻义和源义素。源义素名称是王宁先生最早使用的,是从具有同源关系的形声字声符示源功能角度提出的,即指同源字中某一共同的意义要素。双音节合成词的凝固主要探求其意义的类型、意义间的关系。

1. 乔扦:"乔扦"是用细竹竿做成的三脚架。在下雨地面潮湿时,悬挂收获的庄稼。《王祯农书·乔扦》:"乔扦,挂禾具也……凡禾多则用筊架,禾少则用乔扦。""乔扦"为合成词,其构词来源于"乔"和"扦"意义的合成。"乔"有"高"义。《说文·乔部》:"乔,高而曲也。从夭,从高省。《诗》曰:'南有乔木。'"《尔雅·释木》:"句如羽乔。下句曰朻,上句曰乔。"《广韵·宵韵》:"乔,高也。"《广雅·释诂》:"乔,高也。"《玉篇·夭部》:"乔,高也。""扦"指扦子,用金属或竹木制成的一头尖的器物,如铁扦,牙扦等。"乔扦"即指"高大的竹木制成的器物",是由两个语素各自的概念义合成的。

2. 耘爪:"耘爪"是一种用于水田的除草工具。《王祯农书·耘爪》:"耘爪,耘水田器也,即古所谓鸟耘者。其器用竹管,随手指大小截之,长可逾寸,削去一边,状如爪甲;或好坚利者,以铁为之,穿于指上,乃用耘田,以代指甲,犹鸟之用爪也。""耘爪"的构词来源于"耘"和"爪"的合成。"耘"指"除草"。《玉篇·耒部》:"耘,除草。"《广韵·文韵》:"耘,除苗间秽也。""爪",《说文·爪部》:"丮也。覆手曰爪,象形。"徐灏注笺:"戴氏侗曰:'爪,鸟爪也,象形,人之指叉或亦通作爪。'"《六书故·动物三》:"爪,鸟爪也,兽亦有爪。"引申为像爪的东西。《六书故·动物三》:"爪,车盖之爪以玉饰之,亦曰爪。""耘爪"中的"爪"指像爪的东西,"耘爪"即指形状似爪的除草工具,是由语素的概念义和比喻义合成的。又如表示"搭爪",农具名。铁制,钩尖分二叉。《王祯农书·搭爪》:"搭爪,上用铁钩,带榜,中受木柄。通长尺许,状如弯爪,用如爪之搭物,故曰搭爪。""搭爪"由语素的概念义和比喻义合成。

3. 瓠种:"瓠种"是指用葫芦制成的播种工具。其形制是在葫芦的两头各开一个圆孔,中间贯穿一根木箄,箄的后端作为手握的柄,前端是下种的嘴。"瓠"是"瓠种"的制作材料,即葫芦。"瓠"词源于"蠃蠃",即"圆而下垂"。《说文·瓠部》:"瓠,匏也。"段玉裁注:"包部曰:匏,瓠也。二篆左右转注。"王筠句读:"今人以细长者为瓠,圆而大者为壶卢。古无此别也。"《说文·包部》:"匏,瓠也。"段玉裁注:"瓠也。瓠下曰,匏也。与此为转注。匏谓之瓠,谓异名而同实也。《豳风》传曰:'壶,瓠也,此谓壶即瓠之假借字也。'"因此,"瓠""匏"为一词二形。"壶"与"瓠"形状相似,"壶"取材于"瓠",其形似"瓠",故"壶"得名于"瓠",其词也源于"蠃蠃"。《说文·壶部》:"壶,昆吾圆器也。"段玉裁注:"《公羊传》曰:'壶,礼器。腹方口圆曰壶。'"因此"壶""瓠"同源通用。古匏并母幽部,瓠、壶匣母鱼部,匏与瓠、壶并匣通转,幽鱼旁转,匏、瓠、壶音近义通,源义素为"圆而下垂",因此"瓠"的源义素和"种"的概念义合成"瓠种",指由圆而下垂葫芦制成的下种器。

4. 耕槃:"耕槃"指耕地时犁辕前可转动的部分。唐陆龟蒙《耒耜经》:"横于犁辕之前末,曰槃,言可转也,左右系以挚乎轭也。"旧时耕槃比较短,驾一头牛或两头牛,所以跟犁相连。现在槃用直木做成,长到五尺,正中设有钩环,耕时套钩在犁辕顶端,跟牛轭首尾相联结,不跟犁身连在一起。

"槃",《说文·木部》:"槃,承槃也。"段玉裁注:"槃引申之义为凡承受者之称。""槃",从木般声,般亦义,"槃"的词源义源于"般",即"转"义。上古槃、般、盘均为并母元部,语义上都含有"转"义,是一组同源词。"般",《说文·舟部》:"辟也。像舟之旋,从舟,从殳,殳,所以旋也。"《六书故》:"旋舟也,舟在水上旋莫易焉,故取类于舟。""盘",《说文·木部》:"槃,承槃也。盘,籀文,从皿。"段玉裁注:"今字皆作盘。"制圆盘时旋转成器,故名盘。"瞥",《说文·目部》:"瞥,转目视也。从目,般声。"朱骏声曰:"谓瞥而视,则般亦义。"王筠曰:"吾乡之恒言也,有所伺察而恐其人觉之,故佯为不见而转目以注之也。"因此,"耕"的概念义和"槃"的源义素合成"耕槃",指耕地时用到的可以转动的器具。

5. 牛枙:"牛枙"指在牛脖子上配大小适当的、防走脱的颈箍,根据牛的大小而制作,用弯曲木材,两端凿孔,贯穿耕索,下面系着鞍板,把牛枙控制在牛项上头,稳定顺当,不致上滑或倾斜,"牛枙"指压牛木。

"枙"字亦作"軶"。《说文·车部》:"軶,辕前也。"段玉裁注:"辕前也。谓辕前者,谓衡也。自其横言之谓之衡,自其扼制马言之谓之軶。隶省作枙。"《玉篇·车部》:"枙,辕端压牛木也。"《龙龛手鉴·车部》:"枙,辕端压牛木也。"《周礼·考工记·辀人》:"衡任。"注:"衡任谓两枙之间也。服马有二,一马有一枙,枙者,厄马领不得有出也。""扼",亦写作搹、挞。《说文·手部》:"搹,把也,从手,鬲声。挞,搹或从厄。"段玉裁注:"挞,今隶变作扼。"《集韵·麦韵》:"搹,《说文》:'把也。'或作挞,扼。""扼",本义为把握、握住,引申为控制。"扼",通"枙"。《洪武正韵·陌韵》:"扼,与枙通。"《庄子·马蹄》:"加之以衡扼。"成玄英疏:"扼,又马头木也。""柅",同枙。《集韵·麦韵》:"枙,《说文》:'辕前也。'或作柅。"《类篇·卷十七》:"柅,辕前也。"《急就篇》卷三:"盖轑俾倪柅缚棠。"颜师古注:"柅在衡上所以扼持牛马之颈也。""楇",《说文·木部》:"楇,大车柅。从木,鬲声。"段玉裁注:"柅当作軶。《车部》曰:'軶,辕前也。'"《释名·释车》:"楇,扼也,所以扼牛颈也。""楇"又作"鬲",《周礼·考工记·车人》:"凡为辕,……鬲长六尺。"注:"谓辕端压牛领者。""鬲"通"枙",《集韵·麦韵》:"枙,《说文》:'辕前也。'或作鬲。""鬲""楇""柅""軶"在表示"辕前"义上实同一词。其与扼、陁上古均为影母锡部,音同,语义上都含有"扼持"义。因此,"牛"的概念义和"枙"的源义素合成"牛枙",指可扼持牛的器具。

6. 辊轴:"辊轴"是古代一种碾草平地的农具。用于水田整地除草或碾脱麦禾浮穗。《王祯农书·辊轴》:"辊轴,辊碾草禾轴也。江南地下,易于得泥,故用辊轴。"

"辊",指能滚动的圆柱形机件的统称。辊犹绲、棍、衮、绲、锟,见母元部,都含有"圆"义,上文已论述。辊又犹如鲩、鳤。"鲩",一种形长身圆的鱼。《广韵·混韵》:"鲩,鱼名。"徐珂《清稗类钞·动物类》:"鲩,可食,形长身圆,颇似青鱼,而色微灰,江湖中处处有之,食草,亦谓之草鱼,又作鲩。""鲲",《广韵·混韵》:"鲲,角圆貌。"因此辊与绲、棍、衮、绋、鲜、鲲为一组同源词,都含有"圆"义。"轴",犹如柚、胄,也有"圆"义。轴,柚,定母觉部,音同。"轴",指贯穿车轮中间用以持轮的柱形长杆。《说文·车部》:"轴,持轮也。"《广韵·六韵》:"轴,车轴。""柚",织布机上缠经线的滚筒。《诗经·大东》:"杼柚其空。"《广韵·六韵》:"柚,杼柚机具。""胄",定母幽部,轴、胄,定母双声,觉幽对转。"胄",古代战士作战时保护头部的帽子,多为半圆形。《说文·肉部》:"胄,兜鍪也。"段玉裁注:"按:古谓之胄,汉谓之兜鍪,今谓之盔。"因此,"辊""轴"都含有"圆"的源义素,同义合成为"辊轴"。

第四节 农业词语的几种语义关系

农业词语不是一盘散沙,不是孤立存在的,它们都处于相互依存、相互作用中,通过某种关系有规律地联系起来。语义关系就是联系农业词语的重要方式。农业词语内部的不同词按照各种语义关系联系起来,形成不同的语义聚合,通过考察聚合内词与词以及整个聚合之间的关系来把握农业词汇系统的变化。黄侃先生在《训诂学构词》中指出词与词之间的意义联系,有"相容""相入""相距"以及"引申有横有直"。这对我们研究农业词语的语义关系有重要的指导意义。具体到农业词语自身的特点,主要有同义关系、上下义关系和相对关系三种形式,其中前两种占的比重大一些。

一、具有同义关系的农业词语

具有同义关系的农业词语形成了同义聚合。何为同义关系,历来不同的学者有不同的说法。主要的代表观点有"意义同近"说,主要以周祖谟、王力、张永言、刘叔新、蒋绍愚、何九盈、赵克勤等为代表;"义位相同"说,主要以王力、蒋绍愚、符淮青、孙常叙等为代表;"对象同一"说,主要以武占坤、王勤为等代表;"概念同一"说,主要以石安石、张世禄等为代表。我们采用通行的观点,在语法意义相同的前提下,只要有一个或几个意义相同或相近,即具有同义关系。我们在构组、立义上采取从宽、从细的原则。① 首先,在构组上,如黄金贵先生所言:"凡是有混同性的词,只要不违背一义相同的原则,可以灵

---

① 宋洋:《〈居家必用事类全集〉词汇研究》,南京师范大学硕士论文 2016 年,第 45~46 页。

活地在共义概念的大小等次上浮动,将它们构组。"①对于农业词语而言,只要符合一义相同,具有相同的类概念或上位概念,我们都可以构组。其次,在立义上,采取从细原则。汉语中的词语以储存状态和使用状态存在着。如苏宝荣先生所言:"语言中的词可以处于两种状态:一种是贮存状态,也就是字典、词典所收录的词;一种是使用状态,也就是具体语言环境中出现的词。贮存状态的词是概括性的,具有多义性的;使用状态的词是具体,具有单义性的。"②对于农业词语而言,在同义词的立义上我们既考虑贮存义,也考虑使用义,将在特定语境下的使用义保留起来,反映农业语料的语言面貌。

同义关系的农业词语分布非常广泛,各种词类中都有数量不等的同义类聚,从具有同义关系的数量来看,实词占绝对优势,这其中又以名词和动词为主。其中具有同义关系的名词在农书中多表现为名物词的同实异名,如表示农作物和农具名称的词语,前面已有论述,本章不再重复。下面仅以动词为例,从同义构组、语义层次和关系等方面进行分析。

1. 耕织—耕稼—耕耨—稼穑—耕作—耕桑—耕耘

这一组同义词出现于先秦两汉时期,表示对农业劳动的泛称。经过魏晋南北朝时期的发展,延续到金元明时期。这组词在音节分布上均是双音节,双音节词内部语素之间的意义相同或相关。在表示"农业活动"这个共同意义上是平等的并列关系,它们处于同一的语义场中,有共同的上位义。

处于同义聚合内的成员之间之所以构成同义关系,因为共同义项的存在,这个共同义项可以是词的本义,可以是引申义。"耕织",本指耕种和纺织,泛指农桑活动;"耕稼",本指耕田和种植,泛指农业活动;"耕耨",本指耕田除草,泛指耕种;"稼穑",本指耕种和收获,泛指农业劳动;"耕作",本指从事农耕,泛指农事;"耕桑",本指种田与养蚕,泛指从事农业;"耕耘",本指耕地与除草,泛指田间劳作。表示农业活动这组词是在引申义上构成同义。从先秦发展到元明,词义未发生根本变化,从中可以看出农业词语的传承性。

(1) 复有商鞅务耕织,遂成秦帝之基。(《四时纂要·序》)

(2) 言专一汝农民之心,令人预有志于耕稼之事。(《齐民要术·耕田》)

(3) 上古圣人,制耒耜以教耕耨。(《王祯农书·垦耕》)

(4) 而稼穑之务,可以次第而举矣。(《王祯农书·垦耕》)

---

① 黄金贵:《古汉语同义词辨析论》,上海教育出版社 2002 年版,第 294~295 页。
② 苏宝荣:《词义研究与辞书释义》,商务印书馆 2000 年版,第 76 页。

(5) 今农夫耕作之际,修整佃具,随身尤不可缺者。(《王祯农书·斧》)

(6) 及务耕桑,节用殖财……治为天下第一。(《农桑辑要·先贤务农》)

(7) 故其男不耕耘,女不蚕织,衣必文采,食必粱肉,亡农夫之苦,有阡陌之得。(《农政全书·备荒总论》)

2. 耕—耦—耩—犁—垦—锋—转—转地—转耕—耦耕—垦耕—垦辟—耕地—耕垦—垦荒

在这组表示"耕地"的同义词中,"耕""耦""耩""犁""垦""耦耕""垦耕""垦辟"产生于先秦两汉时期,"耕地""耕垦""转地""转耕"产生于魏晋南北朝时期,"转""锋"是产生于魏晋南北朝时期的旧词新义,"垦荒"产生于唐宋以后。在音节分布上,有单音词,也有双音词,而且双音词或者是同义单音词组成,如"垦耕""垦辟""耕垦""转耕",或者是由单音动词加上支配的对象,如"耕地""转地""垦荒"。

在同义聚合内部,各成员之间关系不同,上述同义聚合中的词都具有"耕"义,但具体所指不同,"耦""耦耕"指两人并耕;"转""转地""转耕"指土地重耕;"犁""耩""锋",指用工具犁、耩子、锋来耕;"垦""垦耕""垦辟""垦荒",侧重于开垦义。因此,或从耕地的方式、耕地的次数、耕地的工具、耕地的侧重点等来聚合"耕地"这一语义,"耕"成为这一同义聚合中的上位义。

在上述同义聚合内,"耕",指犁田。《说文·耒部》:"耕,犁也。""耦",古农具名,耜类。《说文·耒部》:"耦,耒广五寸为伐,二伐为耦。"引申指两人并耕。《广雅·释地》:"耦,耕也。"王念孙疏证:"耦之言偶也。"《玉篇·耒部》:"耦,二耜也。"《荀子·大略》:"禹见耕者耦,立而式。"杨倞注:"两人共耕曰耦。""耩",耕。《广雅·释地》:"耩,耕也。"王念孙疏证:"耕与耩一声之转。""犁",耕翻土地。《说文·牛部》:"犁,耕也。""垦",开垦,翻耕。《说文·土部》:"垦,耕也。""锋",古农具名。《论衡·幸偶》:"等之金也,或为剑戟,或为锋铦。"引申指用锋耕地。"转""转地""转耕",指重耕。"耦耕",两人并耕。这组聚合词内,或是本义与本义之间构成同义关系,如耕—垦—耩,垦耕—垦辟—垦荒;或者本义与引申义之间构成同义关系,如耕—耦;或者引申义与引申义之间构成同义关系,如锋—转。发展到现代,这些表示"耕地"义的词,有些仍保留,如"耕""犁""耩""耕垦""垦荒";有些成为古语,如"耦""转地""转耕";有些词语则失去了农业意义,如"转""锋"。

(1) 候干,转耕,杷细作垺。(《农政全书·山药》)

(2) 三代以上,皆耦耕,谓两人合二耜而耕之。(《王祯农书·垦耕》)

(3) 一牛三犁,耧犁也,而载之《垦耕》篇则误矣。(《农政全书·诸家杂论下》)

(4) 率多人者,田日三十亩,少者十三亩。以故田多垦辟。(《齐民要术·种谷》)

(5) 种柘法:耕地令熟,耧耩作垄。(《齐民要术·种桑、柘》)

(6) 若园好,未移之间,妨废耕垦也。(《齐民要术·种槐、柳、楸、梓、梧、柞》)

(7) 职广其说为各直省概行垦荒之议。(《农政全书·开垦下》)

3. 播—种—布—掷—撒—下—耩—纳—播种—纳种—漫种—漫掷—漫散—漫撒—穊种—稿种—点种—间种

这一组同义聚合表示"播种"。其中"播""种""下""纳""播种"产生于先秦两汉时期,"布""掷""撒""耩""纳种""漫种""漫掷""漫散""漫撒""穊种""稿种"产生于魏晋南北朝时期,"点种""间种"产生于唐宋以后。

在上述聚合内,"播",下种,撒种。《说文·手部》:"播,种也。"《书·大诰》:"厥子乃弗肯播。"孔颖达疏:"播谓布种。"《诗经·周颂·载芟》:"播厥百谷。"郑玄笺:"播,犹种也。""种",播撒。《书·大禹谟》:"皋陶迈种德,德乃降,黎民怀之。"孔传:"迈,行。种,布。""布",织物的通称。《说文·巾部》:"布,枲织也。"段玉裁注:"引申之,凡散之曰布。"《集韵·暮韵》:"布,散也。"引申为分散、分布,又引申指"撒播"义。"掷",《广韵·昔韵》:"掷,投也。"本指投、抛,引申指将种子投下、抛下,即"撒下""撒播"。"撒","散"的后起字。《说文·肉部》:"散,杂肉也。"引申指分散、分离,再引申为散播。"下",本指下面,位置在下。《说文·示部》:"下,底也。"引申指地表之下。《礼记·檀弓下》:"夫子疾,莫养于下,请以殉葬。"郑玄注:"下,地下。"又引申指把种子埋于地表之下,即"播种"义。"耩",《广雅·释地》:"耩,耕也。"王念孙疏证:"耕与耩一声之转。今北方犹谓耕而下种曰'耩'矣。"引申指用耧车播种。"纳","内"的分化字。《说文》:"内,入也。自外而入也。"桂馥义证:"凡自外入为内,所入之处亦为内。今人分去入二声,而入声之内以'纳'为之。"将种子自外入内,引申为下种。"播种""纳种",指撒播种子。"漫种""漫散""漫掷""漫撒",都指播种的方法,力求撒匀,使苗出稀稠适当。"穊种",点播的一种方法,密播。"稿种",不耕而种。"点种",即点播,隔一定距离点入种子。"间种",指两种作物间隔播种的方法。在这一组同义聚合内,或从点播,或从撒播,或从间播来聚合"播种"这一语义。从语义层次上看,"种""播种"是这一同义聚合的上位义。从语义关系上,"播""种""纳种""播种""漫种""漫散""漫掷""漫撒""穊种""稠种""点种""间种"是从本义上构成同义聚合,"掷""撒""下""布""耩""纳"是从引申义上构成同义聚合,两者之间又是从本义和引申义之间构成大的同义聚合。

(1) 今历论播种之法,庶农、圃者择而取之。(《王祯农书·播种》)

(2) 亦秋耕、杷、劳令熟,至春,黄场纳种。(《齐民要术·旱稻》)

(3) 夫江淮之间,凡漫种稻田,其草禾齐生并出,则用此辊碾,使草禾俱入泥内。(《王祯农书·辊轴》)

(4) 多种者,熟地垄头上漫掷,捞平。(《农桑辑要·西瓜》)

(5) 欲雨后速下,或漫散种,或耧下,一如种麻法。(《齐民要术·种红蓝花及栀子》)

(6) 种时欲雨,或漫撒或耧耩,如种麻法。(《农桑衣食撮要·种红花》)

(7) 凡美田之法,绿豆为上,小豆、胡麻次之,悉皆五六月中穊种。(《农政全书·农事》)

(8) 地不求熟。秋锋之地,即稠种。(《齐民要术·大豆》)

(9) 至来年三月中,随耕地于垄内点种,劳盖令平。(《农桑辑要·薏苡》)

(10) 南方亦间种之。(《王祯农书·小豆》)

4. 树—艺—栽—植—莳—移—别—徙—秧—树艺—种树—种莳—栽莳—移栽—栽移—移植—栽种—种艺—种植—移种—栽培—栽植—徙植—培植

这一同义聚合表示"栽种",其中的"树""艺""栽""植""莳""移""别""徙""秧""树艺""种树"产生于先秦两汉时期,"种莳""栽莳""移栽""栽移""移植""栽种"产生于魏晋南北朝时期,"种艺""种植""移种""栽培""栽植""徙植""培植"出现于唐宋以后。

"树",本指树木。《说文·木部》:"树,生植之总名。"徐锴系传:"树,木生植之总名。"《广韵·遇韵》:"树,木总名也。""树"由"树木"义引申指种树,如《易经·系辞下》:"古之葬者,厚衣之以薪,葬之中野,不封不树,丧期无数。"孔颖达疏:"不种树以标其处,是不树也。"由"种树"义引申指种庄稼,即"种植""栽种"义。《广雅·释地》:"树,种也。""艺",本义指种植。《集韵·祭韵》:"埶,《说文》:'种也。'或作艺。"《书·酒诰》:"嗣尔股肱,纯其艺黍稷。"孔传:"其当勤种黍稷。""栽",本义指筑墙立板。《说文·木部》:"栽,筑墙长版也。"徐锴系传:"又栽植也。"段玉裁注:"植之谓之栽,栽之言立也。"由指筑墙立板引申指将植物直立使其生长,即"种植"义。《广韵·咍韵》:"栽,种也。"《集韵·咍韵》:"栽,生殖也。""植",本义指门外闭时用以加锁的中立直木。《说文·木部》:"植,户植也。"段玉裁注:"植当为直立之木。""植"由"直立之木"引申指树立、直立,又引申指将植物直立使其生长,即"种植"。《广雅·释地》:"植,种也。"《广韵·职韵》:"植,种植也。""莳",指移栽,分种。《说文·草部》:"莳,更别种。"段玉裁注:"今江苏人移秧插田中曰莳秧。"《方言》卷十二:"莳,更也。"郭璞注:"莳,更种也。""移",移秧。《说文·禾部》:"移,禾相倚移也。"徐灏注:"戴氏侗曰:'移,移秧也。凡种稻必先苗之而移之,迁移之义取焉,别作。灏按:禾苗茂密乃移种之。'"《说文·辵部》:"移,迁徙也。"段玉裁注:"今人假禾相倚移之移为迁移字。"《广雅·释诂四》:"移,转也。"《广韵·支韵》:"移,徙也。""别",指移植、分栽。《说文·冎部》:"别,从冎从刀,分解也。""冎",《说文》:"剔人肉置其骨也。""别"的本义指分剖。后引申指分开。《广韵·释诂一》:"别,分也。"后引申指把丛生的苗拔出移栽。"徙",移植。《说文·辵部》:"徙,移也。"《广雅·释言》:"徙,移也。"《玉篇·彳部》:"徙,迁也。""徙"本义指迁移。后引申指移植树木。"秧",插(秧)。《说文·禾部》:"秧,禾若秧穰也。"段玉裁注:"今俗谓稻之初生者曰秧。"后引申指插秧,也泛指栽种义。这些表示"栽种"义的同义单音节动词产生后,单音节与单音节组合,经历了同义组合到凝固成词的过程,而且凝固成词的词义和单音节词义相同。这样的词语如:"树艺""种树""种莳""栽莳""移栽""栽移""移植""栽种""种艺""种植""移种""栽培""栽植""徙植"。

这一组同义聚合都有"栽种"义,但具体所指不同。"树""艺""栽""植""莳""树艺""种树""种莳""栽莳""栽种""种艺""种植""栽培""栽植""培植"表示普通意义上的"种植"义,"别""移""徙""移栽""栽移""移植""移种""徙植"含有"将秧苗或树木移至他处栽种"义。这组同义聚合内单音节动词义有的是本义,有的是引申义,而由同义单音节动词构成的双音节词义都表示其本义。

(1) 辨十有二壤之物,而知其种,以教稼穑树艺。(《王祯农书·地利》)

(2) 所不去者,医药、卜筮、种树之书。(《农政全书·诸家杂论上》)

(3) 种莳之事,各有攸叙。(《陈旉农书·六种之宜》)

(4) 棠熟时,收种之。否则,春月移栽。(《齐民要术·种棠》)

(5) 遂分布栽移,略遍州境也。(《齐民要术·种椒》)

(6) 二年正月移植之,亭亭条直,千百如一。(《四时纂要·五月》)

(7) 以此时栽种者,叶皆即生。(《齐民要术·栽树》)

(8) 种艺之宜,惟在审其时月,又合地方之宜,使之不失其中。(《王祯农书·种植》)

(9) 冬至前后各半月不可种植,盖天地闭塞而成冬,种之必死。(《种艺必用补遗》)

(10) 荚首,根逐年移种,生着不黑。(《种艺必用》)

(11) 盖谓栽培之宜,春分前后十日及十月,并为上时。(《王祯农书·种植》)

(12) 北地不见此种,若于附近地面,访学栽植,甚得济用。(《农桑辑要·橙》)

(13) 于次年正月上旬,乃徙植。(《陈旉农书·种桑之法》)

(14) 玄扈先生曰:冬寒无损,正因种者多,且培植有方耳。(《农政全书·橘》)

5. 茇—薅—耘—芟—锄—耨—锄耘—锄治—耘锄—薅治—耘治—耘薅

在表示"除草"的同义聚合中,"茇""薅""耘""芟""锄""耨""锄耘""锄治""耘锄"出现于先秦两汉时期,"薅治"出现于魏晋南北朝时期,"耘治""耘薅"出现于唐宋以后。

"茇",拔除。《说文·草部》:"茇,草根也。春草根枯,引之而发土为拨,故谓之茇。""茇"的本义是草木根,后引申指动作"拔除草根"。"薅",本义指拔去杂草。《说文·草部》:"薅,拔去田草也。"《玉篇·草部》:"薅,除田草。"《广韵·肴韵》:"薅,除田草。"《国语·晋语五》:"臼季使,舍于冀野,冀缺薅,其妻饁之。"韦昭注:"薅,耘也。""耘",本义指除草。《广雅·释诂》:"耘,除也。"《广韵·文韵》:"耘,除苗间秽也。"《集韵·炘韵》:"耘,除草也。"《玉篇·耒部》:"耘,除草也。"《诗经·周颂·载芟》:"千耦其耘,徂隰徂畛。"陆德明释文:"耘,除草也。""芟",《说文·草部》:"芟,刈草也。"《玉篇·草部》:"芟,除草也。"《广韵·琰韵》:"芟,刈草。""锄",松土除草。《释名·释用器》:"锄,助也。去秽助苗长也。""耨",本义农具名,像锄,用以除草。《释名·释用器》:"耨,似锄,妪,耨禾也。"《吕氏春秋·任地》:"其耨六寸,所以间稼也。"高诱注:"耨,所以耘苗也。""耨"由"农具"引申指动作"除草"。《玉篇·耒部》:"耨,耘也。"《集韵·沃韵》:"耨,田治草也。"

"锄""耘""薅"作为构词语素形成了双音节词"锄耘""耘锄""耘治""锄治""耘薅""薅治"均表示"松土除草"。

(1) 生苗锄耘,以竹木扶架。(《农桑衣食撮要·种山药》)
(2) 凡种黍,覆土锄治,皆如禾法;欲疏于禾。(《氾胜之书·黍》)
(3) 麦地内有草锄去尤佳,不耘锄者其麦少收。(《农桑衣食撮要·耘麦》)
(4) 四十余日,芽方出土,薅治浇溉。(《农政全书·栀子》)
(5) 大抵耘治水田之法,必先审度形势。(《王祯农书·锄治》)
(6) 耘薅之际,以御畏日,兼作雨具。(《农政全书·覆壳》)

6. 籽—培—壅—壅培—培壅

这一组同义聚合表示"在植物的根部培土或施肥"。"籽""培""壅""壅培"出现于先秦两汉时期,"培壅"出现于唐宋以后。

"籽",培土。《玉篇·耒部》:"籽,壅苗本也。""培",给植物或墙堤等的根基加土。《说文·土部》:"培,培敦,土田山川也。"段玉裁注:"《左传》祝鮀曰:'分鲁土田倍敦。'《释文》曰:'倍,本亦作陪。'许所见作'培'为是矣。杜云:'倍,增也;敦,厚也。'……按,封建所加厚曰培敦。许合《诗》以释《左》也。引申为凡裨补之称。"引申指在植物根部堆土,保护其根系,促其生长。《正字通·土部》:"培,壅也。"《吕氏春秋·辩土》:"熟有耰也,必务其培。""壅",本指阻隔、堵塞。《广雅·释诂一》:"壅,隔也。"《广韵·钟韵》:"壅,塞。"引申指聚集、堆积,又引申指在植物根部聚集、堆积土,即培土。《篇海类篇·地理类·土部》:"壅,培也。""培""壅"同义合成"培壅""壅培",也指在植物根部培土施肥。

(1) 锄净加粪壅其根,此月不培壅,来年无根脚。(《农桑衣食撮要·锄油菜》)
(2) 晒曝,加粪壅培,而种豆、麦、蔬茹。(《王祯农书·垦耕》)

7. 灌—溉—浇—沃—浸—灌溉—溉灌—浸灌—浇溉—浇灌—浇沃—沃灌

在表示"灌溉"的同义聚合中,"灌""溉""浇""沃""浸""灌溉""溉灌""浸灌"出现于先秦两汉时期,"浇溉"出现于魏晋南北朝时期,"浇灌""浇沃""沃灌"出现于唐宋以后。

"灌",本义指灌水。《说文·水部》:"灌,水。出庐江云娄,北入淮。"动词指浇、灌溉。《广韵·换韵》:"灌,浇也。"《集韵·换韵》:"灌,溉也。""溉",灌溉。《说文·水部》:"溉,一曰灌注也。"《玉篇·水部》:"溉,灌注也。"《广韵·代韵》:"溉,灌也。"《集韵·未韵》:"溉,灌也。""浇",以水灌溉。《说文·水部》:"浇,沃也。"《玉篇·水部》:"浇,沃也。"《广韵·萧韵》:"浇,沃也。""沃",灌,浇。《说文·水部》:"沃,溉灌也。"《玉篇·水部》:"沃,溉灌也。""浸",灌溉。《庄子·天地》:"一日浸百畦。"陆德明释文:"浸,司马云:灌也。"《说文·水部》:"浸,浸水也。""灌""溉""浇""沃"是本义与本义构成同义关系。以"灌""溉""浇""沃""浸"为构词语素,同义组合成双音节词"灌溉""溉灌""浇溉""浇灌""浇沃""沃灌""浸灌",这些双音节词的意义同任何一个构词语素的意义都相同。

(1) 灌溉花木,各自不同。(《种艺必用补遗》)
(2) 时时溉灌,常令润泽。(《齐民要术·栽树》)
(3) 遂致太湖之水,常溢而不泄,浸灌三州之田。《农政全书·东南水利上》
(4) 待六七日,苗出齐时,旱则浇溉。(《农桑辑要·木绵》)
(5) 二月末下子,苗出后耘,旱即浇灌。(《四时纂要·二月》)
(6) 逮夫疏凿已远,井田变古,后世则引川水为渠,以资沃灌。(《王祯农书·浚渠》)

8. 收—获—割—刈—敛—收获—收刈—收敛—刨刈—获刈—刈获—收割—割刈

表示"收获"的同义聚合中,"收""获""割""刈""敛""收获""收刈""收敛"出现于先秦两汉时期,"刨刈""获刈""刈获"出现于魏晋南北朝时期,"收割""割刈"出现于唐宋以后。

"收",本义指逮捕、拘押。《说文·攴部》:"收,捕也。"王绍兰段注订补:"收为捕取罪人也。"《诗经·大雅·瞻卬》:"此宜无罪,女反收之。"毛传:"收,拘收也。"由收捕罪人引申为收集、聚集。《尔雅·释诂下》:"收,聚也。"《诗经·周颂·维天之命》:"假以溢我,我其收之。"毛传:"收,聚也。"孔颖达疏:"收者,敛聚之义,故为聚也。"由此又引申出敛聚农作物,即"收获,收割"。《墨子·七患》:"一谷不收谓之馑。"《史记·太史公自序》:"夫春生夏长,秋收冬藏。""获",本义指收割庄稼。《说文·禾部》:"获,刈谷也。"《广雅·释言》:"获,刈也。"《玉篇·禾部》:"获,刈禾也。"《书·金縢》:"秋,大熟,未获,天大雷电,以风,禾尽偃。"孔颖达疏:"其秋大熟,未及收获。""割",本义指用刀分解牲畜的骨肉。《说文·刀部》:"割,剥也。"《尔雅·释言》:"割,裂也。"邢昺疏:"割,谓以刀裂之也。"《玉篇·刀部》:"割,截也。"《周礼·天官·内饔》:"掌王及后世子膳羞之割亨煎和之事。"郑玄注:"割,肆解肉也。"泛指用刀截断。《广雅·释诂一》:"割,断也。""刈",割取。《说文·丿部》:"乂(刈),芟草也。"《玉篇·刀部》:"刈,获也,取也。"《广韵·废部》:"刈,刈获。"《楚辞·离骚》:"冀枝叶之峻茂兮,原俟时乎吾将刈。"王逸注:"刈,获也。草曰刈,谷曰获。""敛",本义指收聚、聚集。《说文·攴部》:"敛,收也。"《尔雅·释诂下》:"敛,聚也。"《玉篇·攴部》:"敛,收也。"《广韵·琰韵》:"敛,收也。"《书·洪范》:"敛时五福,用敷锡厥庶民。"孔颖达疏:"敛聚五福之道。"由收聚引申指收聚农作物等,即"收获"。《诗经·小雅·大田》:"彼有不获稚,此有不敛穧。""获"与"敛"对用,义同。《孟子·梁惠王下》:"春省耕而补不足,秋省敛而助不给。"孙奭注:"秋则省察民之收而有力不足者则助之。""收""获""割""刈""敛"或由本义,或由引申义表示"收割、收获",而由这些同义词语作为构词语素组成的双音节词"收获""收割""收刈""收敛""获刈""割刈""刈获"的词义与两个语素的意义都相同,都表示"收割、收获"义。

(1) 农人收获之际,用摘禾穗。(《王祯农书·粟鉴》)

(2) 收刈欲晚。性不零落,早刈损实。(《齐民要术·粱秫》)

(3) 乃司有命,趣民收敛,务畜菜,多积聚。(《齐民要术·种谷》)

(4) 熟,劁刈取穗,欲令茇长。(《齐民要术·种瓜》)

(5) 春则耕种,夏则芸苗,秋则获刈,冬则入廪。(《农桑辑要·经史法言》)

(6)《诗》言刈获之事最多。(《王祯农书·收获》)

(7) 夫收割之法,待其可收则刈。(《王祯农书·小豆》)

(8) 另有刀工,各具其器,割刈根茎,劚削梢叶,甚为速效。(《王祯农书·刈刀》)

9. 纺—织—绩—缉—纴—纺织—纺绩—织纴—织绩—缉绩—绩纺—绩织—绩缉

在表示"纺织"的同义聚合中,"纺""织""绩""缉""纴""纺织""纺绩""织纴""织绩""缉绩"出现于先秦两汉时期,"绩纺""绩织"出现于魏晋南北朝时期,"绩缉"一词出现于唐宋以后。

"纺",本义指把丝麻纤维织成纱或线。《说文·糸部》:"纺,网丝也。"段玉裁注:"纺,纺丝也。"《玉篇·糸部》:"纺,纺丝也。"《正字通·糸部》:"纺,以车络丝欲其紧也,今俗谓纺绩。"《左传·昭公十九年》:"托于纪鄣,纺焉以度而去之。"孔颖达疏:"纺谓纺麻作纴也。""织",本义指用经纬交叉的方法,将纱或线织成布帛。《说文·糸部》:"织,作布帛之总名也。"段玉裁注:"经与纬相成曰织。""绩",本义指把麻或其他纤维搓捻成绳或线。《说文·糸部》:"绩,缉也。"段玉裁注:"绩之言积也,积短为长,积少为多。"《诗经·豳风·七月》:"七月鸣鵙,八月载绩。"毛传:"载绩,丝事毕而麻事起亦。""缉",本义指把麻搓捻成线。《说文·糸部》:"缉,绩也。"段玉裁注:"凡麻枲,先分其茎与皮,曰木。因而沤之,取所沤之麻而林之。林之为言微也。微纤为功,析其皮如丝而擩之,而续之,而后为缕。是曰绩。亦曰缉。亦累言缉绩。""纴",本义指织布帛的纱缕。《说文·糸部》:"纴,机缕也。"引申指纺织。《集韵·侵韵》:"纴,织也。""纺""织""绩""缉""纴"或由本义,或由引申义表示"纺织",而由这些同义词语作为构词语素组成的双音节词"纺织""纺绩""织纴""织绩""绩纺""绩织""绩缉""缉绩"的词义与两个语素的意义都相同,都表示"纺织"义。

(1) 人居其中,就湿气纺织,便得紧实,与南土不异。(《农政全书·木棉》)

(2) 寔为作纺绩、织纴之具以教,民得以免寒苦。(《农桑辑要·先贤务农》)

(3) 水润,缉绩,纺作纴,生织成布。(《王祯农书·布机》)

(4) 今特图写,庶他方绩纺之家,效此机械。(《王祯农书·水转大纺车》)

(5) 农家春秋绩织,最为要具。(《王祯农书·布机》)

(6) 坿之枲、苎,免绩缉之工,得御寒之益。(《王祯农书·木棉序》)

10. 放—牧—养—畜—放牧—牧养—养牧—畜养—畜牧

在表示"牧养"的同义聚合中,"放""牧""养""畜""放牧""牧养""养牧""畜养""畜牧"均出现于先秦两汉时期。

"放",本义是驱逐,放逐。指古代官府把人驱逐到边远的地方。《说文·放部》:"放,逐也。"徐锴系传:"古者臣有罪宥之于远也。"《周礼·夏官·大司马》:"放弑其君,则残之。"郑玄注:"放,逐也。"后引申指散放,指家畜从圈栏或禁闭中释放出来,又引申指牧养。"牧",本义指放养牲畜。《玉篇·牛部》:"牧,畜养也。""养",饲养。《说文·食部》:"养,供养也。从食,羊声。羪,古文养。"商承祚《说文中之古文考》:"读作牧,象以手持鞭而牧羊。牧牛则字从牛,羪羊则字从羊也,后以从牛之字为牧,而以羪为养矣。"《玉篇·食部》:

"养,畜也。""畜",饲养。《广雅·释诂一》:"畜,养也。"《易·离》:"亨,畜牝牛吉。""放""牧""养""畜"或由本义,或由引申义表示"牧养",而由这些同义词语作为构词语素组成的双音节词"放牧""牧养""养牧""畜养""畜牧"的词义与两个语素的意义基本相同,都表示"牧养"义。

(1) 春夏草茂放牧,必恣其饱。(《陈旉农书·牧养役用之宜》)
(2) 今牧养中,唯牛毛疏,最不耐寒。(《王祯农书·牛衣》)
(3) 故养牧得宜,而无疾苦。(《农政全书·牛》)
(4) 善畜养者,勿犯寒暑,勿使太劳。(《农政全书·牛》)
(5) 与夫树植、畜牧、卜筮忌讳,微不俱载,最所切于日用之中者也。(《陈旉农书·跋》)

农书作为农学类科技文献,农业词汇非常丰富,由于其专业性要求,语义切分较细,比如表示"整地"的词语,包括开垦、耕田以及耕后耙劳方面的词语。表示"播种"的词语,包括浸种、播种方面的词语。表示中耕管理的词语,包括除草、施肥、浇灌等方面的词语。每一个农业过程都会有同义词的存在,单组同义词以同义纽带形成同义义场,不同组同义词之间又因某些相类似联系起来,形成一个大的语义场,比如,分别表示开垦、耕田、耙劳的同义义场共同表示整地类语义场,表示浸种、播种的同义义场共同表示播种的语义场,表示除草、施肥、浇灌等方面的同义义场共同表示中耕管理的语义场。这些不同语义场之间是相互联系、相互影响的,它们又共同构成更大的语义场,即种植类动词的语义场。而种植类动词语义场又从属于农业类的语义场,而农业类的语义场又从属于农林牧副渔大农业的语义场,共同构成农书的语义系统。下面仅以农桑类农业动词同义词为主概括农书的动词语义场。

表1 农桑类动词同义义场

农桑	生产过程	同 义 词
农	整地	开垦:菑—垦—垦辟—开垦—垦耕—开荒—耕荒—燎荒—葢青—芟夷—垦种—垦治—垦荒
		耕地:耕—耦—耩—垦—犁—耦耕—耕垦—垦耕—垦辟—耕地—耕田—耕垄—耕犁—熟耕—秋耕—锋—转—转地—转耕—耕畲
		碎土平块:耰—耙—劳—耧—曳—捋—镴耧—耙—盖—盖磨—摩—蔺—耖—挞

续表

农桑	生产过程			同 义 词
农	种植	种	晒种	晒种：曝—晒—曝晒—晒曝
			浸种	浸种：浸—渍—沃—浴
			播种	播种：播—种—布—掷—撒—下—耩—纳—播种—漫种—漫掷—漫散—漫撒—穊种—稠种—柔种—点种—间种—畦种—区种—撮种—耧种—瓠种
			覆种	覆种：耧—覆—盖—覆盖—盖覆
		植	种植	种植：树—艺—养—栽—植—殖—蒔—移—徙—别—秧—树艺—种树—种艺—种蒔—栽蒔—播蒔—播殖—栽种—种栽—培植—移栽—移种—种植—栽培—栽植—移植—徙植—栽插—插秧—插蒔
		栽植	培壅	培壅：耔—培—壅—培壅—壅培—培根—滋培
			嫁接	嫁接：插—嫁—接—扦—扦插—接种—嫁接—接缚—接换—接博—身接—插接—靥接—搭接—皮接—枝接—根接—腰接—压条—压枝—转盘—衬青—就节—对缝
	中耕		锄治	锄治：耘—薅—芟—划—芟—刈—锄—耨—锄 耘—耘 耘治—锄治—耘除—耕耨—划薙—除草—起地—撮锄
			施肥	施肥：粪—上粪—耩—粪治—粪壤—肥沃
			灌溉	灌溉：灌—溉—浇—饮—沃—浸—灌溉—溉灌—浇溉—浇灌—浇沃—沃灌—浸灌—下水—灌注—遥润
	收藏		收获	收获：穛—收—获—割—刈—敛—下—剢—刲—刈 收—收割—收刈—收敛—获刈—割刈—刈获—芟取—收取—芟刈—刈取—芟芟—剿刈
			贮藏	贮藏：窖—窨—藏—窖藏—蓄藏—收积—收贮—收藏—委积—蓄积
桑	采桑			采—摘—割—采摘—采沐—采撷—摘取
	养蚕			养—育—饲食—饲养—育养—覆养
	纺织			织—纴—绩—缫—纺—络—缉—组—织纴—纺绩—织绩—缉绩—绩纺—纺织—缫绩—绩缉—经织—缫缉—绩织—织缕—织机

从以上同义义场中，可以看出农业生产中农作物从种到收的过程，其中的同义词可以看出它们在构组和语义方面的一些特点。

第一,从构组看上,单纯的单音节词和双音节词构成的同义聚合几乎没有,绝大多数是单音节词和双音节词共存于同义聚合中,这种现象也体现了从单音节词向双音节词发展的大趋势。这些同义聚合中的单音节词和以单音节词为基础构成的双音节词的结构关系主要有几下几种。

(1) A—AB

垦—垦辟　耘—耘治　锄—锄治　粪—粪治　接—接换、接博

(2) A—BA

垦—开垦　种—漫种、点种、间种　掷—漫掷　撒—漫撒　粪—上粪

(3) A、B—AB

耦、耕—耦耕　耕、垦—耕垦　曝、晒—曝晒　播、种—播种
树、艺—树艺　种、树—种树　种、艺—种艺　种、莳—种莳
栽、莳—栽莳　栽、种—栽种　移、栽—移栽　移、种—移种
种、植—种植　栽、植—栽植　移、植—移植　嫁、接—嫁接
扦、插—扦插　徙、植—徙植　浇、溉—浇溉　浇、灌—浇灌
浇、沃—浇沃　沃、灌—沃灌　采、摘—采摘　获、刈—获刈
收、获—收获　收、刈—收刈　收、割—收割　收、敛—收敛
割、刈—割刈　饲、养—饲养　育、养—育养　纺、织—纺织
纺、绩—纺绩　织、绩—织绩　织、纴—织纴　绩、缉—绩缉
缫、缉—缫缉　浸、灌—浸灌　收、取—收取　窖、藏—窖藏

(4) A、B—AB—BA

耕、垦—耕垦—垦耕　　培、壅—培壅—壅培　　灌、溉—灌溉—溉灌
耘、锄—耘锄—锄耘　　获、刈—获刈—刈获　　织、绩—织绩—绩织
纺、绩—纺绩—绩纺　　绩、缉—绩缉—缉绩　　曝、晒—曝晒—晒曝

在这四种结构关系中,由两个单音节词构成的双音节词占大多数,这也是农书中一种重要的构词方式。由单音节词为语素构成的双音节词词义和单音节词相同,即在A—AB,A—BA结构中,双音节词的词义和构成它的单音节词词义相同。在A、B—AB,A、B—AB—BA结构中,双音节词词义和构成它的两个单音节词词义都相同。

第二,从语义关系上看,同义聚合中的成员在语义关系上呈现出一些特点。首先,同义聚合中的成员在不同义位上形成不同的同义义场。比如,上文中的"耩",在表示"耕地"义上与"耕、犁、转"等构成同义关系,在表示"播种"义上与"播、种、下、布、纳"等构成同义关系,在表示"施肥"义上与"粪、上粪"等构成同义关系。又如"下",在表示"播种""灌溉""收获"义上分别和"播、中、下、布""灌、溉、浇""收、获、敛、刈"等构成同义关系。其次,同义聚合

中的成员构成同义的语义关系不同,有些词本义就表示农业意义,有些词是引申义表示农业意义,因此同义聚合中的成员有的本义和本义构成同义关系,如表示的"耕地"的"耕、垦、耩",表示"灌溉"的"灌、溉、浇、沃",表示"锄治"的"耘、薅、芟";有的本义和引申义构成同义关系,如"播、种"与"布、撒、下、掷";有的引申义和引申义构成同义关系,如表示"嫁接"的"插、嫁、接",表示"移植"的"栽、植、移",表示"收割"的"收、割、敛"等。

农业文献中之所以出现这么多的同义词,是有其特定原因的。

首先,农学类科技文献专业性强、语义切分细,且农学发展具有连续性和继承性,使得同义词丰富。比如,耕地分为初耕和再耕,播种分为漫种、区种、耧种、点种和间种等,这些词都以一定的语义关系形成同义聚合。农业发展的连续性和继承性也使得一些基本的农业词语从古至今未发生根本性的变化,而词汇的创新性又增加了不少新农业词语,它们也在一定的语义关系上形成了同义聚合。

其次,词汇的复音化趋势使得同义词增多。上古时期单音节农业词语居多,随着复音化趋势的发展,出现了许多以单音节为构词语素的双音节,这些双音节词和单音节词构成了同义关系,同时与复音化形成的不同双音节词也构成了同义关系。如上文中的"浇"和"浇溉""浇灌"构成同义关系,"浇溉""浇灌"也构成同义关系。

再次,词义的发展演变使得同义词增多。这主要是指以本义和引申义、引申义和引申义构成同义关系的那些词。比如,"播"和"布""撒""下""掷",它们在本义上不构成同义关系,但当"布"由"织物的通称"引申出"分布",再引申出"撒播";"撒"由"分散,分开"引申出"撒播";"下"由"下面"引申出"地下",再引申出"撒播";"掷"由"投、抛"引申出"撒播"时,它们以共同的语义"撒播"为纽带,在本义和引申义上构成了同义关系。又如"栽""植""移",它们的本义不同,在本义上都不能构成同义关系,但它们在本义基础上发展出来的引申义却相同,这三个词以共同的引申义"移植"为纽带构成了同义关系。这样的词语还有"插""嫁""接"等。

最后,同源词和异序词也是同义词丰富的一个原因。如"耕""耩","耕",耕地。《说文·耒部》:"耕,犁也。""耩",耕地。《广雅·释地》:"耩,耕也。"王念孙疏证:"耕与耩,一声之转。""耕"上古为见母耕部,"耩"为见母东部,"耕""耩"见母双声,耕东旁转。"耕""耩"音近义通,是一组同源词,也构成同义关系。又如"植""莳","植",移植。《广雅·释地》:"植,种也。"《广韵·职韵》:"植,种植也。""莳",指移栽、分种。《说文·草部》:"莳,更别种。"段玉裁注:"今江苏人移秧插田中曰莳秧。"《方言》卷十二:

"莳,更也。"郭璞注:"莳,更种也。"《广雅·释诂四》:"莳,立也。"王念孙疏证:"殖、莳、置,声近而义同。""植"上古禅母职部,"莳"禅母之部,"植""莳"禅母双声,职之对转。"植""莳"声近义通,是一组同源词,也构成同义关系。以具有同义的不同单音节词构成的异序词也具有同义关系,如"培壅、壅培""灌溉、溉灌""获刈、刈获"等。

二、具有上下义语义关系的农业词语

上下义关系是指词语之间语义上的包含和被包含关系,逻辑学上的属与种具有这种关系,属与它包含的种之间具有上下义关系,即表示属概念的是上位词,表示种概念的是下位词。上位词包含指称义素,下位词包含区别性义素,上下义词在词义上即是指称义素相同而区别性义素不同。农书中具有上下义关系的词语不少,大多是属名与别名结合的名物词,这些名物词聚合成的语义场也相当于分类义场。

1. 稻——水稻、旱稻、粳稻(秔稻)、秫稻(糯稻)、占城稻、火稻

在这些词中,稻为属名,以稻为类义素分为水稻和旱稻2个分类义场,其区别义素是以水田种植还是旱地种植。其次对水稻进行划分,形成了粳稻、糯稻两个子义场,粳稻又名秔稻,秫稻又名糯稻,其区别性义素是黏性的程度;旱稻中的占城稻和火稻,其共同义素是种植于南方的旱地中。(见表2)

表2 "稻"的分类义场

属名	分类义场	子义场	区别性义素1	区别性义素2
稻	水稻	粳稻(秔稻)	水田种植	黏性中度
		秫稻(糯稻)		黏性最高
	旱稻	占城稻	旱地种植	南方种植
		火稻		

2. 麦——大麦、小麦、青稞麦(矿麦)、旋麦(春麦)、宿麦(冬麦)

在这些词中,麦是属名,以麦为类义素分为大麦、小麦2个分类义场,其区别性义素以种植地区、时间、形状和用途为主。大麦包括青稞麦,青稞麦又名矿麦;小麦中有旋麦和宿麦2个子义场,旋麦即春麦,宿麦即冬麦,其区别性义素是种植地区和时间不同。(见表3)

表 3 "麦"的分类义场

属名	分类义场	子义场	区别性义素1	区别性义素2	区别性义素3
麦	大麦	青稞麦(矿麦)	高原耐寒地区；春播秋收	叶子宽条形；子实的外壳有长芒	麦粒可食；麦芽可制啤酒和饴糖；麦秆可编草帽或其他用品
	小麦	旋麦(春麦)	长江以北地区；春播秋收	叶子宽线形；子实椭圆形；腹面有沟	可食；主要粮食作物
		宿麦(冬麦)	长江以南地区；冬播夏收		

3. 豆——大豆、小豆、黄豆、黑豆(乌豆)、白豆、赤豆、绿豆、白豆、豇豆、豍豆(胡豆、豌豆、蚕豆)

在这些词中，豆是属名，以豆为类义素分为大豆和小豆2个分类义场，其区别性义素是以营养价值来分。然后，对大豆、小豆再进行划分，大豆分为4个子义场，其区别性义素是颜色的不同；小豆分为5个子义场，其区别性义素是颜色、形状、功能。其中大、小豆中都有白豆一类，名同实异。另外，豍豆、胡豆、豌豆和蚕豆同实异名，是同一事物不同时期的名称。(见表4)

表 4 "豆"的分类义场

属名	分类义场	子义场	区别性义素1	区别性义素2
豆	大豆	黄豆	营养成分丰富	淡黄色；多做豆腐
		黑豆(乌豆)		黑色；可食；做饲料
		白豆		白色；可食
	小豆	赤豆	营养成分一般	红色；食用；药用
		绿豆		绿色；生豆芽；酿酒
		白豆		白色；多做饭
		豇豆		圆筒形长荚果；种子呈肾脏形；嫩荚可作蔬菜食用
		豍豆(胡豆)豌豆(蚕豆)		结荚果；种子略作球形；嫩荚和种子可食用

4. 瓜——果瓜、菜瓜、西瓜、甜瓜、胡瓜(黄瓜)、越瓜(白瓜)、冬瓜(水芝、白瓜)、丝瓜

在这些词中,瓜是属名,以瓜为类义素分为果瓜和菜瓜2个分类义场,其区别性义素是供果用还是菜用。然后,对果瓜和菜瓜再进行划分,果瓜分为2个子义场,其区别性义素是形状、大小和颜色的不同;菜瓜分为4个子义场,其区别性义素是产地、形状和颜色等。(见表5)

表 5 "瓜"的分类义场

属名	分类义场	子义场	区别性义素1	区别性义素2
瓜	果瓜	西瓜	供果用	瓜体大;皮绿;瓤有红、黄、白等;可食;可药用
		甜瓜		瓜体小;皮色黄、白、绿;果肉绿、白、赤红或橙黄色;可食
	菜瓜	胡瓜(黄瓜)	供菜用	出自西域;瓜圆柱形;成熟后呈黄绿色
		越瓜(白瓜)		产自越地;色白
		冬瓜(白瓜、水芝)		圆形或长圆柱形;表面有白粉或毛
		丝瓜		形状细长;深绿色;成熟后内部成网状纤维

5. 锄——耧锄、耘锄、耰锄、镫锄

在这些词中,锄是属名,耧锄、耘锄、耰锄和镫锄共同组成以锄为类义素的分类义场,其区别性义素是形状和功能。(见表6)

表 6 "锄"的分类义场

属名	分类义场	区别性义素1	区别性义素2
锄	耧锄	与耧车相似;无耧斗;刃如半月	中耕;翻松土壤
	耘锄	锄脚略呈半月形	锄草;松土;起垄
	耰锄	具有长柄;锄钩如鹅颈;刃如杏叶	用于打碎土块;镂布平壅
	镫锄	形状像马镫;直柄;无刃角	除草;不会动伤苗稼根茎

6. 镰——推镰、铍镰

在这些词中,镰是属名,推镰和铍镰共同组成以镰为类义素的分类义场,其区别性义素是形状和功能。(见表7)

表7 "镰"的分类义场

属名	分类义场	区别性义素1	区别性义素2
镰	推镰	具有转动小圆轮;蛾眉状	易收敛;不损耗;功效快
	铍镰	长柄;两边有长刃	易于收获杂乱作物;功效快

7. 碓——堈碓、槽碓、机碓

在这些词中,碓是属名,堈碓、槽碓和机碓共同组成以碓为类义素的分类义场,其区别性义素有二点:一是用什么做动力,二是如何运转。(见表8)

表8 "碓"的分类义场

属名	分类义场	区别性义素1	区别性义素2
碓	堈碓	利用人力做动力	以缸作臼
	槽碓	利用水流做动力	以槽受水
	机碓		以水轮作升降运动

8. 磨——连磨、水转连磨、水磨

在这些词中,磨是属名,连磨、水转连磨和水磨共同组成以磨为类义素的分类义场,其区别性义素有二点:一是用什么做动力,二是如何运转。(见表9)

表9 "磨"的分类义场

属名	分类义场	区别性义素1	区别性义素2
磨	连磨	畜力做动力	以八盘磨连转
	水磨	水力做动力	以卧轮做旋转运动
	水转连磨		以九台磨连转

9. 碾——水碾、辊辗

在这些词中,碾是属名,辊辗和水碾共同组成了以碾为类义素的分类义场。其区别性因素有二点:一是用什么做动力,二是如何运转。(见表10)

表10 "碾"的分类义场

属名	分类义场	区别性义素1	区别性义素2
碾	水碾	利用水力做动力	砣轮沿碾槽旋转运动
	辊辗	人力或畜力做动力	无碾槽;圆柱形石磙子旋转运动

10. 刀——剧刀、捃刀、劁刀、切刀、刈刀、苎刮刀

在这些词中,刀是属名,其余的共同组成了以刀为类义素的分类义场,其区别性因素是功能的不同。(见表11)

表11 "刀"的分类义场

属名	分类义场	区别性义素
刀	剧刀	开辟荒地的刃具
	捃刀	拾取麦穗的刀
	劁刀	割桑条的刀
	切刀	切桑的长刀
	刈刀	割麻刀
	苎刮刀	刮苎麻皮的刀

11. 车——耧车、砘车、翻车、筒车、水转高车、刮车、水转翻车、牛转翻车、卫转筒车、高转筒车、下泽车、大车、拖车、缧车、络车、纬车、木绵搅车、木绵纺车、木绵拨车、小纺车、大纺车、蟠车、钲车、绳车、纫车

在这些个词中,车是属名,其余的21种车共同组成了以车为类义素的分类义场。首先以用途为区别性义素分为播种工具、灌溉农具、运输工具和纺织工具4组。播种工具中耧车和砘车以功能为区别性义素。灌溉工具中的翻车和筒车又分别划分出了2个子义场,其区别性义素为动力和功能的不同。运输工具中的成员以形状、功能为区别性义素。纺织工具中又以纺织原

料的不同为区别性义素分为以蚕丝为原料,以棉为原料和以麻为原料3组,每一组中的别名又以功能为区别性义素划分。(见表12)

表12 "车"的分类义场

属名	分类义场	子义场	区别性义素1	区别性义素2	区别性义素3
车	耧车	——	播种工具	用耧斗条播	开沟;下种
	砘车	——		以石砘为转轮	覆种;碾地
	翻车	水转翻车	灌溉工具	木制;形如龙骨;人力或畜力	水力做动力
		牛转翻车			牛力做动力
	筒车	卫转筒车		形如车轮;周围多竹筒	驴力做动力
		高转筒车			高度十丈;人力或畜力做动力
	水转高车	——		状如高转筒车	水力做动力
	刮车	——		以水轮刮水	人力做动力
	下泽车	——	运输工具	短毂轻便	沼泽地行驶
	大车	——		以车轮直径高度为标准	平地载运行驶
	拖车	——		以底脚代车轮	以畜力拖动
	缫车	——	纺织工具	以蚕为原料	缫丝用具
	络车	——			转籰上丝用具
	纬车	——			将繀子装梭子里织纬用具
	木绵搅车	——		以木绵为原料	轧脱棉子的用具
	木绵纺车	——			纺棉成线用具
	木绵拨车	——			竹制;方形或圆形;纺棉用具
	小纺车	——		以麻为原料	形制小;纺麻用具
	大纺车	——			形制大;纺麻用具

续表

属名	分类义场	子义场	区别性义素1	区别性义素2	区别性义素3
车	蟠车	—	纺织工具	以麻为原料	缠绕纩条用具
	钲车				续接麻纤维使转紧成钲的用具
	绳车				绞合转紧麻钲成绳用具
	纫车				纠合麻绳的用具

12. 田——井田、区田、圃田、围田、柜田、架田、梯田、涂田、沙田

在这些词中,田是属名,其余9种田共同构成以田为类义素的分类义场。以田为类义素构成的分类义场中,以其性质区分为3组,分别是表示土地制度、表示农作方法和表示土地利用形式。这9种田又有性状功能的差别。(见表12)

表12 "田"的分类义场

属名	分类义场	区别性义素1	区别性义素2
田	井田	土地制度	方九百亩为一里;划为九区;形如"井"字
	区田	农作方法	小范围内深耕细作;集中管理
	圃田	土地利用形式	种植果木瓜菜的园地
	围田		在洼地筑堤挡水护田
	柜田		一种小型的四周筑土围护的低洼田
	架田		在沼泽中以木作架;四周及底部以泥土及水生植物封实而成的浮于水面的农田
	梯田		沿山坡开辟的梯状田地
	涂田		海水涨潮后退落泥沙淤积之田
	沙田		水边或水洲沙淤之田

从以上分析我们可以看出,属名相关的名物词只是义类相同,它们在具体的词义上差别很大,不同词义的差别主要表现在区别性义素上。

我们知道上下义词是纵向的词项系列，处于下义词中的词项具有共同的语义范畴，共同存在于一个平面上，它们之间是一种类义关系。如上文中以田为上位词中的下位词：圃田、围田、柜田、架田、梯田、涂田、沙田，它们共同处于表示"土地利用形式"这一语义范畴的平面上，它们既表示田的下义词，又体现着彼此之间的类义关系。又如表示纺织工具的缫车、络车、纬车、木绵搅车、木绵纺车、木绵拨车等12个词之间在语义上是一种类义关系；又如鍘刀、捃刀、劁刀、切刀、刈刀、苫刮刀；白豆、黑豆、黄豆、绿豆、赤豆、豇豆、豌豆；西瓜、菜瓜、胡瓜（黄瓜）、越瓜（白瓜）、冬瓜（水芝、白瓜）；辊碾、水碾；连磨、水转连磨、水磨；耰锄、耧锄、镫锄等，它们在语义上都是类义关系。因此我们说上下义关系和类义关系是一个问题的两个方面，共同处于类—层结构中。

三、具有相对语义关系的农业词语

相对语义关系是反义关系的一种。两个意义相反或相对的词构成反义义场，处于反义义场中的词互为反义词。反义义场有互补反义义场和极性反义义场两种类型。处于互补反义义场中的反义词是绝对反义词，语义上是绝对关系，即反义场中的两个词中间不允许第三者的存在。处于极性反义场中的反义词是相对反义词，语义上是相对关系，即反义场中的两个词中间允许第三者的存在。

（一）肥沃与贫瘠相对

1. 上田—下田/美田—薄田/良田—薄田/良地—薄地/上地—下地/高田—下田/良地—下田

　　（1）上田则被其处，下田则尽其污。（《吕氏春秋·辩土》）
　　（2）凡种大、小麦，得白露节，可种薄田；秋分种中田，后十日种美田。《四民月令·八月》
　　（3）土相亲，苗独生，草秽烂，皆成良田。（《氾胜之书·耕田》）
　　（4）薄田不能粪者，以原蚕矢杂禾种种之，则禾不虫。（《氾胜之书·溲种》）
　　（5）良田宜种晚，薄田宜种早。（《齐民要术·种谷》）
　　（6）良田一亩用子三升，薄田二升。（《农桑辑要·麻》）
　　（7）良地非独宜晚，早亦无害；薄地宜早，晚必不成实也。（《齐民要术·种谷》）
　　（8）良地三剪，薄地再剪。（《农桑辑要·葱》）
　　（9）上地，家百亩，岁一耕之；中地，家二百亩，间岁耕其半；下地，家三百亩，岁耕百亩，三岁一周。（《王祯农书·粪壤》）

(10) 高田借拟禾、豆,自可专用下田也。(《齐民要术·大小麦》)

(11) 大麦非良地不须种,小麦非下田则不宜。(《王祯农书·大小麦》)

2. 肥地—瘦地/肥土—硗土

(1) 俚谚有之曰:"近家无瘦地,遥田不富人。"(《陈旉农书·居处之宜》)

(2) 肥地则宜疏,瘦地则宜密。(《农桑衣食撮要·种大豆》)

(3) 粪壤者,所以变薄田为良田,化硗土为肥土。(《王祯农书·粪壤》)

3. 肥—埆/垆,肥沃—垆埆/薄恶/硗确/瘠薄/硗埆/瘠恶

(1) 埆者欲肥,肥者欲埆。(《吕氏春秋·任地》)

(2) 树肥无使扶疏,树埆不欲专生而族居。(《吕氏春秋·辩土》)

(3) 凡下田停水处,燥则坚垆,湿则污泥,难治而易荒,垆埆而杀种。(《齐民要术·旱稻》)

(4) 垆埆之土信瘠恶矣,然粪壤滋培,即苗茂盛而实坚栗也。(《陈旉农书·粪田之宜》)

(5) 得时之和,适地之宜,田虽薄恶,收可亩十石。(《氾胜之书·耕田》)

(6) 肥沃硗确,美恶不同,治之各有宜也。(《王祯农书·粪壤》)

(7) 土壤气脉,其类不一,肥沃硗埆,美恶不同,治之各有宜。(《陈旉农书·粪田之宜》)

(8) 盖以中下之地,瘠薄硗确,苟不息其地力,则禾稼不蕃。(《王祯农书·粪壤》)

以上这 10 组反义词都是在表示土地的肥沃与贫瘠上构成反义关系。其中前 9 组中的美田—薄田、良田—薄田、良地—薄地、上地—下地、高田—下田、良地—下田、上田—下田、肥地—瘦地、肥土—硗土是双音节名词构成的反义词,这些双音节名词都是"形容词+名词"的组合,名词"田""地""土"同义。因此这些双音节名词中构成反义关系的是其中的形容词。

美田—薄田、良田—薄田、良地—薄地,"美田""良田""良地",指土质肥

沃的田地；"薄田""薄地"，指贫瘠的田地。"良"，《说文·皀部》："良，善也。"《诗经·小雅·角弓》："民之无良，相怨一方。"郑玄笺："良，善也。""良"，由善良引申为良好，良好可以指任何东西，指田地时为良好的田地，即肥沃的田地。《商君书·垦令》："农逸则良田不荒。"晋陶渊明《桃花源记》："良田美池。""薄"，《说文·草部》："薄，林薄也。"段玉裁注："按林木相迫不可人为薄，引申凡相迫皆曰薄。相迫则无间可入，凡物之单薄不厚者亦无间可入，故引申为厚薄之薄。"厚薄之薄指田地，引申为土地厚度小，即土地贫瘠，不肥沃。因此"良田"和"薄田"、"良地"和"薄地"因"良、薄"在引申义上的对立关系构成反义词。

上地—下地、上田—下田、高田—下田，"上地""上田""高田"，指土质肥沃的田地；"下地""下田"，指贫瘠的田地。"上"，《说文·一部》："上，高也。"《诗经·周颂·敬之》："无曰高高在上。"指位置在高处。由位置在高处引申指地位、范围、等级、质量等高高在上，田地的质量高，即是"上地"，肥沃的田地。"下"，《说文·一部》："下，底也。"指位置在低处。由位置在低处引申指地位、范围、等级、质量等处于下位，田地的质量低，即是"下地"，贫瘠的田地。"高"，《说文·高部》："高，崇也，像台观高之形。"指由下至上距离大。由距离的高引申指地位、标准、等级、质量等的高，田地的质量高，是"高地"，是肥沃的田地。因此，"上地"和"下地"、"上田"和"下田"、"高田"和"下田"因"上、下""高、下"在引申义上的对立关系构成反义词。"良地"和"下田"也因"良、下"在引申义上的对立关系构成反义词。

肥地—瘦地，肥土—硗土，"肥地""肥土"，指肥沃的土地；"瘦地""硗土"，指贫瘠的土地。"肥"，《说文·肉部》："肥，多肉也。"《论语·雍也》："赤之适齐也，乘肥马，衣轻裘。"指脂肪多，由表示人或动物的脂肪多，引申指植物、土地等的脂肪多，土地的脂肪多即为"肥地""肥土"，肥沃的土地。"瘦"，《说文·疒部》："瘦，臞也。"指肌肉不丰满，与"肥"相对，肌肉不丰满引申指土地脂肪少，即为"瘦地"，贫瘠的土地。"硗"，《说文·石部》："硗，磬石也。"指坚硬的石头，引申为坚硬，《玉篇·石部》："硗，坚硬也。"由坚硬引申指土地的坚硬、贫瘠，即"硗土"。《正字通·石部》："硗，土瘠也。"因此"肥地"和"瘦地"、"肥土"和"硗土"因"肥、瘦""肥、硗"在引申义上的对立关系构成反义词。

肥—棘/烧，肥沃—烧埆/硗确/硗埆/薄恶/瘠薄/瘠恶，"棘"，通"瘠"。本义指瘦。《玉篇·疒部》："瘠，瘦也。"清雷浚《说文外编》卷一："《说文》无'瘠'字，《肉部》：'膌，瘦也'为'瘠'之正字。"指脂肪少，由表示人或动物脂肪少，引申指土地的脂肪少，即土地不肥沃。"烧"，古同"硗"，指土地贫瘠。"肥沃"，指土地含有适合植物生长的养分和水分。汉赵晔《吴越春秋·勾践阴谋外传》:"越地肥沃,其种甚嘉,可留使吾民植之。""垆埆",又写作"硗确""硗埆",指土地瘠薄。《墨子·亲士》:"垆埆者其地不育。"《东观汉记·丁綝传》:"昔孙叔敖敕其子,受封必求硗确之地。今綝能薄功微,得乡厚矣。"《墨子·亲士》:"垆埆者其地不育。""薄恶""瘠薄""瘠恶",指土地贫瘠。《氾胜之书·耕田》:"得时之和,适地之宜,田虽薄恶,收可亩十石。""肥沃"与"硗确""薄恶""瘠薄""瘠恶"从产生起,就在本义上构成反义关系。

上述10组反义词出现的时间不同,但经过在历时平面上的积累和沉淀,它们在一个共时的平面上构成反义词。而且这些反义词都是在同一个平面上通过相对参照形成的,同时从词义的发展来看,它们经过词义的引申运动后,在词义的对立点上形成反义,因此它们中的许多词即使不在同一个平面上也能构成反义关系。比如,上文中良田—下田、良地—下地、上地—下田、肥地—硗土、肥土—瘦地等也具有反义关系。这些反义词之间都允许第三者的存在,即处于不肥沃也不贫瘠的状态。因此这些反义词在词义上处于相对关系中。

(二) 时间相对

1. 上时—下时

(1) 三月上旬种者,为上时;四月上旬为中时;五月上旬为下时。(《齐民要术·黍穄》)

(2) 种黍穄,此月上旬为上时,四月上旬为中时,五月上旬为下时。(《四时纂要·三月》)

(3) 凡再熟,正月为上时,二月为中时,三月为下时。(《王祯农书·种植》)

(4) 凡栽树,正月为上时,二月为中时,三月为下时。(《农桑辑要·诸树》)

"上时",指最合适的时令。"下时",指最晚的时令。"上时"和"下时"在表示时间的合适度上构成反义关系。

"上",本义表示位置的高处,引申指时间在前的;"下",本义表示位置的低处,引申指时间在后的。"上时"和"下时"因"上、下"在引申义上形成的反义关系构成一对反义词。从例句中可以看出,在"上时"和"下时"之间存在着"中时",因此"上时"和"下时"之间在词义上是一种相对关系。

2. 早熟—晚熟

(1) 早熟者苗短而收多,晚熟者苗长而收少。(《齐民要术·种谷》)

(2) 早熟而紧细者曰籼,晚熟而香润者曰粳,早晚适中、米白而黏者曰糯。(《王祯农书·播种》)

"早熟",指农作物生长周期短,成熟早。"晚熟",指农作物生长周期长,成熟晚。"早熟"和"晚熟"在成熟时间上构成反义关系。

"早",《说文·日部》:"早,晨也。"指早晨。由早晨引申指初时,时间在先的,又引申指比一定的时间靠前,与"晚"相对。《字汇·日部》:"早,先也。""晚",《说文·日部》:"晚,莫也。"段玉裁注:"莫者,日且冥也。"指日暮、傍晚,由日暮、傍晚引申指后来的,靠后的,又引申指比规定的时间或合适的时间靠后。《广雅·释诂四》:"晚,后也。"

"早熟"和"晚熟"因"早、晚"在引申义上形成的反义关系构成一对反义词。从例句中可以看出,在"早熟"和"晚熟"之间存在着早晚适中这一状态,因此"早熟"和"晚熟"在词义上是一种相对关系。

3. 初辈—后辈

鹅初辈生子十余,鸭生数十;后辈皆渐少矣。(《齐民要术·养鹅、鸭》)

"初",《说文·刀部》:"初,始也。从刀从衣。裁衣之始也。"段玉裁注:"始也,裁衣之始也。用刀则为制之始。引伸为凡始之称。"即开始。《尔雅·释诂上》:"初,始也。""后",《说文·彳部》:"后,迟也。"指时间较晚。与"先""前"相对。"辈",《说文·车部》:"辈,若军发车百辆为一辈。"指车百辆,亦指分行列的车。本义经过引申发展,产生了表示量词的"批"义。因此,这里"初辈"指开始的一批,"后辈"指后来的一批。即鹅第一批生十几个蛋,鸭第一批生几十个蛋,以后各批生产的都渐渐少了。

因此"初辈"和"后辈"因"初、后"在本义上形成的反义关系构成一对反义词。而且"初辈"和"后辈"中间存在着"中辈",因此它们在词义上是一种相对关系。

(三) 稠稀相对

稠—稀

(1) 美田欲稠,薄田欲稀。(《齐民要术·种谷》)
(2) 一年后看稀稠,更移苗。(《四时纂要·七月》)
(3) 苗稠则小拔令稀。(《农桑衣食撮要·种萝卜》)

(4)擘长二寸许,稀种之,一年后甚稠。(《农桑辑要·黄精》)

"稠",《说文·禾部》:"稠,多也。"段玉裁注:"本谓禾也。引申为凡多之称。"《玉篇·禾部》:"稠,密也。"《广韵·尤韵》:"稠,多也。"《战国策·秦策》:"书策稠浊。"高诱注:"稠,多。""稀",《说文·禾部》:"稀,疏也。"段玉裁注:"稀与稠为反对之辞,所谓立苗欲疏也。"徐锴系传:"稠既以禾为准,稀亦同也。"徐灏笺:"稀之本义为禾之稀疏。"

因此"稠""稀"在本义上构成反义关系,因为"稠""稀"之间存在着第三种状态,所以它们在词义上是一种相对关系。

(四)粗精相对

粗、精——粗、细

(1)概则细而不长,稀则粗而皮恶。(《齐民要术·种麻》)
(2)箕之簸物,虽去粗留精。然要其终,皆有所除,是也。(《王祯农书·箕》)
(3)密则细,疏则粗。(《农桑衣食撮要·种麻》)

"粗",《说文·米部》:"粗,疏也。"段玉裁注:"《大雅》:'彼疏斯粺。'笺云:'疏,麤也,谓粝米也。'麤即粗。"指糙米,粗粮。引申为粗糙,质地低劣。段玉裁《说文解字注·米部》:"凡物不精者皆谓之粗。"又引申指物体径围大或体积大。"精",《说文·米部》:"精,择米也。"指优质纯净的大米。《论语·乡党》:"食不厌精,脍不厌细。"刘宝楠正义:"精者,善米也。""细",《说文·丝部》:"细,微也。"朱骏声《说文通训定声》:"细者,丝之微也。"指细小的丝。泛指事物细微,与"大"相对,后又引申泛指事物细小,与"粗"相对。

因此"粗""精"在本义上构成反义词,"粗""细"在引申义上构成反义关系,"粗"因词义的不同处于不同的反义类聚中,是由多义性形成的一词多类聚现象。它们在词义上都是相对关系。

(五)阳阴相对

阳、阴——阳地、阴地

(1)欲知岁所宜,以布囊盛粟等诸物种,平量之,埋阴地。(《氾胜之书·收种》)
(2)种宜阳地,暖则易长。(《王祯农书·甜瓜》)
(3)阳中者还种阳地,阴中者还种阴地。(《农桑辑要·桃》)

"阳地",指向阳的土地,即太阳照到的土地。"阴地",指背阳的土地,即太阳照不到的土地。

"阳",《说文·阜部》:"阳,高明也。"《玉篇·阜部》:"阳,山南水北也。"指山的南面或水的北面。《周礼·秋官·柞氏》:"夏日至,令刊阳木而火之。"贾公彦疏引《尔雅》曰:"山南曰阳。"《诗经·大雅·大明》:"在洽之阳,在渭之涘。"孔颖达疏:"水北曰阳。"引申指向阳的部分。《周礼·考工记·轮人》:"阳也者,稹理而坚。"贾公彦疏:"向日曰阳。""阴",《说文·阜部》:"阴,暗也。水之南,山之北也。"指水的南面或山的北面。引申指背阳的部分。《周礼·考工记·轮人》:"阴也者,疏理而柔。"贾公彦疏:"背日为阴。"

因此"阳地"和"阴地"因"阳、阴"在引申义上形成的反义关系构成反义词,且它们之间在词义上是相对关系。

(六) 生熟相对

生土—熟土、生地—熟地、生粪—熟粪

(1) 耕不深,地不熟;转不浅,动生土也。(《齐民要术·耕田》)
(2) 上半坑拥熟土,轻筑令平满。(《农桑辑要·地桑》)
(3) 开垦生地宜用镢,翻转熟地宜用铧。(《王祯农书·铧》)
(4) 凡生粪粪地无势;多于熟粪,令地小荒矣。(《齐民要术·种瓜》)

"生土",没有经过治理,不适于耕作的土壤;"熟土",熟化了的、适于耕种的土壤。"生地",未开垦之地;"熟地",经过多年耕种的土地。"生粪",未沤熟的粪肥;"熟粪",沤熟的粪肥。

"生",《说文·生部》:"生,进也。"徐灏注笺:"《广雅》曰:'生,出也。'生与出同义,故皆训为进。"《广韵·庚韵》:"生,生长也。"《诗经·大雅·卷阿》:"梧桐生矣,于彼朝阳。"指长出、生长。刚生长出的东西是新鲜的,引申指未经烧煮或烧煮未熟的,如"生菜""生饭",又引申指未经加工或锻制的,如"生土""生地""生粪"。"熟",本指食物加热到可以食用的程度,后引申指经过加工或处理的,如"熟粪",或引申指土地经过多次耕耘而适合作物生长,如"熟土""熟地"。

"生土""熟土","生地""熟地","生粪""熟粪"因"生、熟"在引申义上的反义关系构成反义词。它们之间存在着第三者状态,因此它们在词义上是相对关系。

第五节 农业词语词义的发展变化

农业词语词义的发展变化同其他词语一样,从产生起也经历着一系列的变化。不同之处在于它作为行业语,一方面词义在自身行业系统内发生变化,另一方面行业语也在与其他行业或全民共同语之间发生着变化。这种词义变化的结果有两种情况,一是农业词语义位的增减,这是就一个词义位数量的增减而言的。二是农业词语词义范围的变化,这是就一个词新旧义位的比较而言的。

一、农业词语义位的增减

(一) 义位的增加

义位的增加是指一个词在原有表示农业意义的义位基础上,增加了新的义位。

1. "经纬",指织物的纵线和横线。比喻条理、秩序。最早见于《左传·昭公二十五年》:"礼,上下之纪,天地之经纬也。"孔颖达疏:"言礼之于天地,犹织之有经纬,得经纬相错乃成文,如天地得礼始成就。"此时期也出现了其他的意义:(1) 规划治理。《左传·昭公二十九年》:"夫晋国将守唐叔之所受法度,以经纬其民。"(2) 指道路。南北为"经",东西为"纬"。《周礼·考工记·匠人》:"国中九经九纬,经涂九轨。"汉郑玄注:"经纬,谓涂也。"贾公彦疏:"南北之道为经,东西之道为纬。"魏晋以后增加了新义:(3) 指文章结构的纵横条理。晋陆云《与平原书》之十一:"文章当贵经纬。"唐代以后增加了新义:(4) 经书和纬书。《晋书·隐逸传·宋纤》:"隐居于酒泉南山,明究经纬,弟子受业三千余人。"宋代以后增加了新义:(5) 谋划,计谋。宋杨简《石鱼偶记》:"夫士大夫幼而学,壮而行,其胸中固自有经纬。"清代又增加了新义:(6) 经线、纬线或经度、纬度的合称。郑观应《盛世危言·西学》:"所谓地学者,以地舆为纲,而一切测量、经纬、种植、车舟、兵阵诸艺,皆由地学以推至其极者也。"

2. "熟田",指常年耕种的田地。《后汉书·张禹传》:"禹为开水门,通引灌溉,遂成熟田数百顷。"唐代以后增加了新义:(1) 庄稼成熟。《法苑珠林》卷七九:"百草俱滋茂,五谷皆熟田。"明代以后又增加了新义:(2) 古代特指田畔种乌臼树,以臼子完粮者称为熟田。《农政全书·乌臼》:"临安郡中,每田十数亩,田畔必种臼数株,其田主岁收臼子,便可完粮。如是者租额亦轻,佃户乐于承种,谓之熟田。若无此树,要当于田收完粮,租额必重,谓之生田。"

3."枷",即连枷,脱粒用的农具。《说文解字·木部》:"枷,拂也。"《说文解字·木部》:"拂,击禾连枷也。"《释名·释用器》:"枷,加也,加杖于柄头,以过穗而出其谷也。"《玉篇·木部》:"连枷,打谷具。"《国语·齐语》:"权节其用,耒耜枷芟。"中古时期增加了新义:枷锁,旧时一种方形木质项圈,套在脖子上的刑具。《玉篇·木部》:"枷,枷锁。"《字汇·木部》:"枷,项械。"《隋书·刑法志》:"凡死罪枷而拲,流罪枷而梏。"

4."园",指种植花果、树木、蔬菜的地方,四周通常有垣篱。《说文·囗部》:"园,所以树果也。"《玉篇·囗部》:"园,园圃也。"《诗经·郑风·将仲子》:"将仲子兮,无逾我园,无折我树檀。"毛传:"园,所以树木也。"汉代时增加新义:(1)供人憩息、游乐或观赏的地方。《汉成阳令唐扶颂》:"白菟素鸠,游君园庭。"(2)帝王或后妃的墓地。《正字通·囗部》:"园,历代帝后葬所曰园。"《史记·淮南衡山列传》:"追尊谥淮南王为厉王,置园复如诸侯仪。"

农业词语中除了一些表示农业意义的专门用语保持单义外,大部分词语都增加了义位,而且大都保留了下来。

(二) 义位的减少

义位的减少指在一个词的诸多义位中,有些义位后来消失了,这些义位是表示农业意义的义位。

1."艺",本指种植。《书·禹贡》:"淮沂其乂,蒙羽其艺。"孔传:"二水已治,二山已可种艺。"后引申出"技艺""才能""艺术"等意义。随着词汇的发展,"艺"表示"种植"的意义逐渐被其他词语代替,使用越来越少,到现代"种植"这一农业意义已消失。

2."收敛",本指收获农作物。后来引申发展出"征收租税""聚敛""收殓""归总""医学用语。谓通过药物作用,使肌体皱缩、腺液分泌减少""停止消失""检点行为,约束身心"等义。随着汉语词汇的发展,表示农业意义的大部分义位消失,现代汉语中,只保留了后三个义位。

3."和解",表示土壤柔而容易碎解,土壤到了适合耕作的湿润状态。《氾胜之书·耕田》:"春冻解,地气始通,土一和解。"后出现"溶解"义,《齐民要术·笨曲并酒》:"〔作白醪酒法〕凡三酘。济,令清,又炊一斗米酘酒中,搅令和解。"到现代汉语中,这两个义位都已消失,只留下了"不再争执或仇视,归于和好"义,如双方和解。

4."浪花",不结果实的花,也叫狂花。《齐民要术·种瓜》:"无歧而花者,皆是浪花,终无瓜矣。"后指波浪互相冲击或拍击在别的东西上激起的水点和泡沫,或比喻生活中的特殊片段或现象。现代汉语中,表示"不结果实的花"

义消失,只保留了后两个义位。

5."糙",是指农业活动中将麦等舂到某种程度或某一时间的当时专用术语。《四时纂要·七月》:"麦醋:取大麦一石,舂取一糙,取一半完人,一半带皮便止。"因程度或时间的不同,有"一糙""二糙"之分。"一糙"的程度是"一半完人,一半带皮",即一半舂成脱皮成米,一半还带着外皮,"人"同"仁"。现在这一义位已消失,只表示"粗糙,不细致"义。

除此之外,"易"表示"休耕之地"义,"肌肉"表示"植物块茎可吃的部分"义,"淡泊"表示"清淡寡味"义,都已消失。另外,当时借用全民共同语表示农业意义的词语,发展到现代,表示农业意义的义位大都已消失。如"转"表示的"再耕"义,"出息"表示的"收成""出色、佳美"义,"镞""平垄""布""壅"表示的"锄苗的方法","廉"表示的"狭窄"义,"饭"表示"喂牲口"义。"畜"表示"饲养禽兽"义,"合"表示"雌雄交尾"义,"牝"表示"雌性的禽兽"义,"牡"表示"雄性的禽兽"义,"畜牧"表示"放养牲畜"义,"覆"表示"动物交配"义,"犍",表示"阉割牲畜"义等。

二、农业词语词义范围的变化

词义范围的变化是指一个词的某个义位引申所产生的结果。具体包括以下几个方面。

(一) 词义的扩大

词义的扩大是指词义的范围变大,由种概念变为属概念,由下位义升为上位义,是从具体到抽象、个别到一般和部分到整体的变化。

1. "苗",本指禾苗,未吐穗的庄稼。《说文·草部》:"苗,草生于田者。"《诗经·王风·黍离》:"彼黍离离,彼稷之苗。"孔颖达疏:"苗谓禾未秀。"后词义扩大,指一般植物之初生者,如树苗、蒜苗、韭苗等。《正字通·草部》:"苗,凡草始生皆曰苗。"后词义又扩大,表示某些初生的动物,如鱼苗,猪苗。宋陆游《初夏道中》:"日薄人家晒蚕子,雨余山客卖鱼苗。"再扩大指微露迹象的矿脉。《金史·食货志三》:"遣使分路访察铜矿苗脉。"后扩大指一切事物的初生迹象。《古今小说·沈小霞相会出师表》:"天子重权豪,开言惹祸苗。"

2. "耕",本指犁田。《说文·耒部》:"耕,犁也。"《山海经·山内经》:"后稷是播百谷,稷之孙曰叔均,是始作牛耕。"郭璞注:"始用牛犁也。"后词义扩大为从事劳动。《管子·轻重甲》:"一农不耕,民或之为饥。"又扩大为致力于某种事业。《正字通·耒部》:"耕,假它事代食,若力田然,亦曰耕。"汉扬雄《法言·学行》:"耕道而得道,猎德而得德。"

3. "收获",本指收割农作物。汉荀悦《汉纪·文帝纪八》:"力耕数芸,收获如寇盗之至。"后词义扩大指一切成果的收获。魏巍《谁是最可爱的人·冬天和春天》:"你问我部队在冬季作战的收获吗?"

对于词义的泛指,蒋绍愚先生认为:"泛指是一个词在某种语言环境中可以用来表示原来由它的上位义表示的意思。"①孙雍长先生认为:"如果某一个词在具体语言环境中其使用义比通常多代表的意义临时有所扩大,便是泛指。""某些泛指义或特指义可以发展为词的固定义项。"②我们认为词的泛指义也属于词义的扩大。这样的农业词语,如:

4. "耒耜",古代耕地翻土的农具。耒是耒耜的柄,耜是耒耜下端的起土部分。《礼记·月令》:"〔孟春之月〕天子亲载耒耜,措之于参保介之御间。"郑玄注:"耒,耜之上曲也。"泛指农具的总称。《孟子·滕文公上》:"陈良之徒陈相,与其弟辛,负耒耜而自宋之滕。"

5. "耒耨",本指犁与锄。《庄子·胠箧》:"昔者齐国邻邑相望,鸡狗之音相闻,罔罟之所布,耒耨之所刺,方二千余里。"王先谦集解引李颐曰:"耒,犁;耨,锄也。"泛指农具。宋王禹偁《拟李靖破颉利可汗露布》:"仁见兴耒耨于沙场,戢干戈于武库。"

6. "仓",本指收藏谷物的地方。《说文·仓部》:"仓,谷藏也。"段玉裁注:"谷藏者,谓谷所藏之处。"《国语·越语下》:"府仓实,民众殷。"韦昭注:"货财曰府,米粟曰仓。"泛指储藏物资的建筑物,如盐仓、货仓等。

7. "庾",本指露天的谷堆。《说文·广部》:"庾,一曰仓无屋也。"段玉裁注:"无屋,无上覆者也。"《释名·释宫室》:"庾,裕也,言盈裕也。露积之言也,盈裕不可称受,所以露积之也。"《诗经·小雅·楚茨》:"我仓既盈,我庾维亿。"毛传:"露积曰庾。"引申指储存水路转运粮食的仓库。《说文·广部》:"庾,水槽仓也。"段玉裁注:"谓水转谷至仓之也。"《广雅·释言》:"庾,仓也。"唐杜牧《阿房宫赋》:"钉头磷磷,多于在庾之粟粒。"

其他像"木奴",本指橘树或橘树的果实,亦泛指果树或其他有经济价值的树木;"匏樽",本指匏制的酒具,亦泛指饮具;"井田",本指一种土地制度,泛指田地;"耦耕",本指二人并耕,泛指农事或务农;"子粒",本指粮食作物穗上的种子或豆类作物豆荚内的豆粒,泛指粮食;"果实",本指果树所结之实,泛指一切成果;"耘锄",本指去除田间杂草,泛指农业劳动;"薅",本指拔去田草,泛指拔去;"耕作",本指从事农耕,泛指农事;"耕田",本指用犁翻松田土,泛指从事农作;"耕稼",本指耕种和收获,泛指种庄稼;"耕桑",本指种田与养蚕,泛指

---

① 蒋绍愚:《古汉语词汇纲要》,商务印书馆2005年版,第109页。
② 孙雍长:《训诂原理》,高等教育出版社2009年版,第355页。

从事农业;"耕种",本指耕耘种植,泛指种田的事情;"耕耘",本指翻土除草,泛指耕种;"田亩",本指田地,泛指农村;"菽粟",本指豆和小米,泛指粮食。

(二)词义的缩小

词义的缩小是指词义所表示的范围变小,由属概念变为种概念,或由上位义降为下位义,是从抽象到具体、一般到个别和整体到部分的变化。

1."谷",本指谷类作物的总称。《说文·禾部》:"谷,百谷之总名。"如五谷、百谷。汉陆贾《新语·慎微》:"弃二亲,捐骨肉,绝五谷,废诗书。"后词义缩小,在北方专指"粟",在南方专指"稻谷"。

2."禾",本指一切嘉禾,粮食作物的统称。"禾"在甲骨卜辞中泛指庄稼。《诗经·豳风·七月》:"十月纳禾稼。"后专指"谷子",《诗经·豳风·七月》:"禾麻菽麦。"陈奂《毛诗传疏》:"禾者,今之小米。"后又专指"稻"。唐聂夷中《田家》诗之一:"六月禾未秀,官家已修仓。"

3."草",本指草本植物的总称,包括禾谷、蔬菜、花卉等茎干比较柔软的植物。《说文·草部》:"草,百卉也。"《说文·草部》:"卉,草之总名也。"后词义缩小,专指野草。

对于词义的特指,蒋绍愚先生认为:"特指是一个词在某种语言环境中可以用来表示原来由它的下位义表示的意思。"①孙雍长先生认为:"如果某一个词在具体语言环境中其使用义比通常多代表的意义临时有所缩小,便是特指。""某些泛指义或特指义可以发展为词的固定义项。"②我们认为词的特指义也属于词义的缩小。这样的农业词语,如:

4."花",本指草木花的总称,又特指某一名花。宋欧阳修《洛阳牡丹记·花品叙》:"洛阳亦有黄芍药……而洛阳人不甚惜,谓之果子花,曰某花云云。至牡丹则不名,直曰花。其意谓天下真花独牡丹,其名之著,不假曰牡丹而可知也。"

5."禽",本指鸟兽鱼等动物。《白虎通·田猎》:"禽者何? 鸟兽之总名。"《国语·鲁语上》:"取名鱼,登川禽。"韦昭注:"川禽,鳖蜃之属。"《三国志·魏书·华佗传》:"吾有一术,名曰五禽之戏,一曰虎,二曰鹿,三曰熊,四曰猿,五曰鸟。"特指走兽。《说文·内部》:"禽,走兽总名。"《左传·宣公十二年》:"使摄叔奉麋献焉。曰:'以岁之非时,献禽之未至,敢膳诸从者。'"又特指鸟类。《尔雅·释鸟》:"二足而羽谓之禽,四足而毛谓之兽。"又特指未孕的鸟类。《周礼·天官·庖人》:"庖人掌共六畜六兽六禽。"郑玄注:"凡鸟兽未孕曰禽。"

---

① 蒋绍愚:《古汉语词汇纲要》,商务印书馆 2005 年版,第 110 页。
② 孙雍长:《训诂原理》,高等教育出版社 2009 年版,第 356 页。

6."畴",本指已经耕作的田地。《说文·田部》:"畴,耕治之田也。"《孟子·万章下》:"蠹易其田畴,薄其税敛。"特指种麻的田地。《国语·周语下》:"田畴荒芜,资用乏匮。"韦昭注:"麻地为畴。"《礼记·月令》:"可以粪田畴。"孔颖达疏引蔡邕曰:"谷田曰田,麻田曰畴。"《汉书·天文志》:"入国邑,视封疆田畴之整治。"颜师古引如淳曰:"蔡邕云:麻田曰畴。"

(三)词义的转移

词义的转移指词义所表示的范围没有属种概念、上下位义的变化,是由一个语义场发展到另一个语义场。

1."种子",本指种子植物的胚珠受精后长成的结构。在一定条件下能萌发成新的植物体。《齐民要术·收种》:"至春,治取别种,以拟明年种子。"后用作佛教用语。章炳麟《建立宗教论》:"赖耶惟以自识见分缘自识中一切种子以为相分,故其心不必见行,而其境可以常在。"现指体育竞赛采用淘汰制或分组循环制时,对预先选出的实力较强的运动员的称号。

2."蒺藜",本指一年生草本植物。茎平铺在地,羽状复叶,小叶长椭圆形,开黄色小花,果皮有尖刺,也称这种植物的果实。《韩诗外传》卷七:"夫春树桃李,夏得阴其下,秋得食其实;春树蒺藜,夏不可采其叶,秋得其刺焉。"古代还用来指用木头或金属制成的、带刺的障碍物,布在地面,以阻碍敌军前进。因与蒺藜果实形状相似,故名。《六韬·军用》:"木蒺藜去地二尺五寸,百二十具,败步骑,要穷寇,遮走北……狭路微径,张铁蒺藜,芒高四寸,广八尺,长六尺以上,千二百具,败走骑。突暝来前促战,白刃接,张地罗铺两镞蒺藜,参连织女,芒间相去二尺,万二千具。"

3."中地",本指中等的土地。《周礼·地官·小司徒》:"中地,家六人,可任也者,二家五人。"又指中原、中国。《魏书·崔浩传》:"太祖用漠北醇朴之人,南入中地,变风易俗,化洽四海。"又指中心、中央。南朝陈后主《洛阳道》诗之三:"建都开洛汭,中地乃城阳。"又指中部地区。清梅曾亮《王刚节公家传》:"两广总督檄以兵控两省中地。"

三、农业词语词义发展变化的原因

我们从语言外部和内部两个方面来分析农业词语词义的发展变化。

(一)农业词语词义发展变化的外部原因

1.从客观上看,社会的发展变化是农业词语词义发展变化的重要原因

词汇与社会的关系最为密切,社会生活的任何变化都会体现在词汇中,而词汇反映这种变化是通过创造新词或利用旧有成分赋予新的词义来实现的,其中利用旧词赋予新的词义是一种能产快捷的方式。农业词语词义的发

展变化包括农业词语词义在大农业范围内的纵向发展,如"田",最早出现于甲骨卜辞中,用作动词,表示"打猎"义。据统计,在 7 部甲骨文著作中,"田"出现了 458 次,其中表示"打猎"义为 453 次。[①] 随着人类社会从渔猎时代发展到农耕时代,"田"从最初表示在一定区域内的"打猎"义,进而表示在一个个区域内进行耕种的"农田"义。随着土地制度的发展变化,又产生了表示不同土地利用形式的词语,如井田、区田、柜田、沙田、架田等。又如"禾",在甲骨卜辞中泛指一切谷类作物,后来随着北方农业生产的发展,"粟"成为当时重要的粮食作物,"禾"即特指"粟"。魏晋以后南方农业生产大力发展,"稻"成为南方重要的粮食作物,"禾"又专指"水稻"。这种农业词语词义的发展为数不多,更多的农业词语词义在农业外部横向发展。农业从古至今都是社会重要的物质生产部门,从古代的采集渔猎时代进入农耕社会后,随着农业生产技术的进步,农业生产的发展,出现了很多农业词语。农业词语最初都表示农业意义,比如表示动植物、农业生产行为、农业工具的词语等。但随着社会的发展,新的生产部门的产生,新事物、新现象的出现等,农业词语的词义也发生了变化。比如"漆"一词,本指一种木名,即漆树。落叶乔木,树汁可做涂料。战国以后,随着漆器手工业的发展,漆器广泛应用,"漆"增加了表示"用漆树汁做成的涂料"和"涂漆"两个非农业意义的词义。又如上文中的"田",是劳动人民进行生产的首要条件,有了田地,才会有耕种和收获,"田"的重要性不言而喻。因此古代统治者常常把"田"作为封赐赏赐给属下,以稳固他们的统治地位。"田"增加了"古代统治者赏赐给亲属臣仆的封地"一义,如《左传·宣公二年》:"乃宦卿之适子,而为之田,以为公族。"杜预注:"为置田邑以为公族大夫。"后来社会发展,出现了煤田、盐田、气田等,"田"又增加了表示"可供开采某些资源的地带"义。因此在农业词语中,除了专业性很强的词语外,社会化程度较高的农业词语大都从单义性发展为多义性,除了表示农业意义外,更多的表示农业以外的意义。

2. 从主观上看,人们的认知方式是农业词语词义发展的内在机制

上面讲过,随着社会的发展,新事物、新概念不断出现,人们用已有的词语命名新事物、新概念,这时已有词语的词义扩大了,但这种扩大不是任意的、约定俗成的,而是人们认知方式作用的结果。隐喻和转喻就是人们最重要的两种认知方式,也是农业词语词义发展的内在机制。隐喻是建立在相似联想的原则上,本体和喻体处于不同的认知域中,是从一个域向另一个域的单向映射。转喻是建立在接近联想的原则上,本体和喻体处于同一认知域

[①] 向熹:《简明汉语史·汉语词汇史》(修订本),商务印书馆 2010 年版,第 355 页。

中,是一种双向的映射。从词义的相似性关系来看,向不同的概念域映射、扩展,这是认知隐喻的思维方式。从词义的接近性关系来看,在本概念内进行词义扩展,这是认知转喻的思维方式。农业词语最初只表示农学意义,其基本词义在隐喻和转喻的作用下可以发展出不同的义项,这些义项经过反复的使用,最终会脱离其隐喻或转喻的修辞特征,成为农业词语的固定义项。

如"花"一词,本指种子植物的繁殖器官,通常由花托、花萼、花冠、花蕊组成,花有各种形状和颜色。《魏书·李谐传》:"树先春而动色,草迎岁而发花。"后"花"产生"能开花供观赏的草本与木本植物""特指某一名花"等义。"花"的本义与这两个义项处于同一认知域中,"花"与这两个义项代表的事物具有接近性关系特征,用事物的突显性特征来辨认该事物,因此两个义项带有转喻的认知特征。"花"是植物的重要部位,用"花"表示整株植物,是转喻的思维模式之一,即以"部分代整体"。"花"还用来指"形状像花一样的东西",比如礼花、浪花、窗花、烟花、雪花等,又用来喻指美女,形容美女的容貌、姿态等。"花"的本义与这两个义项显然处于不同的认知域中,"花"与这两个义项所代表的事物具有相似的特征,这两个义项明显带有隐喻的认知特征,从"花"映射到"人"身上,是两种不同域之间的映射。

因此我们说农业词语正是在人们的隐喻和转喻的认知模式下,词义得到了发展和变化。对于农业词语的隐喻和转喻,下文还有论述,在此不再介绍。

(二)农业词语词义发展变化的内部原因

1. 词汇是成体系的,词汇系统里的形音义保持着平衡协调的状态

当新事物、新概念不断涌现,新的词汇和新义进入词汇系统后,会引起词汇系统的变化,语言交际的需要就会来自动调节系统内部的平衡,从而引起词义的变化。

如"栽培""培植""培育"在表示"栽种培育"义上是一组同义词,由"栽培种植"花草树木联想到人,三组词的词义都引申出"培养教育"义。又如"精"和"粗"在表示精米和粗米时,处于反义关系中。"精"引申出"精密、严密"义,"粗"由表示"粗糙的米"引申出"粗糙"义。词义之间的这种相互影响会使词汇系统自动调节内部的平衡,使得词义发生变化。

2. 词义的概括性是词义发展的重要原因

词义对客观对象的反映不是具体的,而是抽象的、概括的。词所概括的是客观对象的全部,或若干特征,在客观对象的若干特征中有些与其他事物的某些特征相通,这就构成词义发展的基础,通过相似或相关的联想等,使词义引申出新义。如上文中的"花"的词义是对"花"这种客观事物若干特征的

概括,而非指某种具体的花,"花"的某些特征如形状、颜色或姿态等与其他的事物的某些特征相似,因而"花"又引申出表示"形状像花的东西""美女"等词义。

3. 在句中语法位置的变化引起词义的变化

农业中有不少词语在特定的语境中会改变原来的词汇意义,增加某种上下文中的意义,如果这种语境经常出现,使词语长期处于这种语法位置中,在词性发生变化的同时,词义也会发生变化。如果这种临时的词义多次反复使用,并得到社会的承认,就会作为固定的词义稳定下来,最明显的就是名动词类的转变。如《战国策·齐策三》:"使曹沫释其三尺之剑而操铫耨,与农夫居垄亩之中,则不若农夫。"句中的"垄亩"用于动词"居"后,作名词,表示"田亩、田野"。晋陶潜《劝农》诗:"相彼贤达,犹勤垄亩,矧伊众庶,曳裾拱手!"句中"垄亩"处于谓语的位置,用作动词,表示"耕作"。又如宋黄庭坚《次以道韵寄范子夷子默》:"小心学忠孝,鄙事能垄亩。"句中的"垄亩"也表示"耕作","垄亩"表示"耕作"的意义得到了社会的承认,成为"垄亩"的一个义项,使得"垄亩"的词义发生了变化。像这种因语法位置的变化而引起词义变化的词语还有很多,如表示农具的词语,也表示农具所进行的动作,这在下文中有论述,在此不再介绍。

第四章　农业词汇的语法分析

第一节　农业词语的构词方式

农业词语有单音词,也有双音词。就单音词来说,既可独立成词,又可以作为双音词的构词语素。就双音词来说,其构成方式包括复合式、附加式和重叠式等,而又以复合式双音词中的联合式和偏正式为主,这是汉语词汇发展的普遍规律。在这一节中我们主要来讨论农业词语的结构类型和构词能力,从中讨论农业词语在构词方式上的变化。

一、活跃的构词语素

活跃的构词语素是指在农书中出现的构词能力强的语素。不同的语素有不同的构词能力,构词能力强的语素可以广泛的和其他语素构成词。不同体裁文献中活跃的构词语素会有所不同,这既与语素自身的语义条件有关,也与所在的文献性质有关。比如,郭颖在《诸病源候论》词汇研究一文中指出,在医学典籍中"变"是个活跃的构词语素,每种疾病具体的变化过程、变化结果不同,"变"也就与不同的语素构成反映不同变化的词语,作者列举了包括变令、变败、变结、变呕等在内的23个词语。[①]

1. 熟

以"熟"为语素构成的双音节词有两种形式:"熟+X"和"X+熟"。

以"熟"为语素构成的"熟+X"形式的双音节词有名词和动词两类。名词:熟地、熟田、熟泥、熟土、熟畦、熟粪、熟铁、熟皮、熟水、熟汁、熟油、熟乳、熟酪、熟蓝、熟桑、熟火,动词:熟耕、熟犁、熟耰、熟盖、熟锄、熟厮、熟沤、熟研、熟踏、熟拌、熟授、熟浸、熟调、熟揉、熟打、熟挠、熟澡、熟搥、熟舂、熟捣、熟

[①]　郭颖:《〈诸病源候论〉词语研究》,浙江大学硕士学位论文2005年,第67页。

汰、熟拭、熟炊、熟炸、熟蒸、熟煮、熟烂、熟治。

以"熟"为语素构成的"X＋熟"形式的双音节词动词有：煮熟、炒熟、早熟、晚熟、耕熟、糜熟、厮熟、调熟、粪熟、窖熟。

"熟"的基本意义是指食物加热到可以食用的程度，也指庄稼或植物的成熟。但以"熟"构成的词语在语义和结构上并不相同。

第一种形式："熟＋X"

(1) 豆地不求熟，熟地则叶茂少实。《四时纂要·二月》

(2) 三岁后，根株茎朽，以火烧之，则通为熟田矣。《王祯农书·垦耕》

(3) 取埴土作熟泥，封之，如三指大，长二寸，使蒂头平重，磨处尖锐。《齐民要术·养鱼》

(4) 按桑身顶与地平，拥周围熟土，令坑满，次日筑实。《农桑辑要·地桑》

(5) 先于熟畦内以水饮地，匀掺芽种。《王祯农书·播种》

"熟地"指经过多年耕种的土地，"熟田"指常年耕种的田地，"熟泥"指经过踩炼的泥土，"熟土"指熟化了的土壤，"熟畦"指经过整治的田畦。这五个词语中"熟地"使用得最广泛。其中的"熟"都含有"经过多年耕耘、整治，土壤颗粒均匀疏松，适合作物生长"的语义。

(1) 地薄者粪之。粪宜熟。无熟粪者，用小豆底亦得。《齐民要术·种麻》

(2) 当使熟铁锻成镶尖，套于退旧生铁镶上。《王祯农书·垦耕》

(3) 但其下稍阔，以熟皮周围护之。《王祯农书·㭰碓》

"熟粪"指经过长久浸泡后，分解发酵沤熟的肥料，在农业中应用很广。"熟铁"是指用生铁精炼而成的铁，有韧性、延性、强度较低，容易锻造和焊接，不能淬火等特点。"熟皮"是指加工过的皮革。这三个词语中语素"熟"都含有"经过加工或处理过的"的语义。

(1) 曲一斗，熟水三斗，黍米七斗。《齐民要术·笨曲并酒》

(2) 淳熟汁尽，更添水煮之。《齐民要术·煮胶》

(3) 寒食时，入熟油及念头之类，甚佳。《四时纂要·十二月》

(4) 屈木为棬,以张生绢袋子,滤熟乳着瓦瓶子中卧之。(《齐民要术·养羊》)

(5) 若去城中远,无熟酪作酵者,急揄醋飡,研熟以为酵。(《齐民要术·养羊》)

"熟水""熟汁"指煮开过的水、汁液,目的是防止生水中有害微生物的活动,不影响酿造质量。"熟油",指加热过的油。"熟乳""熟酪"是指煮过的乳、酪。这三个语素中的"热"都含有"(食物)烧、煮到一定程度"的语义。

(1) 至第二日,比熟蓝三停内,用生蓝一停。(《农桑衣食撮要·刈蓝》)

(2) 凡诸害桑虫蠹,皆因桑隔荒芜而生,以致累及熟桑。(《农桑辑要·修莳》)

"熟蓝"是指成熟了的蓝,"熟桑"也指成熟的,可以使用的桑,也可以说是健康的桑。这两例中的"熟"都含有"成熟"义。

门窗俱挂荐帘,屋内须用无烟熟火。(《农桑辑要·夏秋蚕法》)

"熟火",北方方言中也叫作"死火",指柴薪燃烧后残留的底火,这种火既不起焰,也不冒烟,非常适合蚕室使用。特别是在养秋蚕时候,想要保持蚕室内的温度,就得使用熟火。

以上例中以"熟"为构词语素构成的词语都是名词,属于偏正结构,"熟"修饰后面的名词。

(1) 宜于山阜之曲,三遍熟耕,漫散橡子,即再劳之。(《齐民要术·种槐、柳、楸、梓、梧、柞》)

(2) 收根者,别宜深耕熟犁,然后下子,耧令土平。(《四时纂要·八月》)

(3) 予来年变齐,深其耕而熟耰之,其禾繁以滋。(《齐民要术·种谷》)

(4) 其所粪种黍地,亦刈黍了,即耕两遍,熟盖,下糠麦。(《齐民要术·杂说》)

(5) 瓜生,比至初花,必须三四遍熟锄,勿令有草生。(《齐民要术

(6) 于阴地熟斸加粪,即密种之,至春生。(《分门琐碎录·种植杂法》)

(7) 不必车纺,亦勿熟沤。(《王祯农书·布机》)

(8) 稍稍出着一砂盆中熟研,以水沃,搅之。(《齐民要术·种红兰花、栀子》)

(9) 饼用圆铁范,令径五寸,厚一寸五分,于平板上,令壮士熟踏之。(《齐民要术·造神曲并酒》)

(10) 候冷如人体,下大麦糱半升,筛碎如曲,入饭中,熟拌,令相入。(《四时纂要·三月》)

(11) 摘得花,即熟挼令匀,入器中。(《四时纂要·五月》)

(12) 五斗炒令黄,熟浸一宿,明日烂蒸。(《四时纂要·七月》)

(13) 以白蜜一斗,新汲水二斗,熟调,投于净五斗瓮中,即下三勒末,搅和匀。(《四时纂要·八月》)

(14) 右件三味,于盆中熟揉相入,内不津器中,封泥。(《四时纂要·八月》)

(15) 取再淘豆水,盛于瓮中,即入豆黄,次下黄衣,熟打,封闭。(《四时纂要·十二月》)

(16) 捣麋鹿羊矢等分,置汁中熟挠和之。(《氾胜之书·溲种法》)

(17) 率一石豆,熟澡之,渍一宿。(《齐民要术·作豉法》)

(18) 浸四五日,尝味彻,便出,置箔上阴干。火炙,熟捶。(《齐民要术·脯腊》)

(19) 净洗,臼中熟舂之,勿令蒜气。(《齐民要术·炙法》)

(20) 以苎根、叶熟捣敷上,日夜数易之,肿消则差矣。(《农桑辑要·苎麻》)

(21) 用大豆一斗,熟汰之,渍令泽。(《齐民要术·作酢法》)

(22) 熟拭瓜,以投其中,密涂瓮。(《齐民要术·作菹、藏生菜法》)

(23) 白茧糖法:熟炊秫稻米饭,及热于杵臼净者舂之为糍,须令极熟,勿令有米粒。(《齐民要术·饧哺》)

(24) 细切瓜,令方三分,长二寸,熟煠之,以投梅汁。(《齐民要术·作菹、藏生菜法》)

"熟耕""熟犁""熟耰""熟盖""熟锄""熟斸"是古代农业精耕细作的体现。"熟耕""熟犁"就是精耕,仔细的耕作,使得土壤颗粒均匀疏松,利于农作物的种植。"熟耰""熟盖",是指耕地后,磨碎大土块并平整土地,目的是为土壤保墒。"熟锄""熟斸"是指细心地除草,仔细地整治田地。这些词在农书中出现频率较高,从中也可以看出人们对精耕的重视。这六个词语中的"熟"都含有"仔细、精细"义。

"熟沤""熟研""熟踏""熟拌""熟授""熟浸""熟调""熟揉""熟打""熟挠""熟澡""熟捶""熟舂""熟捣""熟汰""熟拭""熟炊""熟炸"中的"熟"也都含有"仔细、精细"之义。

(1) 麦麸不限多少,以水匀拌,熟蒸,摊。(《农桑辑要·麸豉》)
(2) 凡醋梨,易水熟煮,则甜美而不损人也。(《齐民要术·插梨》)
(3) 甘者早熟而味脆美,酢者差晚,须熟烂堪啖。(《王祯农书·柰、林檎》)
(4) 若气候尚有寒,当且从容熟治苗田。(《陈旉农书·善其根苗》)

"熟蒸"是指在造麸豉时,一并要把麦麸皮蒸熟。"熟煮"是指酸梨在吃的时候,一定要煮熟、煮烂,这样才不会伤人。"熟烂"是指酸的林檎成熟的晚,一定要熟透了才能吃。"熟治"是指苗田治理一定要精熟。这几个词语中的语素"熟"都是在强调"蒸""煮""烂""治"的程度要深。因此这三个词语中的"熟"有"程度深"的意思。

以上例中以"熟"为语素构成的词语都是动词,都属于偏正结构,"熟"限定后面的动词。

第二种形式:X+熟

(1) 生食性冷,煮熟为佳。(《王祯农书·芰》)
(2) 用豆一石,炒熟,磨去皮,煮软捞出。(《农桑衣食撮要·合酱法》)

以上例中以"熟"构成的词语都是动词,属于动补结构,"熟"表示动作的结果。"煮熟""炒熟"都是指煮、炒到可以食用的程度了。因此语素"熟"即指其本义:食物加热到可食用的程度。

(1) 凡农家所种,宿麦早熟,最宜早收。(《王祯农书·收获》)
(2) 收之则不妨农时,晚熟故也。(《王祯农书·荞麦》)

上例中以"熟"为语素构成的词都是动词,属于偏正结构,"熟"作中心语。"早熟""晚熟"即是指农作物等成熟的早晚。因此语素"熟"是指"庄稼或植物等的成熟"。

(1) 以楝子于平田耕熟作垄种之,其长甚疾。(《王祯农书·柞》)
(2) 今人只知犁深为功,不知耰熟为全功。(《王祯农书·耙劳》)
(3) 将园内地,或牛犁或钁斸熟。(《农桑辑要·地桑》)
(4) 麦底地亦得种,止须急耕调熟。《齐民要术·种胡荽》
(5) 七月半种之,地欲粪熟。(《王祯农书·芥》)
(6) 常于田头置砖槛,窖熟而后用之,其田甚美。(《王祯农书·粪壤》)

上例中以"熟"为语素构成的词都是动词,属于动补结构,"熟"表示动词中心语达到的程度。"耕熟""耰熟""斸熟""调熟""粪熟""窖熟"指对田地的整治,其中前四例都是指对田地的耕治,不管是用牛"耕",还是钁"斸",达到土壤熟化的程度,才利于作物的生长。后两例是指对田地进行施肥,不管用什么方法,只有将肥料沤熟后,才能变薄田为良田,化硗土为肥土,才利于作物的生长。因此不管是耕田还是粪田都要到"熟"的程度,"熟"在这里含有"程度深"的意思。

从以上以"熟"为语素构成的词语中,我们可以看出,"熟"以不同的语素义参与了构词,这些语素义既包括熟的本义"食物加热到可食用的",也包括它的一系列引申义,如"庄稼成熟""仔细、精细""经过多年耕耘,适合作物生长的""经过加工或处理过的""程度深"等,语素义的丰富是"熟"构词能力强的一个重要因素。

以"熟"为语素构成的词语以名词和动词为主,各词在书中出现的频率也不同,"熟地""熟粪""熟火""熟耕"出现频率较高。在整理语料过程中,我们发现了"熟"的反义语素"生",两者在"食物有没有煮过或煮熟""庄稼有没有成熟""有没有加工和锻炼过""土地有没有开垦"等语义上构成反义关系,以"生"为语素在这些语义上也构成了一些词,如生粪、生土、生布、生铁、生地、生革、生火、生茧。

(1) 然粪田之法,得其中则可,若骤用生粪,及布粪过多,粪力峻热,即烧杀物,反为害矣。(《王祯农书·粪壤》)
(2) 夫黑壤之地信美矣,然肥沃之过,不有生土以解之,则苗茂而实

不坚。(《王祯农书·粪壤》)

(3) 杏李熟时,多取烂者,盆中研之,生布绞取浓汁。(《王祯农书·梅、杏》)

(4) 树不结,凿一大孔,入生铁三五斤,以泥封之,便开花结子。(《王祯农书·皂荚》)

(5) 开垦生地宜用镬,……盖镬开生地着力易。(《王祯农书·铧》)

(6) 用木条四茎,以生革编之,长可三尺,阔可四寸。(《王祯农书·连枷》)

(7) 蚕小喜暖怕烟,不可用生火。(《农桑辑要·火仓》)

(8) 生茧缲为上,如人手不及,杀过茧慢慢缲。(《农桑辑要·缲丝》)

"生粪""生铁""生革""生茧""生布"指未经过加工或处理粪、铁、革、茧和布,"生地""生土"指未开垦种植的田地,"生火"指木炭燃烧有烟的焰火。这些词在书中出现的频率不高,因此"生"语素较弱的构词能力从另一个方面显示了"熟"较强的构词能力。

2. 种

"种"作为单音节词在农书中出现的频率很高,其与农业有关的用法有两个方面,一是名词义:种子;二是动词义:种植。以"种"为构词语素构成的词语也分为两个方面:以"种子"为基本义构成的词语,以"种植"为基本义构成的词语。

种子义:种子、溲种、拌种、浸种、渍种、撒种、下种、播种、纳种、布种、掷种、杀种、出种。

(1) 区种瓠法,收种子须大者。(《氾胜之书·瓠》)
(2) 先种二十日时,以溲种如麦饭状。(《氾胜之书·溲种法》)
(3) 地要肥熟,以土灰拌种或撒子。(《农桑衣食撮要·种麻》)
(4) 若岁旱,虑时晚,即勿浸种,恐芽焦不生。(《四时纂要·二月》)
(5) 渍种如法,裹令开口。(《齐民要术·旱稻》)
(6) 候水渗尽,撒种于上。(《农桑辑要·萝卜》)
(7) 其耕、耘、下种田器,皆有便巧。(《齐民要术·种谷》)
(8) 一亩三甽,一夫三百甽,而播种于甽中。(《齐民要术·种谷》)
(9) 麦时、水涝,不得纳种者,九月中复一转。(《齐民要术·旱稻》)
(10) 至正月耕地,逐场布种之,一步一下粪块,耕而覆之。(《四时

纂要·正月》）

（11）又有作为畦埂，耕杷既熟，放水匀停，掷种于内。（《王祯农书·水稻》）

（12）其春耕者，杀种尤甚，故宜五六月时暵之，以拟大麦。（《农桑辑要·旱稻》）

（13）如欲出种，留食不尽者，八月收子。（《农桑辑要·人苋》）

以上词语除"种子"是联合结构外，其余都属于动宾结构。"溲种""拌种""浸种""渍种"属于播种前对种子的前期处理。"溲种"和"拌种"是指把肥料或农药等拌入种子中，然后再进行播种。"浸种"和"渍种"则是在播种前将种子放入水中，用水泡种子以催其发芽，用温水或盐水浸种，还有预防某些病害的作用。其中"溲种"最早见于《氾胜之书》中，《说文·水部》："溲，浸沃也。"《玉篇·水部》："溲，溲面也。"《说文通训定声》："今苏俗言溲粉、溲面皆是。"《正字通》："溲，水调粉面也。"缪启愉先生在《元刻农桑辑要校释》中指出：溲是"加水和面"义的引申，是指把调和好的粪糊拌附在颗粒上。干后再拌，反复六七次，种前再拌一次，随即播种。这种方法使种子外面包了一层厚厚的粪壳，起到种肥的作用。这种方法和"拌种"相似，但"拌种"只进行一次。"撒种""下种""播种""纳种""布种""掷种"都是指播种行为，其中的"撒""下""播""纳""布""掷"都有"播种"的语义。"杀种"是指因为土地坚硬、板结不实等原因，使得种子的出苗率低。"出种"即收获种子，"出"是方言词，现在山东一带还广泛使用，比如"出蒜"。

种植义：耕种、种艺、种莳、移种、种植、栽种、种树、春种、夏种、秋种、冬种、穊种、概种、稀种、区种、粪种、畦种、漫种、别种、分种、间种、插种、耧种、瓠种、点种、撮种。

以上词语中"耕种""种艺""种莳""移种""种植""栽种""种树"在结构上属于联合关系。除"耕种"外，"种"和词中其他语素的语义都相同，表示"种植"义，这些词语是同义组合成的联合关系词语。剩余的词语结构上都属于偏正关系。其中"春种""夏种""秋种""冬种"指种植的时间。"穊种""概种""稀种"指种植的密度。"区种""粪种""畦种""漫种""别种""分种""插种""耧种""瓠种""点种""撮种""间种"指不同的种植方法。

"区种"，最早见于《氾胜之书》中的记载，指按一定距离开沟挖穴，播入种子，以便集中灌溉和施肥。这种方法可以防备旱灾，有利于地力的发挥，广泛运用于山地、丘陵等可以作区的地方。《王祯农书·区田》中也对区种作了介绍：

每区深一尺,用熟粪一升,与区土相和,布谷匀,覆土,以手按实,令土种相着。苗出,看稀稠存留。锄不厌频。旱则浇灌。结子时,锄土深壅其根,以防大风摇摆。古人依此布种,每区收谷一斗,每亩可收六十六石。(《区田》)

"粪种",是古代的一种耕种方法。

(1) 凡粪种,骍刚用牛,赤缇用羊。郑玄注:"凡所以粪种者,皆谓煮取汁也……郑司农云:用牛,以牛骨汁渍其种也,谓之粪种。"(《周礼·地官·草人》)
(2) 依《周官》相地所宜,而粪种之。(《齐民要术·收种》)

范文澜、蔡美彪等在《中国通史》指出:"《周礼·草人》分土壤为九类,用九种动物骨煮汁拌谷物种子,种在一定的土壤上,称为'粪种'。"

"畦种",畦,指田畦,即可用来种植农作物的土床,表面平整。"畦种",指在畦内种植作物的方式,不能种在畦外,更不能随便乱种。

(1) 至二月畦种。治畦下水,一如葵法。(《齐民要术·种瓜》)
(2) 凡是闲地,即须种之,不但畦种也。(《农桑辑要·牛蒡子》)
(3) 宜于伏内畦种,或肥地漫种,频浇灌则肥大。(《农桑衣食撮要·种胡萝卜》)

"漫种",指种子置于器物中,边走边撒,力求撒匀,使苗出稀稠适当。这种种植方法不需要作田畦。书面文献始见于《齐民要术》。《王祯农书》对"漫种"的方法进行了详细介绍。

(1) 漫种者,用斗盛谷种,挟左腋间,右手料取而撒之;随撒随行,约行三步许,即再料取;务要布种均匀,则苗生稀稠得所。秦晋之间,皆用此法。(《王祯农书·播种》)
(2) 漫种者,下子后,亦覆土厚一指,本碌碡实之。(《农政全书·木棉》)

"别种""分种"是指将不同品种的植物、农作物等分开种植。贾思勰在《齐民要术》中首次谈到"别种",后代的农书中也介绍了这种种植方式。"间种"和"别种"不同,指在同一块地同一生长季或同一时间种植两种或两种以上的作物。

(1) 梜榆、刺榆、凡榆三种色,别种之,勿令和杂。(《齐民要术·种榆、白杨》)

(2) 崔寔曰:正月可种薤、韭。七月别种薤矣。(《农桑辑要·薤》)

(3) 葱、薤垄中分种之。(《四时纂要·三月》)

(4) 吾乡间种麦杂花者,不得不迟。(《农政全书·木棉》)

"插种",指不用种子进行的无性繁殖方法之一,即取无性繁殖植物的一个营养器官(如枝、根等),插入润湿的土或砂中,使生根抽枝,成为新植株。《农桑辑要》中介绍枸杞的种植用插种法,但此法较难,不常用。其他像葡萄、石榴、桑树等多用此种植法。

枸杞,……又可插种。(《农桑辑要·枸杞》)

"耧种",是指用农具耧车进行播种的方法。耧车的形状像三足犁,中间放耧斗,装种子,由牛马在前面牵引,边行边摇,种子随即撒下。可播大麦、小麦、大豆、高粱等。也称耧犁、耩子。

凡耧种者,非直土浅易生,然于锋、锄亦便。(《齐民要术·大小麦》)

"瓠种",我国古代北方地区用葫芦制成的播种工具,俗称点葫芦,主要用于谷类和豆类作物的点播。用这种工具进行播种的方法也叫作"瓠种",这种播种方法出现于《齐民要术·种葱》:"两耧重耩,窍瓠下之,以批契系腰曳之。"当时的播种工具叫作"窍瓠","瓠种"名称出现于《王祯农书》中。

瓠种者,窍瓠贮种,随行随种,务使均匀。(《王祯农书·播种》)

"点种"法出现于元代,指点播种子,播种的一种方法。每隔一定距离挖一小坑,放入种子,然后覆盖。也叫点播。

(1) 南方惟种大麦则点种,其余粟、豆、麻、小麦之类,宜用漫种。(《王祯农书·播种》)

(2) 至来年三月中,随耕地,于垄内点种,榜盖令平。(《农政全书·薏苡》)

"撮种",一种播种方法,就是指以穴下种,一穴多株,主要用于南方。这种播种方法曾称为"撮放"。《陈旉农书·六种之宜》:"筛细粪和种子,打垄撮放,唯疏为妙。"先用农具将土壤培成土埂,然后将土埂打实,到播种时除去垄上面的干土,露出湿土后再用农具刨沟或刨坑,叫打垄。播种时抓起种子放在沟或坑内,叫撮放。

南方惟用撮种,故所种不多。(《王祯农书·大小麦》)

3. 田

"田"的构词能力也很强。在农书中"田"主要指可用来耕种的土地。它参与构成的双音词有田野、田壤、田亩、田畴、田地、农田、耕田、甫田、高田、美田、良田、下田、薄田、山田、新田、熟田、中田、肥田、荒田、谷田、麦田、麻田、稻田、秧田、桑田、粟田、黍田、旱田、陆田、水田、公田、藉田、力田、垦田、治田、营田、井田、区田、代田、圃田、围田、圩田、柜田、架田、葑田、湖田、梯田、涂田、沙田等。

在这些词中,"田野""田壤""田亩""田畴""田地""农田""耕田""甫田"均表示可用来耕种的土地。"高田""美田""良田""肥田""中田""荒田""下田""薄田""山田""新田""熟田"都属于偏正结构,表示不同性质的田地。"高田""美田""良田""肥田"表示肥沃的田地。"中田"表示中等的田地。"荒田""薄田""下田""山田"表示贫瘠的田地。"新田"表示开垦两年的田地。"熟田"表示常年耕种的田地。"谷田""麦田""麻田""稻田""秧田""桑田""粟田""黍田"指种植不同作物的田地,分别种植"谷""麦""麻""稻""桑""粟""黍"。"水田""旱田""陆田"指种植水稻和旱稻的田地。"公田"指在井田制度下,把土地划成"井"字形,分为九区,中区由若干农夫共同耕种,将收获物全部缴给统治者的田地。"藉田"是指古代天子、诸侯征用民力耕种的田。"力田""垦田""治田""营田"是指对田地的耕种、开垦和经营。"井田""区田""代田""圃田""围田""圩田""柜田""架田""葑田""梯田""涂田""沙田",指不同时期的土地利用形式。

"井田",相传是古代的一种土地制度。以方九百亩为一里,划为九区,形如"井"字,故名。其中为公田,外八区为私田,八家均私百亩,同养公田。公事毕,然后治私事。从春秋时期起,井田制日趋崩溃,逐渐被封建生产关系所取代。"区田""代田"是西汉时期出现的两种农作方法,"圃田""围田""圩田"

"柜田""架田""葑田""湖田""梯田""涂田""沙田"是宋元以后出现的新的土地利用形式,前面已有介绍,不再论述。

另外,"接"表示"嫁接"义时,构词能力很强,参与构成的词语有:"接换""接博""接头""插接""腰接""根接""劈接""靥接""贴接""神仙接""批接""搭接""身接""根接""皮接""枝接"。其中"接换""接博"指嫁接义。"接头"指供嫁接用的植物顶梢。"插接""劈接""靥接""贴接""神仙接""批接""搭接""身接""根接""皮接""枝接"指嫁接部位不同的嫁接方法。"插接"即"身接","劈接"相当于"根接","靥接"又叫"贴接""神仙接","搭接"又叫作"批接"。"身接""根接""皮接""枝接""搭接"都用枝条嫁接,只是嫁接的部位不同。"身接"在"身",即主干高处,"根接"在"根",即主干基部,"皮接"接在主干上,"枝接"接在枝茎上,"搭接"即舌接,"靥接"指芽接。

总体而言,农书中活跃的构词语素,常为多义语素,它们或以某一语素义参与构词,或以几个语素义参与构词,由于参与构词的语素义不同,构成的词语在结构上也不尽相同,位置也有前有后。

二、农业词语的构词类型和方式

从汉语词汇发展的基本规律来看,早期汉语的词语大多数是单音节的,也有少数双音节词,但基本上都是单纯词。随着社会和语言自身的发展,汉语词汇呈现出复音化的趋势。这个规律同样适用于农业词语,农业词语产生之初,大多是单音单纯词,后来随着农业生产技术的发展,农产品越来越丰富,农业劳动工具也越来越发达,农业生产过程越来越精细化,农业词语也开始向双音化,甚至三音化、四音化方向发展。

农书中的复音词,就构成方式来看,既有语音构词法形成的单纯复音词,又有语法构词法形成的合成词。语法构词,包括复合式、附加式和重叠式三种,农业词语又以复合式中的联合、偏正和动宾为主,补充式很少,主谓式几乎没有,附加式中以加后缀为主。下面从联合、偏正、动宾、补充和附加几个方面对农业词语进行分析。

(一)联合式

联合式是由两个语素并列组合成词。这种结构方法最早出现于西周,从上古时期到现代汉语,都是一种重要的结构方式,具有联合关系的合成词有:

耦耕、垦耕、垦辟、播种、树艺、播蒔、种树、锄耘、溉灌、灌注、收获、收刈、收敛、织纴、纺绩、织绩、蚕绩、蚕织、耧犁、杵臼、斤斧、丰熟、荒芜、荒秽、禾稼、布帛、菜茹、果蓏、粳稻、垄亩、土壤、田畴、耒耜、茂盛、稼穑、耕稼、耕桑、耕耨、耕种、枝叶、根株、本根、本末、果实、浇溉、种蒔、栽蒔、开垦、耕犁、耕垦、培植、移栽、栽插、移种、种艺、种植、栽培、栽植、移植、嫁接、培壅、盖磨、接换、接博、栽种、浇灌、收割、养育、饲养、饲食、蕃息、放牧、牧养、养牧、畜养、畜牧、喂饲、喂养、寒燠、肥腯、羸瘠、羸瘦、肥充、瘦瘠、瘠馁、肥盛、肥大、饥羸、羸劣、博硕等。

(二) 偏正式

偏正式是由两个具有偏正关系的语素组合成词。这也是一种重要的构词方式，农书中的具有偏正关系的合成词最多。

百谷、九谷、六谷、五谷、五稃、嘉谷、大麦、春麦、宿麦、大麻、胡麻、苦菜、茧丝、高田、良田、薄田、上地、中地、下地、轻土、弱土、美田、区田、井田、藉田、代田、旱稻、水稻、小麦、绿豆、豇豆、黑豆、白豆、胡荽、胡桃、桑葚、蜀芥、生菜、鲁桑、桑皮、桑叶、春蚕、阴地、阳地、白地、宿根、漫种、漫掷、漫散、熟耕、熟粪、熟泥、荞麦、黄豆、白豆、豌豆、油麻、脂麻、絮车、搅车、拨车、刈刀、纺车、蟠车、绳车、纫车、桑几、桑梯、桑钩、桑笼、桑网、蚕椽、蚕箪、蚕槃、蚕架、蚕网、蚕杓、蚕连、斫斧、切刀、劚刀、茧笼、火仓、热釜、茧瓮、谷匣、谷盘、连磨、水砻、机碓、麦笼、麦钐、麦绰、捃刀、耧锄、蹚锄、耘荡、耘爪、腰接、根接、身接、皮接、枝接、靥接、搭接、熟地、熟火、牛粪、架田、柜田、围田、宿土、果瓜、菜瓜、甜瓜、阴瓜、白瓜、缫车、络车、纬车、熟田、沙田、圃田、黄豆、豌豆、白豆、荞麦、油麻、苗粪、草粪、火粪、泥粪等。

(三) 动宾式

动宾式是由两个具有支配关系的语素组合成词。上古时期，这种结构关系的词语不多，汉代以后，动宾关系的复合词数量增加。

耕田、转地、仰垄、开荒、压枝、上粪、下种、开花、结子、缲丝、理丝、耕地、插秧、点种、积苫、暵地、间苗、结实、燎荒、稉青、摘青、耕畬、溲种、下水、起地、除草、压条、饲食、织机、织缕、缲丝、撮苗、平垄、浴种、卧种、杀茧、淹茧、浥茧、蒸茧、下秧等。

(四) 补充式

补充式是由两个表示动补关系的语素组合成词，中心成分多为动词，补充成分说明动作的结果、趋向或程度等。这种构成方式汉代以后开始出现，魏晋以后得到发展。出现在补语位置上的词有"破""讫""成""熟""取""作""为""却""出""去""尽""碎""坏""断""满""彻""干""入""过""上""下""起"等。

擘破、打破、捣破、压讫、散讫、耕讫、布讫、剖成、搅成、绩成、调熟、耕熟、厮熟、糁熟、粪熟、窖熟、斫取、压取、澄取、舂取、掘作、炊作、刈作、削作、截为、舂为、束为、编为、剪却、割却、耧却、拔却、耕出、漉出、炸出、开出、漉去、澄去、斫去、簸去、锄去、剡去、落尽、消尽、研尽、研碎、裂坏、截断、浇满、润彻、曝干、泻入、斩过、耸上、漉下、耧起等。

（五）附加式

附加式就是词根和词缀组合成词，有两种形式：前缀＋词根，词根＋后缀。如"子""头""第"等。

窍子、芥子、杏子、茄子、柿子、根子、橡子、麻子、苏子、麦子、栽子、袋子、刀子、沟子、锯子、块子、柚子、辊子、架子、饼子、杷子、地窖子、绳套子、灶子、枴子、渠子、筛子、笸子、虫子、篓子、屋子、弹子、杓子、杭子、果子、馒头、蛹子、指头、锄头、斧头、舌头、石头、拳头、第一、第二等。

农业词语作为劳动人民最经常使用的语言，口语性强，稳固性高。许多农业基本词语从古至今的变化不大。比如，表示农作物的词语：稻、黍、姜、麦、葱、梨、桃、犁；表示农业生产工具的词语：镰、杷、磨、碾等；表示生产行为的词语：耕、种、耩、浇、收、敛、获等。这些单音节词语发展到现代，仍有很多还在单独使用，或者参与构词。因此农书中的合成词除了利用新的语素构成外，大部分是利用原有的单音节农业词语构成合成词。我们针对农书中出现最多的偏正式和联合式词语的构成进行分析，具体有以下几种情况。

第一，单音节农业词前后加实语素构成合成词。

单音节农业词可以是名词或动词。如果以名词性语素为中心，前加词根作修饰成分，所加词根可以是名词性、形容词性或动词性语素，构成的复合词为名词。

谷：百谷、九谷、八谷、六谷、五谷、嘉谷、稙谷。

地：生地、熟地、上地、中地、下地、荒地、白地、阴地、阳地、良地、薄地、闲地。

豆：绿豆、黑豆、乌豆、白豆、黄豆、豇豆、豌豆、蚕豆、豍豆、赤豆、胡豆、梅豆、蘱豆、刀豆、黎豆、土豆。

麦：小麦、大麦、荞麦、青稞麦、瞿麦、荞麦、雀麦、燕麦、䅟麦、乌麦。

稻：水稻、旱稻、粳稻、秫稻、秔稻、占城稻、赤稻、火稻、白稻、陵稻。

麻：牡麻、胡麻、苴麻、大麻、油麻、脂麻、苎麻、乌麻、芝麻。

以上词语中的前加词根对单音节农业词语"谷""地""豆""麦""稻""麻"从数量、大小、性状、颜色、功用等方面进行了修饰或限制，新产生的合成词实际上是原农业名称的下级分类。用这种方式产生的合成词很多，如：

碨：水碨。

镰：长镰。

碾：水碾。

磨：水磨、连磨。
镰：推镰、钹镰。
锄：耧锄、耰锄、镫锄。
碓：埳碓、槽碓、机碓。
刀：捃刀、劋刀、切刀、刈刀。
车：耧车、砘车、翻车、筒车。
田：井田、区田、生田、熟田、柜田、梯田。
粪：熟粪、生粪、草粪、火粪、泥粪、苗粪。

若名词性语素为限定性成分，后加的词根为中心语素，构成的复合词为名词，如：

桑：桑几、桑梯、桑钩、桑笼、桑网、桑皮、桑叶。
蚕：蚕椽、蚕筐、蚕槃、蚕架、蚕网、蚕杓、蚕连。
麦：麦笼、麦钐、麦绰。
茧：茧笼、茧瓮。
谷：谷匣、谷蛊。

如果以动词性单音农业词为中心语素，前加实语素构成的复合词一般为动词，实语素可以是名词性、动词性或形容词性的。

种：春种、夏种、冬种、概种、稀种、畦种、漫种、区种、点种、别种、分种、间种、插种、耧种、瓠种、粪种。
接：插接、腰接、根接、劈接、靥接、贴接、批接、搭接、身接、根接、皮接、枝接。

第二，两个单音节农业词语结合形成复音词。

这种情况下形成的多是联合式的复音词，具体分为以下情形。

名词+名词：根株、枝叶、杵臼、斤斧、禾稼、布帛、菜茹、果蓏、粳稻、根株、本根、果实、垄亩、土壤、田畴、耒耜。

动词+动词：耦耕、垦耕、垦辟、播种、树艺、播莳、种树、锄耘、溉灌、灌注、收获、收刈、收敛、织纴、纺绩、织绩、蚕绩、蚕织、耧犁、浇溉、种莳、栽莳、开垦、耕犁、耕垦、培植、移栽、栽插、移种、种艺、种植、栽培、栽植、移植、嫁接、浇灌、培壅、盖磨、接换、栽种、收割、牧养、养牧、畜养、畜牧、放牧、喂饲、喂养、养育。

第二节 农业词语的量词化

量词是现代汉语中的一个重要词类，大多数的量词是从名词演变而来。

王力先生曾说:"一般来说,单位词是由普通名词演变而成的,并且它们的语法意义是由它们的本来意义引申的。"①农业词语中,也有许多名词演变成量词,并且大部分都保留着其名词意义。农业词语的量词化也经历了一个过程。

一、农业词语的量词化

1. "茎"量词化历程

"茎",本指草木的主干部分。《说文·草部》:"茎,枝柱也。"段玉裁注:"考字林作枝主。谓为众枝之主也。"《广雅·释诂三》:"茎,本也。"《广韵·耕韵》:"茎,草木干也。"王念孙疏证:"茎、干皆枝之本也。""茎"的这一用法最早开始于春秋时期。

(1) 秋兰兮青青,绿叶兮紫茎。(《楚辞·九歌·少司命》)

(2) 先时者,茎叶带芒以短衡,穗钜而芳夺,秮米而不香。(《吕氏春秋·审时》)

(3) 西方有木焉,名曰射干,茎长四寸。(《荀子·劝学》)

战国时期,"茎"由本义引申指"器物的柄"。

(4) 以其腊广为之茎,围长倍之。郑玄注:"腊,谓两刃。茎,在夹中者。"戴震补注:"刃后之铤曰茎,以木传茎外便持握者曰夹。"(《周礼·考工记·桃氏》)

(5) 飞凫,赤茎白羽;电影,青茎赤羽。(《六韬·武韬》)

到两汉时期,"茎"又引申指"直立的柱或竿"。

(6) 抗仙掌以承露,擢双立之金茎。李善注:"金茎,铜柱也。"(班固《西都赋》)

(7) 介胄重袭,旌旗跃茎。刘良注:"茎,旗杆也。"(左思《魏都赋》)

"茎"的本义和引申义之间的相似点是形状,均表示长条形的东西。这些用法都不是量词,但"茎"却从表示长条形的东西,脱胎出来表示长条形东西

---

① 王力:《王力文集》第九卷,山东教育出版社 1988 年版,第 311 页。

的数量。这种用法在汉代已见端倪。

(8) 既生,长二尺余,便总聚十茎一处,以布缠之五寸许,复用泥泥之。不过数日,缠处便合为一茎。(《氾胜之书·瓠》)
(9) 著百茎共一根。(《史记·龟策传》)
(10) 甘泉宫内中产芝,九茎连叶。(《汉书·武帝纪》)

这里的"数词+茎",表示的是"茎"的数量,而不是用"茎"表示数量。此时也出现了"茎"表示数量的用法。

(11) 面色赤者,加葱九茎。(《伤寒论·通脉四逆汤方》)
(12) 旋覆花汤方:旋覆花三两,葱十四茎,新绛少许。(《金匮要略·妇人杂病脉证并治》)

这里"茎"形成的是"名词+数词+茎"的结构,这种用法到南北朝时期数量增加。《齐民要术》中的"茎"还只是名词,没有出现量词的用法。但在其他文献中出现了量词的用法。

(13) 汉武帝时,西方有日支国,献活人草三茎。(《述异记》卷上)
(14) 前有竹数茎,下有青石坛。(《述异记》卷下)
(15) 授以芳茅一茎。(《拾遗记》卷八)
(16) 隆昌元年正月,襄阳县获紫芝一茎。(《南齐书·祥瑞志》)

这个时期的量词"茎"大多也是"名词+数词+茎"的用法,且"茎"主要用于草本植物。《类篇·草部》:"草曰茎,竹曰个,木曰枚。"此时期也出现了"数词+茎+名词"的结构,并且出现了表示人身体上的"毛"的用法。

(17) 所爱两株树,十茎草之间耳。(《闽中草木颂十五首》)
(18) 右手大拇甲下生毛九茎。(《魏书·灵微志》)

中古以后到明清时期,农书《陈旉农书》《分门琐碎录》《种艺必用》《农桑辑要》中均未出现"茎"作量词的用法,《四时纂要》《农桑衣食撮要》各出现了2例,用来指称马骨和植物的数量。《王祯农书》中共出现了13例,用来指称长条形的木头和竹子。《农政全书》中出现的用例皆引自《王祯农书》。

（19）又取马骨一茎，碎，以水三石煮之三五沸，去滓，以汁浸附子五个。（《四时纂要·正月》）

（20）又数其肋骨，得十茎，凡马也。（《四时纂要·三月》）

（21）缸底先用蓼子数茎，然后入缸内。用米五升，上又用蓼子数茎，以米糠盖之。（《农桑衣食撮要·做米醋》）

（22）每菜十斤，盐十两，用甘草数茎，放在洁净瓮盛，将盐撒入菜丫内，排顿瓮中，入莳萝少许，以手实捺至半瓮，再入甘草数茎。（《农桑衣食撮要·腌咸菜》）

（23）乃取细竹，长短相等，量水浅深，每以三茎为数，近上用篾缚之，又于田中，上控禾把。（《王祯农书·乔扦》）

（24）其制：用木条四茎，以生革编之，长可三尺，阔可四寸。（《王祯农书·连枷》）

（25）板后钉直木二茎，高出板上，概以横柄。（《王祯农书·刮板》）

（26）下用溜竹二茎，两端俱出一握许，以便扛移。（《王祯农书·晒槃》）

（27）次下木地钉三茎，置石于上。（《王祯农书·埏碓》）

（28）以脚木二茎，长可四尺，前头微昂，上立四篸，以横木括之。（《王祯农书·拖车》）

（29）其在上大轴，两端各带拐木四茎，置于岸上木架之间。（《王祯农书·翻车》）

（30）夫槌，立木四茎，各过梁柱之高，随屋每间竖之。其立木外旁，刻如锯齿而深，各每茎挂桑皮圜绳。（《王祯农书·蚕槌》）

（31）长一丈二尺，皆以二茎为偶，控于槌上，以架蚕箔。（《王祯农书·蚕椽》）

（32）以细枋四茎竖之，高可八九尺，上下以竹通作横桄十层。（《王祯农书·蚕架》）

（33）用长椽五茎，上撮一处系定，外以芦箔缴合，是为簇心。（《王祯农书·蚕簇》）

（34）若蚕多之家，乃用长椽二茎，骈竖壁前，中宽尺许。（《王祯农书·桑夹》）

（35）又作横木一茎，列窍穿其掉枝。（《王祯农书·绳车》）

此时期"茎"的"名词＋数词＋茎"和"数词＋茎＋名词"用法并存，除了农书中的用例外，在其他文献中也表示草本植物和人体的毛发等。

(36) 其年六月,大同殿产玉芝一茎。(杜光庭《历代崇道记》)

(37) 此间人有五兆卦,将五茎茅自竹筒中写出来。(《朱子语类》卷六十六)

(38) 常聚材木数万茎,一旦化为丛林森茂,因致大富。(《太平广记》卷一三七)

(39) 紫芝生于墓之西北,数年又生玉芝十八茎。(《宋史·孝义传·易延庆》)

(40) "天帝释将一茎草,插其处曰……"又"若唤作一茎韭,入地狱如箭射"。(惠洪《禅林僧宝传》)

(41) 当年志气俱消尽,白发新添四五茎。(薛逢《长安夜雨》)

(42) 初头生一丛白毛,数之四十九茎。(《太平广记》卷二百零二)

(43) 宋军不曾烧毁半茎柴草,也未常损折一个军卒,夺获马匹衣甲金鼓甚多。(《水浒传》第一百零五回)

(44) 一年靠这几茎苗,收来半要偿官赋。(洪昇《长生殿·进果》)

"茎"还和数词"一"构成了词"一茎",原意为植物的一条茎,后表数量,多用于条状物,已固定成词,这也从侧面印证了"茎"的量词用法。

(45) 一茎九缠,更用牵挛,宿明俯仰,不得东西。(焦赣《易林·震之师》)

(46) 莎萝草细大如发,一茎百寻。(王嘉《拾遗记·方丈山》)

(47) 白发生一茎,朝来明镜里,勿言一茎少,满头从此始。(白居易《初见白发》)

(48) 况我瘦身躯怎和愁肠挣,刚剩得担害怕恩情骨一茎。(无名氏《宫词》)

"茎"从名词演变为量词的过程不算复杂,而且其指称的事物不多,均表示条形物。"茎"的这种不成熟的结构形式和指称物体的单一性,使得它未能生存下来,后来逐渐被量词"根"代替。现代汉语口语中很少用"茎"这一量词,仅在书面语中用到。

2."根"的量词化历程

"根",本指植物生长于土中或水中吸收营养的部分。《说文·木部》:"根,木株也。"战国时期表示"木株"的"根"就已出现。

(1) 柢固则生长,根深则视久。(《韩非子·解老》)
(2) 水集于草木,根得其度,华得其数,实得其量。(《管子·水地》)
(3) 今汝非木之根,则木之枝耳。(《战国策·苏秦说李兑》)

两汉时期,"根"出现在数词的后面,《氾胜之书》中发现一例,《四民月令》中未出现这种用法。

(4) 又种薤十根,令周回瓮,居瓜子外。(《氾胜之书·瓜》)

这句话的意思是又在瓮的周围,瓜的外面,种十株薤。"根"的数量结构用法除了这一例外,我们没再发现新的用例。因为《氾胜之书》是后人辑佚,虽然这一例用法不足以证明"根"的量词用法出现于汉代。但《齐民要术·种桃》:"《术》曰:'东方种桃九根,宜子孙,除凶祸。'""《术》曰:'北方种榆九根,宜蚕桑,田谷好。'"《齐民要术·种槐、柳、楸、梓、梧、柞等》:"《术》曰:'西方种楸九根,延年,百病除。'"《齐民要术》引用《术》不少,但未知是何书。从中我们可以看出,虽然我们不能确认"根"出现于汉代,但最晚北魏时已出现。

到了魏晋南北朝时期,"根"的量词用法正式确立。这一时期的农书《齐民要术》中出现了许多"根"作量词的用法。

(5) 桃李大率方两步一根。(《齐民要术·种李》)
(6) 明年正月移而栽之,率五尺一根。(《齐民要术·种桑柘》)
(7) 必数条俱生,留一根茂者。又:一亩二千六百六十根,三十亩六万四千八百根。(《齐民要术·种槐、柳、楸、梓、梧、柞等》)
(8) 一根三文。十年,中四破为杖,一根直二十文。(《齐民要术·种桑、柘》)
(9) 十年,中椽,可杂用。一根直十文。二十岁,中屋栿,一根直百钱。(《齐民要术·种槐、柳、楸、梓、梧、柞》)
(10) 亦方两步一根,两亩一行。一行百二十树,五行合六百树。(《齐民要术·种槐、柳、楸、梓、梧、柞》)
(11) 以蚕楣为率,一根五钱,一亩岁收二万一千六百文。(《齐民要术·种榆、白杨》)
(12) 凡种数千枚,止有一根生。(《齐民要术·种椒》)

从这些用法中我们可以看出,"根"主要表示草木的数量,与其本义有着密切的关系,此时期文献中也出现了与"根"词汇意义无关的表数量的用法。

(13) 须长三尺余,当心有赤毫毛三根,长三尺六寸。(《晋书·刘元海传》)
(14) 须髯不过百余根,而皆长五尺。(《晋书·刘曜传》)
(15) 运材数百万根,以题机巧,征令监之。(《魏书·莫题传》)

上例中"根"用来表示毛发、木材的数量,其词汇意义逐渐消失,"根"的量词化加强。

隋唐以后,在《农桑辑要》《农政全书》中出现了量词的用法。

(16) 二尺一根,数日即生。(《农桑辑要·柳》)
(17) 或是单根肥长桑条,依上栽之亦可。(《农桑辑要·栽条》)
(18) 相离五寸,卧栽一根,覆土厚二寸。(《农桑辑要·甘蔗》)
(19) 于畦内用极细梢杖三四根,拨刺令平,可。(《农桑辑要·苎麻》)
(20) 用竹一根,削作火通口样,箍住老菱,插入水底。(《农政全书·菱》)
(21) 每仓,置木筹三十根,每根长三尺,方一寸二分,以天地人三字编号。(《农政全书·备荒考中》)
(22) 办仓料:仓廒,每边七间,合用柱木每根径六寸,矮柱每根径六寸,桁条每根径五寸五分,抽楣每根径四寸,椽木每根径三寸,穿栅木每根径四寸,地板楞木每根径五寸,地板壁板,每块厚八分。正厅三间,合用中柱木每根径一尺一寸,用实木边柱每根径九寸,大梁每根长二丈、径一尺四寸,二梁每根长一丈、径一尺一寸,步梁每块长八尺、径一尺,抽楣木每根径四寸五分,桁条每根径六寸,椽木每根径三寸。(《农政全书·备荒考下》)

这个时期的"根"继续表示一般植物的数量,但更多的是表示与词汇意义无关的事物的数量,在非农业文献中的用法尤其如此。

(23) 南北大梁二根。(《旧唐书·志第二·礼仪二》)

(24) 枪五十根,十分。(《神机制敌太白阴经》卷六)

(25) 其主甚美,有须数十根。(《太平广记·长须国》)

(26) 我叫化的乱烘烘一陌纸,拾得粗垄垄几根柴。(关汉卿《包待制三勘蝴蝶梦》第四折)

(27) 累次与他交战,并不曾得他半根儿折箭。(郑光祖《虎牢关三战吕布》第一折)

(28) 你说这厮无礼么,他把一根席篾儿,绝做两断。(无名氏《摩利支飞刀对箭》)

(29) 斯子火把多有在家里,就每人点着一根。(《二刻拍案惊奇》卷二十五)

(30) 还要百十根棕缆,每根要吊桶样的粗笨,穿起锚的鼻头来,才归一统。(《三宝太监西洋记》第十七回)

此外,又如一根狼牙棒、一根绦丝、一根大红丝线、一根大黄藤、一根高竿、一根令箭、一根三十六节的简公鞭、两根简板、一根扎头绳、一根簪、一根禅杖、犀牛角十根、象牙五十根、一根铜柱、六根杉木竿子、一根九股红套索儿、一根骨头、两根旗枪、一根拄杖、几根胡须、辟寒犀二根等。

"根"的量词化从魏晋开始,沿着两条路线同时虚化,一是从本义出发的量词化,表示一般植物的数量;二是从引申义出发的量词化,表示与木有关的事物的数量。魏晋以后,"根"的量词用法进一步发展,与"根"的词汇意义脱离关系,表示与"根"形状相同的长条形事物的数量。同时在"根"的量词化发展中,"名+数+量"与"数+量+名"同时存在,发展到现代,"数+量+名词"占据了主导地位。

3. "株"的量词化历程

"株",本指露出地面的树根、树干或树桩。《说文·木部》:"株,木根也。"徐锴系传:"入土曰根,在土上者曰株。"徐灏笺:"许训株曰根,盖浑言之也,犹今人谓一干谓一根耳。"泛指草木。

(1) 臀困于株木。(《易·困》)

(2) 田中有株,兔走触株,折颈而死。(《韩非子·五蠹》)

(3) 泽枯无鱼,山童无株。(《易林·观之巽》)

"株"的量词化很早,最早见于春秋战国时期,但此时期的用例不多。

(4) 然核芽相生,不知其几万株。(《关尹子·四符》)

两汉时期,"株"的量词化进一步发展,但都是表示与草本植物有关的事物数量,是从本义或泛化义出发的量词化。《氾胜之书·区田法》中"株"的量词用法出现了6次。

(5) 凡区种麦,令相去二寸,一行容五十二株,一亩凡九万三千五百五十株,麦上令土厚二寸。

(6) 凡区种大豆,令相去一尺一寸,一行容九株,一亩凡六千四百八十株。

(7) 一沟容四十四株。一亩合万五千七百五十株。

此时期其他文献中也出现了"株"表示草木之物数量的用法。

(8) 弃官行礼,负土成坟,种松柏奇树千余株。(谢承《后汉书》)
(9) 山南有庙,悉种柏千株,大者十五六围。(马第伯《封禅仪记》)
(10) 墓前种松柏树五株。(葛洪《西京杂记》)

魏晋南北朝时期"株"的量词用法仍表示草木的数量,到明清时期一直是这样。从《齐民要术》到《农政全书》,出现了不少"株"作量词的用法。

(11) 黄墒时,以耧構,逐垅手下之。五寸一株。谚曰:"左右通锄,一万余株。"(《齐民要术·种蒜》)
(12)《杂五行书》曰:舍南种枣九株,辟县官,宜蚕桑。(《齐民要术·种枣》)
(13)《西京杂记》曰:"文杏,材有文彩。蓬莱杏,东海都尉于台献,一株花杂五色,云是仙人所食杏也。"(《齐民要术·种梅杏》)
(14)《神仙传》曰:"……重病得愈者,使种杏五株;轻病愈,为栽一株。数年之中,杏有十数万株,郁郁然成林。"(《齐民要术·种梅杏》)
(15)《寻阳记》曰:"杏在北岭上,数百株,今犹称董先生杏。"(《齐民要术·种梅杏》)
(16) 又至明年正月,劚去恶者,其一株上有七八根生者,悉皆斫去,唯留一根粗直好者。(《齐民要术·种榆、白杨》)
(17) 男女初生,各与小树二十株,比至嫁娶,悉任车毂。(《齐民要

术·种榆、白杨》)

(18) 二尺一株。明年正月中,剥去恶枝,一亩三垄,一垄七百二十株,一株两根,一亩四千三百二十株。(《齐民要术·种榆、白杨》)

(19) 葱三升,芋二十株,橘皮三叶,木兰五寸,生姜十两,豉汁五合,米一升,口调其味。(《齐民要术·羹臛法》)

(20) 每三根合作一株,若品字样,系缚着一竹筒底下。(《陈旉农书·蚕桑叙》)

(21) 一一系缚了,然后行列,并竹筒植之,可相距二尺许一株。(《陈旉农书·种桑之法》)

(22) 然后于穴中央植一株,下土平填紧筑,免风摇动。(《陈旉农书·种桑之法》)

(23) 熟耕地五六遍,五步一株,着粪二三升。(《四时纂要·正月》)

(24) 男女初生,各乞与小树二十株种之。(《四时纂要·正月》)

(25) 一亩三垄,七百二十株。六亩,四千三百二十株。(《四时纂要·正月》)

(26) 良软地,耕三遍,以耧构,逐垄下之,五寸一株。(《四时纂要·八月》)

(27) 老农言:"稻苗立秋前一株每夜溉水三合,立秋后至一斗二升。"(《分门琐碎录·谷》)

(28) 正月中移之,率十步一株,仍以燥土壅之。(《分门琐碎录·种桑法》)

(29) 松必用春社前带土栽培,百株百活。(《分门琐碎录·种木法》)

(30) 种葫芦法:大葫芦二株,大冬瓜二株,以十分肥地栽之。引棚上,先以一株冬瓜,一株葫芦相接,看相着了,截去冬瓜藤。又以一株冬瓜,一株葫芦如此接讫。(《种艺必用》)

(31) 正月、二月、三月移桑,并得熟耕地五、六遍,五步一株,着粪一、二升。(《种艺必用》)

(32) 墙内空地计一万步,每一步一桑,计一万株,一家计分五千株。(《农桑辑要·义桑》)

(33) 龚遂为渤海,劝民务农桑,令口种一株榆,百本薤,五十本葱,一畦韭。(《农桑辑要·先贤务农》)

(34) 《博闻录》:"种花药,最忌麝。瓜尤忌之。剩栽数株蒜、薤,遇麝不损。"(《农桑辑要·种瓜》)

(35) 来年依时分开,每株约离七八寸。(《农桑衣食撮要·种椒》)

(36) 次年分开,相离两步栽一株。(《农桑衣食撮要·接诸般果木》)

(37) 每百户,初年课二百株,次年四百株,三年六百株。(《农政全书·国朝重农考》)

(38) 深半寸许,大略如种薯蓣法。每株相去数尺。(《农政全书·甘薯》)

(39) 今拟种法,每株居亩中,横相去二三尺,纵相去七八尺。(《农政全书·甘薯》)

(40) 木棉,一步留两苗,三尺一株,此相传古法。(《农政全书·木棉》)

(41) 吾乡种棉花,极稔时,间有一二大株,俗称为花王者,于干上结实。(《农政全书·木棉》)

(42) 彼中一亩之官,但有树数株者,生平足用,不复市膏油也。(《农政全书·乌臼》)

魏晋以后的非农业文献中也出现了很多"株"作量词的用法,均表示植物。

(43) 初,亮自表后主曰:"成都有桑八百株,薄田十五顷。"(《三国志·蜀书·诸葛亮传》)

(44) 六年五月,无锡县有四株茱萸树,相樛而生,状若连理。(《晋书·五行中》)

(45) 永明八年五月,阳城县获紫芝一株。(《南齐书·祥瑞志》)

(46) 李衡则橘林千树,石崇则杂果万株。(《梁书·沈约列传》)

(47) 房前大桐四株,五月繁茂,一朝竭尽。(《祖堂集》卷三)

(48) 本官后园亦有几株好花,不若来日请官家过来闲看。(《武林旧事》卷七)

(49) 葬后,林于宋常朝殿掘冬青一株,置于所函土堆上。(《南村辍耕录》卷四)

(50) 几株杨柳绿阴浓,一架蔷薇清影乱。(《全元南戏·施惠·拜月记》)

(51) 祠傍有一株大梨树,高十余丈,堪作建始殿之梁。(《三国演义》第七十八回)

(52) 庙外有合抱不交的几株大树,挨门一棵树下放着一张桌子,一条板凳。(《儿女英雄传》第五回)

4. "叶"的量词化历程

"叶",本指叶子,植物的一部分。《说文·草部》:"叶,草木之叶也。"后引申指像叶子的东西,也喻指轻飘的东西。清段玉裁《说文解字注·草部》:"凡物之薄者,皆得以叶名。"《释名·释用器》:"铧……其版曰叶,像木叶也。"由此引申指表示轻薄物体的计量单位,至迟魏晋时期已出现,《齐民要术》中出现了"叶"计量橘皮的用法,共出现了 8 次。《齐民要术》之后,仅在《王祯农书》中出现了 3 例,用来计量木板和野航。《农政全书》中出现了引自《王祯农书》的一例用法。

(1) 作鸭臛法:用小鸭六头……橘皮三叶。(《齐民要术·羹臛法》)

(2) 成脍鱼一斗,以曲五升,清酒二升,盐三升,橘皮二叶,合和,于瓶内封。(《齐民要术·作酱等法》)

(3) 生姜五合,橘皮两叶,鸡子十五枚,生羊肉一斤,豆酱清五合。(《齐民要术·作酱等法》)

(4) 葱三升,豉汁五升,米一升,口调其味,生姜十两,橘皮三叶也。(《齐民要术·羹臛法》)

(5) 细切羊胳肪二升,切生姜一斤,橘皮三叶,椒末一合,豆酱清一升,豉汁五合。(《齐民要术·羹臛法》)

(6) 姜一升,橘皮二叶,葱白三升,豉汁涑馈,作糁,令用酱清调味。(《齐民要术·蒸缹法》)

(7) 葱白一升,生姜五合,橘皮二叶,秫米三升,豉汁五合,调味。(《齐民要术·蒸缹法》)

(8) 生姜三升,橘皮五叶,藏瓜二升,葱白五升,合捣,令如弹丸。(《齐民要术·炙法》)

(9) 划土具也。用木板一叶,阔二尺许,长则倍之,或煅铁为舌。(《王祯农书·刮板》)

(10) 盛谷方木层匣也。用板四叶,相嵌而方。(《王祯农书·谷匣》)

(11) 小桥欹仄已中断,野航一叶通人行。(《王祯农书·野航》)

非农业文献中,"叶"作量词用法也不是很多。

(12) 休垂绝徼千行泪,共泛清湘一叶舟。(韩愈《湘中酬张十一功曹》)
(13) 一叶浮萍归大海,人生何处不相逢。(《琵琶记》第三十五出)
(14) 慧生道:"姑且将我们的帆落几叶下来,不必追上那船,看他是如何举动。"(《老残游记》第一回)

"叶"由叶子引申指像叶子那样轻薄的东西,既而至唐时引申指书页。

(15) 静坐将茶试,闲书把叶翻。(裴说《喜友人再面》)
(16) 一过目不复再读,而终身不忘。人问书传中事,必指卷第册叶所在,验之果然。(《宋史·何涉传》)
(17) 书卷次第成帙者,如叶相比,亦曰叶。(《正字通·草部》)

由表示书页又引申指表示书页的数量。

(18) 全卷已被烧毁,只剩得一两叶。(《三国演义》第七十八回)
(19) 即时取了一叶儿纸,又写了两个字。(《三宝太监西洋记》第十八回)
(20) 识者见之,只是一叶空纸耳。(《蠖齐诗话·诗有本》)

现在俗用作"页"。清朱骏声《说文通训定声·谦部》:"叶,按小儿所书写每一笤谓之一叶,字亦可以叶为之,俗用页。"

5. "树"的量词化历程

"树",本指木本植物的总称。《说文·木部》:"树,生殖之总名。"徐锴系传:"树,木生植之总名。"《广韵·遇韵》:"树,木总名也。"《礼记·祭义》:"树木以时伐焉。"后由表示树木引申指表示树木的数量,至迟汉魏时"树"开始量词化,且一直表示树木的数量。在农书和其他文献中出现的用例都不多,后被"棵"替代。

(1) 安邑千树枣,燕、秦千树栗,蜀、汉、江陵千树橘,淮北荥南济、河之间千树楸。(《齐民要术·货殖》)
(2)《陶朱公术》曰:"种柳千树则足柴。十年之后,髡一树,得一载,

岁髡二百树,五年一周。"(《齐民要术·种槐、柳、楸、梓、梧、柞》)

(3) 一行百二十树,五行合六百树。十年后,一树千钱,柴在外。(《齐民要术·种槐、柳、楸、梓、梧、柞》)

(4) 移须合土,三步一树,概即味甘。(《四时纂要·三月》)

(5) 李衡于武陵龙阳洲上作宅,种甘橘千树。(《农桑辑要·先贤务农》)

(6) 河内千树桑,事之,可以衣。(《农桑辑要·先贤务农》)

(7) 至来春桑眼动时,连根掘来,于漫地内,阔八步一行,行内相去四步一树,相对栽之。(《农桑辑要·布行桑》)

(8) 龚遂为渤海太守,令民口种一树榆,秋冬课收敛,益蓄果实、菱、芡,民皆富实。(《王祯农书·种植》)

(9) 皇后首饰,花十二树。皇太子妃,公主,王妃,三师、三公及公夫人,一品命妇,并九树。(《隋书·礼仪志七》)

(10) 癸巳,敕天下州府民户,每田一亩,种桑二树。(《旧唐书》卷一五下)

(11) 纵有桃花千万树,也不似,旧玄都。(宋仇远《糖多令》)

(12) 梅花千树,曰梅岗亭,曰冰花亭。(《南村辍耕录》卷十八)

(13) 你看几树老寒梅,冷淡不嫌溪畔静,精神偏向雪中开。(《全元南戏·刘唐卿·白兔记》)

(14) 霞明半岭西斜日,月上孤村一树松。(《二刻拍案惊奇》卷十七)

(15) 自己亲手栽的一树红梅花,今已开了几枝。(《儒林外史》第三十六回)

6."梢"的量词化历程

"梢",本指树木或其他植物的末端。《说文·木部》:"梢,木也。"徐锴系传:"梢,树枝末也。"段玉裁注:"梢,枝梢也。"《尔雅·释木》:"梢,梢擢。"郭璞注:"谓树无枝柯,梢擢长而杀者。""梢"引申指树木的枝条。《玉篇·木部》:"梢,小柴也。"

(1) 森梢百顷,槎枿千年。(庾信《枯树赋》)

(2) 曳梢肆柴,扬尘起堨,所以营其目者,此善为诈伴者也。(《淮南子·兵略训》)

由树木的枝条引申指枝条的数量,"梢"开始量词化,表示树木的数量。但从《氾胜之书》到《农政全书》的13部语料中,未检索到"梢"作量词的用法,其他非农业文献中用例亦不多。

(3) 春到青门柳色黄,一梢红杏出低墙。(冯延巳《浣溪沙》)
(4) 溪云还伴鹤归巢,草堂新竹两三梢。(陈铎《浣溪沙》)

"梢"进一步量词化,表示树木以外的事物。

(5) 只见通桃花庄的山梁上,也隐约下来一梢人。(马烽西戎《吕梁英雄传》第三十二回)

"梢"作量词的用法后来被"枝"或"支"代替。

7. "枝"的量词化历程

"枝",本指植物主干旁的茎条。《说文·木部》:"枝,木别生条也。"王筠《说文句读》:"大干为本,自本而别出者为枝,自枝而分出者为条。"《广韵·支韵》:"枝,枝柯。"

(1) 隰有苌楚,猗傩其枝。(《诗经·桧风·隰有苌楚》)
(2) 鹪鹩巢于林,不过一枝。(《庄子·逍遥游》)

这里的"枝"都表示"枝条"义,是"枝"的本义。

从魏晋南北朝时期开始,"枝"从表示"枝条"义开始量词化,农书中的"枝"主要用来指植物的茎条,量词化倾向不明显。"枝"在非农业文献中的量词化经历了几个阶段。表示竹木、花草的枝条。

(3) 衣薰百和屑,鬓插九枝花。(费昶《华观省中夜闻城外捣衣》)
(4) 梨花一枝春带雨,含情凝睇谢君王。(白居易《长恨歌》)
(5) 暗想玉容何所似?一枝春雪冻梅花。(韦庄《浣溪沙》)

这里"枝"的词汇意义还很明显,来量化"花",表示集体量词。

同时在魏晋南北朝时期,"枝"从表示"枝条"的量逐渐虚化为表示整株植物,相当于"根""棵",词汇意义变弱。

(6) 无锡县欻有四枝茱萸树,相樛而生,状若连理。(《搜神记》卷七)

(7) 宣城临成县于藉山获紫芝一枝。(《南齐书·祥瑞志》)

(8) 槛外老梧一枝,风过萧萧有声。(钱泳《履园丛话·贺氏第》)

"枝"进一步虚化,完全脱离词汇意义,只取其形状的相似性,表示条状物的数量。

(9) 为卿留赤笔十余枝。(《搜神记》卷五)

(10) 戟二枝,槊五张。(《洛阳伽蓝记》卷五)

(11) 其尤惊异者,有青玉九枝灯。(《殷芸小说》卷一)

"笔""戟""灯"的外形都是长条形的,用"枝"进行量化,与"枝条"无任何关系。这种用法近代以后非常普遍,凡是条状的物体都可用"枝"量化。

(12) 帝取桃竹白羽箭一枝以赐射匮。(《隋书·北狄传·西突厥》)

(13) 皇太子初拜。给漆笔四枝。铜博山笔床副。(《艺文类聚》卷五十八)

(14) 筇竹杖蜀中无之,乃出徼外蛮峒。蛮人持至泸、叙间卖之,一枝才四五钱。(陆游《老学庵笔记》卷三)

(15) 和尚,我布施与你一千枝蜡烛。(朱凯《昊天塔孟良盗骨》)

(16) 想当日赤壁之间,贫道问周瑜要一枝令箭镇坛,贫道留到今日。(朱凯《刘玄德醉走黄鹤楼》)

(17) 书却写了,无可表意,只有汗衫一领,裹肚一条,袜儿一双,瑶琴一张,玉簪一枚,斑管一枝。(《西厢记》第一折)

(18) 叫些匠人,把几枝木头将屋梁支架起来。(《二刻拍案惊奇》卷十三)

(19) 前面画木耐的像,手里拿着一枝红旗,引着马,做劝农的光景。(《儒林外史》第四十回)

近代以后,"枝"还可以用来表示部族支派、部队、小曲等,彻底与"枝"的形状无关。

(20) 奉皇太子归国,而各枝军马即时散去。(《南村辍耕录》卷二)

(21) 再募西北壮士,足马车五枝,步军十枝,专听臣训练。(《明史·戚继光传》)

(22) 玉麒麟卢俊义引领一枝军马,随着雷车,直奔中军。(《水浒传》第八十九回)

(23) 沈月卿坐在我背后,……只见他和了琵琶,唱了一枝小曲。(《二十年目睹之怪现状》第四十八回)

8. "本"的量词化历程

"本",本指草木的根。《说文·木部》:"本,木下曰本。"《吕氏春秋·辩土》:"是以晦广以平,则不丧本茎。"高诱注:"本,根也。"后引申指草木的茎秆。《广雅·释木》:"本,干也。"王念孙疏证:"干亦茎也。前《释诂》云:'茎、干,本也。'"《国语·晋语八》:"枝叶益长,本根亦茂。""本"的量词化就是从表示草木的根、茎、干开始的,至迟在两汉时期已出现。

(1) 一本三实,一区十二实,一亩得二千八百八十实,十亩凡得五万七千六百瓠。(《氾胜之书·瓠》)

(2) 二月注雨,可种芋,率二尺下一本。(《氾胜之书·芋》)

(3) 然后瓜桃枣李,一本数以盆鼓。(《荀子·富国》)

(4) 令口种一树榆、百本薤、五十本葱、一畦韭。(《汉书·循吏传》)

(5) 但以薤一本,水一杯,置户屏前。(《东汉观记·庞参传》)

这种用法主要用于草本植物,犹"棵、丛、捆",与"本"的词汇意义关系密切。这种用法在后代一直存在,变化不大。

(6) 秋种者,春末生。率七八支为一本。(《齐民要术·种薤》)

(7) 谚曰:"葱三薤四。"移葱者,三支为一本。(《齐民要术·种薤》)

(8) 八月,断其梢,减其实,一本但留五六枚。(《齐民要术·种瓜》)

(9) 上皇召至骊山,植花万本,色样各不同。(《分门琐碎录·花卉总说》)

(10) 又法:三两根作一本移。(《种艺必用》)

(11) 待活后,唯留一茎左者,四茎合为一本。(《四时纂要·二月》)

(12) 龚遂为渤海,劝民务农桑,令口种一株榆,百本薤,五十本葱,一畦韭。(《农桑辑要·先贤务农》)

(13) 旁四本,中一本,渐渐培之。(《王祯农书·芋》)

(14) 蓝一本而有数色：刮竹青、绿云、碧青、蓝黄。(《王祯农书·蓝》)

(15) 不然，同类而异形，一本而殊末，果何在哉？(《农政全书·诸家杂论下》)

(16) 根类牛膝，而根一本十余茎，黄白色，宿根。(《农政全书·龙胆草》)

(17) 就地丛生，一本二三十茎，苗高三四尺。(《农政全书·铁扫帚》)

魏晋南北朝时期，"本"开始用来量化"书"，这种用法也一直延续到现在，如一本书等。关于"本"如何量化"书"的问题，刘世儒在《魏晋南北朝量词研究》一书中指出：量书的"本"是间接的由"本源"义引申出来的，因为古人传书各有所本，因此把所传之书叫作"本"。例如《论语集解义疏序》："又此书遭焚烬，至汉时合壁所得及口以传授。遂有三本：一曰古论，二曰齐论，三曰鲁论。既有三本而篇章亦异。""三本"语源上就是所本有三，一本于古，一本于齐，一本于鲁。这种说法至今未有定论，但却有一定的道理。我们从"本"词义引申发展中可以窥见"本"量书的轨迹。"本"本义指草木的根，引申指事物的根基、根源、本源，进一步引申指依据、根据，而校勘或抄录所依据的根基即为底本或稿本，由此引申指书本，进而表示书本的数量。"本"表示量书的量词，仅在《齐民要术》《农政全书》中出现了几例，在非农业文献中用例较多。

(18) 一本："用猪膏三升，豉汁一升，合洒之。用橘皮一升。"(《齐民要术·蒸焦法》)

(19) 一本："用椒十枚，作屑和之。"(《齐民要术·炙法》)

(20) 委官分投区画，每一圩为一图，明白贴说前件，每一图作二本，一送县备照，一付圩甲谕众。(《农政全书·东南水利中》)

(21) 予《乐毅论》一本，书为家宝。(王羲之《笔势论·譬成章第十二》)

(22) 今缮写一本，敢以仰呈。(《魏书·崔子元传》)

(23) 河北此书家藏一本。(《颜氏家训·书证》)

(24) 乃赂入宅老卒，询其状，图百本，于茶肆张之。(陆游《老学庵笔记》)

(25) 细细写了一本清帐，从后面入来。(《水浒传》第四十四回)

(26) 这书刻出来,封面上就刻先生的名号,还多寡有几两选金和几十本样书送与先生。(《儒林外史》第十八回)

宋元以后,戏曲、小说等文学样式兴盛,如宋元时期的杂剧、南戏,明清时期的小说。适应这种发展的需要,"本"用于戏曲、小说,犹"出、折"等。"本"的这种用法是从"底本""脚本"义引申而来的。这种用法也一直延续到现在。

(27) 徐媪好听稗官小说,行日记数本,为媪诵之。(《明史·文苑传一·王行》)

(28) 予尝以此告人,谓戏文好处,全在下半本。(李渔《闲情偶寄·词曲下·科诨》)

(29) 点了一本戏,是梁灏八十岁中状元的故事。(《儒林外史》第二回)

(30) 老年人总是爱看大戏的,陪他去看一本《火烧红莲寺》吧。(夏衍《上海屋檐下》第一幕)

现代汉语中,随着电影的兴起,"本"指一定长度的影片。如这部电影长达 18 本。这种用法也是从"本"表示戏曲、小说的折、出中引申而来的。

9. "科"的量词化历程

"科",本指品类、等级。《说文·禾部》:"科,程也。从禾从斗。斗者,量也。"徐灏注笺:"科,谓诸率取数于禾者,从而区分,别其差等,故从禾从斗。斗以量而区分之也,因之凡诸程品,皆谓之科。"朱骏声《说文通训定声》:"从禾从斗,会意。科,程也。"《广雅·释言》:"科,品也。"上古时期,"科"主要指事物的品类、等级。

(1) 射不主皮,为力不同科,古之道也。(《论语·八佾》)

皇侃疏:"科,品也。"朱熹注:"科,等也。"

"科"作为量词应该是从汉魏时期开始的,刘世儒先生在《魏晋南北朝量词》一书中认为"科"作量词是从专门表示分科、分品开始的,并举例如下:

(2) 孔子门徒三千,而唯有此以下十人名为四科。……此第一科也。(《论语·先进》)

但他又指出,这种量词同名词是不容易划分的,实际上在这里"科"还是表示品类与等级,像这种例句还有很多,都是本义。

(3) 于是贤愚异议,廉鄙异科,长幼异节,上下有差。(陆贾《新语·至德》)

(4) 魏晋以来,以贵役贱,士庶之科,较难有辨。(《宋书·恩倖列传》)

(5) 少则与珪璋而合美,多则与瓦砾而同科。(黄滔《以不贪为宝赋》)

(6) 献书曰:"窃料今日贼势,与昔殊科,攻伐之策,亦当异应。"(冯梦龙《智囊补·兵智·凯口囤》)

"科"作为量词是称量植物的,"科"的量词化是从"科"表示"植物的根茎"引申而来。《广雅·释诂三》:"科,本也。"

(7) 科虽不高,菜实倍多。(《齐民要术·种葵》)

(8) 既生,又以骨石布其根下,则科圆滋茂可爱。(《齐民要术·安石榴》)

由表示"植物的根茎"引申指其数量。章炳麟《新方言·释植物》:"《广雅》:'科,本也。'今人谓一本树,或曰一株,或曰一科。""科"用来称量植物在《齐民要术》中使用很多,分别用来称量"谷""麻子""姜""禾荄""蓝""薤"等。这些被称量的都是禾本植物。

(9) 良田率一尺留一科。(《齐民要术·种谷》)

(10) 一科用一石粪。粪与土合和,令相半。(《齐民要术·种瓜》)

(11) 先重楼耩,寻垄下姜,一尺一科。(《齐民要术·种姜》)

(12) 三茎作一科,相去八寸。(《齐民要术·种蓝》)

(13) 耕地中拾取禾荄东倒西倒者,……一垄取七科,三垄凡取二十一科。(《齐民要术·养牛、马、驴、骡》)

(14) 种薤者,四支为一科。(《齐民要术·种薤》)

"科"的量词用法在后代农书使用较多,且用法单一,都是指称植物。变化不大。

(15) 种石榴，……斩一尺长,八九条为一科。(《四时纂要·三月》)
(16) 每科相去一尺为法。(《农桑辑要·胡麻》)
(17) 每一科,自出芽三数个。(《农桑辑要·种椹》)
(18) 擘根分栽,每区一二科,后极滋茂。(《农桑辑要·菊花》)
(19) 每地一亩,合栽一百四十科。(《农桑辑要·地桑》)
(20) 老圃云：种茄二十科,粪壅得所,可供一人食。(《王祯农书·茄子》)
(21) 又有种生扫帚,一科可作一帚,谓之独扫。(《王祯农书·帚》)

"科"在《农桑辑要》中出现了 12 次,在《王祯农书》中出现了 8 次。到明朝的《农政全书》中"科"出现的次数多达 40 次,但大多为北魏以来各朝代农书的引用。同时在此时期的医书中多记载一些药草,因此也出现了表示药草数量的"科",指"羊蹄菜""莨菪""苜蓿""天门冬"等,《本草纲目》中"科"作量词出现了 10 余次。

中古以后"科"不仅用于农书和医书中,在诗歌、戏剧和小说等文献中也用来称量植物。

(22) 是事且置当务本,菜圃已添三万科。(陈与义《秋雨》)
(23) 黄菊东篱栽数科,野菜西山锄几陀。(曾瑞《端正好·自序》套曲)
(24) 教他变科松树,果然是科松树。(《西游记》第二回)

到现代汉语中,"科"用于称量植物的用法已消失。

10. "枚"的量词化历程

"枚",本指树干。《说文·木部》："枚,干也。"《诗经·周南·汝坟》："遵彼汝坟,伐其条枚。"毛传："枝曰条,干曰枚。"后"枚"引申指一一、逐一。《书·大禹谟》："禹曰：'枚卜功臣,惟吉之从。'"孔颖达疏："今人数物云一枚两枚,则枚是筹之名也。"因而又引申指计数的工具筹码。《左传·襄公二十一年》："识其枚数。"孔颖达疏："今人数物犹云一枚、二枚也。"《说文解字·木部》："梃,一枚也。"段玉裁注："一茎谓之一枚。因而凡物皆以枚数。"因而"枚"在上古时期已经表现出量词化的趋势。

"枚"作为量词产生的时代,学术界有两种观点：一种认为产生于先秦,代表学者如陈绂、孙锡信等,理由是"枚"作为量词出现在《墨子·守城门》中高达 8 次;另一种认为产生于汉代,代表学者有王力、张万起等,认为《墨子·

守城门》非墨子所作,是后人伪造,应归入汉代。《汉语大字典》和《汉语大词典》中"枚"作量词都首引《墨子》。因此,枚作为量词产生的时代,就归结于《墨子》一书所处的时代。但从汉代"枚"用法的广泛性来看,它肯定经过了一个渐进的过程,从这个角度来说,"枚"产生于先秦也有一定的道理,只是我们现在还缺乏文献的论证。

"枚"作为量词也经过了一个复杂的过程。两汉时期,"枚"的用法已经非常广泛,所称量的事物繁多。比如,金镣、镜、铜珠、柑、铠、弩、刀、矛、戟、楯、匕首、大墨、连环羁、石麒麟、钱、棋、鱼、文笥、席、绳、牛、剑等,《氾胜之书》中出现了 2 例,用来指称附子。

(1) 又马骨锉一石,以水三石,煮之三沸;漉去滓,以汁渍附子五枚。(《氾胜之书·溲种法》)

(2) 以汁渍附子,率汁一斗,附子五枚,渍之五日,去附子。(《氾胜之书·溲种法》)

下面再列举《史记》《汉书》等书中"枚"的一些用法。

(3) 于庙庭山土中得五等圭璧百余枚。(《史记·五帝本纪》卷一)

(4) 躁者有余病,即饮以消石一齐,出血,血如豆比五六枚。又肾有两枚,重一斤一两,主藏志。(《史记·扁鹊仓公列传》)

(5) 成帝永始元年春,北海出大鱼,长六丈,高一丈,四枚。(《汉书·五行中下》)

(6) 武发箧中有裹药二枚,赫蹄书。(《汉书·外戚传》)

(7) 鲁恭王得文木一枚。(《西京杂记》卷六)

(8) 今送列侯印十九枚,诸王子年五岁已上能趋拜者,皆令带之。(《后汉书·光武十王》)

(9) 元初中,迁度辽将军,讨击羌虏,斩首八百余级,得铠弩刀矛戟楯匕首二三千枚。(《东汉观记》卷九)

(10) 越王乃使大夫种索葛布十万,甘蜜九党,文笥七枚,狐皮五双,晋竹十廋,以复封礼。(《吴越春秋·勾践归国》)

(11) 蜀王以为然,即发卒千人,使五丁力士拖牛成道,致三枚于成都。(《太平御览》卷十二)

(12) 魏王曰:"若寡人之小国也,尚有径寸之珠,照车前后十二乘者十枚,奈何以万乘之国无宝乎?"(《韩诗外传·国宝》)

到魏晋南北朝时期,《齐民要术》中"枚"出现了 53 次之多,用于称量赤小豆、瓜子、枣核、桃、椒、马鞭、狸脑、桑柴、桃人、巴豆、鲤鱼、漆器、胡椒、安石榴、鸡子、白梅、栗、羊肫、生橘等。这个时期"枚"的用法达到空前的发展,所适用的对象可以说无所不包,涉及动物、植物、兵器、乐器、建筑、文具、交通工具、生产工具、货币、饰物、衣食、日用物品等。"枚"的用法进一步泛化。

(13) 男吞赤小豆七颗,女吞十四枚,竟年无病。(《齐民要术·小豆》)

(14) 以瓜子、大豆各十枚,遍布坑中。(《齐民要术·种瓜》)

(15) 冬天以瓜子数枚,纳热牛粪中,冻即拾聚,置之阴地。(《齐民要术·种瓜》)

(16) 纳瓜子四枚、大豆三个于堆旁向阳中。(《齐民要术·种瓜》)

(17) 服枣核中人二七枚,辟疾病。(《齐民要术·种枣》)

(18) 选取好桃数十枚,擘取核,即内牛粪中,头向上,取好烂粪和土厚覆之,令厚尺余。(《齐民要术·种桃柰》)

(19) 马鞭一枚直十文,胡床一具直百文。(《齐民要术·种桑、柘》)

(20) 取狐两目,狸脑大如狐目三枚,捣之三千杵,涂鼠穴,则鼠去矣。(《齐民要术·种桑、柘》)

(21) 应用二七赤豆,安器底,腊月桑柴二七枚,以麻卵纸,当令水高下,与重卵相齐。(《齐民要术·种桑、柘》)

(22) 白桃人二七枚,去黄皮,研碎,酒解,取其汁。(《齐民要术·种红兰花、栀子》)

(23) 取芥子,熟捣,如鸡子黄许,取巴豆三枚,去皮留脐,三枚亦熟捣,以水和,令相著。(《齐民要术·养牛、马、驴、骡》)

(24) 先刻白木为卵形,窠别着一枚以诳之。(《齐民要术·养鹅、鸭》)

(25) 至来年二月,得鲤鱼长一尺者一万五千枚,三尺者四万五千枚,二尺者万枚。(《齐民要术·养鱼》)

(26) 牛车千两,木器漆者千枚,铜器千钧。(《齐民要术·货殖》)

(27) 以好春酒五升;干姜一两,胡椒七十枚,皆捣末。好美安石榴五枚,押取汁。(《齐民要术·笨曲并酒》)

(28) 白梅:作白梅法,……五升斋用八枚足矣。熟栗黄:……五升兖,用十枚栗。(《齐民要术·八和斋》)

(29) 羊节解法:羊肫一枚,以水杂生米三升,葱一虎口,煮之,令半

熟。(《齐民要术·羹臛法》)

(30) 与蜜三升,杬汁三升,生橘二十枚——去皮核取汁——复和之,合煮两沸,去上沫,清澄令冷。(《齐民要术·作菹、藏生菜法》)

唐宋以后"枚"的量词用法继续发展,但随着量词的专业化和新兴量词的出现等,"枚"所适用的对象在减少。《四时纂要》中出现了3例,《陈旉农书》中出现了1例,《分门琐碎录》中出现了3例,《种艺必用》中出现了引自《分门琐碎录》的1例。

(31) 月三日,买竹筒四枚,置家中四壁上,令田蚕万倍,钱财自来。(《四时纂要·正月》)

(32) 七日取蜘蛛网一枚,着衣领中,令人不忘。(《四时纂要·七月》)

(33) 以暖水或酒服如大豆许大三四枚,捧头起,令得下,即愈。(《四时纂要·十二月》)

(34) 若欲种椹子,则择美桑种椹,每一枚翦去两头。(《陈旉农书·种桑之法》)

(35) 果子先被人盗食一枚,飞禽便来吃。(《种艺必用》)

(36) 种柳生刺毛虫,于根下先种大蒜一枚,即不生虫。(《分门琐碎录·种木法》)

(37) 红柿摘下未熟,每篮将木瓜三两枚于其中,其柿得木瓜即熟,并无涩味。(《分门琐碎录·杂说》)

(38) 菊花跟倒置,水一盏,剪纸条一枚,湿之,半缠根上,半在盏中,自然引上,盖菊根恶水也。(《分门琐碎录·杂说》)

(39) 酒如酸黄,每坛投宿蒸饼一枚,封泥,久之不坏,遂成好醋。(《分门琐碎录·酝酿》)

明清时期,"枚"的适用对象进一步萎缩。到现代汉语中,"枚"只用来表示器物、用具等,使用范围变小,而且多用于书面语中。

(40) 煻火内烧枣一二枚,先将蚕连秤见分两,次将细叶掺在蓐上,续将蚕连翻搭叶上。(《农桑辑要·下蚁》)

(41) 杨柳根下先种大蒜一枚,不生虫。(《农桑辑要·柳》)

(42) 掘地作坑如斗大,每坑纳瓜子四枚,多种则漫撒。(《农桑衣食

撮要·二月》)

(43) 接工必有用具,细齿截锯一连,厚脊利刃小刀一枚。(《王祯农书·种植》)

(44) 一枚可以济人之饥渴,五亩可以足家之衣食。(《王祯农书·甜瓜》)

(45) 形如木屐而实,长尺余,阔约三寸,底列短钉二十余枚。(《王祯农书·耘荡》)

(46) 以砖二枚,长七寸,相去三十步,立为标,各以砖一枚,方圆一尺,掷之。(《王祯农书·击壤》)

(47) 太子纳妃,有石砧一枚,又捣衣杵十。(《王祯农书·砧杵》)

(48) 夫锭,用木车成筒子,长一尺二寸,围一尺二寸,计三十二枚,内受绩缠。(《王祯农书·大纺车》)

(49) 种莲子法:用鸡子一枚,开一小孔,去青黄,将莲子填满,纸糊孔三四层,令鸡抱之。(《农政全书·莲》)

(50) 根如薯芋之类,而皮紫,极有大者,一枚可重斤余。(《农政全书·甘薯》)

(51) 每节可得三五枚,不得土,即尽成枝叶,层叠其上,徒多无益也。(《农政全书·甘薯》)

(52) 林檎百枚,蜂蜜浸十日,取出。……饭后酒时,食一二枚,甚妙。(《农政全书·林檎》)

(53) 白桃仁二七枚,去黄皮,研碎,酒解,取其汁。(《农政全书·红花》)

(54)《异物志》曰:甘蕉如饴蜜,甚美,食之四五枚可饱,而余滋味犹在齿牙间。(《农政全书·芭蕉》)

(55) 取巴豆三枚,去皮留脐,三枚亦捣熟。(《农政全书·马》)

(56) 捻成指尖大块,日与十数枚食之。(《农政全书·鸡》)

(57) 取小瓜百枚,豉五升,盐三升。(《农政全书·食物》)

(58) 每日煎服沸水数碗,枣数枚,芝麻合许,可百日不死。(《农政全书·备荒考下》)

11. "朵"的量词化历程

"朵",本指树木枝叶花实下垂貌,今指花朵。《说文·木部》:"朵,树木垂朵朵也。"段玉裁注:"凡枝叶花实之垂者皆曰朵朵,今人但谓一华为一朵。"徐锴系传:"今谓花为一朵,亦取其下垂也。"《广韵·果韵》:"朵,木上垂也。"引申指花朵或花朵状物的计量单位。至迟在魏晋南北朝时期已出现。

(1) 剑上有七朵珠,九华玉以为辂,杂厕,五色琉璃为剑匣。(《西京杂记》卷一)
(2) 其花深红,……日开数百朵。《南方草木状》卷中)

"朵"的称量法后代使用变化不大,"朵"可以搭配的最多的、最常见的事物是各种各样的"花",农书中"朵"作量词都是用来指称各种花,数量不多。

(3) 峨眉山中婆罗花,……苞类桐花,三簇三十朵,经月方谢。(《分门琐碎录·花卉总说》)
(4) 牡丹每一朵十二片,闰月则十三片。(《种艺必用》)
(5) 牡丹着蕊如弹子大时,谨捻之,十朵之中必有三两朵不实者,去之,则不夺其他花力也。(《种艺必用》)
(6) 白面一斤,莲花三朵,捣细,水和成团,用纸包裹,挂于当风处。(《农桑衣食撮要·做莲花醋》)
(7) 一朵五六十颗,作一穗。(《王祯农书·龙眼》)
(8) 成朵晒干者,名为荔锦。(《王祯农书·荔枝》)

"朵"可以搭配的事物还有各种颜色的"云",如乌云、黑云、白云、红云、彩云等,还有像"烟""星"等词语。这些名词都是花朵状的事物,因此量词"朵"的称量范围不大。

(9) 一朵又一朵,并开寒食时。(曹松《寒食日题杜鹃花》)
(10) 待歌凝立翠筵中,一朵彩云何事下巫峰。(苏轼《南歌子》)
(11) 平阳池馆枕秦川,门锁南山一朵烟。(王建《故梁国公主池亭》)
(12) 醒时两袂天风冷,一朵红云海上来。(吕岩《题永康酒楼》)
(13) 自房冲围而西,从城上望之,如黑云万朵。(文秉《烈皇小识》)
(14) 一个似北方一朵乌云,一个如南方一团烈火,飞出阵前。(《水浒传》第六十七回)
(15) 忽见金像顶上,透了一道神光,化作三朵白云。(《醒世恒言》第三十七卷)
(16) 西方的那朵木星哟,又巨,又朗。(郭沫若《星空·海上》)

12. "条"的量词化历程

"条",本指小枝,树木细长的枝条。《说文·木部》:"条,小枝也。"《诗经·国风·汝坟》:"遵彼汝坟,伐其条枚。"毛传:"枝曰条,干曰枚。"后引申指长、长条形物体、条令、条款等。整个先秦和西汉时期,"条"使用的都是本义或引申义,这种用法也一直延续到后代。

  (1) 厥草惟繇,厥木惟条。孔传:"条,长也。"(《书·禹贡》)
  (2) 科条既备,民多伪态。(《战国策·秦策一》)

东汉时期"条"开始量词化,并同时沿着两个方向发展:一是从本义出发的量词化,二是从引申义出发的量词化。"条"本义指树木细长的枝条,后来泛指长条形物体,从中引申指长条形物体的数量。

  (3) 披三条之广路,立十二之通门。(《后汉书·班固传》)
  (4) 条属者,通屈一条绳,若布为武,垂下为缨。(《礼记·杂记》)

"条"发展到汉代时,从本义引申出"条文、条款"义。《广韵·萧韵》:"条,书也。"颜师古注《汉书》:"凡言条者,一一而疏举之,若木条然。"继而指称"条文、条款"的数量。以"条文、条款"义引申而来的量词皆用来称量与其有关的刑法等方面的词语。

  (5) 今大辟之刑千有余条,律令烦多,百有余万言,奇请它比,日以益滋。(《汉书·刑法志》)
  (6) 又增法五十条,犯者徙之西海。(《汉书·王莽传》)

这个时期的量词"条",对名词的选择范围很小,只表示长条形的路、绳,以及刑法的刑、法等的数量。对于"条"的量词化用法,最初并没有用来与表示植物类的词语搭配,对此孟繁杰给出了两个原因:一是量词由名词虚化而来时可选择不同的特征属性。"条"作为表示"树木的枝条"的名词,其特征既包括"树木"这一质料属性,也包括"细长"这一形状属性。而"条"开始量词化时选择了"细长"这一特征。二是西汉时期已经出现了量词"枝",可用于表示竹木花草的枝条,因此,从客观上替代了"条"的这一用法。[1]

---

[1] 孟繁杰:《量词"条"的产生及其历史演变》,《宁夏大学学报》2009年第1期。

魏晋南北朝时期,量词"条"的使用得到进一步的发展,语义更加泛化,对名词的选择范围也扩大了,除了表示长条形的路、绳外,也出现了表示衣服等不规则长条形事物的词语;除了表示刑法方面的词语外,也出现了表示与政事以及一般事件有关的词语。

(7) 两条夹而炙之,割食甚香美。(《齐民要术·炙法》)

(8) 舍其七条袈裟,助费开顶。(《高僧传·兴福篇》)

(9) 法重者至死,其次抵罪,二十余条。(《三国志·田畴传》)

(10) 州本以御史出监诸郡,以六条诏书察长吏二千石已下。(《三国志·贾逵传》)

(11) 出事使断官府者百五十余条。(《三国志·裴潜传》)

(12) 夏四月壬戌,诏会稽王昱录尚书六条事。(《晋书·孝宗穆帝纪》)

例(7)中表示的是长条形的"羊肠"。例(8)中的"袈裟"表示衣服类词语,"条状"特征虽然不是很明显,但从整体上看仍属于"长条形"。例(9)中的"罪"很明显是表示刑法类名词,而例(10)中的"诏书"属于政事类名词,最后两例中的"事"则已表示"条"开始量化普通事情。此时"条"的格式中,"名+数+量""数+量+名"两种格式都有,这些都表明魏晋南北朝时期的量词"条"虽然较前代已有了较大发展,但发展的空间还很大。

唐朝和魏晋南北朝相比,量词"条"呈现出不少新特点,特别是量化"条状"类名词的"条"(暂定为"条1"),除了继续量化魏晋南北朝时期表示"衣服""道路"类的名词外,其量化的范围扩大,语义也更加虚化。

"条1"开始量化"树木"类名词。"条1"是从本义出发量词化,但最初用于量化的名词却不是"树木"。直到唐代,"条1"才开始量化"植物"类名词。王力先生认为"条"的量词化开始于唐代,并表示"树木",显然这是不符合事实的,只能说"条"到唐代,才开始量化"植物"类名词。刘世儒在《魏晋南北朝个体量词研究》中认为,魏晋南北朝时期"条"开始量化"树木"类词语,并举例《宋书》中的例句。后来,孟繁杰认为刘世儒所举的例句其实是来自《晋书》,而《晋书》修订于唐代,这也说明"条"从唐代开始量化"树木"类名词。王力先生和刘世儒先生所举的例句如下。

(13) 杨柳千条花欲绽,葡萄百丈蔓初紫。(沈佺期《奉和春日幸望春宫应制》)

(14) 皇后东面躬桑,采三条;诸妃公主各采五条;县乡君以下各采九条。悉以桑授蚕母。还蚕室。(《晋书·礼志》)

唐朝用于"树木"类名词的还有"枝条""桑""杨""柳"等,特别是全唐诗词中"条"经常和"柳"搭配运用。

(15) 此月上旬,取直枝如大拇指大,斩一尺长,八九条共为一科,烧下头二寸。(《四时纂要·三月》)
(16) 皇后降自东陛,执筐者处右,执钩者居左,蚕母在后。乃躬桑三条讫,升坛,即御座。内命妇以次就桑,鞠衣五条,展衣七条,褖衣九条,以授蚕母。(《隋书·礼仪志》)
(17) 开皇八年四月,幽州人家以白杨木悬灶上,积十余年,忽生三条,皆长三尺余,甚鲜茂。(《隋书·五行志》)
(18) 蔷薇花开百重叶,杨柳覆地数千条。(王褒《燕歌行》)
(19) 清江一曲柳千条,二十年前旧板桥。(刘禹锡《杨柳枝》)

唐代"条1"搭配的范围除了增加"树木"类名词外,还增加了表示以下事物的名词。

(20) 于北岸凿岩,缀铁锁三条。(《隋书·杨素列传》)
(21) 觅得一条铁棒,运业道之身,来到墓所。(《敦煌变文·地狱变文》)
(22) 头冠两片月,肩披一条云。(孟郊《送李尊师玄》)
(23) 两三条电欲为雨,七八个星犹在天。(卢延让《松寺》)
(24) 影疏千点月,声细万条风。(孟郊《井上枸杞架》)
(25) 千里石壁坼,一条流泌泉。(卢仝《将归山招冰僧》)
(26) 万卷图书天禄上,一条风景月华西。(白居易《和刘郎中学士题集贤阁》)
(27) 一条秋水琉璃色,阔狭才容小舫回。(白居易《题龙门堰西涧》)
(28) 山簇暮云千野雨,江分秋水九条烟。(杜牧《将赴京题陵阳王氏水居》)
(29) 云来往,有似两条龙。(易静《兵要望江南·占云》)
(30) 有一日普请开田,雪峰见一条蛇,以杖撩起,召众云:"看!

看!"(《祖堂集·玄沙》)

(31) 德山老汉一条脊梁骨拗不折。(《祖堂集·岩头》)

(32) 不知落日谁相送,魂断千条与万条。(孙鲂《杨柳枝》)

(33) 嫩红双脸似花明,两条眉黛远山横。(顾敻《遐方怨》)

(34) 诗封两条泪,露折一枝兰。(李贺《潞州张大宅病酒,遇江使,寄上十四兄》)

在"条"可以搭配的名词中,出现了表示金属制的"铁索""铁棒",表示自然界事物的词语,如"风""云""电""水""烟",表示动物的名词,如"蛇""龙",以及表示与人体有关的名词,如"脊梁骨""魂""眉黛""泪"等。除此之外,在唐代,可以和"条"搭配的名词还有"弦""丝""天""烛""溪""寒色""血""恨""气"等。总之,唐代能和"条"搭配使用的名词既有静态的,又有动态的;既有具体的,又有抽象的;既有无生命的,又有有生命的。"条"可以称量的范围扩大。而且"数+量+名"的格式成了最常见的语序。"条"的使用范围达到了完善的程度。

同时,从"条文、条款"发展而来的量词"条"(暂定为"条2"),在此时也有了一些变化,除了表示刑法、政事和一般事件外,还用来表示"消息""意见""戒律"等。

(35) 六条消息心常苦,一剑晶荧敌尽摧。(贯休《蜀王入大慈寺听讲》)

(36) 壬寅,天后上意见十二条。(《旧唐书·高宗本纪》)

(37) 云鬓早岁断金刀,戒律曾持五百条。(李洞《题尼大德院》)

(38) 又前与太史令刘晖等校其疏密五十四事,云五十三条新。(《隋书·律历志》)

(39) 平叔以曲承恩顾,上疏请官自卖盐,可以富国强兵,陈利害十八条。(《旧唐书·穆宗本纪》)

宋元明清时期,量词"条"进入成熟阶段。此时期的量词"条1""条2"称量的范围进一步扩大。特别是可以和"条1"搭配的名词大增,如地理类名词:胡同、江、桥、巷、沟、路、河等,布帛类名词:线、白练、被、手巾、布袋、手帕等,木质类名词:椅、船、扁担、柱、棍、棒、竹等,金属类名词:刀、枪、矛、银、金等,动物类名词:狗、牛、蜈蚣、蟒、龙、金鱼等,人体类名词:汉、命、胳膊、腿、肚肠、舌头、嗓子等,还有其他名词如"烛""痕""气"等。农业文献和非农业文献中的用例如下。

(40) 凡花木有直根一条,谓之命根。(《种艺必用》)

(41) 连数十竹作一条,握取勿令断,其根唯长为善,令人力可胜。(《分门琐碎录·竹》)

(42) 乃于所获之处掘之,有蛰蛇千余条。(《分门琐碎录·杂说》)

(43) 更四畔以椀口大木子四五条,长三尺余,斫棨周回牢钉,以辅助其干。(《陈旉农书·种桑之法》)

(44) 槽中架行道板一条,随槽阔狭,比槽板两头俱短一尺,用置大小轮轴。(《王祯农书·翻车》)

(45) 用铁杖一条,长二尺,粗如指,两端渐细如赶饼杖样。(《农桑辑要·木绵》)

(46) 傍埋椽子一条为依柱。芽条渐长,用绳子或葛条,总系在柱上。(《农桑辑要·接换》)

(47) 用长一丈椽二条,斜磴在二台上,二椽相去阔一砖坯许,用砖坯泥成一卧突。(《农桑辑要·缫丝》)

(48) 并山乡积水,沿海护塘,共为六条。(《农政全书·东南水利中》)

(49) 即每桩用兵夫一名,各带短枪,或木棍一条,不拘大小刀一把。(《农政全书·东南水利中》)

(50) 开河法,凡九条。(《农政全书·东南水利下》)

(51) 另具直丈竿一条,丈篁一条,立竿样桩之顶,拽篁信桩之上,以量虚河深浅。(《农政全书·东南水利下》)

(52) 又按仰月形三阔丈尺之数,为横丈竿三条,俱画尺寸,做成木轮车,架此三竿。(《农政全书·东南水利下》)

(53) 木鹅者,用直木一条,长与河深平。(《农政全书·东南水利下》)

(54) 讲者二千言问大义一条,总三条。(《新唐书·选举志》)

(55) 旧例夜试,以三条烛尽为限。(《旧五代史·少帝本纪》)

(56) 枪,十分,一万二千五百条,恐扬兵缚筏。(《神机制敌太白阴经·器械篇》)

(57) 秋水归壑,此山复居于陆,唯一条湘川而已。(《北梦琐言》卷七)

(58) 须是一棒一条痕!一掴一掌血!(《朱子语类·论语》)

(59) 有物如蛇,凡取十余条而疾不起。(《梦溪笔谈·杂志二》)

(60) 叶公踏步叩齿,喷水化成一条黑气,直至卓前。(《太平广记·张卓》)

(61) 老相公不知,我有三条妙计索取荆州。(关汉卿《关大王独赴单刀会》)

(62) 见一道红光直冲云汉,飞出一条金鱼,在空中一滚,变成一条火龙。(《薛刚反唐》第八十三回)

(63) 宋江在灯下看那武松时,果然是一条好汉。(《水浒传》第二十三回)

(64) 纲常留在梨园内,那惜伶工命一条。(《长生殿》第二十八出)

(65) 你受得起那一鞭,也算一条好汉。(《茯苓仙传奇》第十出)

(66) 黄得功也是一条忠义好汉。(《桃花扇》第三十四出)

(67) 秦老留着他母子两个吃了早饭,牵出一条水牛来交与王冕。(《儒林外史》第一回)

(68) 但凡说是见过他家太老爷的,就是一条狗,也是敬重的。(《儒林外史》第三十一回)

(69) 两匹脚力往来驰骋,四条臂膊纵横乱舞。(《薛刚反唐》第九十一回)

(70) 看见婆子没甚怒意,见儿子无甚愁容,方才放下了这条肚肠。(《醒世姻缘传》第四十一回)

(71) 一条腿歪跨在那马上,到了狄家客店歇住。(《醒世姻缘传》第四十八回)

(72) 他见了小弟,把扫帚眉一皱,血盆口一张,伸出一条长舌,喷出一股毒气。(《镜花缘》第二十五回)

名词"条"沿着"条1""条2"两个方向开始量词化,但量词化的过程却不平衡。"条1"搭配的词语从最初表示的条状事物,到近似于条状的,再到完全和条状无关的事物;从最初表示无生命的事物,再到表示有生命的事物。"条1"可以称量的范围越来越大,语义虚化越来越彻底。相比"条1"的量词化进程,"条2"的量词化进程则相对比较简单,自始至终都搭配表示条文类的名词。

二、农业词语量词化的形成机制

汉语中农业词语用作量词时,以单音节农业名词为多。而又以表示植株各部位名称词语居多,如"本""根""株""树""枚""枝""条""叶""科""朵""茎"

"梢"等,它们作为量词产生的时间不尽相同,发展轨迹也各具特点,但都经历了名词—量词—量词泛化—量词成熟—量词萎缩等几个阶段。

从量词化的语义来看,这些词语或是从其名词的本义出发开始量词化,如"树""梢""枝""科""朵""枚"等;或是从其名词的引申义出发开始量词化,如"叶""茎";或是从本义和引申义出发引申,这其中又有本义和引申义的同时引申和异时引申,同时引申的如"条",本义指枝条,引申指条令、条款。东汉起从本义和引申义出发引申虚化为称量条状物,或称量分项的抽象事物。异时引申的如"本",从汉代开始由本义引申虚化称量草本植物,到魏晋时期,又从"本"的引申义出发虚化称量书本。不管是从本义开始虚化,还是从引申义开始虚化,由名词最初发展为量词时,量词本身都体现着其名词的词汇意义。但随着量词的进一步虚化,量词的语义逐渐与其名词义脱离关系,语义泛化。

从量词化的程度来看也是不尽相同,有些农业词语量词化程度高,语义经过进一步的虚化,达到泛化的程度,如"枝",发展为量词后,先是称量草本植物的茎条,与"枝"的词汇意义关系密切,进一步虚化称量与"枝"形状相似的条形物,再泛化称量与"枝"本义无任何联系的事物,"枝"量词化达到成熟阶段。又如"条",从本义和引申义出发的虚化也是这样,从本义发展成的量词,先是称量静态的条状物,进一步虚化称量静态的条状特征不明显的事物,再泛化称量动静态的条状或条状不太明显的事物。从引申义发展成的量词,先是称量分项的抽象事物,主要是法律刑法类词语,进一步虚化称量指言语条文类词语,再泛化为称量日常事物。有些农业词语的量词化程度不高,称量的事物多与其词语性质或形状有关,如"根""株""科""朵""叶"等,发展成量词后,主要称量与植物有关的事物,或是称量与这些词语形状相同的事物,与"根""株""科"形状相同的条状物,与"朵"形状相同的朵状物,与"叶"形状相同的叶状物。也正是由于这些量词泛化的程度不同,因此它们的发展道路也不同,有些量词一直很活跃,自产生后用法广泛,并发展到现代汉语中,如"条""本"。有些量词发展到现代汉语中则没有保留下来,如"科""梢"。有些量词泛化成熟后开始萎缩、分流等,到现代汉语中用于称量的事物范围变小,或只用于书面中,如"枚",或只出现在古语中,如"茎"。

从量词化过程可以看出,这些农业词语也存在着近义性和差异性。比如,"本""根""株""枝""科""茎",它们在表示整株植物的数量时,都是以部分来代替整体,这一点上它们有着近义性,《广雅·释诂三》:"茎,本也。"《广雅·释诂三》:"科,本也。"如上文例句中的紫芝一本、紫芝一茎、紫芝五株、一茎草、一根草、一科树、一本树、一株树、一根树。但如果细分,它们词义的本源和应用范围也具有差异性,"株""科"只用于植物的数量,而"本""枝""茎"

可以用于与自身形状相同或相似的其他名词。又如"枝""根""条",都可称量与其形状相同或相似的事物,这三个词所代表的事物都具有条状性的特点,因此在语义上存在着近义性,比如上文中可以说一枝枪、一条枪、一根枪,或者说一根绳、一条绳,或者一枝笔。但这三个量词在形状的细分和适用对象上也存在着差异性。在形状上,虽然都表示长条形,但"枝"更强调细长而直硬,可以称量的事物比如,笔、戟、竹杖、红旗、箭、蜡烛等。"条"更强调细长而弯曲,可以称量的事物比如,路、绳、袈裟、巷、蛇等。"根"则既有"枝"的部分性质,又兼具"条"的部分性质,可以称量的事物,如发、弦、绳、令箭、簪等。当然,在这里直硬与弯曲都是相对而言的,具体的问题也还要根据语境等分析。三个量词在适用对象上不同,胡附(胡裕树)先生在《数词与量词》一文中指出:"'条'一般指狭长的东西,可以指生物,也可以指非生物。"①从这个角度来看,"枝""根"除了称量植物名词外,多称量非生物名词,"条"除称量植物名词外,多称量生物名词,可以称量表示人或其他动物的词。

  由于量词形成的具体时间不同,人们对客观事物特征认识的角度、方法不同,以及某些量词的近义性特征等,会造成量词"一名多量"的现象,比如前面讲到的"条",东汉时期正式确立量词的地位,可以称量条状性名词。到魏晋南北朝时期,"枝"和"根"也虚化成量词,也可以称量条状性名词,这就使得部分具有条状性特征的名词可以用这三个量词来称量。但语言本身也具有调节和平衡的功能,一名多量中的量词间也会产生竞争和选择,一些量词在竞争中被分流,一些量词在选择中被淘汰,比如量词"树",量词化后称量植物,后被淘汰,取而代之的是"棵"或"株";又如"梢"被"枝"代替,"科"被"根"取代,两个词都遭淘汰。

  在农业词语量词化的过程中,我们可以看到有三个因素在起作用,也是农业词语量词化的三种不同机制。农业词语在形成量词后,一直处于不断虚化的过程中,这种虚化是由其语言结构本身的虚化机制决定的。这种虚化机制包括隐喻、推理和泛化等。农业词语虚化为量词的过程也是在这三种机制作用下完成的。

  所谓隐喻是指人类认知的一种方式,是建立在相似联系基础上的,表达方式是从具体到抽象。农业词语量词化的过程基本遵循相似联想过程,由表示农业词语的具体概念转化为表示农业词语所代表名词的单位这样一种较为抽象的概念,比如"朵",本指花朵,词汇意义具体可感,虚化为量词指花朵或形状类似花朵的事物的单位,产生从具体到抽象的隐喻虚化过程,而这种

---

① 胡附:《数词与量词》,上海教育出版社1984年版,第37页。

过程也是建立在不同事物相似性的基础上的,有其概念上的关联性。又如"根""株""本""科""茎",原本表示植物不同部位的名称,词汇意义具体可感,虚化为量词表示整株植物的单位,与整株植物是部分与整体的关系,这种概念上的关联也是虚化为称量整株植物的隐喻基础。

所谓推理,是在一定的语言环境中,通过长期的使用或选择使得某一隐含意义固定化。这种推理和隐喻关系密切,隐喻即是以相似性为推理依据,通过一种概念诠释另一概念的认知过程。农业词语量词化过程中的推理主要是指称量结构的固化。农业词语在量化过程中一般都经历"数+名""名+数+量""数+量+名"这三个阶段。"数+名"中的名词指的是未量词化的农业词语,在这种结构中,名词表示农业词语所代表的事物,语义明显,如《汉书·武帝》:"甘泉宫内中产芝,九茎连叶。"其中"九茎"是指灵芝的九条枝干,"茎"是名词,前面有数词,开始有量词化的倾向。这种结构的长期使用会使"茎"的量词性加强,语义弱化,于是出现了"名+数+量"结构,如《述异记》卷上:"汉武帝时,西方有日支国,献活人草三茎。"进一步虚化就出现了"数+量+名"结构,如江淹《关中草木颂十五首》:"所爱两株树,十茎草之间耳。"此时虚化完成。正是在这三种结构的长期使用和选择中,由推理而来的量词的隐含意义在汉语中固定下来。

所谓泛化,是指量词适用范围扩大,称量对象增加。量词的泛化可以说是量词发展的必然。大部分量词都经历了适用范围从窄到宽、称量对象从少到多的过程。因为随着名词语义的淡化或消失,新的量词没有了语义的限制,必然会扩大其适用的范围,这种泛化也使得量词达到成熟,确立其专用量词的地位。比如"枝",从称量植物,进一步虚化后称量条状物名词,再虚化称量与枝语义没有任何关系的事物,达到泛化的程度。又如上文中的"枚"到魏晋时期,达到了空前的泛化,称量的对象无所不包,涉及动物、植物、兵器、乐器、建筑、文具、交通工具、生产工具、货币、饰物、衣食、日用物品等。

农业词语量词化的过程是这三种机制共同起作用的结果。从语义上的隐喻,到称量结构的固化,再到适用对象的泛化,这三种机制相互作用。具体而言,隐喻是农业词语开始量词化的方式,推理将隐喻的结果固化,而泛化则是使得量词的语义更加淡化。

第三节　名动词类的转变

名动词类的转变是语言中一个普遍又复杂的问题。对于缺乏形态变化的汉语来说更是如此。汉语中的名动词类转变很早就已出现。张文国先生在《古汉语的名动词类转变及其发展》一书中从"四声别义"、"实字虚用"、"死字活用"、《马氏文通》的"辨音"和"假借"、陈承泽的"活用"说，以及现行的活用理论等方面对古汉语的名动词类转变历史进行了研究，①为我们从理论上认识名动词类转变提供了正确的导向。

  名动词类的转变包括名动转变和动名转变两个方面。本文中主要讨论名动的转变。能参与名动转变的名词很多。张文国先生在书中分析了包括"动物名词""器具名词""自然名词""形体名词""衣食名词""建筑名词""抽象名词"等在内的名动词类转变。② 农业词语中有许多具有名动转类的词语，如"田""菑""盖""垄亩"等，但最典型的具有名动词类转变特征的是那些表示农具的词语。兹举部分如下。

  1."櫌"，农具名，状如槌，用以击碎土块，平整土地和覆种。《集韵·尤韵》："櫌，《说文》：'摩田器。'或从耒。"《汉书·吾丘寿王传》："民以櫌锄箠梃相挞击，犯法滋众，盗贼不胜。"颜师古注："櫌，摩田之器也。"后引申指用櫌松土并使土块细碎。《国语·齐语》："及耕，深耕而疾櫌之，以待时雨。"韦昭注："櫌，摩平也。"亦指覆种。《玉篇·耒部》："櫌，覆种也。"《论语·微子》："櫌而不辍。"何晏集解引郑玄曰："櫌，覆种也。"《齐民要术·种大小麦》："孟子曰：'今夫麰麦，播种而櫌之。'"亦泛指耕种，汉扬雄《长杨赋》："使农不辍櫌，工不下机。"宋苏轼《九日次定国韵》："北山有云根，寸田自可櫌。"

  2."耧"，耧车，用以播种。《玉篇·耒部》："耧，耧犁也。"《广韵·侯韵》："耧，种具。"《晋书·食货志》："乃教作耧犁，又教使灌溉。"《王祯农书·耧种》："然后耧种之制不同，有独脚、两脚、三脚之异。"《齐民要术·种大小麦》："其山田及刚强之地，则耧下之。""耧"由表示播种的农具引申指覆种。《王祯农书·耧车》："《通俗文》曰：'覆种曰耧。'"

  3."耙"，碎土平地的农具。《王祯农书·耙》："耙，桯长可五尺，阔约四寸，两桯相离五寸许。"《农政全书·农器》："耙制有方耙，有人字耙，如犁，亦用牛驾。"引申指用耙碎土平地。《农桑辑要·耕地》："至来春地气透时，待日高复耙四五遍。"《王祯农书·耙》："凡耙田者，人立其上，入土则深。"

  4."耖"，农具名，可以碎土平田。《王祯农书·耖》："耖，疏通田泥器也。""一耖用一人一牛。有作连耖。"引申指复耕时用耖整地。《农政全书·营治上》："插禾前一日，将棉饼化开，匀摊田内，耖然后插禾。"

---

  ① 张文国：《古汉语的名动词类转变及其发展》，中华书局2005年版，第3～17页。
  ② 张文国：《古汉语的名动词类转变及其发展》，中华书局2005年版，第177～330页。

5. "耨",农具名,像锄,用以除草。《释名·释用器》:"耨,似锄,妪耨禾也。"王先谦补证:"耨去草不容灭裂,惧其伤禾也,妪有爱护苗根之谊。"《类篇·耒部》:"耨,耨器也。"《六书故·植物一》:"耨,薅器也。"《国语·齐语》:"时雨既至,挟其枪、刈、耨、镈,以旦暮从事于田野。"又指除草。《玉篇·耒部》:"耨,耘也。"《集韵·沃韵》:"耨,田治草也。"《史记·龟策列传》:"耕之耰之,锄之耨之。"裴骃集解引徐广曰:"耨,除草也。"《王祯农书·耨》:"《纂文》曰:'养苗之道,锄不如耨。'"

6. "耢",农具名。用荆条或藤条编成的长方形农具,用来平整地面和松土保墒,又叫作"耱",或"盖"。《类篇·耒部》:"耢,摩田器。"《集韵·号韵》:"𣏍,摩田器。或从耒。"清倪倬《农雅·释器》:"耙之后方用耖用耢。"引申指用耢平整土地。清倪倬《农雅·释器》:"耖之后然后耢之。"

7. "辗",石碾。把糙米加工成熟米的工具。后作"碾"。《广韵·线韵》:"辗,水辗也。"《王祯农书·辗》:"畜力挽行,循槽转辗,日可毂米三十余斛。"《农政全书》:"《通俗文》曰:'石砣轹谷曰辗。'"也指把糙米加工成熟米的过程。《集韵·线韵》:"辗,转轮治谷也。"《王祯农书·辊轴》:"不计多寡,旋辗旋收,易于得米。"

8. "磨",古字为礳。碾碎谷物等的工具。《玉篇·石部》:"礳,砒也,所以礳麦。磨同。"《广韵·过韵》:"磨,砒也。"《正字通·石部》:"磨,俗谓砒为磨,以砒合两石,中琢纵横齿,能旋转碎物成屑也。"《墨子·天志中》:"以磨为日月星辰,以昭道之。"《资治通鉴·魏明帝太和三年》:"昭又以绳连石磨压其冲军,冲军折。"胡三省注:"磨,石砒也。"又指用磨碾碎。《王祯农书·大小麦》:"小麦磨面,可作饼饵,饱而有力。"《清平山堂话本·快嘴李翠莲记》:"只听得隔壁白嫂起来磨豆腐,对门黄公舂糕米。"

9. "钁",农具名。大锄。《说文·金部》:"钁,大锄也。"《淮南子·精神训》:"今夫繇者揭钁臿,负笼土。"高诱注:"钁,斫也。"宋陆游《老学庵笔记》卷十:"火山之南,地尤枯瘠。锄钁所及,烈焰应手勇出。"《农政全书·钁》:"钁,剧田器也。"亦指用钁掘、斫。《后汉书·文苑传上·杜笃》:"田田相如,镭钁株林。"李贤注:"《苍》:'镭,铲也。'谓以铲钁去林木之株蘖也。"《资治通鉴·唐宪宗元和十二年》:"李祐、李忠义钁其城,为坎以先登,壮士从之。"胡三省注:"钁,锄也。"

10. "铲",农具名。用来削平和撮取东西的长把金属工具。《说文·金部》:"铲,平铁。"徐灏注笺:"平铁者,平木器之铁也。"《六书故·地理一》:"铲,状如斧而铦。"《王祯农书·钱》:"铲,柄长二尺,刃广二寸,以划地除草。"亦指削平、铲除。汉王充《潜夫论·浮侈》:"削除铲靡,不见际会。"《文选·木华》:"于是乎禹也乃铲临崖之阜陆,决陂湟而相浚。"李善注引《仓颉篇》:"铲,削平也。"刘良注:"铲,凿也。"

在传统语法中,词类作为语法范畴,是对词类表示事物、性质、状态、动作等功能的抽象。比如,名词表示事物,动词表示动作行为,名词、动词具有明确的语义和语法分工。为什么名词可以转类来表示原本由动词表示的动作呢?这是因为名动转类具有一定的语义基础,即名词的语义成分中包含表示动作的语义成分,动词的语义成分中包含表示事物的语义成分,即"名动互含"。如"耖",碎土平田的农具,这是该农具词的概念意义,是人们对客观认识的结果。在它的词义结构中,"农具"表示事物类属,"碎土平田"表示事物的功能,也是"耖"一词区别于其他农具词的特征。因此,我们可以把它们叫作类属义素和特征义素,这些表示农具词的概念意义就表示为特征义素和类属义素之和,即词义=特征义素+类属义素。因此,名词能否向动词转变跟名词所包含的功能义有关,这种功能义越强,其向动词转变的可能性越大。名动义互含的根本原因也是事物与动作的不可分离,动作都是一定事物的动作,没有无事物的动作,事物中包含的性质状态等通过一定的动作表现出来,没有不经过一定动作而形成的事物。正是这种语义成分的互含为名动词转变提供了语义上的基础。

名动词类转变也具有认知基础,"在认知语言学看来,在语言形式层面上可以分为名词、动词、形容词等,但在语义与认知层面上,名词并不只是表示事物,也可以表示过程或动作,因为在认知上,我们可以将过程或动作看作事物。……认知语法把语义定义为主观意象,每一个语义都对应一种意象,名词的意象可以是静态的、具体的或抽象的事物,也可以是不同抽象程度上的动态意象。那么动词就是勾画或突显事物的状态、关系、动作或过程的一面,这样,就将名词与内容区分开来,也为词性之间的转换使用提供了认知基础。"[①]因此,认知语言学认为,名动词类的转化是人们转喻认知思维的结果。传统的研究者认为,转喻就是不同词语之间的相互替代。认知语言学则认为,转喻不是一种替代关系,转喻是人们的一种重要认知方式,是人们认识世界的重要手段。乔治·莱考夫(Geroge Lakoff)和马克·约翰逊(Mark Johnson)认为:人们用一事物来指称另一相关的事物就是转喻。[②] 转喻与隐喻不同,隐喻是不同认知域中源域和目标域的单向

[①] 赵艳芳:《认知语言学概论》,上海外语教育出版社2001年版,第143页。
[②] 〔美〕乔治·莱考夫、马克·约翰逊:《我们赖以生存的隐喻》,何文忠译,浙江大学出版社2015年版,第33页。

映射,而转喻是在同一个认知域中源域和目标域的双向映射,源域和目标域在同一个概念结构中,转喻与隐喻的相似关系不同,它涉及的是一种邻近和突显的关系。莱考夫和约翰逊首先提出了邻近性的认知观,他们认为"转喻概念的基础涉及物理的或因果的联系",①莱考夫(1987)提出了理想化认知模型(ICM),所谓"理想化认知模式"就是现实世界的结构在人脑中的反映,也就是人们凭借自己大脑中的知识表征以及所生存的文化模式而达到的对客观世界中的物体、事件以及自身行为的典型状态的认知。某一具体事物和行为的"理想化认知模式"由一些与代表该事物和行为的概念或命题相关的概念或命题组成。构成同一"理想化认知模式"的接近的概念,如果互相替代(部分替代部分),一个概念替代整个模型(部分替代整体)或整个模型替代作为模型成分的某一概念(整体替代部分)都构成转喻关系。② 即转喻的邻近性有两种情况,一是整体 ICM 与其部分之间,二是 ICM 中部分与部分之间。所谓的突显性,即是指一个物体、一件事情、一个概念有很多属性,而人的认知往往更多的注意到其最突出、最容易记忆和理解的属性。③ 名动词类的转变即是在这种概念间的邻近性和突显性关系下互换的。

表示农具的词语和农具功能之间的转化,即是在转喻的邻近性关系中,在整体与部分之间完成的,也即工具与动作之间的关系。在工具和动作关系中,用来转指动作的工具比动作突显性更高,因为我们在讲到一个事物时,首先想到的是它的整体,然后才会去认识它的形状、功能等属性。因此,在工具和动作关系中,名词易转化为动词。比如,上文中的"耙"。

(1) 耙,又作爬,今作耰。(《王祯农书·耙》)
(2) 耕田耙地,不用牛具;收割田禾,不用刀杖。(《西游记》第十八回)

例(1)中的"耙"为名词,是指"碎土平地的农具",而例(2)中,"耙"用作动词"用耙碎土平地",这是因为在人们的理想认知模式中,用"耙"替代了整个"碎土平地"的过程,使"耙"由表示"碎土平地的农具"的静态意象转化为"用耙碎土平地"的动态意象,这两个意象同存在于对"耙"的完形感知中,是邻近的、相互联系的,后者突显了人的动作性的侧面,即把"用耙碎土平地"这一动

---

① 〔美〕乔治·莱考夫、马克·约翰逊:《我们赖以生存的隐喻》,何文忠译,浙江大学出版社2015年版,第36页。
② 曾庆敏:《从认知角度看隐喻和转喻的功能差异》,《西南政法大学学报》2005年第10期。
③ 赵艳芳:《认知语言学概论》,上海外语教育出版社2001年版,第115页。

作突显了出来,于是"耙"变成一个勾画过程的词语,具有了动词的意义,从而转化为动词。同样的分析可用于其他农具词和动作之间的转换,由于农具动作的突显,邻近的动作意象代替了原来的工具意象,词性发生名动的转化。在人们的认知域中,当意象的不同侧面部分突显出来时,意象及其对应的语义就会发生变化,词类就会发生转换,所以词类转化是人们转喻认知方式的结果。

  农书中出现的这些农具词,有的来自上古,有的出现于中古,有的产生于近代,虽然产生的时间不同,但在名动转变上具有相同之处。农具名词之所以易于完成名动词类的转变,与农具与其动作关系的密切程度有关。农具与其涉及的动作关系越密切,由此引申出的语义就越能体现该动作的程度。有些动作特征是某类农具所必须具备的,这也成为不同农具的区别性特征。农具所具有的这种特征越强,语义成分中所体现的动词成分就越明显,其转化为动词的可能性就越大,这也体现出特征优先的原则。这代表了器具名词向动词转变的普遍规律,使得农具词的名动转变呈现一定的系统性。虽然农具词有不同的类别,所表示的意义不同,但它们作为名词都表示一定的事物,作为动词都表示事物的功用。在这一点上,农具词的名动词类转变是处于一种类义系统中的。

第五章　农业词汇的隐喻认知

语言的认知研究，是伴随着认知语言学的确立而兴起的。认知语言学把语言看作是一种认知活动，其研究不再满足于对语言结构的描写，而更注重对语言行为和现象的解释，揭示语言现象背后的潜在机制和认知规律，这也为汉语言的研究提供了新的视角。

认知语言学认为隐喻是人类普遍存在的一种思维方式，是人类认知发展的产物，也是一种基本的认知模式。对于隐喻理论，传统的研究将其定义为修辞手段。认知语言学突破传统的观念，认为隐喻是人类基本的思维方式和认知工具。赵艳芳指出："传统的语言学将隐喻看作是语言形式上的修辞，是语言装饰的手段，因而只是修辞学、文学和文体学研究的对象。认知语言学和心理学的研究表明隐喻是人们对抽象概念的认识和表达的强有力工具，不仅是语言的，更重要的是认知的、概念的。"[①]隐喻认知地位的确立是以莱考夫和约翰逊合著的《我们赖以生存的隐喻》为标志的，这本书开辟了从认知角度研究隐喻的途径，并取得了不少研究成果。对于隐喻的认知研究，蓝纯在《认知语言学与隐喻研究》[②]中进行了概括，主要包括以下内容。

第一，隐喻具有普遍性。隐喻无处不在，是日常语言中随处可见的现象。

第二，隐喻的认知本质。隐喻不是修辞格，不是简单的语言现象，是一种思维方式，是让我们用相对具体的概念范畴去理解那些抽象概念范畴的认知模式。

第三，隐喻具有系统性。一个隐喻概念会生发出大量的、彼此和谐的语言表达，而不同的隐喻概念又共同构成一个协调一致的体系。用莱考夫和约翰逊的话说：隐喻蕴涵能表现隐喻概念的连贯系统以及这些概念相应的隐喻表达的连贯系统。[③]

[①] 赵艳芳：《认知语言学概论》，上海外语教育出版社2001年版，第96页。
[②] 蓝纯：《认知语言学与隐喻研究》，外语教学与研究出版社2005年版，第112～122页。
[③] 〔美〕乔治·莱考夫、马克·约翰逊：《我们赖以生存的隐喻》，何文忠译，浙江大学出版社2015年版，第6页。

第四,隐喻的内在结构为跨域映射。隐喻由两个域构成,一个是相对清晰的始源域,二是相对模糊的目标域。隐喻就是将始源域的结构映射到目标域之上。这种映射是有概念层次的,不是随意的,其内在结构要具有一致性。

第五,隐喻的实现根植于我们的身体经验和生活经验。一个概念隐喻一旦建立起来,为语言使用者广泛接受,就会反过来将自身的结构强加于真实生活之上,从而以各种各样的方式实现。

本章我们将从认知角度入手,分析农业词汇语义的发展变化规律,探寻农业词语的隐喻概念系统,以及这种隐喻概念所特有的社会和文化因素。

第一节 农业词语的隐喻系统

相似性原则是隐喻的认知原则,也是隐喻义产生和实现的基础。赵艳芳曾指出:"在隐喻结构中,两种通常看来毫无联系的事物被相提并论,是因为人类在认知领域对他们产生了相似联想。"①所谓相似性就是指两种事物具有相似之处。束定芳指出:"相似性有物理的相似性和心理的相似性之分。物理的相似性是指形状或外表及功能上的一种相似,心理的相似性是指由于文化或其他心理因素使得说话者或听话者认为某事物之间存在某些方面的相似。"②农业词语中存在着大量的隐喻。农业词语的隐喻有形状、功能、文化和心理因素等多种相似基础。

在这里我们主要讨论狭义农业中的词语,即和种植业有关的农业词语的隐喻。农业词语的隐喻多以植株或植株各部位为喻体来比拟其他物体。同时农业生产包含一定的过程,利用植物生长过程和事物发展过程的相似性认识事物发展的规律。即"从熟悉的、有形的、具体的、常见的概念域来认知生疏的、无形的、抽象的、罕见的概念域,从而建立不同概念系统之间的联系"。③

一、农业词语中植株各部位及植株词语的隐喻

植株一般包括根、茎、叶、花、果等部分,这些植株部位名称可以单用,也可以构成词、短语等,形成以植株部位名称为中心的词族群。人们常利用植

---

① 赵艳芳:《认知语言学概论》,上海外语教育出版社 2001 年版,第 101 页。
② 束定芳:《论隐喻的运作机制》,《外语教学与研究》2002 年第 2 期。
③ 王彩丽:《通过名词性人体隐喻透析人的认知过程》,《山东外语教学》2002 年第 4 期。

物的这些名称认识其他事物,形成一个隐喻体系。

(一)"根"族词语及其隐喻

"根"位于植物的最下部,是高等植物的营养器官,能够把植物固定在土地上,是植物生长于土中或水中吸收营养的部分。"根"的隐喻系统如下:

1. "根"表示物体的下部或边沿,如山根、耳根、墙根。

(1) 作室山根,人以为安;一昔崩颠,破我壶飧。(焦赣《易林·贲之明夷》)
(2) 耳根得所琴初畅,心地忘机酒半酣。(白居易《琴酒》)
(3) 满庭田地湿,荠叶生墙根。(白居易《早春》)

2. "根"比喻事物的根源,如祸根、寻根究底、根蒂。

(1) 凡诸祸根,不早断绝,则或转而滋蔓。(王符《潜夫论·断讼》)
(2) 刘姥姥是信口开河,情哥哥偏寻根究底。(《红楼梦》第三十九回)
(3) 今魏跨带九州,根蒂滋蔓,平除未易。(《三国志·蜀志·蒋琬传》)

3. "根"比喻人的出身底细,如根底、知根知底。

梁公还要查根底。(《再生缘》第十七回)

4. "根"比喻子孙后代,如根苗、根芽。

(1) 你论亲戚是汉祖根苗。(高文秀《襄阳会》第二折)
(2) 曹操弄权,诬害太子,绝汉根芽,皆是曹贼之计。(《三国志平话》卷下)

5. "根"喻指最重要、最受重视的事物或最受重视的人,如命根子。

(1) 贾母急的搂了宝玉道:"孽障!你生气要打人骂人容易,何苦摔那命根子!"(《红楼梦》第三回)
(2) 你是你丈夫的命根子。(曹禺《原野》第一幕)

6."根"与表示植株其他部位的名称构成词语,多用来比喻事物的根源,如根本、根苗、根核、根茎、根株、根芽。

(1) 翦为宿将,始皇师之,然不能辅秦建德,固其根本,偷合取容,以致殒身。(《史记·白起王翦列传论》)
(2) 杀人贼今日有根苗,母亲我不说谁知道。(无名氏《替夫妻》第三折)
(3) 臣观元之制策,白之奏议,极文章之壶奥,尽治乱之根核。(《旧唐书·元稹白居易传论》)
(4) 况于神仙之道,旨意深远,求其根茎,良未易也。(葛洪《抱朴子·对俗》)
(5) 游子无根株,茅斋付秋草。(杜甫《奉赠射洪李四丈》)
(6) 你道是真赃正犯难干罢,平白地揣与我个祸根芽。(曾瑞《留鞋记》第三折)

另外还如"根实",比喻事物的始末;"根叶",比喻事物的各个方面;"根蔓",比喻事物根基与支系。

(1) 莫不备写情形,审求根实。(《后汉书·西域传论》)
(2) 文辞根叶,苑囿其中矣。(刘勰《文心雕龙·体性》)
(3) 待招赘百岁姻亲,承继我一脉根蔓。(柯丹邱《荆钗记·庆诞》)

(二)"枝"族词语及其隐喻

"枝"位于主干旁边,指主干上分出的茎条。在植株各部位中处次要地位,却是植株不可缺少的部分。"枝"的隐喻系统如下:

1."枝"表示由主体派生出来的分支,如枝水、枝路。

(1) 水有大小,又有远近,水之出于山而流入于海者,命曰经水;水别于他水,入于大水及海者,命曰枝水。(《管子·度地》)
(2) 门前数枝路,路路车马鸣。(贯休《偶作》诗之二)

2."枝"比喻次要的事物或纷繁的事物,如枝末、枝柯、枝叶。

(1) 西方说报应,其枝末虽明而根本常昧。(何承天《报应问》)

(2) 但如导演者处理得宜,所损伤者可为枝柯而非根本。(洪深《〈戏剧导演的初步知识〉引言》)

(3) 夫先王以仁义为本,而以固塞文法为枝叶,岂不然哉!(《史记·陈涉世家》)

3. "枝"隐喻宗族的旁系及嫡长子以外的宗族子孙。
(1) 指庶子,如枝子。

内宠并后,外宠贰政,枝子配适,大臣拟主,乱之道也。(《韩非子·说疑》)

(2) 指宗族的旁系与直系,如枝主。

成王冠成人,周公归周反籍焉……因天下之和,遂文武之业,明枝主之义,抑亦变化矣,天下厌然犹一也。杨倞注:"枝,枝子。周公,武王之弟,故曰枝。主,成王也。"(《荀子·儒效》)

(三) "花"族词语及其隐喻
"花"是植物的繁殖器官,典型的"花"由"花托""花萼""花冠""雌蕊群"和"雄蕊群"组成,有各种形状和颜色。"花"的隐喻系统如下:
1. "花"形容形状像花一样的东西,如水花、浪花、窗花、礼花、烟花、雪花、灯花、泪花等。
2. "花"隐喻指女子。
(1) 指绝色美女,如花魁、花枝。

① 这些富豪公子,慕其容貌,都备着厚礼求见……求诗求字的,日不离门。弄出天大的名声出来,不叫他美娘,叫他做花魁娘子。(《醒世恒言·卖油郎独占花魁》)

② 此度见花枝,白头誓不归。(韦庄《菩萨蛮》)

(2) 指闲游浪荡、爱串门子的人,如花脚猫。

她自己和一些男人疯疯笑笑的,是只村子里有名的"花脚猫"。(王西彦《寻常事》)

(3) 指风骚的女人,如花货。

我根本就不相信,提意见顶个球事!你一百个意见还不如那个花货在矿长面前一哝哝,一滩眼泪鼻涕!(萧军《五月的矿山》)

(4) 指歌女娼妓,如花娘。

朔客大喜,擎觞起立,命花娘出幕,裴回拜客。(李贺《申胡子觱篥歌》序)

3. "花"隐喻女子美丽的容貌,如花颜、花腮、花貌、花容月貌、花容、花色。

(1) 十五入汉官,花颜笑春红。(李白《怨歌行》)
(2) 苏家小女名简简,芙蓉花腮柳叶眼。(白居易《简简吟》)
(3) 中有一人字太真,雪肤花貌参差是。(白居易《长恨歌》)
(4) 你天生的花容月貌,这几日可怎生清减了。(关汉卿《四春园》一折)
(5) 见少女如张等辈十许人,皆花容绰约,钗钿照辉。(方回《虚谷闲抄》)
(6) 小少之时,共同村人唐叔谐女文榆花色相知,共为夫妇。(《敦煌变文集·搜神记》)

4. "花"隐喻言语,如花嘴花舌、花猫巧嘴、花说柳说、花话、花麻调嘴、花甜蜜就、花胡哨、花言巧语。

(1) 那凤奴年已一十五岁,已解人事,见孙三郎花嘴花舌,说着浑话。(《石点头·瞿凤奴情愆死盖》)
(2) 天师道:"那听你这个花猫巧嘴。"照头就是一剑砍去。(《三宝太监西洋记通俗演义》第二十五回)
(3) 你看不得这些年轻的小爷们,花说柳说的!不中用!(《儿女英雄传》第十五回)
(4) 四狗子认为这是寿官"加盐加醋"的花话,和尚头也不相信真有这些事。(吴组缃《山洪》)
(5) 你则老实说,我那里晓的这等花麻调嘴。(无名氏《南极登仙》

第三折)

(6) 临行相别的时候,说的来花甜蜜就。(关汉卿《陈母教子》第二折)

(7) 咱两个显妖邪索使些花胡哨,他那里气昂昂仗剑提刀。(沈璟《桃符记》第二折)

(8) 巧言,即所谓花言巧语,如今世举子弄笔端做文字者便是。(《朱子语类》卷二十)

5. "花"隐喻指女子的姿态,如花娇柳嚲。

余尝见操此业者,花娇柳嚲,近在家庭,遂不能使其子孙皆醉眠之阮籍,两儿皆染淫,延及一门。(纪昀《阅微草堂笔记·槐西杂志三》)

6. "花"指肌肤之美,如花肤。

花肤雪艳不复见,空有香囊和泪滋。(郑嵎《津阳门》)

7. "花"指人的明媚眼睛,如花眼。

一双花眼浑如点漆,两道柳眉曲似春山。(《水浒后传》第四回)

8. "花"隐喻穿衣打扮,如花狸狐哨、花里胡哨、花俏、花枝招展。

(1) 大赤包无论在什么时节都打扮得花狸狐哨吗?(老舍《四世同堂》六十九回)

(2) 墙上的画年代也很多,所以看不清楚,不过是些花里胡哨的人物便了。(《老残游记续集遗稿》第一回)

(3) 这女人,自从整风以来,打扮得越发花俏了。(管桦《清风店》)

(4) 刘姥姥进去,只见满屋里珠围翠绕,花枝招展的,并不知都系何人。(《红楼梦》第三十九回)

9. "花"指人的手段、计策,如花招、花样。

(1) 小平,记住,我们事事都要以诚相见,你刚才不该对李大妈要这

种小花招儿!(老舍《全家福》第三场)

(2)这个人的花样也真多,倘使常在上海,不知还要闹多少新闻呢。(《二十年目睹之怪现状》第二十九回)

10."花"指人的年龄,如花甲。

凡有人祭奠的,必是叛臣一党,即要拿去问罪。况且行文画影,有你面貌花甲,如何去得?(《说岳全传》第六十四回)

11."花"指人的视力,如眼花、昏花、眼花缭乱。

(1)知章骑马似乘船,眼花落井水底眠。(杜甫《饮中八仙歌》)
(2)目视昏花,寻常间便不分人颜色。(韩愈《与崔群书》)
(3)颠不剌的见了万千,似这般可喜娘的庞儿罕曾见,则着人眼花缭乱口难言,魂灵儿飞在半天。(王实甫《西厢记》第一本)

12."花"隐喻人的心情,如心花怒放。

雯青这一喜,直喜得心花怒放,意蕊横飞,感激夫人到十二分。(《孽海花》第九回)

13."花"隐喻青少年,如花朵。

我爱祖国的今天,爱祖国的花朵。(张乐平《永做画坛孺子牛》)

(四)"苗"族词语及其隐喻
"苗"指尚未开花结实的禾类植物。"苗"的隐喻系统如下:
1."苗"指动物的幼苗,如猪苗、鱼苗、鸭苗等。
2."苗"指微露迹象的矿脉,如矿苗、金苗等。
3."苗"隐喻事物的起因、端绪、预兆,如苗头。

或是哄咱先脱了衣裳睡下,或是他推说有事,比咱先要起来,这就是待打咱的苗头来了。(《醒世姻缘传》第九十七回)

4. "苗"隐喻子孙、后裔,如苗末、苗胄、苗族、苗嗣、苗裔、苗绪、独苗。

(1) 有人生而言语……指天向禹墓曰:"我是无余君之苗末。我方修前君祭祀,复我禹墓之祀,为民请福于天,以通鬼神之道。"(赵晔《吴越春秋·越王无余外传》)
(2) 汉感赤龙,尧之苗胄。当修尧祠,追远复旧。(《隶释·汉成阳灵台碑》)
(3) 大王刘氏苗族,绍世而起,今即帝位,乃其宜也。(《三国志·蜀书·诸葛亮传》)
(4) 于皇旧亭,苗嗣是承。(班固《高祖泗水亭碑铭》)
(5) 帝高阳之苗裔兮,朕皇考曰伯庸。王逸注:"苗,胤也;裔,末也。"朱熹集注:"苗裔,远孙也。"(《楚辞·离骚》)
(6) 臣功臣苗绪,生长王国,惧独含恨以葬江鱼之腹,无以自别于世。(《后汉书·寇恂传》)
(7) 我是我们家一棵独苗,又仗着自己有手艺,寻思说个媳妇,容易!(郑九蝉《能媳妇》)

5. 隐喻新出现的人才,如苗子。
6. 形容女性的身体,如苗条。

那婆娘打扮来便似女猱,全不似好人家苗条。(无名氏《替杀妻》第三折)

7. "苗"隐喻头发,如愁苗,比喻白发,谓因愁而生,故称。

只恐愁苗生两鬓,不堪离恨入双眉。(韦庄《宿泊孟津寄三堂友人》)

(五)"芽"族词语及其隐喻
"芽"指尚未发育成长的枝、叶或花的雏体。"芽"的隐喻系统如下:
1. "芽"隐喻事物的发生、开始。
2. "芽"形容像芽一样的东西,如肉芽,银芽。
3. "芽"比喻始发或初生的事物,如胚芽。

先人后己的思想是共产主义道德品质的胚芽。

另外,以"茎"为喻体的有"金茎""刀茎""剑茎"。以"叶"为喻体,比喻女人的衰老,如"叶瘦花残"。明王玉峰《焚香记·构祸》:"趁你青春年少,正好做人,只怕后来叶瘦花残,悔之晚矣。"又比喻皇族子孙以及出身高贵的人,如"金枝玉叶"。《敦煌曲子词·感皇恩》:"当今圣受(寿)被(比)南山,金枝玉叶竟(尽)想(相)连。"以"梢"表示事物的末尾或时间的末尾,如"眉梢""梢头";亦指人的肢体。明汤显祖《牡丹亭·闹殇》:"冷松松,软兀剌四梢难动。"以"条"表示条形的东西,如"面条""铁条""金条";以"果"比喻功绩、成果、结果,如"果实"。宋王禹偁《滁上官舍》诗之一:"忽从天上谪人间,知向山州住几年。俸外不教收果实,公余多爱入林泉。"以"核"表示物体中像核的东西,如"细胞核""菌核"。

农业词汇中不仅表示植株各部位的词具有隐喻意义,表示植物的花草、树木、水果、蔬菜、粮食等种类中的基本范畴词也具有隐喻意义。廖光荣(2002)对常见的510种植物进行了逐个考察,发现有139个植物词带有隐喻意义,占总数的27.25%。下面以农书中出现的一些植物词为例进行阐释。

(六)"粟"族词语及其隐喻

"粟"是一年生草本植物,子实为圆形或椭圆小粒,北方通称"谷子",去皮后称"小米",是一种重要的粮食作物。"粟"的隐喻系统如下:

1."粟"指颗粒细小如粟的东西,隐喻微小,如粟文、粟金、粟眉、粟错、丹粟、沧海一粟。

(1)谷圭,以和难,以聘女。汉郑玄注:"谷圭,亦王使之瑞节。谷,善也,其饰若粟文然。"(《周礼·春官·典瑞》)

(2)粟金腰带象牙锥,散插红翎玉突枝。(王建《宫词》之三四)

(3)眉不施黛,独左眉角小缺,补之如粟。谓以黛点补眉。(《东观汉记·明德马皇后传》)

(4)吏部选人粟错及除驳放者,除身名渝滥欠考外,并以比远残阙收注。(《旧唐书·僖宗纪》)

(5)〔柜山〕英水出焉,西南流注于赤水,其中多白玉、多丹粟。郭璞注:"细丹砂如粟也。"(《山海经·南山经》)

(6)寄蜉蝣于天地,渺沧海之一粟。(苏轼《前赤壁赋》)

2."粟"表示俸禄,如粟秩。古时以粟米支俸,故称。

民有饥色,而马有粟秩。(刘向《说苑·正谏》)

（七）"杏"族词语及其隐喻

"杏"，一种落叶乔木，叶子宽卵形，花单性，白色或粉红色，亦指其果实，圆形，成熟时黄红色，味酸甜。"杏"的隐喻系统如下：

1."杏"隐喻指女子的容颜，白里透红，如杏脸、杏腮、杏腮桃脸。

(1) 一个粉颈酥胸，一个桃腮杏脸，天子观之私喜。(《宣和遗事》前集)

(2) 杏腮浅澹羞匀，绿鬓珑璁斜弹。(董解元《西厢记诸宫调》卷三)

(3) 杏腮桃脸费铅华，终惯秋蟾影下。(辛弃疾《西江月·赋丹桂》)

2."杏"隐喻指女子大而圆的眼睛，如杏眼。

幸遇着这个小低搭柳眉杏眼，唇红齿白，处处可人。(《平鬼传》第三回)

（八）"桃"族词语及其隐喻

"桃"指果木名，亦指其果实。"桃"的隐喻系统如下。

1."桃"隐喻指女子的容颜，桃花色，如桃夭柳媚、桃夭新妇、桃花、桃花人面、桃花面、桃花眼、桃花脸、桃杏腮、桃李色、桃李精神、桃腮、桃腮粉脸。

(1) 锦帐添香睡，金炉换夕熏。懒结芙蓉带，慵拖翡翠裙。正是桃夭柳媚，那堪暮雨朝云。(毛文锡《赞浦子》)

(2) 赵五娘于归两月即别蔡邕，是一桃夭新妇。(李渔《闲情偶寄·演习·变调》)

(3) 桃花百媚如欲语，曾为无双今两身。(温庭筠《照影曲》)

(4) 若不是我惊魂易转，险些儿，隔断了桃花人面。(李渔《奈何天·逼嫁》)

(5) 依旧桃花面，频低柳叶眉。(韦庄《女冠子》之二)

(6) 桃花姊姊真好意，桃花眼笑着来看我。眼角情许多，风吹散给世人啊！原注："桃花眼，俗谓'情眼'的意思。"(冯雪峰《桃树下》)

(7) 桃花脸薄难藏泪，柳叶眉长易觉愁。(韩偓《复偶见三绝》)

(8) 江梅态，桃杏腮，娇滴滴海棠颜色。(马致远《寿阳曲·洞庭秋月》)

(9) 二十方长成，三十向衰老。镜中桃李色，不得十年好。(白居易

《赠言》)

(10) 正是破瓜年几,含情惯得人饶。桃李精神鹦鹉舌,可堪虚度良宵。(和凝《何满子》)

(11) 觑著娇态,洒松烟点破桃腮。(白朴《醉中天·佳人脸上黑痣》)

(12) 桃腮粉脸,描两道细细春山。(《金瓶梅词话》第六十二回)

2. "桃"隐喻男女爱情,如桃色、桃色新闻。

(1) 在他的脑子里,稻种代替了改霞,好像他昨晚在车站票房里根本没作桃色的遐想。(柳青《创业史》)

(2) 这次,徐悲鸿在南京和北平不一样了,有桃色新闻传开了。(陈登科等《徐悲鸿》)

3. "桃"指青春年华,如桃李、桃李年。

(1) 誓将收桑榆之效,以毋贻桃李之羞,一雪此言,庶酬雅志。(徐渭《又启严公》)

(2) 昔闻兰蕙月,独是桃李年。(梁武帝《咏笔》)

(九)"松"族词语及其隐喻

"松",种子植物的一属,一般为常绿乔木,脂可提取松香或松节油等,种子可榨油和食用。"松"常与"竹""柏""菊"连用隐喻坚贞、长寿、友情等。"松"的隐喻系统如下:

1. "松"隐喻坚贞,如松心、松竹、松柏、松柏之志、松菊、松篁、松筠之节。

(1) 旧托松心契,新交竹使符。(刘禹锡《酬喜相遇同州与乐天替代》)

(2) 房长渝谓孜曰:"前使君忠实昊天,操愈松竹。"(《南史·张冲传》)

(3) 其在人也,如竹箭之有筠也,如松柏之有心也。(《礼记·礼器》)

(4) 宗世林薄曹操为人,不与之交。后操作司空,总朝政,问宗曰:"可以交未?"答曰:"松柏之志犹存。"以忤旨见疏,位不配德。(叶廷珪

《海录碎事·人事》)

(5) 陶潜酷似卧龙豪,万古浔阳松菊高。(龚自珍《己亥杂诗》)

(6) 壮志清河洛,交情重太行。风涛为砥柱,冰雪见松篁。(吴骐《感时书事寄计子山陆孝曾》)

(7) 孤昔以开府从役江陵,深蒙梁主殊眷。今主幼时艰,猥蒙顾托,中夜自省,实怀惭惧。梁主奕叶重光,委诚朝廷,而今已后,方见松筠之节。(《隋书·柳庄传》)

2."松"隐喻长寿,如松柏之茂、松椿。

(1) 如松柏之茂,无不尔或承。郑玄笺:"如松柏之枝叶常茂盛,青青相承,无衰落也。"(《诗经·小雅·天保》)

(2) 今朝祝寿,祝寿数,比松椿。(晏殊《拂霓裳》)

3."松"隐喻长青的友情,如松契、松柏寒盟。

(1) 兰交永合,松契长并。(卢照邻《五悲·悲今日》)

(2) 虽则是梅花冷淡,也甘守松柏寒盟。(李渔《怜香伴·斋访》)

(十)"柳"族词语及其隐喻

"柳"是落叶乔木或灌木,枝柔韧,叶狭长,春天开黄绿色花,种子上有白色毛状物,成熟后随风飞散,种类很多,有垂柳、河柳、杞柳等。"柳"的隐喻系统如下:

1."柳"隐喻指美女,多用以指歌妓、娼妓。

2."柳"指歌妓密集之处的妓院,如柳户花门、柳市花街、柳巷花街、柳陌花街。

(1) 柳户花门从潇洒,不再蹉,一任教人道情分寡。(马致远《青杏子·悟迷》)

(2) 凡邮骑接递之所,必孔道镇集之区,每有无耻棍豪,多置狎邪门巷,遂作莺巢燕垒,顿成柳市花街。(黄六鸿《福惠全书·邮政·逐娼妓》)

(3) 初绾云鬟,才胜罗绮,便嫌柳巷花街。(黄庭坚《满庭芳·妓女》)

(4) 多应浪游年少客,千金将笑买,柳陌花街。(朱庭玉《妖神急·闺思》)

3. "柳"形容女人的美貌,女子的眉、脸、眼、体态等。如柳黛、柳脸、柳腰花态、柳腰、柳叶眉、柳情花意、柳眉、柳眉星眼、柳弱花娇;"柳"和"桃""莲""杨"等连用表示女子的美貌,如柳夭桃艳、柳腰莲脸、杨柳宫眉、杨柳腰。

(1) 桃脸香新,柳黛愁颦,谁道不销魂。(周文质《寨儿令》)
(2) 柳脸半眠丞相树,珮马铃钉踏沙路。(李贺《沙路曲》)
(3) 饶心性,镇厌厌多病,柳腰花态娇无力。(柳永《法曲献仙音》)
(4) 杏脸香销玉妆台,柳腰宽褪罗裙带。(张可久《四块玉·春情》)
(5) 依旧桃花面,频低柳叶眉。(韦庄《女冠子》)
(6) 脸霞红,眼波横,见人羞推整双头凤,柳情花意媚东风。(于伯渊《点绛唇》)
(7) 柳眉空吐效颦叶,榆荚还飞买笑钱。(李商隐《和人题真娘墓》)
(8) 正当年,柳眉星眼芙蓉面,绛衣缥缈,麝兰琼树,花里遇神仙。(《全元散曲·斗鹌鹑·元宵》)
(9) 贴鬓香云双绾绿,柳弱花娇,一点春心足。(李冠《蝶恋花·佳人》)
(10) 月蛾星眼笑微颦,柳夭桃艳不胜春,晚妆匀。(阎选《虞美人》)
(11) 药诀棋经思致论,柳腰莲脸本忘情。(韩偓《频访卢秀才》)
(12) 杨柳宫眉,桃花人面,是平生未了缘。(刘时中《朝天子·同文子方邓永年泛洞庭湖宿凤凰台下》)
(13) 芙蓉面,杨柳腰,无物比妖娆。(张可久《梧叶儿·席上有赠》)

4. "柳"指春天、春景,如柳宠花迷、柳绿桃红、柳风、柳信、柳绿花红、柳烟花雾。

(1) 蛾眉,锁不住绿肥红瘦,柳宠花迷。(张凤翼《红拂记·拜月同祈》)
(2) 试看这柳绿桃红……青山绿水,宝马香车,游人共喜。(无名氏《大劫牢》)
(3) 兰露重,柳风斜,满庭堆落花。(温庭筠《更漏子》)
(4) 珠帘半下香销印,二月东风催柳信。(欧阳修《玉楼春·题上林

后亭》）

（5）偈曰:"……秋至山寒水冷,春来柳绿花红。一点动随万变,江村烟雨濛濛。"（《五灯会元·龙华球禅师法嗣·酒仙遇仙禅师》）

（6）东风景,西子湖,湿冥冥,柳烟花雾。（张可久《落梅风·春晚》）

从以上表示植株各部位名称及植株词族的隐喻概念来看,人们利用思维中的形状、功能、文化心理等的相似性将农业领域中的词语隐喻到其他领域中,从而建立了两者之间的某种联系。这种隐喻大致有以下几种类型。

1. 事物概念。包括具体事物和抽象事物,如肉芽、银芽、刀茎、雪花、泪花、胚芽、词根等。

2. 时空概念。用植株各部位在生长过程中表现出来的生理特点表示时间,如梢、年根等;利用某种植物表示时间,如柳风、柳信等;用植株各部位在整株植物中的位置表示空间位置,如山根、耳根、墙根、发根、眉梢等。

3. 属性概念。即用植株各部位在整株植物中的地位表示其属性。表示重要的、根源性的,如根、根本、根苗、根核、根茎、根株等;表示次要概念的,如枝、枝末、枝柯、枝叶、枝子等。

4. 生物概念。即用植株各部位名称表示生物种类。一是表示和动物有关的,如猪苗、鱼苗;二是隐喻人的各个方面。古代用植物隐喻人是一种常见的现象。根、枝、花、叶、苗都可以隐喻人,特别是花可以隐喻人的一切,如容貌、姿态、年龄、皮肤、眼睛、言语、视力、心情、手段、穿衣打扮、头脑等。自古美人与花就有着密切的联系,花色、香、味俱全,其外在特征即是美的体现,美人爱花,美人如花。因此,在形容美人的容貌时是花容月貌,而当美人红颜老去时则是残花败柳。美人的一生如同花一样,经历着含苞欲放—盛开—灿烂—枯萎—凋谢的过程,花与人在时间上形成一种映射,所不同的是年年岁岁花相似,岁岁年年人不同。同时作为"花木"下位词的桃、李、梅、杨、柳等也可以用来隐喻女子的容貌,如隐喻脸颊、眉毛、腰肢、眼睛等。

以上用来表示隐喻义的词中,很多在现代汉语中已不再使用,比如,用花来隐喻人的词语:花魁、花枝、花娘、花色、花肤、花眼、花娇柳弹等;用苗来隐喻后代的词语:苗末、苗胄、苗族、苗嗣、苗裔、苗绪等;用柳来指歌妓、妓院的词语:柳户花门、柳市花街、柳巷花街、柳陌花街等。这些词语现在一般只出现于古代典籍中。但也有许多隐喻词固定下来,如墙根、耳根、发根等,它们已成为现代汉语词汇的一部分,根表示"物体的下部或边沿"义也稳定下来,载入词典,成为其引申义;又如水花、浪花、窗花、礼花、烟花、雪花、灯花、泪花等词,也已成为现代汉语词汇的一部分,花的表示"形状像花的东西"义也被载入词典。

二、农业词语中植物生长过程及农业生产过程词语的隐喻

（一）植物生长过程词语的隐喻

植物生长过程包括生根、发芽、开花、结果、成熟、枯萎、凋谢等，这个过程和事物的产生、发展、结果等过程相似，从而形成一种映射。

1. 和"根"相关词语的隐喻

（1）生根：植物长了根，比喻难以移动，又比喻事物建立起牢固的基础。

① 欲赴海棠花下约，太阳何苦强生根。（王实甫《西厢记》第三本）
② 有些人读了一些马克思主义的书，自以为有学问了，但并没有读进去，并没有在头脑里生根。（毛泽东《在中国共产党全国宣传工作会议上的讲话》）

（2）扎根：指植物根系向土壤里生长，比喻深入人或事物中去打下基础。

我听部长的话，把爱人、小孩都接来了，就在这里扎根落户干一辈子。（丁玲《杜晚香·这是什么地方》）

（3）除根：铲除草根，亦比喻彻底根除，从根本上消除。

抽薪止沸，剪草除根。（魏收《为侯景叛移梁朝文》）

（4）归根：叶落归根，比喻归于本源，亦比喻结局、归宿。

① 未能达本且归根，真照无知岂待言。（王安石《寓言》诗之三）
② 来日日新无限事，归根一笑彼安知。（苏辙《守岁》）

2. 和"芽"相关词语的隐喻

（1）发芽：植物长出芽，比喻某种事物刚发生，又比喻出生。

① 爱情这东西是生长得最快的，只要它发芽后不曾受到阻碍，那么它在很短的时期内，就会很快地发育到成熟的时候。（巴金《灭亡》）
② 吴天宝好比一丛大路边上的马兰草，自打发芽那天起，从来没人

怜爱他,浇他一滴水。(杨朔《三千里江山》)

(2) 萌芽:开始发芽,喻指开始发生,亦比喻始发或初生的事物。

① 刻镂声律,萌芽比兴。(刘勰《文心雕龙·神思》)
② 宜察萧墙之内,毋忽亲疏之微。诛放佞人,防绝萌芽。(《汉书·李寻传》)

3. 和"花"相关词语的隐喻

(1) 开花:指花朵开放,比喻像花朵那样破裂开,亦比喻经验传开或事业兴起,又比喻青春年少。

① 园子里没有受到什么大损害,只是松林里落了一颗开花炮弹,打坏了两株松树。(巴金《家》)
② 我第一个向你报名参加老年突击队,过去学的一点老手艺,今天也要利用业余时间来开开花。(张英《老年突击队》)
③ 一个女郎,一个正在开花的年纪的女郎……我一生里第一次懂得疯狂的意义了。(巴金《〈春天里的秋天〉序》)

(2) 吐花:指开花,喻指放射光华。

龙渊太阿,干将莫邪,带以自御,烨烨吐花。(崔骃《刀剑铭》)

4. 和"果"相关词语的隐喻

结果:指植物长出果实。佛教用种树栽花比喻人的行事,用结果比喻人的归宿;指人事的最后结局;成就、成果;谓杀死;指料理丧葬事项。

① 吾本来兹土,传法救迷情。一花开五叶,结果自然成。(《坛经·付嘱品》)
② 只为朱晦翁还有一件为着成心上边硬断一事,屈了一个下贱妇人,反致得他名闻天子,四海称扬,得了个好结果。(《二刻拍案惊奇》卷十二)
③ 你看他一貌堂堂,后来不是没结果的。(李渔《巧团圆·解纷》)
④ 我们且结果了那个绑的去,与你拔了这眼中的钉子呢。(李文蔚《燕青博鱼》第四折)

⑤宋道:"这个容易。我去陈三郎家,买一具棺材与你……我再取十两银子与你结果。"(《水浒传》第二十二回)

5.和"熟"相关词语的隐喻

(1)成熟:指植物的果实或谷实长到可收获的程度,比喻事物发展到完善的程度。

学士简练于学,成熟于师,身之有益,犹谷成饭,食之生肌腴也。(王充《论衡·量知》)

(2)早熟:指农作物生长期短、成熟较快,喻指人的身体发育成熟较早,亦特指思想成熟早。

生活的困苦会强迫着人早熟。(老舍《四世同堂》五八)

(3)晚熟:成熟迟,指人的身体发育成熟较晚,亦特指思想成熟晚。

《晚熟的人》是莫言出版的一部中短篇小说集。

(二)农业生产过程词语的隐喻

农业生产包括耕地、播种、施肥、浇水、收获等过程,这一规律可以隐喻其他事物的发展过程,形成一种映射。

1.与"耕地"相关词语的隐喻

(1)耕:本指耕地,喻指致力于某种工作或事业,如笔耕、舌耕、身耕、砚耕等。

笔耕:以笔代耕。谓以笔墨工作谋生。

既笔耕为养,亦佣书成学。(任昉《为萧扬州作荐士表》)

舌耕:旧时称以授徒讲学谋生,亦指说书,或读书勤奋。

〔贾逵〕门徒来学,不远万里。或襁负子孙,舍于门侧。皆口授经文。赠献者积粟盈仓。或云,贾逵非力耕所得,诵经口倦,世所谓舌耕也。(王嘉《拾遗记·后汉》)

目耕：谓读书。力学不倦,若耕田然,故称。

身耕劳百骸,目耕劳两瞳。身耕口体常不充,目耕奚止谷在中。(王逢《目耕轩》)

砚耕：指依靠笔墨维持生计。

砚耕多秀业,锦字重三吴。(周亮工《哭陈磐生》)

(2) 耕耨：耕田除草,亦泛指耕种,喻指辛勤钩稽探索。

夫经典沉深,载籍浩汗⋯⋯扬班以下,莫不取资；任力耕耨,纵意渔猎。(刘勰《文心雕龙·事类》)

(3) 耕耘：翻土除草,亦泛指耕种,比喻辛勤劳动。

美好的收获,全靠那辛苦的耕耘。(郭小川《中国的秋天》)

(4) 开垦：把荒地开辟成可以种植的土地,比喻指开创某种事物。

新文艺之在太原,还在开垦时代,作品似以浅显为宜。(鲁迅《书信集·致榴花社》)

(5) 开荒：开垦荒地,喻指祖先无功名,其子弟开始参加科举考试,犹如开垦荒地,开辟新路。

卢相光启,先人伏刑。尔后弟兄修饰赴举,因谓亲知曰："此乃开荒也。"(孙光宪《北梦琐言》)

(6) 抛荒：已垦田地因天灾人祸等未继续耕种而任其荒芜,喻指荒废、荒疏。

他又是个诚实人,算了算也乐得作桩事儿,既帮助了亲戚,又不抛荒岁月,便一口应承。(《儿女英雄传》第三十三回)

2. 和"播种"相关词语的隐喻

(1) 种,本指把植物或它的种子埋入土中使之生长,喻指种其他一切事物。

种牙、种齿：修镶牙齿。

① 陈氏术妙天下,凡齿之有坠者……(楼钥《赠种牙陈安》)
② 卜塚治棺输我快,染须种齿笑人痴。(陆游《岁晚幽兴》之二)

种毒：埋下毒根。

祖龙种毒,久暂必发,天道好还,至此,不得不论因果矣。(李贽《史纲评要·后秦纪·二世》)

种鱼：养鱼。

凿池收赪鳞,疏疏置云屿。(陆龟蒙《种鱼》)

种惠：施予恩惠。

习凿齿曰："种惠吴人,结异类之情。"(《资治通鉴·魏高贵乡公甘露三年》)

种祸：埋下祸根。

贪欢梦梦人如醉,种祸沉沉此是胎。(胡怀琛《咏史》之一)

种福：积福。

不但你夫人千载流传,连老都管也种福不浅了。(《二刻拍案惊奇》卷一)

种学：培养学识。

而郑君叔度,旨乎韩氏种学之言,以名其斋者欤。(方孝孺《种学

斋记》)

种豆：把痘苗接种在人体上，使人体对天花产生自动免疫作用，称之为"种豆"。

古时有种豆一法，起自江右，达于京畿。究其所源，云自宋真宗时，峨嵋山有神人出，为丞相王旦之子种豆而愈，遂传于世。(《医宗金鉴·幼科种豆心法要旨》)

种盐：制盐。

今解梁盛夏，以池水入畦，谓之种盐。(王得臣《麈史》卷下)

(2) 播：指播种、撒种，可以指播撒其他事物，或抽象，或具体。
播光：散布文彩。

登华盖兮乘阳，聊逍遥兮播光。王逸注："布文采也。"(《楚辞·九怀·思忠》)

播名：传扬名声。

况乃海隅，播名上京。(潘岳《为贾谧作赠陆机》)

播物：化育万物。

云蒸雨降兮，纠错相纷；大钧播物兮，坱圠无垠。(贾谊《鵩鸟赋》)

播美：传扬美名。

弘微立履所蹈，人伦播美。(《南史·谢弘微谢庄等传论》)

播馨：散布芳香。

纷灼灼以舒葩，芳馥馥以播馨。(杨修《节游赋》)

(3) 种植：栽种培植，隐喻指积累功德。

  其行常损己益物，种植甚远，积累可称纪者众矣。（叶适《东塘处士墓志铭》）

(4) 移植：将秧苗或树木移至他处栽种，比喻引进别处的经验、长处、做法等，亦指将有机体的一部分组织或器官补在同一机体或另一机体的缺陷部分上，使它长好。

  ① 大体上，敌人是将东三省的老办法移植于内地。（毛泽东《论持久战》）
  ②〔医务人员〕应用大网膜游离移植和自体髂骨植骨等手段，成功地治疗了一位由于小腿粉碎性骨折而造成骨缺损、皮肤血管都有严重损伤的病人。（《文汇报》1982-4-3）

(5) 栽培：种植培养，比喻培养、造就人才，旧时官场中比喻照拂、提拔。

  ① 木之深者枝必茂。吾兄素有栽培，令郎必如蒲芦之易生。（曹梧冈《梅兰佳话》）
  ② 又怕赵大架子拿他看轻，立刻又做出一副谨慎小心的样子，柔声下气的说道："这都是大宪的恩典，尧翁的栽培。"（李宝嘉《官场现形记》第三十二回）

(6) 栽植：种植，喻指培养、扶植。

  不材如樲，举世邪揄，公独左顾，栽植其枯。（刘大櫆《祭望溪先生文》）

(7) 培植：栽种培育，比喻培养、扶植。

  兹盖伏遇某官培植众材，主张公论。（陆游《谢钱参政启》）

(8) 培养：以适宜的条件促使其发生、成长和繁殖，按照一定的目的，长期教育训练；蓄养、蓄积；修葺、养护。

① 轼之才,远大器也,他日自当为天下用。要在朝廷培养之。(《宋史·苏轼传》)
② 一宿无话,巴不到次日培养着精神。(《金瓶梅词话》第六十九回)
③ 培养房子? 这样的年岁,还讲究啥外表呵,又不是住在露天坝里的。(沙汀《丁跛公》)

(9) 嫁接:植物无性繁殖方法之一。选取植物之枝或芽,接到另一植物体上,使两者结合成新植株,亦喻指不同事物之间的嫁接。

采用"嫁接"方式的效果是很突出的:一是赢得了时间,二是节省了资金。(《经济工作通讯》1985 年第 5 期)

(10) 培育:培养幼小生物,使其发育成长。指使某种情感得到发展,培养教育。

① 世界人民之间的友谊是宝贵的,我们要珍爱它,培育它,促进它。(冰心《寄小读者》)
② 请求山里派一个党的工作人员来,从政治上培育这支小部队的成长。(知侠《铁道游击队》)

3. 和"中耕"相关词语的隐喻
农业生产过程的中耕包括作物生长中期的松土、除草、施肥、灌溉等活动,这些过程中的动词也常常用来映射其他领域的事情。
(1) 培壅:在植物根部堆土以保护其根系,促其生长,隐喻养护、巩固。

明章能扶植培壅之,仅能至小康;孝安以降,渐衰而乱,固其理也。(方孝孺《崔寔》)

(2) 锄、锄治、锄刈、耘除、锄耘:用锄除草整治,隐喻铲除、消灭。

① 明旌善类,而诛锄丑厉者,法之正也。(《子华子·孔子赠》)
② 非数十百年薄海知亡,君臣同德,痛锄治而鼓舞之,将不足以自立。(严复《原强》)
③ 安攘之计,固已概定;而扶绥之意,胜于锄刈。(李东阳《与东山

刘都宪书》）

④ 更党锢之灾,义士忠臣,耘除略尽。（黄庭坚《读曹公传》）
⑤ 拊循贫弱,锄耘豪强。（《汉书·王尊传》）

(3) 耘：除草,亦指除去,又喻指辛勤攻读。

① 今王头至,谢罪,不战而耘,利莫大焉。（《史记·东越列传》）
② 勉哉耘其业,以待岁晚收。（韩愈《送刘师服》）

(4) 苗薅：除去禾苗间的杂草,亦比喻平定地方叛乱。

自吾舅殁,五乱于汴者,吾苗薅而发栉之几尽。（韩愈《司徒兼侍中中书令赠太尉许国公神道碑铭》）

(5) 灌注：浇灌。指思想、知识等的输入,亦指思想、精神等集中。

① 勉强灌注的知识并不真切,须要自身体验得来的才真切。（叶圣陶《倪焕之》二八）
② 尤其在写完一幕以后,我的意识或下意识,即灌注在这最末一景。（郭沫若《屈原》附录《〈屈原〉与〈釐雅王〉》）

4. 和"收获"相关词语的隐喻

(1) 收获：收割农作物,隐喻取得的成果。

今天晚上,这个年轻的支部书记最大的收获是思想认识提高了一步。（浩然《艳阳天》）

(2) 收敛：收获农作物,喻指征收租税,聚敛、收集。

① 〔孟秋之月〕命百官,始收敛。（《礼记·月令》）
② 收敛关市山林泽梁之利,以实官府。（《墨子·尚贤中》）

(3) 收成：收割农作物。秋天是收成的季节,故指秋天,又喻前程。

① 春为发生,夏为长嬴,秋为收成,冬为安宁。郭璞注:"此亦四时之别号。"(《尔雅·释天》)

② 但只看了他母亲的行事,便料得定他儿子的收成。(《醒世姻缘传》第二十一回)

另外,农业词语中表示性质状态的一些词也具有隐喻,比如"荒芜"本指田宅不治,草秽丛生,隐喻学业、技艺等的荒废,又隐喻学识浅陋拙劣。"茂盛"茂密旺盛,亦用以形容事业兴旺或德行卓著。"稠""稀",指禾苗的多而密和少而疏,亦用以形容其他事物的多少与密疏。

隐喻是认知的一种概念符号。语言中有很多以植物名或植物各部位名称指称事物,以农业生产过程阐明事理的词语,这些农业词语在不同的表达形式中出现,而且都是以农业词语自身的特点、功能等为基点去认识周围环境中的各种事物,从而形成一个隐喻的概念系统。在这个概念系统中,农业词语是始源域,隐喻的认知力量就是将始源域的内在结构等映射到目标域中。从以上的分析我们可以看出,这种映射是普遍的,且是系统性的,两个域的结构之间存在着固定的映射。这种映射是单向的,只能是始源域向目标域的映射。而且这种映射也不是随意的,是由我们的身体经验和理解决定的。这种概念隐喻一旦建立起来,就会通过某种对应关系将自身的结构加于实际生活中,为相当一部分人所使用和接受,以规约化的词汇形式进入语言中,成为日常语言的一部分,它们的隐喻来源很少被人记起,很多已经词汇化,被收录进词典,它们被称为"死隐喻"。在农业词汇的隐喻系统中,这种死隐喻不仅没有死去,而且生命力十分旺盛,它们是我们赖以生存的隐喻。而且这种把农业词语中的某种特性或功能通过联想中介移入客观事物中的方式也是汉语农业词语词义发展的重要手段。

第二节 农业词语隐喻的文化认同

虽然认知语言学认为隐喻根植于我们的身体经验,但身体经验只告诉我们隐喻产生的可能性,而这些隐喻是否能在某个文化中实现,则主要取决于该文化的模式。Naomi Quinn 在她的文章《The Cultural Basis of Metaphor》(1991)中认为:隐喻并不构成我们的理解,相反它们通常只被选来去适应某个预先存在的文化模式,隐喻的使用反映了深藏其下的文化观念。因此在构建我们对世界的认识方面,隐喻只是扮演了一个相对次要的角色,更重要的角色是文化模式来承担的。①

这是因为"语言本身就是一种文化力量和文化模式,人们自由习得了这种语言,也就把其中包含的一切文化观念、文化价值、文化准则、文化习俗的文化符号深深地融进了自己的思想行为之中"②。语言不会脱离文化而存在,而"文化是一个复杂的总和,包括知识、信仰、艺术、道德、法律、习俗和一个人以社会一员的资格所获得的其他一切行为习惯"。③ 因此农业词语词义的发展变化不仅是隐喻的作用,也是文化力量的作用,文化在隐喻的形成过程中起着重要的作用。

不同民族的文化具有共性,也具有差异性。文化的共性使得不同民族的人在对客观世界的认识上具有一致性,这也表现在对农业词语隐喻义的认知上。比如"桃子"一词在中英文中都用来形容女子的美貌,汉语中有"桃花面、桃花眼、桃花脸、桃杏腮"等说法,英语中则用"She is a really peach"来形容女子的美貌。又如中英文中"玫瑰"都象征爱情,"百合"都有百年好合的意义。之所以会有相同的概念隐喻,是因为他们具有基本相同的生活体验。另一方面,由于不同民族人们所处的自然环境、社会环境、历史阶段和历史文化不同,认知主体的身体经验和社会经验会有所不同,相同的词语往往在不同的民族文化环境和历史文化背景中表达出不同的概念隐喻。下面我们就从文化角度对汉语农业词语独有的隐喻义进行分析。

农业词语中有大量隐喻的存在,与中国是一个农业大国的生存环境有关。中国是世界农业的起源地之一。距今一万年左右,中国进入新石器时代,原始农业应运而生。春秋战国时期形成了以种植业为主、养殖业为辅的农业模式。随着社会的发展,生产技术的进步,农耕方式不断改进,农业生产不断发展,农业水平越来越发达,农业生产成为社会发展的主要部门。劳动人民也在世代的生产中积累了丰富的农业生产经验,认识到春生、夏长、秋收、冬藏的规律。前面讲过,隐喻的实现源于我们的身体经验,而身体经验告诉我们,在认识事物的时候,我们一般本着近取诸身、远取诸物的原则。人总是通过熟悉的、具体的事物去认识陌生的、抽象的概念,而漫长的劳动生产过程中,人们熟悉了动植物的习性、特点,并将动植物的某些特性与其他事物进行对照,来隐喻其他事物。人们也将植物生长过程中的生根、发芽、开花、结果与事情的开始、发展、影响和结局等相互映射,以农业生产发展中的种植、

---

① 蓝纯:《认知语言学与隐喻研究》,外语教学与研究出版社 2005 年版,第 127 页。
② 戴昭铭:《文化语言学导论》,语文出版社 1996 年版,第 26 页。
③ 罗常培:《语言与文化》,语文出版社 1996 年版,第 1 页。

嫁接、浇灌、收获等来隐喻其他事物的发展。因此我们说,农业词语的隐喻与中国传统的农业现实有着密切的关系。比如,"牛"的隐喻意义,就是农耕文化的充分体现。因为在农耕时代,牛的作用很大,人们对牛的依赖也很强,汉语里有关牛的词语很多,人们对牛的感情也是以赞扬为主,牛象征着吃苦耐劳、默默奉献、忠厚老实等精神,近代就有"横眉冷对千夫指,俯首甘为孺子牛"的赞扬,这与西方人对牛横冲直撞、性情暴躁等印象完全不同。又如"粟"是中国最早种植的作物,在民以食为天的古代社会中,粟就如同货币一样具有很高的价值,在以物为主体的早期俸禄形式中,粟是长期的主要俸禄形式,被称为"禄米"或"粟秩"。又如"粱"是古代粟的优良品种,又称"黄粱",由"粱"作成的精美食物叫作"膏粱"。在生产力水平低下的农耕社会中,吃饱饭是一个重要的问题,能否吃上优良的"粱"更是一个重要问题。因此,有关"粱"的隐喻表达有膏粱子弟、膏粱文绣、膏粱年少、黄粱美梦等。在农耕社会中,男耕女织是重要的生产方式,"蚕""丝"在古代诗歌中常用来隐喻爱情,如李商隐的《无题·相见时难》:"春蚕到死丝方尽,蜡炬成灰泪始干"。在汉文化中,"蚕"具有奉献精神,"死"同"思"谐音。因此人们把日常生活中非常熟悉的一些农业词语作为本体,通过各种形式来隐喻其他事物。

农业词语中的一些隐喻也是中国特有文化的反映,比如,岁寒三友松、竹、梅在汉语中有着丰富的隐喻意义。松树四季常青,能在严酷的环境中生存,且寿命很长,因此常被用来隐喻君子在严酷的环境下也能坚贞不屈,或喻指寿命长。竹生而有节,节节向上,笔直挺拔,常用来喻指君子的气节,且因竹子的形象秀逸、高雅,常喻指人的超凡脱俗的品德。古人认为梅花有四德:初生蕊为元、开花为亨、结子为利、成熟为贞;有五瓣:一是快乐,二是幸福,三是长寿,四是顺利,五是我们最希望的和平,是五福的象征。梅花盛开在严寒的季节,象征着坚忍不拔、自强不息,常用来象征民族精神,抑或君子的品德等。又如中国的"牡丹"象征着荣华富贵,"荷花"象征着洁白无瑕。

农业词语的隐喻有些来自文化遗产中的社会民俗、历史文化传说或文学典故等。如表示亡国之悲常用"禾""黍""麦"。如"禾黍",《诗经·王风·黍离序》:"《黍离》,闵宗周也。周大夫行役至于宗周,过故宗庙宫室,尽为禾黍。闵宗周之颠覆,彷徨不忍去而作是诗也。"后以"禾黍"为悲悯故国破败或胜地废圮之典。"禾黍之悲",对故国破败的哀伤。宋岳珂《桯史·赵良嗣随军诗》:"一旦决去,视宗国颠覆,殊无禾黍之悲,反吟咏以志喜。""黍离",本为《诗经·王风》中的篇名。后遂用作感慨亡国之词。"黍离麦秀",相传西周亡后,"周大夫行役,至于宗周",见旧时宗庙宫室,尽为禾黍之地,触景伤怀,无限感慨,而作《黍离》之诗。又箕子朝周,过故殷墟,见宫室毁坏,尽生禾黍,哀伤不已,而作《麦秀》之歌,后遂用作典故,以"黍离麦秀"为感慨亡国之词。

又如"梨园",本指种植梨树的地方。据《新唐书·礼乐志十二》记载:"玄宗既知音律,又酷爱法曲,选坐部伎子弟三百教于梨园,声有误音,帝必觉而正之,号'皇帝梨园弟子'。宫女数百,亦为梨园弟子,居宜春北院。"因唐玄宗当时在梨园教习弟子,后以"梨园"喻指戏班或演戏之所。宋欧阳澈《玉楼春》:"兴来笑把朱弦促。切切含情声断续。曲中依约断人肠,除却梨园无此曲。"后又指戏曲演唱。《儒林外史》第二十五回:"在下姓鲍,舍下住在水西门,原是梨园行业。"又作为"梨园弟子"的简称,指戏曲演员。清李渔《闲情偶寄·词曲·结构》:"以作零出则可,谓之全本,则为断线之珠,无梁之屋,作者茫然无绪,观者寂然无声,无怪乎有识梨园望之而却走也。"后又出现了与戏曲有关的"梨园弟子""梨园行""梨园榜"等词语。

又如"桃",上文我们讲过与"桃"有关的词语常用来隐喻美女、男女爱情、青春年华等。除此之外,因神话传说、历史故事、民俗文化中对"桃"的描写,"桃"也被赋予了其他植物所不曾有的丰富文化内涵。古代神话故事《夸父逐日》中的"邓林"就是"桃林",成为先民们美好理想的寄托。晋陶渊明《桃花源记》中描绘的"桃花源":谓有渔人从桃花源入一山洞,见秦时避乱者的后裔居其间,"土地平旷,屋舍俨然。有良田、美池、桑竹之属。阡陌交通,鸡犬相闻。其中往来种作,男女衣着悉如外人。黄发垂髫,并怡然自乐。"渔人出洞归,后再往寻找,遂迷不复得路。后遂用以指避世隐居的地方,亦指理想的境地。又如"桃源人""桃源客"指隐者,"桃源路"指通往理想之路,亦指通往美人住处的路。"桃"受民俗生活的影响,具有多种象征意义,比如,在"万物有灵"观念下,有驱鬼避神的作用;在神话传说中,是长寿的象征;是春天的象征。因此汉语中"桃"的隐喻词有很多,比如,与驱鬼避邪有关的"桃符""桃印""桃卯";和春天有关的"桃汛""桃花汛""桃花水""桃花雨""桃花雪"等。"桃园"本指桃树园,民间俗传三国时刘备、关羽、张飞在桃园结拜兄弟。《三国演义》第一回:"飞曰:'吾庄后有一桃园,花开正盛;明日当于园中祭告天地,我三人结为兄弟,协力同心,然后可图大事。'"后遂以"桃园之拜""桃园结义"为结拜兄弟,共同谋事的典故。

又如"杏林",相传三国吴董奉隐居庐山,为人治病不取钱,但使重病愈者植杏五株,轻者一株,积年蔚然成林。后以"杏林"指良医,以"杏林春满""誉满杏林"等称颂医术高明。"杏坛"相传为孔子聚徒授业讲学处,后指正统儒学。清纪昀《阅微草堂笔记·如是我闻二》:"昔尼山奥旨,传在经师。虽旧本犹存,斯文未丧,而新说迭出,嗜古者稀。先圣恐久而渐绝,乃搜罗鬼篆,征召幽灵,凡历代通儒精魂尚在者,集于此地,考证遗文……冀修古学,延杏坛一线之传。"又传说三国吴董奉在杏林修炼成仙,后因用以称道家修炼处。唐白居易《寻王道士药堂因有题赠》:"行行见路缘松峤,步步寻花到杏坛。"

正是因为中国人注重形象思维,表达方式含蓄,联想丰富,易于将平常的词语赋予丰富的文化内涵。从审美上看,中国自古重视"天人合一",认为人类是大自然的一部分,人能够在大自然中找到自己的影子,能从植物的品性中找到与自己相通的地方,达到人性的自然化或自然的人格化,形成丰富的联想意义。同时中国历史悠久,在漫长的历史发展中形成了独特的社会风俗,产生了独特的神话故事和民间传说,这些都为汉语农业词语的隐喻提供了独特的文化认知。

第六章　农业文献词汇的研究价值

一、农业词汇与农业发展

词汇与社会的关系最为密切,社会生活的任何变化都会或多或少地体现在词汇上。农业是社会生活的重要物质生产部门,随着社会的发展,农业也在发展变化,这种变化也体现在了词汇上。同时,农业词汇的发展变化也反映了农业的发展状况。下面我们就从两者的关系方面来介绍农业词汇的研究价值。

1. 农业词汇体现了古代耕作技术的发展

中国古代在耕作上实行撂荒制,属于"刀耕火种"的原始耕作技术。石刀、石斧、石铲、木棒等是当时的耕作农具,先用刀斧砍伐树木杂草,然后放火烧荒,不用耕地,直接用木棒点种。这一点从甲骨文、金文中也可以得到印证,如甲骨文中的"农",本义是耕。甲骨文字形,从林、从辰。古代森林遍野,如果要进行农耕,必先伐木开荒,故从"林";古代以蜃蛤的壳为农具进行耕耨,故从"辰"。金文从田辰会意,辰乃耕器。用农器清除杂草,即所谓的"刺草殖谷谓之农"。这种焚而不耕的耕作是在未开垦的生荒地上垦殖,不施肥,不中耕,土地耕种几年后就不再使用,再另外寻求新的土地,农史学家亦称之为"游耕",这种土地耕作制度一直延续到商代。

西周时期出现了新的耕作制度,即休闲耕作制。此时还未出现专门的农书记载这种耕作制度,但在上古的经典文献《诗经》中有体现。《诗经》出现了当时主要的耕作工具"耜",就是耒耜,是装置在耒端的一个刃具,用于疏松土壤。《诗经·小雅·大田》:"以我覃耜,俶载南亩。""覃耜"指锋利的刃具。据夏纬瑛考证:"南亩"应该是田亩的意思。"南"有柔软的意思,指熟耕之田。[①]可以看出当时的耕作已由生荒向熟荒耕作过渡。因为"耜"这种耕作工具落

---

① 夏纬瑛:《〈诗经〉中有关农事章句的解释》,农业出版社1981年版,第10页。

后,《诗经》时代的耕作方式还是采用多人协同耕作的耦耕方式,如《诗经·周颂·载芟》:"千耦其耘,徂隰徂畛。"《诗经》中出现了菑、新、畬的记载。《尔雅·释地》:"田,一岁曰菑,二岁曰新田,三岁曰畬"。《说文·草部》:"菑,不耕田也。"《说文·田部》:"畬,三岁治田也。"菑田,指休闲田;新田,指开垦两年的田地;畬田指耕种了两三年的熟田。菑田、新田、畬田的出现,表明以三年为周期的休闲耕作制度已经出现,是农业技术进步的一个标志。

春秋战国时期,铁制农具得到推广,牛耕出现,这些为深耕细作准备了条件。此时的耕作农具除了耒、耜外,《管子》中出现了新的耕作农具"犁""镬""椎"等。从《管子》一书中可以看出此时已出现犁耕、畜耕。《管子·山权数》:"民之能此者皆一马之田,一金之衣。""一马之田",指一匹马所耕的田地。《管子·乘马》:"丈夫二犁,童子五尺一犁,以为三日之功。"指成年男子按两犁的定数,未成年男子按一犁的定数,为君主服役三天,且提出了深耕细作的要求。《管子·八观》:"其耕之不深,芸之不谨,地宜不任,草田多秽。"《管子·小匡》:"及寒击槁除田,以待时乃耕,深耕,均种,疾耰。"耕地若不深,则不堪任用,而且要"疾耰",要及时弄碎土块,即细作。深耕细作成为当时耕作技术的原则,同时期史籍中有关农家的著录中也有这方面的记载。如《国语·齐语》:"深耕而疾耰。"《庄子·则阳》:"深其耕而熟耰之。"《孟子·梁惠王上》:"深其耕易耨。"《韩非子·外储说左上》:"耕者且深,耨者熟耘。"不违农时也成为当时人们的一种共识。如《管子·治国》:"耕耨者有时。"《管子·山国轨》:"春十日不害耕事。"《孟子·梁惠王上》:"不违农时,谷不可胜食也。"《荀子·富国》:"无夺农时,如是则国富矣。"《吕氏春秋》中的《上农》《任地》《辩土》《审时》四篇是迄今为止最早的一部农业文献,其中在《任地》中首先提出了耕之大方:"力者欲柔,柔者欲力。息者欲劳,劳者欲息。棘者欲肥,肥者欲棘。急者欲缓,缓者欲急。湿者欲燥,燥者欲湿。"即耕作的五大原则:坚硬的土地使之柔软,柔软的土地使之坚硬;长时间休闲的土地种植庄稼使之劳,频繁耕种庄稼的土地应当休耕;过于瘠薄的土地使之肥沃,过于肥沃的土地使之瘠薄;强坴刚土使之变得软弱,沙软弱土使之变得刚强;过湿的土地使它干燥,过干的土地要使它湿润。其次,《任地》中对耕作提出了具体的办法,"五耕五耨,必审以尽。其深殖之度,阴土必得,大草不生,又无螟蜮",耕耨五次,要精细、详尽。耕地的深度,必定要达到看得见湿土的程度。这样,土地才不致荒秽,又无害虫。《辩土》中提出了不同土壤的耕作顺序:"必始于垆,为其寡泽而后枯;必后其靭,为其唯厚而及。"《吕氏春秋》还总结了垄作的经验,垄作技术可追溯到《诗经》时代的"俶载南亩""南东其亩""馌彼南亩""今适南亩"等记载,"南亩"指农田,农田上的垄。《诗经》时代的垄作主要是为了排水防涝。到了《吕氏春秋》时代,垄作法发展为畎亩法,即《任地》中提出的"上田弃亩,下田弃畎"。高旱的田,庄稼种在垄沟里,利于防旱保墒;低湿的田,庄稼种在垄上,利于排水防涝。而且"亩欲广以平,畎欲小以深",即垄要高平,沟要窄深。为了达到这样的标准,出现了配套的农具"六尺之耜""八寸之博"。"六尺之耜所以成亩也,其博八寸所以成畎也。"并对垄的内部结构提出了要求,即"稼欲生于尘而殖于坚",指通过垄作创造一个"上虚下实"的耕层构造。《吕氏春秋》中的这4篇是对先秦时代农业科学技术的一次总结,是中国传统农学的奠基作,文中所记述的深耕、细作、审时等耕作技术,为后世继承和发展。

西汉时期,政府实行休养生息政策,农业生产快速发展。搜粟都尉赵过发明了代田法。这种耕作方法沟垄相间、沟垄互换,能有效地防风抗旱和排水抗涝。为了服务于代田法,赵过大力推广牛耕,推广"耦犁""耦耕",表明我国的耕犁告别了耒耜,发展到犁的阶段。二牛三人的耦耕法大大提高了农业生产率,确立了铁犁牛耕在农业生产中的主导地位。首先,《氾胜之书》提出了耕作技术的总原则,"凡耕之本,在于趣时和土","趣时"即"不违农时",要"得时","和土"即使土壤和缓,使强土弱之,弱土强之。也即《吕氏春秋》中讲到的"耕之大方"。其次,提出了耕作的时间和方法。《氾胜之书·耕田》中耕作分秋耕和春耕,并强调了不同的耕作时间,耕作的效果也不同。随着牛耕的普及,土壤耕作摆脱了对播种的依附,可以在播种前多次进行耕作。《氾胜之书》中也体现了这一点,春耕可以多次进行,目的是"强土弱之"或者"弱土强之"。不仅耕得时、多次耕,还要进行"摩、蔺",即耕田后要及时摩平、碾压,达到精耕细作。"辄平摩其块以生草""耕辄蔺之""耕重蔺之""谨摩平以待种时""辄以蔺之""后雪复蔺之"。《氾胜之书》中的耕作技术既是对前朝经验的总结,又被后代所继承、发展。

魏晋南北朝时期,耕作技术进一步发展,出现了"铁齿镉榛""转地""熟耕""杷""劳""摩""盖""挞"等有关耕作的词语,北方旱作地区耕—杷—劳的耕作体系形成,即耕完地后,要用杷或劳耙地,使之达到熟地的程度。在耕地上讲求精熟,耕完一遍后再转地,直至达到熟耕的程度。《齐民要术》集中体现了耕—杷—劳这一耕作体系。首先,在土壤耕作上,《齐民要术》强调根据不同的作物种植,除了春耕、秋耕,还有夏耕。在耕作的要求上,讲求耕作的时间,要求反复多次的耕作。在耕作时间上,以"燥湿得所"为宜,即以土壤的干湿适度为标准,对浸水的下田,以"水尽白背"为佳。"凡种下田,不问秋夏,候水尽,地白背时,速耕、杷、劳频烦令熟。"在耕地的次数上,《齐民要术》中,再次耕地叫"转",耕作的次数少则两遍,多达七遍。如《齐民要术·耕田》:

"初耕欲深,转地欲浅。"《齐民要术·黍穄》:"地必欲熟。再转乃佳。"《齐民要术·种姜》:"熟耕如麻地,不厌熟,纵横七遍尤善。""铁齿镅榛""杷""劳""盖"主要是用于耕地后进一步平地和碎土,兼有轻微压土保墒作用,使土地达到"熟"的程度,这是对《氾胜之书》中精耕细作的进一步发展,耕—杷—劳的耕作体系形成。《齐民要术·耕田》:"湿耕者,白背速镅榛之,亦无伤。""耕荒毕,以铁齿镅榛再遍杷之。""春耕寻手劳。""再劳地熟。"北方旱地耕作技术体系在魏晋南北朝时期已定型。

唐宋以后,水田的耕作技术发展,出现了适应南方水田耕作的农具"爬""耖""砺礋"和"礰礋"。《耒耜经》上说:"耕而后爬,渠疏之义也,散垡去芟者焉,爬而后有砺礋焉,有礰礋焉。"即形成了耕—杷—耖的体系。《王祯农书》详细叙述了南方的耕作技术。南方水田高低、广狭不等,一张犁用一头牛。南方的人和牲畜耐热,耕地四季都在白天。《王祯农书》将南方水田分为高田、低田和水浆田三种。高田在八月燥耕,犁起土垡合成疄,两疄之间,自然形成一条畎沟。耕完用锄头横截疄土,形成泄水通道,叫作"腰沟"。收割二麦之后,摊平畎沟,灌水深耕,种稻子。低田十月收割完,趁着天晴水干的时候翻耕。关进冬水,调解水的深浅,保持土垡一半露出水面,日晒冰冻,土壤风化酥碎。至二月,土壤膏润,再一次耕翻整治。水浆田,烂泥深到陷没牛腿,用木杠横隔在田里,人站在杠子上锄耕泥土。"耖",作为整地农具,功能和"杷"相同,"杷"主要用于北方旱地,"耖"则用于南方水田,再次耕完地要杷,杷完就耖,以碎土平田。《王祯农书·耒耜门》中对"耖"有详细记载:"耖,疏通田泥器也。高可三尺许,广可四尺,上有横柄,下有列齿。其齿比杷齿倍长且密。人以两手按之,前用畜力挽行,一耖用一人一牛。有作'连耖'二人二牛,特用于大田,见功又速。耕杷而后用此,泥壤始熟矣。"明清时期,这种农具非常普及。"爬""耖""砺礋"和"礰礋"等农具的出现标志着传统的南方水田耕作技术体系初步形成。

2. 农业词汇体现了古代嫁接技术的发展

中国古代的嫁接技术是在连理枝现象的启发下产生的。连理枝,即指相邻的两棵树,枝干互相摩擦损伤后,自然愈合连接生长在一起的现象。将连理枝现象用于植物生长,于是出现了嫁接技术。至今最早的关于嫁接技术的文字记载是在《氾胜之书》中,用于葫芦的种植,即"先掘地作坑,方圆、深各三尺。用蚕沙与土相和,令中半着坑中,足蹑令坚,以水沃之。候水尽,即下瓠子十颗,复以前粪覆之。既生,长二尺余,便总聚十茎一处,以布缠之五寸许,复用泥泥之。不过数日,缠处便合为一茎。留强者,余悉掐去。引蔓结子。子外之条,亦掐去之,勿令蔓延"。这种用于同种植物的嫁接方法后人称"靠接法"。

到《齐民要术》时代出现了专门表示嫁接的词"插"。《齐民要术》中介绍了插梨的方法,技术上比《氾胜之书》时代已有较大提高。"插"已用于不同植物的嫁接,梨可以用杜、棠、桑、枣、石榴的砧木来嫁接,砧木的好坏关系到嫁接的品质,用棠梨的砧木接梨最好,接出的梨大而且果肉细致;用杜梨作砧木要差一些;用桑树作砧木的梨子品质最差;枣树和石榴树接的梨是上等好梨,但成活率低。插的部位也有所不同,用杜、棠的枝嫁接,即"枝接",用桑、枣、石榴的根部嫁接,即"根接"。在时间上,叶芽开始萌动是最好的嫁接时节。魏晋后到唐宋时期,嫁接技术进一步发展,广泛用于花木和果品的改造。此时的农书,如《四时纂要》《种艺必用》《分门琐碎录》《陈旉农书》都介绍了果木的嫁接技术,出现了"接""接缚""砧"等和嫁接有关的词语。《四时纂要》中强调嫁接用的树砧"如斧柯大及臂大者皆可接",并对树砧的大小作了说明。《种艺必用》中柑、橘、柺等在枳壳上接容易成活。《分门琐碎录》中穀树上接桑,桑树肥大;桑上接梨,梨脆美而甘甜;芍药根上接牡丹,容易发芽;茄根上接牡丹,牡丹花就开得烂漫;苦楝树上接梅花,则花如墨梅;木樨接石榴,开花必红。李接桃树则红而甘,桑树接杨梅则不酸,梅树接桃则脆,桃树接杏则大,柚子接柠檬等。《陈旉农书》中出现的"接缚"一词,用于桑树的嫁接,开始了桑树的嫁接历史。具体方法是取好的桑枝条,不要横生、倒生,枝条约三四寸长,削成像接果树的形状,这是最早关于桑树嫁接技术的记载。

金元明时期农书的一个特点是农桑并重,将蚕桑生产放到与农业生产同等重要的地位。除了果木以外,嫁接技术被大量地运用于桑树上,出现了很多表示嫁接的词语,果树嫁接法越来越丰富。《农桑辑要》中出现了表示"接换"的4种方法:"插接""劈接""靥接""搭接";《王祯农书》中出现了表示"接博"的6种方法:"身接""根接""皮接""枝接""靥接""搭接"。《王祯农书》中的"身接"和"根接"、"皮接"和"枝接"四法实际上是"根接"和"枝接"二法,只是嫁接部位不同,"根接""枝接"和《农桑辑要》中的4种方法大体相同。除此以外,还出现了"靥接",即"芽接","搭接",即现在的"舌接"。从这些词语中我们可以看出,金元时期的嫁接技术已经达到了新的高度。徐光启在金元嫁接方法的基础上总结出了提高嫁接成活率的技术,即接树三诀:衬青、就节、对缝。"衬青"指嫁接应在花木幼嫩、刚露出新芽时,强调嫁接的时间;"就节"指砧木与接穗应选有节的部位,强调嫁接的砧木与接穗的选择;"对缝"指砧木与接穗的结合部位要对准,强调在嫁接技巧上的接口吻合度。

二、农业词汇与农业科技文化交流

自西汉张骞出使西域到明代郑和下西洋,中外农业科技文化的交流历久不衰,为农业发展开辟了广阔的前景。农业科技文化的交流主要表现在大量农作物的相互引种,农业生产工具和生产方法的相互输入,农学思想的相互吸收等方面,其中农作物的引种是最重要的内容,是对外农业技术交流的动力,对当时的社会经济文化生活产生了巨大的影响。

历史上大规模的农作物引进,可以说是一个持续不断的过程。有"三次引种高潮"之说,即秦汉时期、唐宋时期与明清时期。我们大致以唐朝为界划分为前后两个时段,一是西汉张骞出使西域,开辟了陆上丝绸之路,从西域引进了许多农作物到国内进行栽培;二是明朝郑和下西洋后,开辟了海上丝绸之路,一些美洲的农作物经由菲律宾传到南洋各地,进一步传到中国。语言是文化的载体,对外农业技术交流必然在语言中留下痕迹,农业文献中的农作物词语就是对外农业技术交流的见证。

(一)秦汉唐时期的农作物引种

秦朝中央集权制度确立后,国力强盛,为巩固国防,从秦王朝便开始了与西域的交往。到汉武帝时期,随着政治、经济和文化的发展,开始了攻打匈奴,凿通西域的计划。张骞两次出使西域,打通了西汉与西域往来的通道,建立了中原与西域及边远地区的农业文明的联系,开创了对外农业技术交流的第一个鼎盛局面。

秦汉时期,经西域开辟的丝绸之路,为东西方农业交流扫除了障碍,开始了中国农业发展史上的第一个引种高潮。根据农业文献及其他史书的记载,这一时期经由西域等地传入的农作物品种繁多,有苜蓿、安石榴(石榴)、葡萄、胡桃(核桃)、胡瓜(黄瓜)、胡麻(芝麻和亚麻)、胡葱、胡豆(蚕豆)、胡荽(香菜)、胡蒜(大蒜)、胡椒等。这时期引进的物种多以"胡"命名。

"苜蓿",二年生草本豆科苜蓿属,可供蔬食、饲料及肥料等用。张骞从西域将之带回。《齐民要术·种苜蓿》:"《汉书·西域传》曰:'罽宾有苜蓿。''大宛马,武帝时得其马。汉使采苜蓿种归,天子益种离宫别馆旁。'陆机《与弟书》曰:'张骞使外国十八年,得苜蓿归。'"西汉时期的农书《四民月令》也记载了开始种植苜蓿,但具体的栽种技术未介绍。《四民月令·正月》:"可种瓜、瓠、芥、葵、薤、大、小葱、蓼、苏、苜蓿及杂蒜、芋。"《齐民要术·种苜蓿》中介绍了苜蓿七月畦种,一年三刈的种植方法。元朝农书中又介绍了苜蓿和麦间种的方法。《农桑辑要·苜蓿》:"《四时类要》:苜蓿,若不作畦种,即和麦种之不妨。烧苜蓿之地,十二月烧之讫,二年一度。耕垄外根,即不衰。"

"安石榴",即石榴。因产自古安息国,故称。晋张华《博物志》卷六:"张骞使西域还,得大蒜、安石榴、胡桃、蒲桃。"《农政全书·诸家杂论下》:"古来蔬果,如颇棱、安石榴、海棠、蒜之属,自外国来者多矣。"《齐民要术·安石榴》

具体介绍了石榴的栽植方法："三月初,取枝大如手大指者,斩令长一尺半,八九枝共为一窠,烧下头二寸。掘圆坑深一尺七寸,口径尺。竖枝于坑畔。置枯骨、礓石于枝间,下土筑之。一重土,一重骨石,平坎止。水浇常令润泽。既生,又以骨石布其根下,则科圆滋茂可爱。若不能得多枝者,取一长条,烧头,圆屈如牛拘而横埋之,亦得。然不及上法根强早成。其拘中亦安骨石。其厮根栽者,亦圆布之,安骨石于其中也。"之后的农书《四时纂要》《农桑辑要》《王祯农书》都引用了《齐民要术》中的栽植方法。唐宋以后,又称"海榴"。《王祯农书·石榴》:"石榴,一名若榴,一名丹若。今人称为海榴,以其从海外来也。"《农政全书·安石榴》:"来自海外,树仅二尺;栽盆中,结实亦大,直垂至盆。"

"葡萄",旧作蒲桃或蒲陶。《齐民要术·种蒜》:"王逸曰:'张骞周流绝域,始得大蒜、葡萄、苜蓿。'"《齐民要术·种桃柰》:"葡萄:汉武帝使张骞至大宛,取葡萄实,于离宫别馆旁尽种之。"《齐民要术》中介绍了葡萄"蔓延,性缘不能自举,作架以承之"等特点。《农桑辑要》中引《博闻录》介绍了葡萄依托枣树种植的方法。到《农政全书》时,除了引用《齐民要术》和《农桑辑要》中有关葡萄的内容外,还介绍了葡萄作酒、作醋、作糖的功用。

这一时期引入的物种还有"胡桃",即核桃。《齐民要术·果蓏》:"《博物志》曰:'张骞使西域还,得安石榴、胡桃、蒲桃。'"《齐民要术·种桃柰》:"《西京杂记》曰:'胡桃,出西域,甘美可食。'"《农桑辑要·苎麻木绵》:"盖不知中国之物,出于异方者非一:以古言之,胡桃、西瓜,是不产于流沙、葱岭之外乎?""胡瓜",即黄瓜。《本草纲目·胡瓜》:"张骞使西域得种,故名胡瓜。按杜宝《拾遗录》云:隋大业四年避讳,改胡瓜为黄瓜。"《齐民要术·种瓜》中详细介绍了胡瓜的种植和收获,"种越瓜、胡瓜法:四月中种之。胡瓜宜竖柴木,令引蔓缘之。收越瓜,欲饱霜。霜不饱则烂。收胡瓜,候色黄则摘。若待色赤,则皮存而肉消也。并如凡瓜,于香酱中藏之亦佳。"《农桑辑要·种瓜》:"黄瓜:一名'胡瓜'。四月中种之。宜竖柴木,令引蔓缘之。""胡荽",又名香荽,即香菜。《齐民要术·种蒜》:"《博物志》曰:'张骞使西域,得大蒜、胡荽。'"《农政全书·芫荽》:"芫荽,一名胡荽。张骞使西域,始得种归,故名。"《齐民要术·种胡荽》中介绍了胡荽的种植:"胡荽宜黑软、青沙良地,三遍熟耕。树阴下得;禾豆处亦得。春种者,用秋耕地。开春冻解地起有润泽时,急接泽种之。""胡豆",即蚕豆。《四民月令·三月》:"时雨降,可种秔稻及稙禾、苴麻、胡豆、胡麻。"《齐民要术·大豆》:"《本草经》云:'张骞使外国,得胡豆。'"《王祯农书·小豆》:"《本草经》云:'张骞往外国,得胡豆。'"《农政全书·蚕豆》:"蚕豆,王祯谓其蚕时始熟,故名。李时珍曰:荚状如蚕,亦通。

张骞使外国,得胡豆种归,即此。""胡蒜",即大蒜。《齐民要术·种蒜》:"《广志》曰:'蒜有胡蒜、小蒜。黄蒜,长苗无科,出哀牢。'王逸曰:'张骞周流绝域,始得大蒜、葡萄、苜蓿。'《博物志》曰:'张骞使西域,得大蒜、胡荾。'延笃曰:'张骞大宛之蒜。'潘尼曰:'西域之蒜。'""今并州无大蒜,朝歌取种,一岁之后,还成百子蒜矣,其瓣粗细,正与条中子同。"《王祯农书·蒜》:"张骞使西域,得大蒜种归,种之。""胡麻",即亚麻和芝麻。《氾胜之书·区田法》:"胡麻相去一尺。"《四民月令·五月》:"时雨降,可种胡麻。"《农政全书·胡麻》:"自汉使张骞,于大宛得其种,故名胡麻,所以别于大麻也。"《齐民要术·胡麻》中详细介绍了胡麻的种植和收获,"种欲截雨脚。一亩用子二升。漫种者,先以耧耩,然后散子,空曳劳。耧耩者,炒沙令燥,中半和之。刈束欲小。以五六束为一丛,斜倚之。候口开,乘车诣田斗薮;还丛之。三日一打。四五遍乃尽耳。""胡葱",即大葱。《四民月令·七月》:"是月也,可种芜菁及芥、苜蓿,大、小葱,小蒜,胡葱。"《齐民要术·种葱》:"《广志》曰:'葱有冬春二葱。有胡葱、木葱、山葱。'"

魏晋南北朝时期,南北各族人民经济、文化交流的深入发展,促进了粮食作物品种的引进、交流与传播。《齐民要术》总结了北魏及其以前的农业生产经验,《五谷、果蓏、菜茹非中国产者》介绍了边远民族地区及国外的一些引进作物,如可能因其来源高丽而得名的"黄高丽豆""黑高丽豆"等,有东夷韩国产的"大栗",从凉州来的"柰""椀麦",还有早熟及麦的"胡秌",又名竹叶青的"胡谷"等。从魏晋时期到唐代,又引进了"胡椒""莴苣""西瓜""菠菜"等农作物。

"胡椒",即辣椒,大约魏晋时期传入中国。《齐民要术·种椒》:"《广志》曰:'胡椒出西域。'"《农政全书·椒》:"出摩伽陁国,呼为'昧履支'。今南番诸国,及交阯、滇南、海南诸地,皆有之。已遍中国,为日用之物矣。"

"莴苣",原产地为地中海沿岸,大约南北朝时期传入中国。宋陶谷《清异录》:"呙国使者来汉,隋人求得菜种,酬之甚厚,故因名'千金菜',今莴苣也。"《农政全书·苣》:"彭秉曰:呙菜,自呙国来,故名。"《齐民要术》中没有出现关于莴苣的资料,农书中最早见于《四时纂要·三月》:"冬瓜、莴苣,并下旬种。"《农桑辑要·莴苣》中对莴苣的种植和收获作了介绍:"作畦下种,如前法。但可生芽:先用水浸种一日,于湿地上铺衬,置子于上,以盆碗合之。候芽微出,则种。春正月、二月种之,可为常食。秋社前一二日种者,霜降后可为腌菜。如欲出种,正月、二月种之,九十日收。"

"西瓜",原产非洲,唐五代时期从西域沿着丝绸之路传到中国。《农桑辑要·苎麻木绵》:"盖不知中国之物,出于异方者非一:以古言之,胡桃、西瓜,是不产于流沙、葱岭之外乎?"《王祯农书·西瓜》:"种出西域,故名西瓜。"《农政全书·西瓜》:"西瓜种出西域,故名。玄扈先生曰:按五代郃阳令胡峤,陷回纥归,得瓜种,以牛粪种之。结实如斗大,味甚甘美,名曰西瓜。"《农桑辑要·西瓜》中介绍了西瓜的栽培方法:"科宜差稀。多种者,熟地垡头上漫掷,捞平。苗出之后,根下拥作土盆。欲瓜大者,一步留一科,科止留一瓜,余蔓花皆掐去,瓜大如三斗栲栳。"

"菠菜",又叫"菠薐菜",原产波斯,唐代贞观年间传入中国。《农桑辑要·菠薐》中介绍了菠菜的种植和收获方法,"作畦下种。春正月、二月,皆可种,逐旋食用。……秋社后二十日种者,可于窖内收藏,冬季常食青菜。如欲出子,十月内种讫,至地冻时,水溇过。来年夏至后收子,可为秋种。"

(二) 宋元明时期农作物的引种

宋元时期,陆上丝绸之路仍是中西往来的重要途径,同时鼓励海外贸易,宋代中国与海外50多个国家有贸易往来,元代增加到200多个。对外农业技术交流随着使臣、商人及移民的相互往来日益发达。明代郑和下西洋开辟了海上丝绸之路,农业技术交流发展到一个更高的水平。大量的农作物品种经由欧洲等传入中国,出现了古代引种的新高潮。这时期农业文献中记载的、引进的农作物有占城稻、丝瓜、胡萝卜、玉米、番薯、番椒、番茄等。

"占城稻",一种优质水稻,北宋时由越南传入。《王祯农书·旱稻》:"今闽中有得占城稻种,高仰处皆宜种之,谓之旱占。其米粒大且甘,为旱稻种甚佳。北方水源颇少,惟陆地沾湿处种稻。"《农政全书·稻》:"往时宋真宗因两浙旱荒,命于福建取占城稻三万斛散之,仍以种法下转运司示民,即今之旱稻也。初止散于两浙,今北方高仰处类有之者,因宋时有江翱者,建安人,为汝州鲁山令,邑多苦旱,乃从建安取旱稻种。耐旱而繁实,且可久蓄,高原种之,岁岁足食。种法,大率如种麦:治地毕,豫浸一宿,然后打潭下子,用稻草灰和水浇之。每锄草一次,浇粪水一次。至于三,即秀矣。"

"丝瓜",原产印度、南洋,宋代传入中国。《种艺必用》:"种丝瓜,社日为上。"《本草纲目·丝瓜》:"时珍曰:丝瓜,唐宋以前不闻,今南北皆有之,以为常蔬。"《农政全书·丝瓜》:"丝瓜,即缣瓜也。嫩小者可食,老则成丝,可洗器涤腻。种法与前同。"

"胡萝卜",原产地亚洲,元代时从波斯引入中国。《农桑辑要·萝卜》:"胡萝卜:伏内畦种,或壮地漫种。"

"玉米",又称"包谷""苞米"等。原产南美洲,明代引进中国。《农政全书·薥秫》:"别有一种玉米,或称玉麦,或称玉薥秫,盖亦从他方得种。其曰米、麦、薥秫,皆借名之也。"

"番薯",即红薯、地瓜。原产美洲,明代万历年间引入中国。《农政全书·甘薯》中玄扈先生对"番薯"的引入和种植作了详细的介绍:"其一,名番薯,则土人传云:近年有人,在海外得此种。海外人,亦禁不令出境;此人取薯藤,绞入汲水绳中,遂得渡海。因此分种移植,略通闽、广之境也。番薯蔓地生,形圆而长,其味甚甘,番薯扑地传生,枝叶极盛。若于高仰沙土,深耕厚壅,大旱则汲水灌之,无患不熟。闽广人赖以救饥,其利甚大。"

"番椒",即花椒。原产中南美洲热带地区,明代传入中国。明高濂《遵生八笺》:"番椒丛生,白花,果俨似秃笔头,味辣,色红。"《农政全书·椒》:"当以实大者为秦椒,即花椒也。……番椒亦名秦椒,白花,子如秃笔头,色红鲜可观,味甚辣。椒树最易繁衍,四月生花,五月结实,生青,熟红。"

"番茄",亦称"番柿",即西红柿。原产南美洲,明代由欧洲传入中国。王象晋《群芳谱》:"番柿,一名六月柿,茎如蒿,高四五尺,叶如艾,花如榴,一枝结五实或三四实,一树二三十实,……来自西番,故名。"《王祯农书·茄子》:"又一种白花青色稍扁,一种白而扁者,皆谓之番茄,甘脆不涩,生熟可食。"

农业技术交流中引进的这些农作物的命名具有一定的特点,汉魏唐时期由西北陆路引进的多以"胡"命名,元明清时期由番舶带入的多以"番"命名。从这些农业词语中也可以窥探农业技术交流的一些痕迹。

三、农业词汇与汉语史研究

太田辰夫先生说过:"在语言的历史研究中,最主要的是资料的选择。资料选择得怎样,对研究的结果起着决定性的作用。"[①]"研究汉语史,要依据那些接近口语的文献,这是汉语史研究者共同的认识。"[②]徐时仪也认为,"研究语言演变主要依据口语或口语记录的价值在于这些语料能够全面真实地反映当时语言的实际面貌。"[③]但"问题的复杂性在于,汉语的历史文献虽然无比丰富,但是语言性质却十分驳杂,纯口语资料是很难找到的"。[④] 汉语史研究的语料从上古到近代,语料繁多,研究者多从具有口语性质的汉译佛经、诗词、小说、笔记、敦煌文献、禅宗语录、话本、杂剧、散曲、南戏、白话小说等入手。但随着研究的进一步深入,人们对语料的研究范围也进一步扩大,比如对专科性的法学、医学文献的研究。徐时仪指出:"医药和科技方面的文献重

---

① 〔日〕太田辰夫:《中国语历史文法》(修订译本),蒋绍愚、徐昌华译,北京大学出版社 2003 年版,第 373 页。
② 蒋绍愚:《汉语史的研究和汉语史的语料》,《语文研究》2019 年第 3 期。
③ 徐时仪:《近代汉语词汇学》,暨南大学出版社 2013 年版,第 44 页。
④ 朱庆之:《上古汉语"吾""予/余"等第一人称代词在口语中消失的时代》,《中国语文》2012 年第 3 期。

在说明问题,指导实践,故以明白易懂为宗旨,不求文采的华丽,与口语较为接近。……这些医药和科技方面的文献还记载了当时疾病诊治和工农业生产方面的日常用语和专门用语,这部分内容尤其是研究近代汉语的宝贵语料。"① 农书也应成为汉语研究的语料,但实际情况是语言学者对农书的重视程度不够,以农书为语料研究最好的是中古时期的《齐民要术》。唐宋以后也出现了不少的农学名著,如《四时纂要》《陈旉农书》《分门琐碎录》《农桑辑要》《王祯农书》《农桑衣食撮要》《农政全书》等,却鲜有学者重视。这些农学著作以指导农业生产为目的,语言通俗易懂,具有一定的语言学价值。正如景盛轩所言"戏曲的语言风格还是和口语有一定的距离,直讲、《元典章》和白话碑等常常夹杂有蒙古语的痕迹,所以我们有必要在汉语史的研究中补充其他的语料,而口语性较强的农书就是可补充的重要语料之一"。② 因此不同时期的农书都应成为汉语史研究的语料。

四、农业词汇与专科词语

词汇是百科性的,各行各业都有自己的专业词汇。随着语言研究的深入,汉语词汇的多科性研究也取得了很大成果。医学词语的研究,出现了如《先秦两汉医学用语研究》(张显成,巴蜀书社,2000)、《隋唐医用古籍研究》(陈增岳,广东科技出版社,2006)、《甲乙经中医学用语研究》(姜燕,中华书局,2008)等著作,还有像《〈诸病源候论〉词语研究》(郭颖,浙江大学博士学位论文,2005)、《中古医书语词研究》(王前,浙江大学博士学位论文,2009)等研究论文。法学词语的研究,出现了如《法律语言与言语研究》(姜剑云,群众出版社,1995)、《法律语言学》(刘红婴,北京大学出版社,2007)等著作。另外还有军事词语、商业词语、建筑词语等。农业词语也是专科词语,对农业词汇的研究也能丰富汉语专科词汇的研究。早在 1981 年就出现了研究农学词语的专著《粟黍稷古名物的探讨》(胡锡文,农业出版社,1981),书中详尽地介绍了从先秦两汉到明清时期粟黍稷名物词的意义。之后关于农业词语的专门研究就是专著《〈齐民要术〉谚语民谣成语典故浅释》(葛能全注释,知识出版社,1988)和《〈齐民要术〉词汇语法研究》(汪维辉,上海教育出版社,2007),以及大量关于《齐民要术》研究的学位论文和期刊论文。这些都在很大程度上弥补了专科词汇研究的缺失。《齐民要术》时期前后也出现了很多农书和农业词汇,对这些农书中农业词语的研究也值得重视,在某种程度上能为汉语农

---

① 徐时仪:《近代汉语词汇学》,暨南大学出版社 2013 年版,第 67 页。
② 景盛轩:《试论〈农桑衣食撮要〉的语料价值》,《黔南民族师范学院学报》2003 年第 5 期。

业词汇的研究提供重要的语料价值。因此"认为多科性词汇研究只是现代汉语词汇和各学科词汇简单相加的研究,显然是个错觉"。①

五、农业词汇与辞典编纂

中国古代的辞书很多,主要有《尔雅》《说文解字》《方言》《释名》《急就篇》等。这些辞书以解释字、词义为主,虽然它们不是系统的农学著作,但收录了很多农学词语,反映了当时的农学发展水平,这些词语对后来的农书也产生了一定的影响。

《尔雅》是我国最早的一部解释词义的专著,也是第一部按照词义系统和事物分类编纂的词典。全书分为《释诂》《释言》《释训》等 19 篇,共收录词语 4 300 多个,其中的《释草》《释木》《释虫》《释鸟》《释兽》等篇中记载了包括粮食、蔬菜、果木、农业害虫以及野生动物等在内的农业词语,如粟、芹、韭、梅、杜螾蛉、舒雁、舒凫等。另外《释天》《释地》《释丘》《释山》《释水》等篇中也收录了一些与农学有关的词语。《说文解字》是我国第一部按部首编排的字典,全书共 30 卷,分为 540 个部首,共收录 9 353 个字。其中草部、禾部、黍部、米部、白部中记载了农作物的分类、种植、生长、成熟以及加工利用等方面的词语,如蔪、芢、茗、薅、莠、稻、获、积等;牛部、马部中记载了很多与养牛、养马有关的词语,如牡、特、骡等;木部、金部中也记载了一些农具词语,如铫、钱、铍、耆、碓等。《方言》是中国第一部方言词典,其中卷五《释器具》介绍很多农具,比如,谷物加工工具,如碓机、砲等;卷六介绍了一些表示土壤的词语,如坁;卷八《释动物名》记载了鸡、猪等在各地的方言名称;卷一、二、三、六、七等《释语词》记载了一些与农学有关的词语。《释名》是中国第一部用声训释字义的训诂书。全书共 27 篇,包括《释天》《释地》《释山》《释水》《释丘》《释道》等类字义。其中《释地》中有一些关于土壤的词语,如土、田、壤、原、陆等;《释用器》中有许多与农器有关的词语,如耒、耜、犁、锄、耡、锸、耨、铸等。

《辞源》《辞海》等辞书的出版,使我国的辞书编纂上了一个新台阶,特别是《汉语大词典》的出版,其收词的广泛、释义的详尽、体例的科学成为现代最权威的汉语词典。《汉语大词典》以"古今兼收,源流并重"为编纂方针,力图反映汉语词汇的历史演变,吕叔湘先生称之为古往今来的"档案库"。《汉语大词典》以农书语料作为书证的词语很多,据丁建川统计,②《汉语大词典》中

---

① 许威汉:《二十世纪的汉语词汇学》,书海出版社 2000 年版,第 173 页。
② 丁建川:《〈汉语大词典〉与"古代四大农书"——兼论农业词汇对汉语词汇史的贡献》,《山东农业大学学报》2014 年第 4 期。

以《氾胜之书》语料作为词目书证共涉及25个词语,以《齐民要术》语料作为词目书证共涉及1 062个词语,以《王祯农书》语料作为词目书证共涉及202个词语,以《农政全书》语料作为词目书证共涉及217个词语。除此以外,经过考证,以《吕氏春秋》中的《上农》《任地》《辩土》《审时》语料作为首证的涉及25个词语,《管子·地员》语料作为首证的涉及18个词语。虽然目前看来《大词典》收录的汉语词汇是最为丰富的,释义也是很全面的,但正如主编罗竹风先生所言:"由于所收词目浩繁,又加时间紧迫,疏漏错误必然难免;如有发现,一定记录在案,在重版时修订补充。"①王云路先生在《辞书失误考略》中指出衡量一部辞书的质量,应该从"是否释义正确、义项齐全、例证恰当、收词完备"四个方面考虑,②这也可以作为我们考察农书词汇与辞典编纂关系的指导方针。《汉语大词典》中收录了很多和农业有关的词语,有利于我们理解和使用这些词语。

下面我们从未收录词目、漏收录义项、书证过晚、缺少书证等方面对农书中的词汇进行考证,以期对完善《汉语大词典》简称"大词典"有所帮助。

(一) 补充词目

农业词语作为汉语词汇的组成部分,虽然带有一定的行业特点,但在中国这样一个具有悠久农业历史的国家来说,很多的农业词语都已进入全民共同语范围。但从大词典编纂上来看,很多都被拒之门外,虽然大词典以收录语文性词语为主,但衡量一部词典的质量如何,首先要考虑的是它收录词的数目。从农书中记录的词语来看,大词典未收录的词目很多,下面仅就部分书目中未收录的部分词语举例。

《齐民要术》中的未收录词语:秔米、阴瓜、芰艾、芥子、良地、蔚犁、手拌斫、批契、菜心、粉解、含重、寒切、酒杷、生布、索笼、挞、顺耕、逆耕、泔清、仰头、折米、羊脂、穄种、稠种、格柯、荒没、秋上、合样、黄场、瘢疮、背脊骨、遍数、光润、荒没、落疏、秋葵、胡葵、紫苏、紫草、转耕等。

《农桑辑要》中的未收录词语:油土、出胤、甘露子、灶子、砖坯、漏勺、铁条、谷草、褐色、次日、明净、臭气、堆聚、隔夜、墼子、苘麻、每日、热粪、桑栽、地桑、荆桑、栽子、蛹子、牛粪、枴子、苗蛾、末蛾、接换、接博、腰接、根接、身接、皮接、插接、劈接、餍接、贴接、批接、废地、生布、熟畦、桑隔、热粪、掇栽、芟杀、浴种、卧种、杀茧、淹茧、浥茧、蒸茧、出种、缴耕、孳畜等。

《王祯农书》中的未收录词语:冻葱、香荽、蔬茹、石胡荽、松蓝、热蚕、秋

---

① 罗竹风:《汉语大词典》,汉语大词典出版社1986~1994年版,序言页。
② 王云路:《辞书失误考略》,《古汉语研究》1993年第1期。

蚕、稙蚕、麦绰、麦笼、抄竿、筛谷箩、禾檐、飏篮、晒槃、农舟、覆壳、瓢杯、牛室、刮板、田荡、蹚锄、桑几、桑梯、斫斧、桑钩、桑笼、桑网、切刀、桑砧、桑夹、蚕杓、蚕网、蚕椽、蚕筐、蚕槃、蚕架、茧笼、热釜、冷盆、絮车、撚绵轴、辗轴、卷筵、沤池、刈刀、苎刮刀、绩盈、纩刷、绳车、布机、纫车、旋椎、呼鞭、耕索、经架、水蓐、石笼、架槽、谷㽏、连磨、种箄、通簪、秧弹、推镰、薅鼓、长镵、瓠种、涂田、笕架、灰粪、笼嘴、缴耕等。

其他农书中未收录的词语还有：悉徙、赤垆、位土、荫土、忒土、垆土、壏土、瓢土、壮土、㲋土、犹土、五壮、螟蝛、强土、败田、溲种、历适、脾豆、清酱、乌头、胡葱、嫁树、角黄、臭橘、徙植、嫁桑、嫁茄、昆仑紫瓜、插种、子岸、恒蔬、恒开车、秸秆、科苗、棉子、西洋布、线楞、玉衡车、棉饼、棉花、菘菜、漏杓、葛秌、穴种、堰闸、羊绒、遥润、脂田、桩笆等。

这些未收录的词语，包括农作物词、农业生产行为词、农具词和其他与农业有关的词语。从这些未被收录的词中，我们可以看出大词典在收录词上的不一致性，比如，大词典收录了春蚕、夏蚕两词，却未收录秋蚕；麦笼、麦钐、麦绰是收割麦子时用到的农具，以两手齐运，芟麦入绰，覆之笼也，三者一起来完成收割麦子的任务。大词典中收录了麦笼、麦钐，却未收录麦绰；又如刈刀、苎刮刀、切刀均表示不同功能的刀，大词典未收录，但却收录了捃刀、剽刀；表示采桑养蚕的工具，其构词模式都是定中式，《大词典》收录了蚕箔、蚕网、蚕连等词，却未收录蚕椽、蚕筐、蚕槃、蚕架、桑几、桑梯、桑钩、桑笼、桑网、桑砧、桑夹等词；在表示嫁接方法的词中，大词典收录了芽接、枝接等词，却未收录腰接、根接、身接、皮接、插接、劈接、靥接、贴接、批接等词；在表示桑树种类的词中中，大词典收录了鲁桑，却未收录荆桑、地桑等词。这种收录词原则的不一致性，使得许多词语漏收录。

（二）补充义项

王云路先生在《辞书失误考略》一文中指出："义项完备，即不但释词语的本义或常用义，还要注意其不同时期的特殊含义，从而揭示词义发展的整个体系及其演变轨迹。"①虽然目前看来大词典对所收词的释义是最全面的，但也因囿于材料所限，漏收录了部分词的义项。农书中的一些词语即属于上述情况，它们已被各种词典收录，但义项不够完备，农书中出现的一些义项未被收录。现列举部分如下。

1. 和解：大词典收录三个义项：① 宽和，宽容；② 平息纷争，重归于好；③ 犹溶解。可补"土壤柔和容易碎解"义。

---

① 王云路：《辞书失误考略》，《古汉语研究》1993 年第 1 期。

春冻解,地气始通,土一和解。(《氾胜之书·耕田》)

2. 阴气:大词典收录两个义项:① 寒气,肃杀之气;② 旧指所谓女人之气。可补"地气"义。

夏至,天气始暑,阴气始盛,土复解。(《氾胜之书·耕田》)

3. 土气:大词典收录两个义项:① 不时尚的风格、样式等;② 时尚;不入时。可补"地气"义。

秋无雨而耕,绝土气,土坚垎,名曰腊田。(《氾胜之书·耕田》)

4. 将息:大词典收录两个义项:① 养息,休息;② 珍重,保重。可补"饲养、调理"义。

将息失所,有羔死之患也。(《齐民要术·养羊》)

5. 败坏:大词典收录一个义项:损坏,破坏。可补"腐败变质"义。

非直滋味倍胜,又得夏暑不败坏也。(《齐民要术·种桃柰》)

6. 好美:《大词典》收录两个义项:① 美貌;② 美女。可补"上好的"义。

好美安石榴五枚,押取汁。(《齐民要术·笨曲并酒》)

7. 起土:大词典收录一个义项:挖土、掘土。可补"顶破表土,使土松动,以便使植物子叶出土"义。

瓜性弱,苗不独生,故须大豆为之起土。(《齐民要术·种瓜》)

8. 坚强:大词典收录两个义项:① 强固有力;② 使坚强。可补"坚硬"义。

其土黑坚强之地。种未生前遇旱者,欲得令牛羊及人履践之。

(《齐民要术·旱稻》)

9. 转盘：大词典收录三个义项：① 盘旋；② 某些器物上能够旋转的圆盘；③ 便于机车或其他在轨道上行驶的车辆掉转方向的圆盘形设备，车辆开到圆盘上，用机器或人力转动圆盘，使车辆对着要去的方向。可补"移栽"义。

园内养成荆、鲁桑小树，如转盘时，于腊月内可去不便枝梢。(《农桑辑要·布行桑》)

10. 接头：大词典收录五个义项：① 供嫁接用的植物顶梢；② 使两个条状物，或一个条状物的两头接起来；③ 接洽，联系；④ 了解内情；⑤ 对得上口，投机。可补"物体的连接处"义。

缫丝之诀，惟在细、圆、匀、紧，使无褊慢、节核，接头为"节"，疙瘩为"核"。(《农桑辑要·缫丝》)

11. 生火：大词典收录四个义项：① 产生焦躁的情绪；② 产生火气、热气；③ 取火，使柴、碳等燃烧起来；④ 指锅炉工。可补"柴薪初燃时的焰火"义。

蚕小喜暖怕烟，不可用生火。(《农桑辑要·火仓》)

12. 梢子：大词典收录四义项：① 梢公，船家；② 鼗鼓的别名；③ 裤的一种；④ 指销钉。可补"条状物的顶端或末梢"义。

待桑身长至一大人高，割去梢子，则横条自长。(《农桑辑要·移栽》)

13. 停眠：大词典收录一个义项：停留住宿。可补"蚕二眠"义。

蚕之性：子在连则宜极寒；成蚁，则宜极暖；停眠起，宜温。(《农桑辑要·论蚕性》)

14. 丝窝：大词典收录一个义项：一种糖的名称。可补"缫丝过程中茧聚集在一起的地方"。

  总为一处,穿过钱眼,钱下茧攒聚,名"丝窝",又名"絮盘"。(《农桑辑要·缫丝》)

15. 苫席:大词典收录一个义项:居丧时,用草所织的寝席。可补"用苇篾、秫秸皮等编成的遮盖东西用的席"。

  制之之法:艾叶实积、苫席覆之,少时内发蒸热……(《农桑辑要·饲养总论》)

16. 浮泛:大词典收录七个义项:① 在水上或空中飘浮;② 乘舟漫游;③ 漂泊;④ 虚夸不实;⑤ 浮浅;⑥ 过多,多余;⑦ 呈现,流露。可补"熟烂"义。

  以收涤器肥水,与渗漉沮淀,沤久自然腐烂浮泛。(《陈旉农书·种桑之法》)

17. 落蓐:大词典收录一个义项:指婴儿出生。可补"将蚕沙燠、蓐草去掉"义。

  大眠起,投食后第六七顿可落蓐。(《农桑辑要·大眠抬饲》)

18. 变物:大词典收录一个义项:谓使万物变化生长。可补"卖钱买回来需要的东西"义。

  如近城郭,摘豆角卖,先可变物。(《农桑衣食撮要·收豌豆》)

19. 冷盆:大词典收录一个义项:盛在盘子里的凉菜。可补"缫丝的一种装置"义。

  冷盆可缫全缴细丝;中等茧可缫下缴。(《王祯农书·冷盆》)

20. 趁逐:大词典收录三个义项:① 追随,相随;② 为追求;③ 追究,追查。可补"趁着,赶在"义。

> 次将桑椹与蚕沙相和或炒黍谷亦可,趁逐雨后,与苘北单耩或点种。(《农桑辑要·种椹》)

(三) 提前书证

大词典词目书证迟后主要体现在两个方面:一是词目的首引书证迟后,二是词目义项的首引书证迟后。一般而言大词典中的书证代表了现在大型工具书的最高水平,但有些词目也存在书证迟后的问题。现列举部分如下。

出现于《氾胜之书》,书证迟后的词有:浇、粒、口、薄田、坚垎、枯燥、白鱼、滤、阴地、美田、中田、荒地、伤败、胡麻、小豆、不佳、稙禾、宿麦、白背、功力、旋麦、秋稻、熟粪、滤、蔓延、蚕沙、稀疏、种子、肥田、草秽、起稼、保泽、小豆、布囊、漉、漴、附子、等分、向晨、棘柴、疮瘢、相去、稀疏、调适、阴干、小麦、坚硬等。

出现于《齐民要术》,书证迟后的词有:水稻、糯米、粳米、黍米、豇豆、豌豆、白豆、乌豆、赤小豆、甜瓜、香菜、杏子、芸薹、林檎、紫草、条叶、湖田、敛获、栽种、移植、移栽、懒人菜、盖冒、寒冷、巴篱、搅和、瓦盆、烂熟、暖热、收益、匀调、瓦瓶、杷子、敝屋、生粪、密闭、耕地、生绢、收益、一根、酥酪、木砻、豆角、乏力、冷气、合用、初冬、合群、番、乌麻、鸭脚葵、丁香、劲直、冰冻、屋里、引手、孤根、殊常、杜梨、绿豆、培土、薄地、苍耳等。

出现于《农桑辑要》中,书证迟后的词有:烟突、一遭、剔拨、疙疸、绳子、架子、种性、营造尺、当夜、鳌子、紧密、头食、橛子、桩子、苇子、桶子、宽广、辐条、地盘、侧立、厚实、编织、槌子、薄荷、茴香、苍术、茼蒿、蓝菜、西瓜、绿豆、芝麻、黑豆、胡萝卜、簇蚕、苎麻、桑根、桑螵蛸、火盆、正屋、壁龛、寄放、打油、宿土、稀密、冻伤等。

出现于《王祯农书》中,书证迟后的词有:蚕豆、木蓝、汉葱、蓼蓝、丝籰、绵矩、麦钐、乔扦、搭爪、辊碾、砻磨、水砻、水磨、槽碓、軖床、瓦窦、拖杷、筛子、籰子、拨车、黄麻、邪蒿、柑橘、蟠车、劁刀、油榨、辊輾、辊轴、平板、禾钩、薅马等。

出现于其他农书中,书证迟后的词有:上农、春麦、鱼酱、麦子、地黄、瞿麦、柳絮、生姜、苴麻、胡豆、上时、磨具、浮沫、白脯、采摘、腊糟、热水、捻头、蜀椒、棉絮、角蒿、麻子、辘轴、麻枯、肥沃、铁耙、丝瓜、租赁、豆饼、垦荒、洋布、麦秸、纹路、走气、山楂、大概、测量、灶地、完粮、挑浚、喷壶、棉田、垦种、荠菜、天门冬、莨菪、压条、棉布、柿子、笞帚、忍冬、冬葵子等。

(四) 补充书证

大词典中有些词目虽举有现代例句,却没有出处;有些词目则没有书证,这些问题的存在都在一定程度上影响了这部大型工具书的质量。农书中的一些词语可以为其补充书证。现列举部分如下。

1. 大豆:一年生草本植物,花白或紫色,有根瘤,豆荚有毛。种子可食用,亦可榨油,亦以称这种植物的种子。

  大豆保岁易为,宜古之所以备凶年也。(《氾胜之书·大豆》)

2. 小葱:葱的一种。分蘖性强,茎和叶软细,较短,普通的蔬菜。

  可种瓜、瓠、芥、葵、薤,大、小葱,蓼、苏、苜蓿子及杂蒜、芋。(《四民月令·正月》)

3. 葶苈:一年生草本植物,叶子卵圆形或长椭圆形,花小,黄色,果实椭圆形。种子可入药。

  收芜菁及芥、葶苈、冬葵、莨菪子。(《四民月令·四月》)

4. 萝卜:二年草本植物,叶子羽状分裂,花白色或淡紫色。主根肥大,圆柱形或近球形,皮的颜色因品种不同而异,是常见蔬菜。

  菘根萝卜菹法,……。(《齐民要术·作菹、藏生菜法》)

5. 韭菜:多年生草本植物,叶子细长而扁,花白色,普通蔬菜。

  韭根多年交结则不茂,别作畦分栽。(《农桑衣食撮要·分韭菜》)

6. 熟土:熟化了的土壤,适于耕种。

  熟土兜一区,可深五指余,卧条于内。(《农政全书·种法》)

7. 菠菜:蔬菜名,又名波稜菜。一年或二年生草本植物,叶子略呈三角形,根略带红色,花黄绿色,茎和叶子可食,富含铁质。

用水拌子浸二三日……(《农桑衣食撮要·种菠菜》)

8. 番椒：中医药上称辣椒为番椒。

番椒亦名秦椒,白花,子如秃笔头,色红鲜可观,味甚辣。(《农政全书·椒》)

9. 霜冻：靠近地面的气温降到摄氏零度以下使植物受到冻害的天气现象。

待夜深,发火煴煴,假借烟气,顺风以解霜冻。(《农桑辑要·修莳》)

10. 苏子：指紫苏和白苏的种子,可入药、榨油。

凡种五谷,如地畔近道者,亦可另种苏子,以遮六畜伤践。(《农桑辑要·麻子》)

11. 芹菜：蔬菜名。一年生或两年生草本植物,茎直立,羽状复叶,花白色,果实扁圆形。茎、叶可食。

水芹,俗作芹菜,一名水英。(《农政全书·菜部》)

12. 芥末：调味品。芥子研成的粉末,味辣。

子作芥花、芥末。(《农桑辑要·蜀芥、芸薹、芥子》)

13. 芥菜：蔬菜名。有叶用芥菜(如雪里红)、茎用芥菜(如榨菜)和根用芥菜(如大头菜)三类。腌制后有特殊的鲜味和香味。种子有辣味,可榨油或制芥末。

芥菜,宜秋前种。(《农桑辑要·蜀芥、芸薹、芥子》)

14. 苋菜：一年生草本植物。叶对生,卵形或菱形,有绿紫两色。花黄绿色。种子极小,黑色而有光泽。嫩苗可作蔬菜。

苏油,宜大用苋菜。(《齐民要术·素食》)

15. 杉木:杉树的木材。

果木有虫蠹者,用杉木作钉,塞其穴,虫立死。(《农桑辑要·诸果》)

16. 李子:李树;李树的果实。

州树,野生。三月花色,仍连着实,五六及握,煮如李子。(《齐民要术·州树》)

17. 秕子:空的或不饱满的子粒。

颜色虽白,啮破枯燥无膏润者,秕子也,亦不中种。(《齐民要术·种麻》)

结　　语

农业文献词汇作为汉语词汇的重要组成部分，既有语言的普遍特点，又有其独特的专业特点，具有较高的语言研究价值。对这些文献进行整理、注释和研究，不仅有利于我们阅读农业典籍，保存和传播农业生产技术，同时对整个汉语词汇的研究也提供了一定的参考。

本书以上古到近代的13部农业文献为研究对象，力求在前人研究的基础上，突破对单个农业词语和单部农业文献词汇研究的局限，从词汇、语义、语法等语言层面和认知、文化等角度，对历代农业文献词汇进行全方位、更系统、更深入的立体考察。

1. 词汇的系统性。农业词汇由农业生物种类词语、农业生产行为词语和农业生产工具词语等组成，它们形成了一个大的词汇系统。在这个系统中，既有来自前代的词语，又有不断产生的新词语，这些词语随着语言和社会的发展而变化，它们共处于一个由共时和历时、静态和动态构成的系统中。农业词汇同时也处于不同的词义聚合中，或同义，或反义，或上下义等，共同构成农业词汇的语义系统。在这个语义系统中，农业词语的本义和引申义、本义和词源义都处于某种联系中，并发展变化着。

2. 词汇的俗语性。从农业文献语料的口语性和地域性特点出发，对文献中的方言词和俗语词进行了考证。方言词的考证为避免以今论古，在方言词典、辞书和训诂笔录的帮助下，考察词语出现的文献的文体特点、出现的频率等，力求对农业文献中出现的方言词进行合理分析。俗语词的考证主要从农作物、农业工具的俗名，以及具有俗语性质的谚语等方面展开。

3. 词汇的语法性。农业词汇表现了一定的语法特点，如构词能力强，很多单音节的农业词语，既可以单独使用，作为构词语素又表现出了较强的生命力，参与构成大量的合成农业词语。而且由这种由农业词语作语素构成的双音节词语以联合式和偏正式词语居多。在语法化中，农业词语中表植株各部位的名称词通过不同的虚化机制用作量词，以及名动词类的转变等，都与人们的认知有一定的关系,是隐喻和转喻作用的表现。

　　4. 词汇的认知性。农业词汇的隐喻事实证明,人们的思维模式是由已知到未知、由熟悉到不熟悉。表现在语言上,即大量的农业词语,或以农业词语为构词语素的词、短语等被广泛地用于指称事物、描述事物和阐明事理等。而且农业词语的这种隐喻认知受特定文化的影响。所以说隐喻的认知模式和特有的文化特性,使农业词语普遍应用。

　　本文的研究还有不少薄弱点,比如,未对农业文献的不同版本进行比较;只对部分名物词的命名理据进行了分析,大量名物词的命名理据尚未涉及,未对它们命名的特点、规律等作总结;没有在词频、词类、词汇变化性与词汇密度等方面对口语词汇作更细致的分析。这留待我们今后作进一步的研究。

参 考 文 献

一、论文类

[1] 步连增:《汉语名量词起源再探》,《暨南学报》2011年第1期。
[2] 白冰:《宋元时期个体量词的变化和发展》,《山西高等学校社会科学学报》2001年第7期。
[3] 曹炜:《汉语词的显性理据和潜性理据》,《沈阳师范学院学报》1994年第2期。
[4] 曹晓宏:《略论汉语词汇的文化特征》,《楚雄师专学报》1995年第1期。
[5] 陈东辉:《类书与汉语词汇史研究》,《古汉语研究》2004年第1期。
[6] 陈兰香:《汉语词汇嬗变中的耗散现象》,《楚雄师专学校》1995年第2期。
[7] 陈满华:《词义之间的关系与同义词、反义词的构成》,《汉语学习》1994年第2期。
[8] 陈建初:《汉语语源研究中的认知观》,《湖南师范大学学报》1998年第5期。
[9] 陈玉宇:《量词的近义性与差异性》,《新疆师范大学学报》1999年第2期。
[10] 车舒娅:《词汇演变中的"返祖"现象初探》,《南京师大学报》2009年第9期。
[11] 董秀芳:《词语隐喻的释义问题》,《辞书研究》2005年第4期。
[12] 董印其:《汉语词汇丰富发展因素探究》,《新疆大学学报》2004年第6期。
[13] 邓明:《词类转化的系统性》,《古汉语研究》1995年第2期。
[14] 邓莉:《隐喻对语义的变化阐释》,《安庆师范学院学报》2004年第3期。
[15] 符淮青:《同义词研究中的几个问题》,《中国语文》2000年第3期。
[16] 冯子薇:《专门用语的语义突破》,《南通纺织职业技术学院学报》2000年第4期。
[17] 冯子薇:《科技术语和行业语词义的泛化》,《南京师大学报》1999年第4期。
[18] 谷化琳:《转喻的根隐喻及其主要类别》,《四川外语学院学报》2001年第5期。
[19] 高芳、徐盛桓:《名动转用语用推理的认知策略》,《外语与外语教学》2000年第4期。
[20] 化振红:《从〈齐民要术〉看中古时期的农业词语》,《合肥师范学院学报》2009年第1期。
[21] 化振红:《〈齐民要术〉农业词语扩散的层次分析》,《学术论坛》2006年第12期。
[22] 景盛轩:《试论〈农桑衣食撮要〉的语料价值》,《黔南民族师范学院学报》2003年第5期。
[23] 贾彦德:《语义研究的发展》,《语文建设》1992年第3期。

[24] 蒋绍愚:《关于汉语词汇系统及其发展变化的几点想法》,《中国语文》1989 年第 1 期。
[25] 刘兴均:《试论古书校读与名物考证的关系》,《西南师范大学学报》1996 年第 2 期。
[26] 刘兴均:《〈周礼〉双音节名物词词源义探求举隅》,《达县师范高等专科学校学报》2002 年第 4 期。
[27] 刘中富:《从〈释名〉同实异名例看刘熙的词汇观》,《山东师范大学学报》2009 年第 1 期。
[28] 刘中富:《现代汉语词汇特点初探》,《东岳论丛》2002 年第 6 期。
[29] 李树新:《人体词语的认知模式与语义类推》,《汉字文化》2004 年第 4 期。
[30] 李树新:《戏剧行业词的通用化及其文化成因》,《阴山学刊》2000 年第 9 期。
[31] 李明:《隐喻——词汇语义变化的重要方式》,《山东外语教学》2004 年第 5 期。
[32] 李福印:《当代隐喻理论:从汉语的视角谈起》,《外语教学与研究》2000 年第 3 期。
[33] 刘知国:《文化视角下的英汉隐喻比较》,《安徽商贸职业技术学院学报》2009 年第 4 期。
[34] 李敏:《隐喻在汉语词义发展中的体现》,《华北电力大学学报》2003 年第 2 期。
[35] 刘晨华:《隐喻映射的文化差异认知根源》,《吉林省教育学院学报》2010 年第 4 期。
[36] 蓝纯:《从认知角度看汉语的空间隐喻》,《外语教学与研究》1999 年第 4 期。
[37] 孟繁杰:《量词"条"的产生及其历史演变》,《宁夏大学学报》2009 年第 1 期。
[38] 倪根金:《〈齐民要术〉农谚研究》,《中国农史》1998 年第 4 期。
[39] 阙绪良:《〈齐民要术〉词语札记》,《语言研究》2003 年第 4 期。
[40] 苏新春:《关于〈现代汉语词典〉词汇计量研究的思考》,《世界汉语教学》2001 年第 4 期。
[41] 沈家煊:《转指和转喻》,《当代语言学》1999 年第 1 期。
[42] 束定芳:《隐喻与换喻的差别与联系》,《外国语》2004 年第 3 期。
[43] 盛玉霞:《术语泛化的意义、途径及特点刍议》,《零陵学院学报》2005 年第 1 期。
[44] 史光辉:《〈齐民要术〉偏正式复音词初探》,《广播电视大学学报》1999 年第 1 期。
[45] 史锡尧:《事物单位词的由来及使用》,《语言教学与研究》1992 年第 2 期。
[46] 司显柱:《英汉名转动词比较研究》,《外国语》1996 年第 3 期。
[47] 唐燕萍:《试论英语植物词汇的隐喻认知意义》,《山东外语教学》2002 年第 5 期。
[48] 谭宏娇:《汉语植物命名中的类比思维》,《社会科学战线》2006 年第 2 期。
[49] 王宁:《汉语词源探求与阐释》,《中国社会科学》1995 年第 2 期。
[50] 王宁:《汉语词汇语义学的重建与完善》,《宁夏大学学报》2004 年第 4 期。
[51] 王宁、黄易青:《词源意义与词汇意义论析》,《北京师范大学学报》2001 年第 4 期。
[52] 汪维辉:《汉语常用词演变研究的若干问题》,《南开语言学刊》2007 年第 1 期。
[53] 汪维辉:《试论〈齐民要术〉的语料价值》,《古汉语研究》2004 年第 4 期。
[54] 汪国春:《行业语对普通词汇的渗透》,《湖北教育学院学报》1998 年第 3 期。
[55] 伍铁平:《论词义、词的客观所指和构词理据》,《现代外语》1994 年第 1 期。

[56] 王彩丽:《通过名词性人体隐喻透析人的认知过程》,《山东外语教学》2002 年第 4 期。

[57] 王强:《中国古代名物学初论》,《扬州大学学报》2004 年第 6 期。

[58] 王建莉:《〈尔雅〉异名理据的研究》,《内蒙古师范大学学报》2005 年第 6 期。

[59] 王建莉:《论〈尔雅〉词源义与"同义为训"词义的关系》,《内蒙古师范大学学报》2004 年第 1 期。

[60] 王冬梅:《动词转指名词的类型及相关解释》,《汉语学习》2004 年第 4 期。

[61] 王冬梅:《名词动化的类型及特点》,《语言研究》2010 年第 6 期。

[62] 王绍新:《谈汉语复合词内部的语义构成》,《语言教学与研究》1987 年第 3 期。

[63] 王星光:《中国古代中耕简论》,《中国农业通史》2000 年第 3 期。

[64] 王薇:《名词动用的两个研究层面》,《湖州师范学院学报》2007 年第 5 期。

[65] 伍和忠:《"线状"量词语义辨析及语用功能》,《广西教育学院学报》1998 年第 3 期。

[66] 许嘉璐:《论同步引申》,《中国语文》1987 年第 1 期。

[67] 徐时仪:《汉语双音化的内在原因考探》,《语言教学与研究》2005 年第 2 期。

[68] 徐盛桓:《名动转用与功能代谢》,《外语与外语教学》2000 年第 8 期。

[69] 徐盛桓:《名动转用的语义基础》,《外国语》2001 年第 1 期。

[70] 徐正考:《20 年来古汉语同义词研究综述》,《长春大学学报》2005 年第 1 期。

[71] 杨波、张辉:《隐喻与转喻的相互作用:模式、分析与应用》,《外语研究》2008 年第 5 期。

[72] 游修龄:《农作物异名同物和同物异名的思考》,《古今农业》2011 年第 3 期。

[73] 应雨天:《比喻型词语的类型及意义》,《中国语文》1993 年第 4 期。

[74] 颜红菊:《汉语词汇语义关系研究的新视角》,《湘潭大学学报》2007 年第 1 期。

[75] 张旺熹、刘中富、杨振兰、程娟:《现代汉语行业语初探》,《山东师范大学学报》1987 年第 2 期。

[76] 张永言:《关于汉语词汇史研究的一点思考》,《中国语文》1992 年第 6 期。

[77] 张联荣:《近代汉语词汇研究中的推源问题》,《北京大学学报》1995 年第 5 期。

[78] 张联荣:《谈词义的核心义》,《语文研究》1995 年第 3 期。

[79] 张博:《组合同化:词义衍生的一种途径》,《中国语文》1999 年第 2 期。

[80] 曾雄生:《〈王祯农书〉中的"曾氏农书"试探》,《古今农业》2004 年第 1 期。

[81] 赵善青:《从认知语言学看汉语中的名词量词化》,《岱宗学刊》2008 年第 4 期。

[82] 张美霞:《古汉语中的名动词转类》,《绵阳师范学院学报》2009 年第 9 期。

[83] 赵一农:《语义场内的词义联动现象》,《解放军外国语学院学报》1999 年第 4 期。

[84] 郑艳霞:《词义扩展的理据性和认知模式研究》,《温州大学学报》2009 年第 2 期。

[85] 朱国理:《〈广雅疏证〉的"命名之义"》,《语言研究》2000 年第 3 期。

[86] 周光庆:《隐喻:汉语词汇形成发展的一种机制》,《江汉大学学报》2009 年第 6 期。

[87] 周光庆:《试论从本体论角度研究汉语词汇》,《华中师范大学学报》2002 年第 3 期。

[88] 周光庆:《汉语词义引申指中的文化心理》,《华中师范大学学报》1992 年第 5 期。

[89] 周国光：《论词义发展演变的类型》，《韶关学院学报》2004 年第 11 期。

[90] 周国光：《语义场的结构和类型》，《华南师范大学学报》2005 年第 1 期。

[91] 曾昭聪：《汉语词源研究的现状和展望》，《暨南学报》2003 年第 7 期。

[92] 曾昭聪：《论方言词考源》，《烟台大学学报》2017 年第 5 期。

二、著作类

[93] 程瑶田：《果蠃转语记》，《安徽丛书》1933 年第二期第 42 册。

[94] 陈晋：《尔雅学·绪言》，朱祖延：《尔雅诂林》，湖北教育出版社 1998 年版。

[95] 陈光磊：《汉语词法论》，学林出版社 1994 年版。

[96] 陈宝勤：《汉语造词研究》，巴蜀书社出版社 2002 年版。

[97] 陈建生：《认知词汇学概论》，复旦大学出版社 2008 年版。

[98] 陈增岳：《隋唐医用古籍语言研究》，广东科技出版社 2006 年版。

[99] 曹炜：《现代汉语词义学》，学林出版社 2001 年版。

[100] 曹炜：《现代汉语词汇研究》，北京大学出版社 2003 年版。

[101] 常敬宇：《汉语词汇与文化》，北京大学出版社 1995 年版。

[102] 段玉裁：《说文解字注》，上海古籍出版社 1991 年版。

[103] 戴昭铭：《文化语言学导论》，语文出版社 1996 年版。

[104] 董为光：《汉语词义发展的基本类型》，华中科技大学出版社 2004 年版。

[105] 董秀芳：《汉语的词库与词法》，北京大学出版社 2004 年版。

[106] 符淮青：《现代汉语词汇》，北京大学出版社 1985 年版。

[107] 冯凌宇：《汉语人体词汇研究》，中国广播电视出版社 2008 年版。

[108] 高守纲：《古代汉语词义通论》，语文出版社 1994 年版。

[109] 郭锡良：《汉字古音手册》，北京大学出版社 1986 年版。

[110] 郭在贻：《训诂学》，中华书局 2005 年版。

[111] 葛本仪：《现代汉语词汇学》，山东人民出版社 2001 年版。

[112] 桂馥：《说文解字义证》，齐鲁出版社 1987 年版。

[113] 高明：《中古史书词汇论稿》，天津古籍出版社 2008 年版。

[114] 葛能全：《〈齐民要术〉谚语民谣成语典故浅释》，知识出版社 1988 年版。

[115] 黄金贵：《古汉语同义词辨析论》，上海教育出版社 2002 年版。

[116] 黄金贵：《解物释名》，上海辞书出版社 2008 年版。

[117] 胡锡文：《粟黍稷古名物的探讨》，农业出版社 1981 年版。

[118] 化振红：《〈分门琐碎录〉校注》，巴蜀书社 2009 年版。

[119] 何九盈、蒋绍愚：《古汉语词汇讲话》，北京出版社 1980 年版。

[120] 洪成玉：《古汉语词义分析》，天津人民出版社 1985 年版。

[121] 洪成玉：《汉语词义散论》，商务印书馆 2008 年版。

[122] 蒋绍愚：《古汉语词汇纲要》，商务印书馆 2005 年版。

[123] 蒋绍愚：《近代汉语研究概况》，北京大学出版社 1994 年版。

[124] 蒋绍愚、江蓝生：《近代汉语研究（二）》，商务印书馆 1999 年版。
[125] 江蓝生：《近代汉语探源》，商务印书馆 2001 年版。
[126] 贾彦德：《汉语语义学》，北京大学出版社 1999 年版。
[127] 蒋冀骋：《近代汉语词汇研究》，湖南教育出版社 1991 年版。
[128] 蒋冀骋、吴福祥：《近代汉语纲要》，湖南教育出版社 1997 年版。
[129] 姜燕：《甲乙经中医学用语研究》，中华书局 2008 年版。
[130] 李海霞：《汉语动物命名研究》，巴蜀书社 2002 年版。
[131] 刘兴均：《〈周礼〉名物词研究》，巴蜀书社 2001 年版。
[132] 刘正光：《隐喻的认知研究——理论与实践》，湖南人民出版 2007 年版。
[133] 刘世儒：《魏晋南北朝量词研究》，中华书局 1965 年版。
[134] 刘中富：《实用汉语词汇》，安徽教育出版社 2003 年版。
[135] 刘师培：《刘申叔遗书》，江苏古籍出版社 1997 年版。
[136] 刘叔新：《汉语描写词汇学》，商务印书馆 2005 年版。
[137] 刘叔新：《词汇研究》，外语教学与研究出版社 2006 年版。
[138] 刘叔新、周荐：《同义词语和反义词语》，商务印书馆 2000 年版。
[139] 蓝纯：《认知语言学与隐喻研究》，外语教学与研究出版社 2005 年版。
[140] 罗常培：《语言与文化》，语文出版社 1996 年版。
[141] 陆宗达、王宁：《训诂方法论》，中国社会科学出版社 1983 年版。
[142] 陆宗达、王宁：《训诂与训诂学》，山西教育出版社 1998 年版。
[143] 李建国：《汉语训诂学史》，安徽教育出版社 1986 年版。
[144] 罗正坚：《汉语词义引申导论》，南京大学出版社 1996 年版。
[145] 李宗江：《汉语常用词演变研究》，汉语大词典出版社 1999 年版。
[146] 犁播：《中国古代农具发展史简编》，农业出版社 1981 年版。
[147] 马清华：《文化语义学》，江西人民出版社 2000 年版。
[148] 潘允中：《汉语词汇史概要》，上海古籍出版社 1989 年版。
[149] 任继昉：《汉语语源学》，重庆出版社 1992 年版。
[150] 任继昉：《释名汇校》，齐鲁书社 2006 年版。
[151] 任学良：《汉语造词法》，中国科学出版社 1981 年版。
[152] 申小龙：《汉语与中国文化》，复旦大学出版社 2003 年版。
[153] 孙雍长：《训诂原理》，高等教育出版社 2009 年版。
[154] 孙长叙：《汉语词汇》，商务印书馆 2006 年版。
[155] 沈家煊：《认知与汉语语法研究》，商务印书馆 2006 年版。
[156] 苏宝荣：《词义研究与辞书释义》，商务印书馆 2000 年版。
[157] 苏新春：《汉语词汇计量研究》，厦门大学出版社 2001 年版。
[158] 苏新春：《汉语词义学》，广东教育出版社 1997 年版。
[159] 史存直：《汉语词汇史纲要》，华东师范大学出版社 1989 年版。
[160] 石安石：《语义研究》，语文出版社 1994 年版。

[161] 束定芳:《隐喻学研究》,上海外语教育出版社 2000 年版。
[162] 束定芳:《认知语义学研究》,上海外语教育出版社 2008 年版。
[163] 石声汉:《石声汉农史论文集》,中华书局 2008 年版。
[164] 石声汉:《两汉农书选读》农业出版社 1962 年版。
[165] 唐作藩:《上古音手册》,江苏人民出版社 1982 年版。
[166] 谭宏姣:《古汉语植物命名研究》,中国社会科学出版社 2008 年版。
[167] 王宁:《训诂学原理》,中国国际广播出版社 1996 年版。
[168] 王茂才:《〈尔雅〉草木虫鱼鸟兽同名考》,上海书店出版 1988 年版。
[169] 王念孙:《广雅疏证》,江苏古籍出版社 2000 年版。
[170] 王先谦撰:《荀子集解》,沈啸寰、王星贤点校,中华书局 1988 年版。
[171] 王国维:《〈尔雅〉草木虫鱼鸟兽名释例》,中华书局 1999 年版。
[172] 王云路:《词汇训诂论稿》,北京语言文化大学出版社 2002 年版。
[173] 王艾录、司富珍:《汉语的语词理据》,商务印书馆 2001 年版。
[174] 王艾录、司富珍:《语言理据研究》,中国社会科学出版社 2002 年版。
[175] 王国珍:《〈释名〉语源疏证》,上海辞书出版社 2009 年版。
[176] 汪维辉:《〈齐民要术〉词汇语法研究》,上海教育出版社 2007 年版。
[177] 汪维辉:《东汉—隋常用词演变研究》,南京大学出版社 2000 年版。
[178] 汪维辉:《汉语词汇史新探》,上海人民出版社 2007 年版。
[179] 王力:《汉语史稿》,山东教育出版社 1988 年版。
[180] 王云路:《中古汉语词汇史》,商务印书馆 2010 年版。
[181] 王瑛:《宋元明市语汇释》,中华书局 2008 年版。
[182] 温端政:《汉语语汇学》,商务印书馆 2006 年版。
[183] 王毓瑚:《先秦农家言四篇别释》,农业出版社 1981 年版。
[184] 吴世雄:《隐喻、词源和文化:基于语料库的探索和方法论反思》,中国社会科学出版社 2008 年版。
[185] 吴泽顺:《汉语音转研究》,岳麓书社 2006 年版。
[186] 许慎:《说文解字》,中华书局 1963 年版。
[187] 向熹:《简明汉语史》(修订本),商务印书馆 2010 年版。
[188] 徐朝华:《尔雅今注》,南开大学出版社 1987 年版。
[189] 徐朝华:《上古汉语词汇史》,商务印书馆 2003 年版。
[190] 许威汉:《二十世纪的汉语词汇学》,书海出版社 2000 年版。
[191] 徐时仪:《古白话词汇研究论稿》,上海教育出版社 2000 年版。
[192] 夏纬瑛:《〈诗经〉中有关农事章句的解释》,农业出版社 1981 年版。
[193] 夏纬瑛:《〈夏小正〉经文校释》,农业出版社 1981 年版。
[194] 夏纬瑛:《〈周礼〉书中有关农业条文的解释》,农业出版社 1979 年版。
[195] 夏纬瑛:《植物名释札记》,农业出版社 1990 年版。
[196] 杨锡彭:《汉语语素论》,南京大学出版社 2003 年版。

[197] 殷寄明：《语源学概论》，上海教育出版社 2000 年版。
[198] 殷寄明：《汉语语源义初探》，学林出版社 1998 年版。
[199] 袁宾：《近代汉语概论》，上海教育出版社 1992 年版。
[200] 严修：《二十世纪的古汉语研究》，书海出版社 2001 年版。
[201] 杨琳：《汉语词汇与华夏文化》，语文出版社 1996 年版。
[202] 杨永林：《社会语言学研究：文化、色彩、思维篇》，高等教育出版社 2004 年版。
[203] 杨锡彭：《汉语语素论》，南京大学出版社 2003 年版。
[204] 张维鼎：《意义与认知范畴化》，四川大学出版社 2007 年版。
[205] 周昕：《中国农具发展史》，山东科学技术出版社 2005 年版。
[206] 赵艳芳：《认知语言学概论》，上海外语教育出版社 2001 年版。
[207] 张文国：《古汉语的名动词类转变及其发展》，中华书局 2005 年版。
[208] 曾雄生：《中国农学史》，福建人民出版社 2008 年版。
[209] 曾昭聪：《魏晋南北朝隋唐五代词源研究史略》，语文出版社 2010 年版。
[210] 赵克勤：《古代汉语词汇学》，商务印书馆 1994 年版。
[211] 张联荣：《古汉语词义论》，北京大学出版社 2000 年版。
[212] 张志毅、张庆云：《词汇语义学》，商务印书馆 2001 年版。
[213] 张永言：《词汇学简论》，华中工学院出版社 1982 年版。
[214] 张永言：《训诂学论稿》，华中工学院出版社 1985 年版。
[215] 张博：《汉语同族词的系统性与验证方法》，商务印书馆 2006 年版。
[216] 周荐：《汉语词汇结构论》，上海辞书出版社 2004 年版。
[217] 周荐、杨世铁：《汉语词汇研究百年史》，外语教学与研究出版社 2006 年版。
[218] 张美兰：《近代汉语语言研究》，天津教育出版社 2000 年版。
[219] 朱骏声：《说文通训定声》，武汉古籍书店影印 1983 年版。
[220] 朱彦：《汉语复合词语义构词法研究》，北京大学出版社 2004 年版。
[221] 朱志平：《汉语双音复合词属性研究》，北京大学出版社 2005 年版。
[222] 邹介正、和文龙校注：《〈司牧安骥集〉校注》，中国农业出版社 2001 年版。
[223] 邹晓丽：《基础汉字形义释源》，北京出版社 1990 年版。
[224] 周俊勋：《中古汉语词汇研究纲要》，巴蜀书社 2009 年版。
[225] 张显成：《先秦两汉医学用语研究》，巴蜀书社 2000 年版。

三、辞典类

[226] 许宝华、宫田一郎：《汉语方言大词典》，中华书局 1999 年版。
[227] 董绍克、张家芝：《山东方言词典》，语文出版社 1997 年版。
[228] 汉语大词典编纂处：《汉语大词典》(缩印本)，上海辞书出版社 2007 年版。
[229] 许少峰：《近代汉语词典》，团结出版社 1997 年版。
[230] 徐中舒：《汉语大字典》，湖北辞书出版社、四川辞书出版社 1992 年版。
[231] 中国社会科学院语言研究所词典编辑室编：《现代汉语词典》(第七版)商务印书馆

2019年版。
[232] 王力：《同源字典》，商务印书馆1982年版。
[233] 刘钧杰：《同源字典补》，商务印书馆1999年版。
[234] 刘钧杰：《同源字典再补》，语文出版社1999年版。
[235] 王艾录、司富珍：《现代汉语词名词源词典》，山西人民出版社2000年版。
[236] 香港中国语文学会统筹：《近现代汉语新词词源词典》，汉语大词典出版社2001年版。
[237] 农业大词典编辑委员会：《农业大词典》，中国农业出版社1998年版。

四、学位论文

[238] 郭颖：《〈诸病源候论〉词语研究》，浙江大学博士学位论文2005年。
[239] 王闰吉：《论释名的理据》，广西师范大学博士学位论文2001年。
[240] 化振红：《中古汉语专门词语扩散规律研究》，复旦大学博士后论文2005年。
[241] 王冬梅：《现代汉语动名互转的认知研究》，中国社会科学院博士学位论文2001年。
[242] 徐默凡：《现代汉语工具范畴认知研究》，华东师范大学博士学位论文2003年。
[243] 岳好平：《动词名物化的认知研究》，湖南师范大学硕士学位论文2005年。
[244] 李智勇：《汉语动植物词汇及其语用和文化认知研究》，中央民族大学硕士学位论文2007年。
[245] 郭作飞：《〈张协状元〉词汇研究》，四川大学博士学位论文2007年。
[246] 郭象相：《〈齐民要术〉的复音词研究》，辽宁师范大学硕士学位论文2007年。
[247] 孟凡梅：《〈王祯农书〉农业俗语词研究》，南京师范大学硕士学位论文2015年。
[248] 张媛媛：《〈四时纂要〉农业俗语词研究》，南京师范大学硕士学位论文2016年。
[249] 柳苗苗：《〈农政全书〉农业俗语词研究》，南京师范大学硕士学位论文2014年。
[250] 肖希：《〈授时通考〉农业俗语词研究》，南京师范大学硕士学位论文2015年。
[251] 臧芜：《〈农桑辑要〉词语研究》，南京师范大学硕士学位论文2017年。
[252] 韩忠志：《〈农政全书〉词汇研究》，河北师范大学博士学位论文2014年。

后 记

  我的第一本拙著即将顺利出版,这得益于众多老师、专家、学者、亲人的关心和帮助。

  感谢我的博士生导师刘中富先生,先生为人正直、治学严谨,从先生身上学到的不仅是对学问的执着精神,更学会了做人做事,此为立身之本,泽被终身。在此我要深深地感谢先生。

  感谢我的硕士导师唐子恒先生,当初先生不弃愚钝之质,我才得以忝列门墙。是先生领我进入语言研究的大门,没有先生的接纳和引领,我不会走到现在。感谢先生一路的关心和支持。

  感谢青岛大学文学与新闻传播学院的窦秀艳教授,她从课题申报、中期检查、到出版结项,都给了我莫大的鼓励,并提出了很多宝贵的意见。感谢戚晓杰教授、朱葆华教授,是他们传授给我了语言学基础知识。感谢语言教研室的老师们,他们给了我很多无私的帮助。特别感谢人文社科处的刘玉魏处长,她为我课题的顺利结项付出了很多的心血。

  感谢上海社会科学院出版社的领导和工作人员的支持。特别感谢编辑周萌老师,她工作认真细致,她为本书的出版付出了极大的辛劳,我甚为感佩。

  最后,我还要感谢我的家人,是他们的关心、理解和支持,给予了我前进的勇气和动力。